BARLAGE / FLEUCHAUS / HAAS / JANY / SCHUSTER

Quickfinder Gartenpraxis

Schnell zum Ziel: So lösen Sie Ihre Gartenprobleme

VORWORT

Vorwort

Gartenbesitzer kennen das Gefühl: Man hegt und pflegt seine Pflanzen mit viel Liebe, trotzdem blühen und gedeihen sie manchmal nicht wie gewünscht. Im Rasen macht sich immer wieder lästiges Unkraut breit. Und im Gartenweg sind einzelne Platten gebrochen und abgesackt. Was sind die Gründe dafür? Und wie kann man die Gartenprobleme am besten bei den Wurzeln packen?

➜ **Der Quickfinder** führt Sie mit Hilfe von Schlagwörtern direkt zu Ihrem aktuellen Gartenproblem.

➜ **Ein Kapitel für sich** bildet jedes der zehn Gartenthemen. Hier stehen die GU-Gartenexperten Rede und Antwort: Sie haben für jede Ursache praktikable Maßnahmen und erprobte Tricks parat.

➜ **Der Serviceteil** umfasst ein Glossar mit Fachbegriffen und ein Register aller wichtigen Suchbegriffe.

Inhalt

Quickfinder 4

Der Quickfinder bietet für jedes Kapitel einen schnellen Überblick über alle Frage- und Problemstellungen. Sie sind in Form von alphabetisch sortierten Schlagwörtern aufgeführt. Gibt es für ein Problem mehrere Ursachen, sind die Schlagwörter entsprechend untergliedert.

Praxisteil 20

Boden & Kompost	22
Pflanzen und vermehren	34
Allgemeine Pflege	52
Krankheiten & Schädlinge	70
Rund um den Rasen	96
Alles über Gartenblumen	112
Ziergehölze & Immergrüne	138
Obst, Gemüse & Kräuter	168
Zäune, Wege & Co	194
Alles, was Recht ist	208

Serviceteil 222

Glossar 222

Kalender mit Aussaat- und Pflanzzeiten 228

Adressen 230

Arten- und Sachregister 231

QUICKFINDER

Boden & Kompost

Blumenerden	24
Boden hart und trocken	24
Der Boden ist tonig	24
Erde für Topfpflanzen	25
Gartenerde ist ungeeignet	25
Kalkarmer Boden	25
Kompost an Grundstücksgrenze	217
Kompost stinkt	26
Der Kompost ist zu nass	26
Der Kompost sackt zusammen	26
Kompost verrottet nicht	27
Das Material ist zu trocken	27
Kompostgeruch stört	217
Kompostmenge	28
Kompostreife	28
Küchen- und Gartenabfälle kompostieren	29
Rindenmulch im Beet	61
Rindenmulch verbraucht Stickstoff	61
Sandboden	29
Sonderseite:	30
Sandig oder lehmig: Testverfahren für Ihren Boden	
Schwerer Boden	32

Staunässe	32
Der Abfluss wird verhindert	32
Wasser sammelt sich in einer Mulde	32
Verdichteter Boden	33

Pflanzen und vermehren

Baum verpflanzen	141
Blumenzwiebeln pflanzen	36
Bohnen gehen schlecht auf	37
Es handelt sich um Larvenfraß	37
Dahlien blühen spät	37
Die Vorkultur fehlt	37
Dahlien vermehren	38
Dahlienknollen vertrocknet	38
Sie wurden falsch gelagert	38
Direktsaat geht nicht auf	39
Die Temperatur stimmt nicht	39
Das Beet wurde nicht vorbereitet	39
Der Boden ist zu trocken	39
Den Samen fehlt ein Kältereiz	39
Tiere fressen die Samen auf	39
Regen spült die Saat fort	39
Direktsaat kümmert	40
Die Vorkultur fehlt	40
Die Keimlinge stehen zu dicht	40

Boden & Kompost • Pflanzen und vermehren

Düngen nach der Pflanzung	40
Mineraldünger bekommt vielen Jungpflanzen nicht	40
Gehölze wachsen nicht an	41
Die Wurzeln sind beschädigt	41
Den Wurzeln fehlt Halt	41
Der Pflanzschnitt fehlt	41
Gräser verkleinern	42
Grenzabstand bei Gehölzen	215
Hanglage bepflanzen	42
Iris umpflanzen	43
Zeitpunkt im Frühjahr ist ungeeignet	43
Keimlinge fallen um	43
Das liegt an einem Bodenpilz	43
Keimlinge kümmern	43
Es fehlt gleichmäßige Feuchtigkeit	43
Das Substrat ist ungeeignet	43
Keimlinge schießen	44
Es fehlt Licht	44
Die Sämlinge stehen zu dicht	44
Keimung bleibt aus	44
Das Saatgut ist ungeeignet	44
Die Temperatur ist zu hoch	44
Unterschiedliche Keimdauer	44
Nachkommen blühen anders	45
Das liegt am Erbgut	45
Nadelgehölze im Topf	45
Gefahr von Frosttrocknis	45
Petersilie geht ein	86
Daran sind Bodenpilze schuld	86
Rosen einpflanzen	46
Rosen vermehren	46
Selbstaussaat gelingt nicht	47
Die Samen reifen nicht aus	47
Es herrscht zu viel Ordnung	47
Schnecken fressen die Keimlinge	47
Stauden umpflanzen	131
Stecklinge vertrocknen	48
Die Wurzelbildung dauert zu lang	48
Stecklinge werden schwarz	48
Es liegt ein Pilzbefall vor	48
Veredeltes Gemüse	49
Zwiebelblumen vermehren	50
Zwiebelblumen verschwinden	136
Wühlmäuse sind schuld	136
Die Zwiebeln sind verfault	136
Es liegt an der Sorte	136
Die Qualität ist schlecht	136
Zwiebeln treiben nicht	51
Zwiebeln haben schlechte Qualität	51
Es liegt Staunässe vor	51
Zwiebeln wurden zu tief gepflanzt	51

QUICKFINDER

Allgemeine Pflege

Düngen nach der Pflanzung	**40**
Mineraldünger bekommt vielen Jungpflanzen nicht	40
Dünger	**54**
Giersch wuchert	**55**
Gießhilfen	**55**
Gifteinsatz im Garten	**214**
Sonderseite:	**56**
Grundausstattung & praktische Helfer	
Herbstlaub entsorgen	**58**
Kompostreife	**28**
Kübelpflanzen ausräumen	**58**
Das Sonnenlicht ist zu intensiv	58
Kübelpflanzen überwintern	**120**
Lilien überwintern	**59**
Sie stehen zu dunkel und zu warm	59
Moos im Garten	**59**
Der Garten liegt im Schatten	59
Der Boden ist verdichtet	59
Der Boden reagiert sauer	59
Mulchen auf Neupflanzungen	**60**
Die Pflanzen bekommen keine Luft	60
Der Boden ist zu trocken	60

Rindenmulch im Beet	**61**
Rindenmulch verbraucht Stickstoff	61
Schneedruck verhindern	**62**
Schneelast	**62**
Schnittgut entsorgen	**63**
Stallmist	**63**
Unkraut entsorgen	**64**
Unkraut in Plattenfugen	**206**
Unkraut macht sich breit	**64**
Vögel anlocken	**65**
Wasserbedarf	**66**
Die Pflanzen vertrocknen	66
Es ist zu sonnig	66
Die Pflanzen sind krank	66
Wasserqualität	**66**
Wasserverbrauch zu hoch	**67**
Wasserversorgung	**207**
Wildtriebe	**166**
Wildtriebe schießen durch	166
Wintergemüse schützen	**67**
Winterschutz für Freilandpflanzen	**68**

Allgemeine Pflege • Krankheiten & Schädlinge

Krankheiten & Schädlinge

Ahorn vertrocknet	140
Ahorn ist empfindlich	140
Ameisen	72
Äpfel madig	72
Schaden wird vom Apfelwickler hervorgerufen	72
Äste mit roten Pusteln	73
Es handelt sich um die Rotpustelkrankheit	73
Austrieb bleibt aus	140
Junge Gehölze sind frostempfindlich	140
Basilikum geht ein	172
Es handelt sich um einen Pilzbefall am Stängel	172
Die Ware ist nicht sehr robust	172
Birnenblätter mit Flecken	73
Ein Pilz ist schuld	73
Blätter deformiert	74
Ein Virus ist der Grund	74
Blattläuse	74
Blau-Fichte mit braunen Zweigen	75
Der Borkenkäfer treibt sein Unwesen	75
Es liegt ein Befall mit Läusen vor	75
Bohnen kümmern	174
Der Boden ist ausgelaugt	174
Es liegt Selbstunverträglichkeit vor	174
Borkenkäfer	211

Braune Blätter bei Immergrünen	145
Das ist eine Folge des Winters	145
Brombeeren reifen nicht	76
Hier ist die Brombeermilbe aktiv	76
Christrose: Blätter welken	117
Das ist ein natürlicher Vorgang	117
Dill stirbt ab	175
Der Pflanzzeitpunkt war zu spät	175
Bodenpilze sind schuld	175
Eingerollte Blätter bei Immergrünen	147
Das ist ein natürlicher Frostschutz	147
Erdbeeren schimmeln	76
Es liegt ein Grauschimmel-Befall vor	76
Erdbeeren welken	176
Die Wurzeln sind von Pilzen befallen	176
Fraßgänge in Möhren	77
Das ist ein Befall mit Möhrenfliegen	77
Fraßgänge in Rettich	77
Das verursachen Kohlfliegen-Maden	77
Fraßspuren an Blättern	78
Der Dickmaulrüssler frisst daran	78
Fraßspuren an Kohl	78
Das sind Schmetterlingsraupen	78
Fraßspuren an Lauch	79
Es handelt sich um Larven der Lauchmotte	79
Die Lauchminierfliege ist schuld	79

QUICKFINDER

Fraßspuren an Obstgehölzen	**79**
Diesen Schaden verursachen die Raupen des Frostspanners	79
Fruchtbildung bei Obstgehölz bleibt aus	**178**
Die Befruchtersorte fehlt	178
Der Obstbaum braucht einen Schnitt	178
Gehölze ohne Neuaustrieb	**80**
Wühlmäuse fressen an den Wurzeln	80
Gespinst an Sträuchern	**80**
Es handelt sich um Larven der Gespinstmotte	80
Gifteinsatz im Garten	**214**
Gurken welken	**179**
Die Gurken haben eine Pilzkrankheit	179
Das Substrat ist zu kalt	179
Gurkenblätter verfärben sich gelb	**81**
Spinnmilben nehmen überhand	81
Heckenpflanzen sterben ab	**81**
Ein aggressiver Bodenpilz ist schuld	81
Heidelbeeren kümmern	**179**
Die Triebe sind vergreist	179
Der Standort stimmt nicht	179
Herbstastern welken	**119**
Das ist genetisch bedingt	119
Himbeeren madig	**82**
Das sind Larven des Himbeerkäfers	82

Kirschen madig	**82**
Befall mit der Kirschfruchtfliege	82
Kirschtriebe vertrocknen	**83**
Verursacher ist ein Pilz	83
Kohl mit Blattläusen	**84**
Das ist die Mehlige Kohlblattlaus	84
Kopfsalat fault	**84**
Da sind Schimmelpilze am Werk	84
Kopfsalat hat Läuse	**85**
Die Pflanzen sind von der Grünen Salatblattlaus befallen	85
Lavendel geht ein	**120**
Er wurde zu spät gepflanzt	120
Er bekommt zu viel Nährstoffe	120
Der Standort ist schattig und nass	120
Rindenmulch schadet	120
Lilien mit roten Käfern	**86**
Das sind Lilienhähnchen	86
Obstbaum kümmert	**184**
Selbstunverträglichkeit liegt vor	184
Die Unterlage ist ungeeignet	184
Die Baumscheibe ist versiegelt	184
Der Boden ist verdichtet	184
Es liegt Rindenbrand vor	184
Oleander mit schwarzen Flecken	**86**
Die schwarzen Flecken verursacht der Oleanderkrebs	86

Krankheiten & Schädlinge

Paprika bildet kaum Früchte — 186
   Die Kraft reicht noch nicht — 186
   Der Standort ist ungeeignet — 186

Petersilie geht ein — 86
   Daran sind Bodenpilze schuld — 86

Pfefferminze mit Blattflecken — 87
   Ein Pilzbefall liegt vor — 87

Radieschen mit durchlöcherten Blättern — 87
   Die Löcher fressen Erdflöhe hinein — 87

Radieschen pelzig — 187
   Das liegt am Wassermangel — 187
   Das ist ein Entwicklungsstadium — 187

Rhododendron: Knospen vertrocknen — 160
   Die Rhododendron-Zikade ist schuld — 160

Rhododendron mit gelben Blättern — 88
   Die Ursache ist Eisenmangel — 88

Rose: gerollte Blätter — 89
   In den Blättern lebt die Larve der Blattrollwespe — 89

Rose kümmert — 161
   Es liegt Bodenmüdigkeit vor — 161

Rose mit Blattflecken — 89
   Es handelt sich um Sternrußtau — 89
   Ein Befall mit Mehltau liegt vor — 89
   Rostpilze schädigen die Blätter — 89

Schildläuse an Buchs — 90

Schneckenplage — 90

Schorf auf Äpfeln — 91
   Der Verursacher ist ein Pilz — 91

Schwarzer Blattbelag — 92
   Die Färbung kommt durch Schwärzepilze — 92

Sommerastern welken — 128
   Es liegt Wassermangel vor — 128
   Es handelt sich um Asternwelke — 128

Stachelbeeren mit hellem Belag — 92
   Der Stachelbeermehltau verursacht den schädlichen Belag — 92

Stauden kümmern — 129
   Käferlarven befallen die Wurzeln — 129
   Die Pflanzen haben einen Schock — 129

Tomaten bilden kaum Früchte — 191
   Seitentriebe kosten Kraft — 191

Tomaten mit braunen Blättern und Früchten — 93
   Diese Pilzerkrankung heißt Braunfäule — 93

Vertrocknete Äste — 164
   Dem Baum fehlt Licht — 164
   Die Triebe sind beschädigt — 164

Weiße Fliegen — 93
   Das sind Kohlmottenschildläuse — 93

Weißer Blattbelag — 94
   Mehltau bildet den Belag — 94

Wurzelgemüse geplatzt — 193
   Die Wasserversorgung war zu ungleichmäßig — 193

QUICKFINDER

Zier-Lauch mit gelben Blättern	**135**
Das ist ganz natürlich	135
Zwetschgen verformt	**94**
Verursacher ist eine Pilzkrankheit	94
Zwiebellaub stirbt ab	**95**
Das kommt vom Falschen Zwiebelmehltau	95

Rund um den Rasen

Aussaat am Hang	**98**
Aussaat ungleichmäßig	**98**
Baumwurzeln im Rasen	**98**
Blumenwiese anlegen	**99**
Das hängt vom Standort ab	99
Bodendecker	**116**
Die Pflanzenauswahl ist falsch	116
Der Boden braucht Luft	116
Braune Gräser	**100**
Das liegt an der feuchten Kälte	100
Braune Spitzen	**100**
Die Messer am Rasenmäher sind unscharf	100
Braune Stellen im Rasen	**101**
Der Boden ist zu nass	101
Der Boden ist zu trocken	101
Es hat sich ein Hexenring gebildet	101
Larvenfraß ist schuld	101

Es handelt sich um Hunde-Urin	101
Mahd erfolgt zu selten	101
Fläche uneben	**102**
Wühlmäuse sind aktiv	102
Schlechte Bodenvorbereitung	102
Gelbe Gräser	**102**
Der Rasen ist schlecht belüftet	102
Graue Flecken	**103**
Das ist Schneeschimmel	103
Herbstlaub	**103**
Licht und Luft fehlen	103
Kahlstellen	**104**
Das liegt an Trittspuren	104
Der Rasen wird stark beansprucht	104
Lückiger Wuchs	**105**
Das Saatgut ist von schlechter Qualität	105
Maulwurfshügel	**105**
Moos und Klee im Rasen	**106**
Der Standort ist nicht optimal	106
Neuaustrieb fehlt	**106**
Die Grasnarbe ist verfilzt	106
Das liegt am Standort	106
Rasen wirkt trocken	**107**
Der Boden ist sandig	107
Rasenkanten	**107**
Es fehlt eine Begrenzung	107

Rund um den Rasen • Alles über Gartenblumen

Sonderseite:	**108**
Rasenmähertypen im Überblick	
Rollrasen kümmert	**109**
Pflege ist nötig	109
Samen keimt nicht	**109**
Der Saatzeitpunkt ist falsch	109
Der Boden ist zu hart	109
Das Saatgut ist minderwertig	109
Vögel fressen die Samen	109
Schattige Fläche	**110**
Bewuchs ist nicht standortgerecht	110
Unkraut macht sich breit	**110**
Wurzelunkräuter	**111**
Die Pflanzen haben gute Strategien	111

Alles über Gartenblumen

Bambus wuchert	**141**
Bambus bildet Wurzelausläufer	141
Bienenpflanzen	**114**
Blühpause im Sommer	**114**
Blumenwiese anlegen	**99**
Das hängt vom Standort ab	99
Blüten zu schwer	**144**
Die Statik der Pflanzen stimmt nicht	144

Blütenarmer Garten	**115**
Manche Gehölze werden zu groß	115
Bodendecker	**116**
Die Pflanzenauswahl ist falsch	116
Der Boden braucht Luft	116
Chinaschilf verliert Blätter	**116**
Das ist typisch für Riesen-Chinaschilf	116
Christrose: Blätter welken	**117**
Das ist ein natürlicher Vorgang	117
Dachvorsprung	**117**
Dahlien blühen spät	**37**
Die Vorkultur fehlt	37
Dauerhafte Trogbepflanzung	**118**
Fingerhut blüht nicht	**118**
Die Frosteinwirkung fehlt	118
Gräser schneiden	**118**
Gräser sind empfindlich	118
Gräser verkleinern	**42**
Heidebeet	**119**
Die Konkurrenz ist zu groß	119
Herbstastern welken	**119**
Das ist genetisch bedingt	119
Hortensie blüht kaum	**156**
Die Knospen sind erfroren	156
Der Schnitt ist falsch	156

QUICKFINDER

Hortensie: Farbwechsel	**156**
Das liegt am pH-Wert des Bodens	156
Iris umpflanzen	**43**
Zeitpunkt im Frühjahr ist ungeeignet	43
Kübelpflanzen ausräumen	**58**
Das Sonnenlicht ist zu intensiv	58
Kübelpflanzen überwintern	**120**
Lavendel geht ein	**120**
Er wurde zu spät gepflanzt	120
Er bekommt zu viel Nährstoffe	120
Der Standort ist schattig und nass	120
Rindenmulch schadet	120
Lavendel verkahlt	**121**
Er wird nicht richtig geschnitten	121
Sonderseite:	**122**
Lebensbereiche im Garten	
Lilien überwintern	**59**
Sie stehen zu dunkel und warm	59
Pampasgras erfroren	**124**
Es ist nicht ganz winterhart	124
Pfingstrose blüht nicht	**124**
Die Knollen haben keine „Augen"	124
Zu tief gepflanzt	124
Der Standort ist ungeeignet	124
Pflegeleichte Staudenbeete	**125**

Rittersporn verschwindet	**126**
Er wird von Schnecken gefressen	126
Der Standort ist nicht ideal	126
Es handelt sich um schlechte Qualität	126
Schattiger Vorgarten	**127**
Sichtschutz	**128**
Sommerastern welken	**128**
Es liegt Wassermangel vor	128
Es handelt sich um Asternwelke	128
Stauden fallen auseinander	**129**
Den Pflanzen fehlt Halt	129
Sie haben zu viel Stickstoff gedüngt	129
Die Sorte ist nicht standfest	129
Stauden kümmern	**129**
Käferlarven befallen die Wurzeln	129
Die Pflanzen haben einen Schock	129
Stauden: Rückschnitt im Herbst	**130**
Stauden: Rückschnitt nach Blüte	**130**
Stauden umpflanzen	**131**
Stauden verkahlen	**131**
Die Pflanzen altern	131
Stauden wuchern	**132**
Platzbedarf wird unterschätzt	132
Steingartenstauden verschwinden	**132**
Sie wurden zu spät gepflanzt	132
Der Boden ist ungeeignet	132
Das Kleinklima stimmt nicht	132

Alles über Gartenblumen • Ziergehölze & Immergrüne

Topf-Hortensien im Garten	**133**
Düngung ist zu stark	133
Der Schnitt ist falsch	133
Tränendes Herz verschwindet	**133**
Das ist genetisch bedingt	133
Trockene Beete	**134**
Winterschutz für Freilandpflanzen	**68**
Zier-Lauch mit gelben Blättern	**135**
Das ist ganz natürlich	135
Zwiebelblumen blühen nicht	**135**
Der Standort ist zu schattig	135
Es fehlen Nährstoffe	135
Die Sorten sind kurzlebig	135
Zwiebelblumen verschwinden	**136**
Wühlmäuse sind schuld	136
Die Zwiebeln sind verfault	136
Es liegt an der Sorte	136
Die Qualität ist schlecht	136
Zwiebelblumen welken	**137**
Zwiebeln treiben nicht	**51**
Zwiebeln haben schlechte Qualität	51
Es liegt Staunässe vor	51
Zwiebeln wurden zu tief gepflanzt	51

Ziergehölze & Immergrüne

Ahorn vertrocknet	**140**
Ahorn ist empfindlich	140
Äste mit roten Pusteln	**73**
Es handelt sich um die Rotpustelkrankheit	73
Austrieb bleibt aus	**140**
Junge Gehölze sind frostempfindlich	140
Bambus wuchert	**141**
Bambus bildet Wurzelausläufer	141
Baum verpflanzen	**141**
Baum wächst schief	**142**
Der Baum braucht Halt	142
Baum zu hoch	**142**
Blau-Fichte mit braunen Zweigen	**75**
Der Borkenkäfer treibt sein Unwesen	75
Es liegt ein Befall mit Läusen vor	75
Blüte bleibt aus	**143**
Der Schnitt erfolgt zur falschen Zeit	143
Blüten zu schwer	**144**
Die Statik der Pflanzen stimmt nicht	144
Blütezeit verlängern	**144**
Braune Blätter bei Immergrünen	**145**
Das ist eine Folge des Winters	145
Buchs: Schnittzeitpunkt	**145**

QUICKFINDER

Clematis verkahlt	146
Richtiger Schnitt ist entscheidend	146
Eingerollte Blätter bei Immergrünen	147
Das ist ein natürlicher Frostschutz	147
Einmalblühende Rosen schneiden	147
Die Rosen verkahlen ohne Schnitt	147
Falllaub	211
Felsenbirne verkahlt	148
An die Basis kommt kein Licht	148
Flieder blüht kaum noch	148
Die Samenstände rauben Kraft	148
Die Triebe verkahlen	148
Formschnitt bei altem Strauch	149
Forsythie schneiden	149
Der richtige Schnitt fehlt	149
Gehölze ohne Neuaustrieb	80
Wühlmäuse fressen an den Wurzeln	80
Gehölze wachsen nicht an	41
Die Wurzeln sind beschädigt	41
Den Wurzeln fehlt Halt	41
Der Pflanzschnitt fehlt	41
Sonderseite:	150
Giftige Gehölze	
Glyzine blüht nicht	152
Die Pflanze braucht einen Schnitt	152
Es ist eine blühfaule Sorte	152

Grenzabstand bei Gehölzen	215
Hausbaum auswählen	153
Hausfassade begrünen	203
Hecke wird lückig	153
Die Hecke ist instabil	153
Die inneren Triebe benötigen Licht	153
Hecke zu hoch	154
Heckenpflanzen sterben ab	81
Ein aggressiver Bodenpilz ist schuld	81
Herbstlaub entsorgen	58
Hochstammrose ohne Neuaustrieb	155
Die Rose ist nicht winterhart	155
Hortensie blüht kaum	156
Die Knospen sind erfroren	156
Der Schnitt ist falsch	156
Hortensie: Farbwechsel	156
Das liegt am pH-Wert des Bodens	156
Kletterpflanze wuchert	157
Gerüst und Pflanze müssen zueinanderpassen	157
Kopfweide erziehen	157
Lavendel geht ein	120
Er wurde zu spät gepflanzt	120
Er bekommt zu viel Nährstoffe	120
Der Standort ist schattig und nass	120
Rindenmulch schadet	120

Ziergehölze & Immergrüne

Lavendel verkahlt	**121**
Er wird nicht richtig geschnitten	121
Magnolie schneiden	**158**
Die Erziehung wurde versäumt	158
Die Sorte ist ungeeignet	158
Magnolienblüten erfroren	**158**
Nadelgehölze im Topf	**45**
Gefahr von Frosttrocknis	45
Öfterblühende Rosen verkahlen	**159**
Die nötige Vitalität fehlt	159
Es handelt sich um Englische Rosen	159
Rhododendron: Knospen vertrocknen	**160**
Die Rhododendron-Zikade ist schuld	160
Rhododendron mit gelben Blättern	**88**
Die Ursache ist Eisenmangel	88
Rinde beschädigt	**160**
Der Stamm hat zu viel Spielraum	160
Der Stamm hat zu wenig Spielraum	160
Rose: gerollte Blätter	**89**
In den Blättern lebt die Larve der Blattrollwespe	89
Rose: Herbstschnitt	**161**
Rose kümmert	**161**
Es liegt Bodenmüdigkeit vor	161
Rosentriebe stören	**162**
Säulenformen schneiden	**162**

Schattenwurf durch Nachbarbäume	**219**
Schneedruck verhindern	**62**
Schneelast	**62**
Schnittgut entsorgen	**63**
Schnittstellen versorgen	**163**
Schnittzeitpunkt	**163**
Sträucher wachsen ineinander	**164**
Es fehlt Platz	164
Sturmgefährdete Bäume	**220**
Vertrocknete Äste	**164**
Dem Baum fehlt Licht	164
Die Triebe sind beschädigt	164
Vögel im Garten	**165**
Es fehlen attraktive Nahrungs- und Nistplätze	165
Wachstum stockt	**165**
Der Boden ist verdichtet	165
Wandbegrünung	**166**
Der Standort ist extrem	166
Wildtriebe	**166**
Wildtriebe schießen durch	166
Wurzelraum freihalten	**167**
Konkurrenz durch Gras	167
Zweige ragen über	**221**

QUICKFINDER

Obst, Gemüse & Kräuter

Äpfel schrumpeln	**170**
Der Erntezeitpunkt war ungünstig	170
Die Äpfel werden falsch gelagert	170
Apfelbaum zu groß	**171**
Der Schnitt regt den Wuchs an	171
Austrieb bleibt aus	**140**
Junge Gehölze sind frostempfindlich	140
Bärlauch selber anbauen	**172**
Basilikum geht ein	**172**
Es handelt sich um einen Pilzbefall am Stängel	172
Die Ware ist nicht sehr robust	172
Baum wächst schief	**142**
Der Baum braucht Halt	142
Baumwurzeln	**210**
Beerensträucher schneiden	**173**
Sie schneiden zu selten	173
Birnbaum zu hoch	**173**
Die Wuchskraft drängt nach oben	173
Bohnen gehen schlecht auf	**37**
Es handelt sich um Larvenfraß	37
Bohnen kümmern	**174**
Der Boden ist ausgelaugt	174
Es liegt Selbstunverträglichkeit vor	174

Brombeeren reifen nicht	**76**
Hier ist die Brombeermilbe aktiv	76
Brombeeren wuchern	**174**
Dill stirbt ab	**175**
Der Pflanzzeitpunkt war zu spät	175
Bodenpilze sind schuld	175
Erdbeeren schimmeln	**76**
Es liegt ein Grauschimmel-Befall vor	76
Erdbeeren tragen immer weniger	**175**
Die Pflanzen sind zu alt	175
Bodenmüdigkeit tritt auf	175
Erdbeeren welken	**176**
Die Wurzeln sind von Pilzen befallen	176
Ernte von Südgemüse	**176**
Die Vegetationszeit ist zu kurz	176
Erntezeit von Kräutern	**177**
Früchte von nebenan	**212**
Fruchtbildung bei Obstgehölz bleibt aus	**178**
Die Befruchtersorte fehlt	178
Der Obstbaum braucht einen Schnitt	178
Fruchtwechsel einhalten	**178**
Gehölze ohne Neuaustrieb	**80**
Wühlmäuse fressen an den Wurzeln	80
Gifteinsatz im Garten	**214**
Grenzabstand bei Gehölzen	**215**

Obst, Gemüse & Kräuter

Gurken welken	**179**
Die Gurken haben eine Pilzkrankheit	179
Das Substrat ist zu kalt	179
Gurkenblätter verfärben sich gelb	**81**
Spinnmilben nehmen überhand	81
Heidelbeeren kümmern	**179**
Die Triebe sind vergreist	179
Der Standort stimmt nicht	179
Himbeerernte verlängern	**180**
Kirschernte lässt nach	**181**
Die Triebe sind zu stark beschattet	181
Kirschtriebe vertrocknen	**83**
Verursacher ist ein Pilz	83
Kiwi schneiden	**181**
Kiwi brauchen Erziehung und Schnitt	181
Knoblauch ernten	**182**
Kopfsalat fault	**84**
Da sind Schimmelpilze am Werk	84
Kräuter konservieren	**182**
Die Blätter sind zu feucht	182
Kürbispflanze blüht nicht	**183**
Der Standort ist nicht optimal	183
Lavendel geht ein	**120**
Er wurde zu spät gepflanzt	120
Er bekommt zu viel Nährstoffe	120
Der Standort ist schattig und nass	120
Rindenmulch schadet	120

Lavendel verkahlt	**121**
Er wird nicht richtig geschnitten	121
Minze wuchert	**183**
Minze bildet Ausläufer	183
Obstbaum kümmert	**184**
Selbstunverträglichkeit liegt vor	184
Die Unterlage ist ungeeignet	184
Die Baumscheibe ist versiegelt	184
Der Boden ist verdichtet	184
Es liegt Rindenbrand vor	184
Obstbaum: Steiltriebe	**185**
Steile Triebe sind instabil	185
Obstgehölze für kleine Gärten	**185**
Paprika bildet kaum Früchte	**186**
Die Kraft reicht noch nicht	186
Der Standort ist ungeeignet	186
Petersilie geht ein	**86**
Daran sind Bodenpilze schuld	86
Radieschen mit durchlöcherten Blättern	**87**
Die Löcher fressen Erdflöhe hinein	87
Radieschen pelzig	**187**
Das liegt am Wassermangel	187
Das ist ein Entwicklungsstadium	187
Rinde rissig	**187**
Temperaturunterschiede sorgen für Spannung	187

QUICKFINDER

Salat schießt	**188**
Die Pflanzen stehen unter Stress	184
Das liegt an der Sorte	188
Schnittgut entsorgen	**63**
Schnittstellen versorgen	**163**
Spalierbaum erziehen	**189**
Stachellose Beerensträucher	**190**
Tomaten bilden kaum Früchte	**191**
Seitentriebe kosten Kraft	191
Tomaten mit braunen Blättern und Früchten	**93**
Diese Pilzerkrankung heißt Braunfäule	93
Veredeltes Gemüse	**49**
Walnussbaum zu hoch	**191**
Weinreben erziehen	**192**
Weinstöcke erfrieren	**192**
Wintergemüse schützen	**67**
Wurzelgemüse geplatzt	**193**
Die Wasserversorgung war zu ungleichmäßig	193
Zwetschgen verformt	**94**
Verursacher ist eine Pilzkrankheit	94
Zwiebellaub stirbt ab	**95**
Das kommt vom Falschen Zwiebelmehltau	95

Zäune, Wege & Co

Belag auf Mauern	**196**
Das sind Kalkausblühungen	196
Belag auf Töpfen	**196**
Das kommt von Kalkablagerungen	196
Beleuchtung	**197**
Bodenbelag ist rutschig	**197**
Der Boden ist veralgt	197
Das Gefälle ist zu gering	197
Sonderseite:	**198**
Bodenbeläge für den Garten	
Böschungssicherung	**200**
Einfassung von Wegen	**201**
Der Gegendruck ist zu gering	201
Gartenmöbel pflegen	**201**
Gartenweg ist uneben	**202**
Die Tragschicht weist Mängel auf	202
Die Tragschicht hat zu wenig Gefälle	202
Gießhilfen	**55**
Größe von Sitzplätzen	**202**
Hanglage bepflanzen	**42**
Hausfassade begrünen	**203**

Obst, Gemüse & Kräuter • Zäune, Wege & Co • Alles, was Recht ist

Holzdeck ist glatt	203
Moos und Algen bilden Belag	203
Wasserabfluss ist nicht möglich	203
Holzzaun verrottet	204
Direkter Bodenkontakt schadet	204
Mülltonnen verstecken	204
Sicht- und Windschutz	205
Spielgeräte neu nutzen	205
Stauraum	206
Unkraut in Plattenfugen	206
Wasserversorgung	207
Wege anlegen	207

Alles, was Recht ist

Baumwurzeln	210
Betreten des Nachbargrundstücks	210
Bienenhaltung	211
Borkenkäfer	211
Falllaub	211
Froschlärm	212
Früchte von nebenan	212
Gartenhaus errichten	213
Gartenteich sichern	213
Gartenzwerge	214
Gifteinsatz im Garten	214
Grenzabstand bei Gehölzen	215
Grillgeruch ist lästig	215
Haustiere	216
Hundegebell	216
Kinderlärm	216
Kompost an Grundstücksgrenze	217
Kompostgeruch stört	217
Lichtquelle stört	218
Mieter und ihre Rechte	218
Mobilfunkantenne	219
Schattenwurf durch Nachbarbäume	219
Sichtschutz stört	220
Sturmgefährdete Bäume	220
Videokamera	220
Zaun errichten	221
Zweige ragen über	221

PRAXISTEIL

Praxisteil

Sie haben eine wichtige Frage oder ein aktuelles Gartenproblem? Dann schlagen Sie im Quickfinder oder direkt im richtigen Kapitel nach. Hier finden Sie Ihr Anliegen unter dem entsprechenden Schlagwort. Alle Schlagwörter sind alphabetisch sortiert. Die Antworten sind nach folgendem Schema aufgebaut:

1 **Schlagwort:** Das Schlagwort bringt Ihre Frage- oder Problemstellung stichwortartig auf den Punkt.

2 **Frage:** Die Fragestellung schildert den konkreten Sachverhalt, um den es geht.

3 **Ursache:** Für fast jedes Problem gibt es eine ganz bestimmte Ursache – oder auch mehrere. Diese werden hier genannt und die Hintergründe näher erläutert. Spielt die Ursache keine Rolle, entfällt sie.

4 **Maßnahme:** Die GU-Gartenexperten erklären bewährte Maßnahmen, um sofort Abhilfe zu schaffen oder das Problem in Zukunft zu vermeiden.

5 **Seitenverweise:** Hier erfolgen Hinweise auf ähnliche Fragen und verwandte Themen im selben oder in anderen Kapiteln sowie auf das Glossar.

| BODEN & KOMPOST | 22 |

| PFLANZEN UND VERMEHREN | 34 |

| ALLGEMEINE PFLEGE | 52 |

| KRANKHEITEN & SCHÄDLINGE | 70 |

| RUND UM DEN RASEN | 96 |

| ALLES ÜBER GARTENBLUMEN | 112 |

| ZIERGEHÖLZE & IMMERGRÜNE | 138 |

| OBST, GEMÜSE & KRÄUTER | 168 |

| ZÄUNE, WEGE & CO | 194 |

| ALLES, WAS RECHT IST | 208 |

? Fingerhut blüht nicht

Mein Fingerhut blüht nicht, obwohl er schon letztes Jahr eine Blattrosette entwickelt hat. Woran liegt das?

Die Frosteinwirkung fehlt

Einige Pflanzen, z. B. viele Zweijährige und Wintergetreide, blühen und fruchten in unserem Klima erst nach dem Kältereiz durch eine Frostperiode. Dieses Phänomen nennt man Vernalisation (❯ Glossar, S. 227).

→ Warten Sie ab

Normalerweise sind die Winter in unseren Breiten kalt genug, um den Blütenreiz bei Fingerhut auszulösen. War der Winter zu mild, brauchen Sie ein bisschen Geduld. Dann blüht und fruchtet Fingerhut oft erst im dritten Jahr und stirbt anschließend ab.

❯ S. 172, Bärlauch selber anbauen

Boden & Kompost

Idealer Gartenboden ist locker, krümelig und gut durchlüftet. Er lässt sich leicht bearbeiten, stellt den Pflanzen ausreichend Wasser und Nährstoffe zur Verfügung und bildet die Grundlage für gesunde Pflanzen, für leckeres Gemüse und saftiges Obst. Das muss kein Wunschtraum bleiben: Mit Mulch, Gründünger, Kompost und richtiger Bodenbearbeitung wird selbst aus einem Problemboden ein fruchtbares Stück Erde.

BODEN & KOMPOST

? Blumenerden

Im Gartencenter stehe ich immer ratlos vor der großen Auswahl an Blumenerden. Stimmt es wirklich, dass bessere Qualität auch teurer ist?

Für gesundes Wachstum und üppige Blüten ist eine hochwertige Blumenerde Voraussetzung, und die hat nun mal ihren Preis. Substrate aus dem Supermarkt sind zwar günstiger, enthalten aber meist nur Torf oder Rindenprodukte von minderer Qualität.

→ Achten Sie auf das RAL-Gütezeichen
Ideal sind Einheitserden (❯ Glossar, S. 222). Sie haben eine hohe Speicherkapazität für Wasser und Nährstoffe, sind locker und stabil in der Struktur und enthalten optimal auf die Bedürfnisse der Pflanzen abgestimmte Mineraldünger. Sie bestehen zu 70 % aus hochwertigem (weniger stark zersetztem) Weißtorf und 30 % Ton. Auf der Verpackung bürgt das RAL-Gütezeichen des Instituts für Gütesicherung für Qualität. Umweltfreundlich sind Produkte, bei denen der Torfanteil durch Rindenstücke, Holz- oder Kokosfasern ersetzt wird, um die Moore zu schonen.

→ Spezialerde für besondere Ansprüche
Für Pflanzen mit speziellen Ansprüchen wie Zitrusgewächse, Kakteen u. a. gibt es eigens auf sie abgestimmte Substrate. Azaleen und Rhododendron z. B. benötigen leicht saure Erde. Und zur Anzucht oder Aussaat gibt es nährstoffarme, fein strukturierte Anzuchterde, die das Wurzelwachstum fördert.

❯ S. 115, Blütenarmer Garten ✽

? Boden hart und trocken

Bei längerer Trockenheit wird die Erde in meinem Gemüsegarten an der Oberfläche steinhart. Beim Gießen läuft das Wasser auf der Kruste ab und dringt gar nicht zu den Wurzeln vor. Wie kann ich das verhindern?

Der Boden ist tonig
Tonige Böden haben nur ein geringes Porenvolumen, weil die einzelnen Partikel sehr fein sind und fest aneinanderhaften. Dazwischen bleibt kaum Platz für Wasser und Luft.

❯ S. 30/31, Testverfahren für Ihren Boden

→ Lockern Sie den Boden
Halten Sie Hacke, Kultivator oder Sauzahn immer griffbereit: Nach dem Gießen oder einem Regenschauer lockern Sie den Boden oberflächlich auf. So kann die Feuchtigkeit in den Boden eindringen, und er wird gleichzeitig belüftet. Da Ton die Feuchtigkeit lange bindet, brauchen Sie nicht so oft zu gießen.

❯ S. 56/57, Grundausstattung & praktische Helfer

→ Mischen Sie Sand unter
Arbeiten Sie eine 5–10 cm hohe Schicht Sand mit dem Kultivator in den Boden ein. Der grobe Sand lockert den feinen Boden auf. Am besten geht das natürlich auf einem unbewachsenen Beet, z. B. im Herbst nach der Ernte, aber auch in Staudenbeeten können Sie Sand vorsichtig untermengen.

→ Mulchen Sie den Boden
Eine Schicht aus Stroh, Grasschnitt, Ernterückständen oder Laub auf dem Boden schränkt die Verdunstung ein und lockt den besten Freund des Gärtners an: den Regenwurm. Seine Gänge lüften und lockern den Boden, und er wandelt die abgestorbenen Pflanzenteile aus der Mulchdecke in wertvollen Dauerhumus um.

❯ S. 60, Mulchen auf Neupflanzungen

→ Säen Sie Gründüngungspflanzen
Säen Sie das Beet im Frühjahr mit z. B. Lupinen, Ackersenf oder Bienenfreund ein. Ihre Wurzeln lockern den Boden und das Blattwerk sorgt für Schatten. Arbeiten Sie es nach dem Absterben zur Humusbildung in den Boden ein (Gründüngung ❯ Glossar, S. 223).

→ Graben Sie vor dem Winter um
Im Gegensatz zu normalen Gartenböden ist tiefgründiges Umgraben bei schweren Tonböden durchaus sinnvoll. Der Frost „sprengt" die Schollen und macht sie krümelig.

❯ S. 33, Populäre Gartenirrtümer ✽

Mit dem Sauzahn lockern Sie schonend die oberste Bodenschicht. Feuchtigkeit bleibt so im Boden, Luft und Regenwasser dringen ein.

K › Kalkarmer Boden

? Erde für Topfpflanzen

Ich habe meine Kübelpflanzen in fruchtbare Gartenerde eingetopft. Jetzt ist die Erde ganz hart geworden. Habe ich etwas falsch gemacht?

Gartenerde ist ungeeignet

Gartenerde sackt im Topf schon nach kurzer Zeit zusammen und wird später richtig hart, denn ein vitales Bodenleben mit Mikroorganismen, die den Boden lüften und lockern, ist darin nicht möglich. Blumenerde für einjährige Balkonpflanzen enthält für Kübelpflanzen zu wenig mineralische Bestandteile, die das Substrat auflockern.

→ **Mischen Sie drei Komponenten**
Mineralische Zuschlagstoffe (› Glossar, S. 227) wie Lavagrus und Perlite halten die Erde auf Dauer locker und luftig. Mischen Sie sie mit humosen Bestandteilen wie Torf und Kompost in jeweils gleichen Anteilen unter die Gartenerde. Dann erhalten Sie ein ideales Substrat für Kübelpflanzen. ✱

? Kalkarmer Boden

Die Bodenanalyse hat ergeben, dass unsere Gartenerde recht sauer ist. Der pH-Wert liegt bei 5. Gibt es Maßnahmen, mit denen ich den Boden verbessern kann, sodass auch Obst und Gemüse darauf gedeihen?

Die meisten Pflanzen und insbesondere Gemüsepflanzen bevorzugen einen höheren pH-Wert um 6,5. Ohne Kalkzufuhr eignet sich Gartenerde mit solch niedrigem pH-Wert allenfalls für die Kultur anspruchsloser Moorbeetpflanzen. Für eine Reihe von Pflanzen wie Rhododendron sind saure Böden geradezu Voraussetzung (› Tab.).
› S. 88, Rhododendron mit gelben Blättern

→ **Fügen Sie Kalk zu**
Im Gemüsegarten, auf dem Rasen und in Obstkulturen sollten Sie den Boden kalken. Wenn Ihnen eine Bodenanalyse vorliegt, haben Sie vielleicht auch eine entsprechende Empfehlung bekommen, womit und wie viel Sie kalken sollten. Für die Dosierung kann man keine Richtlinie geben, da jeder Boden individuelle Ansprüche stellt. Außerdem haben Algenkalk, kohlensaurer Kalk und Gesteinsmehl (in Packungen aus dem Gartenfachhandel) unterschiedliche Kalkanteile. Richten Sie sich beim Ausbringen nach den Mengenempfehlungen auf der Verpackung.

→ **Legen Sie ein Moorbeet an**
Bepflanzen Sie das Beet doch im Asia-Stil. Fächer-Ahorn, Blumen-Hartriegel und Azaleen gedeihen besonders gut auf sauren Böden. Ein Standort im Halbschatten und eine dünne Decke aus Rindenmulch machen die Voraussetzungen perfekt. ✱

Pflanzen für sauren Boden

Deutscher Name	Botanischer Name
Berglorbeer	Kalmia latifolia
Besenheide	Calluna vulgaris
Blumen-Hartriegel	Cornus kousa
Orchideen-Primel	Primula vialii
Preiselbeere	Vaccinium vitis-idaea
Rhododendron	Rhododendron-Hybriden
Scheinbeere	Gaultheria procumbens
Tüpfelfarn	Polypodium vulgare

Drei goldene Regeln für die Bodenpflege

Mulchen: Wind, Platzregen oder intensives Sonnenlicht stören die empfindliche Struktur des Bodens. Eine Pflanzen- oder Mulchdecke schützt die Oberfläche vor Witterungseinflüssen.

Lockern: Schwere Böden gräbt man im Herbst um und lässt sie offen liegen. Durch Frosteinwirkung werden grobe Erdklumpen locker und krümelig. In sandigen, humosen Böden lockert man nur die oberste Bodenschicht mit dem Kultivator. Das schont die Bodenorganismen.

Düngen: Egal ob sandig oder lehmig: Eine dünne Schicht Kompost im Frühjahr tut jedem Boden gut. Er macht ihn fruchtbar und humos. Auch eine Gründüngung verbessert die Bodenqualität. Die tiefgründigen Wurzeln der Pflanzen lockern den Boden.

BODEN & KOMPOST

? Kompost stinkt

Ich habe vor einiger Zeit einen Komposthaufen angesetzt. Nun geht davon mittlerweile ein penetranter Geruch aus, der nicht nur mich, sondern auch meine Nachbarn erheblich stört. Woran liegt das, und was kann ich dagegen tun?

Grobes, zellulosehaltiges Strukturmaterial wie Stroh gemischt mit frischen Grünabfällen – das bringt die Rotte in Schwung.

Der Kompost ist zu nass

Das könnte daran liegen, dass ein zu hoher Feuchtigkeitsgehalt den für die Rotte nötigen Sauerstoff verdrängt. Unter diesen Bedingungen siedeln sich sogenannte anaerobe Bakterien an, die auch unter Luftabschluss leben können. Diese setzen dann Gärungsprozesse in Gang, die immer mit starker Geruchsentwicklung verbunden sind. Auch in schlecht belüfteten Plastikbehältern kann es zu Sauerstoffarmut kommen.

→ **Wählen Sie einen geschützten Platz**
Damit der Kompost starken Regenfällen nicht ungehindert ausgesetzt ist, sollte er an einem geschützten Platz stehen. Alternativ können Sie die Miete auch mit einem Vlies oder einer luftdurchlässigen Folie abdecken. Das Regenwasser sollte gut abfließen können. Auch das Blätterdach von einem Gehölz bietet hinreichenden Schutz. In einer Trockenperiode verhindert ein schattiger Platz auch, dass der Kompost austrocknet, was die Rotte ebenfalls beeinträchtigt.
› S. 27, Kompost verrottet nicht

→ **Verwenden Sie ein Holzgestell**
Eine Holzlattenkonstruktion verrottet zwar schneller, lässt aber mehr Luft an die Rotte als ein Kunststoffgestell.

→ **Setzen Sie den Kompost um**
Besorgen Sie sich eine größere Menge grobes, trockenes Material wie Holzhäcksel, trockenes Laub, Stroh, vertrocknete Äste und Zweige, Sägespäne und Zeitungspapier. Einen Teil davon legen Sie auf den Boden des Kompostplatzes. Den Rest vermischen Sie mit dem nassen Material aus dem Kompost im Verhältnis 2:1. D. h., auf zwei Teile Strukturmaterial kommt ein Teil feuchtes Kompostgut. Geben Sie beim Aufschichten Sägespäne und zerknülltes Zeitungspapier dazu, damit die Flüssigkeit aufgesaugt wird.

→ **Rationieren Sie feuchtes Material**
Frische Grünabfälle aus der Küche oder eine dicke Schicht Rasenschnitt tragen zu einem hohen Feuchtigkeitsgehalt im Kompost bei. Geben Sie feuchtes Material daher nicht in großen Mengen bei. Dazwischen sollte sich immer eine Lage grober, trockener Gartenabfälle, z. B. Holzhäcksel, befinden (› Tab.).

Der Kompost sackt zusammen

Zu wenig grobes Material im Kompost führt dazu, dass das Material in der Miete zusammensackt. Besonders in den unteren Schichten wird dann der Sauerstoff knapp. Der Rottevorgang wird dadurch unterbrochen, und das Material beginnt zu gären.

→ **Das Zauberwort heißt „mischen"**
Vermengen Sie Ihre kompostierbaren Küchenabfälle immer mit Holzhäckseln, Zweigen oder Stroh im Verhältnis 1:2 (s. o.). Rasenschnitt lassen Sie erst mal antrocknen, bevor er – ebenfalls gemischt mit Strukturmaterial – auf den Kompost kommt.
› S. 29, Küchen- und Gartenabfälle kompostieren

Die Mischung macht's

Strukturmaterial	Weiches Material
Äste und Zweige (klein geschnitten)	Balkonpflanzenreste
Heckenschnitt	Ernterückstände
Laub (getrocknet)	Fallobst
Rinde (grobe Stücke)	Küchenabfälle (roh)
Sägespäne	Laub (frisch)
Stroh	Rasenschnitt
Zeitungspapier	Staudenschnitt

K › Kompost verrottet nicht

? Kompost verrottet nicht

Unser Kompost ist nach sechs Monaten immer noch nicht verrottet. Außerdem scheint das Material zu schimmeln und riecht etwas modrig. Wie kann ich den Prozess beschleunigen?

Das Material ist zu trocken

Die kleinen Bodenlebewesen, die so eifrig die Gartenabfälle zersetzen und fruchtbaren Humus produzieren, brauchen für ihre Arbeit genügend Feuchtigkeit. Sie streiken bei Wassermangel – dann geht die Rotte nicht voran. Wenn Sie einen weißen Schimmelbelag erkennen und der Kompost leicht nach Pilzen riecht, ist das Material zu trocken. Das passiert leicht, wenn man größere Mengen trockenes Strukturmaterial wie Holzabfälle kompostiert und das Mischungsverhältnis mit weichem Material nicht stimmt.

→ **Der Standort sollte geschützt sein**
Damit das Kompostmaterial insbesondere an heißen Sommertagen nicht so schnell austrocknet, sollte der Kompost einen schattigen Standort haben. Unter dem Blätterdach von Holunder oder einem anderen Gehölz wird die starke Verdunstung an heißen Tagen vermindert. Umgekehrt wird die Miete dort bei starken Regenfällen auch nicht zu nass.
› S. 26, Kompost stinkt

→ **Setzen Sie den Kompost um**
Bauen Sie den Komposthaufen neu auf, indem Sie in ausreichenden Mengen feuchte Küchenabfälle, Rasenschnitt oder Fallobst unter das Kompostgut mischen. Reicht ein Teil feuchtes, weiches Material nicht auf zwei Teile trockenes Strukturmaterial (› S. 26, Tab.), sollten Sie den Anteil des feuchten Materials etwas erhöhen.
› S. 26, Kompost stinkt

→ **Beschleunigen Sie den Rotteprozess**
Um die Rotte wieder in Gang zu setzen, mischen Sie immer wieder etwas reifen Kompost aus Restbeständen zwischen das Material. Ein Kompostbeschleuniger ist nicht nötig, vorteilhaft ist aber eine Gabe Bentonit, ein Tonmehl, das neben anderen guten Eigenschaften auch die Fähigkeit hat, Feuchtigkeit zu binden und sich mit den Humusteilchen dauerhaft zu wertvollen Ton-Humus-Komplexen (› Glossar, S. 226) zusammenzuschließen. Bentonit bekommt man im Fachhandel.
› S. 29, Sandboden

→ **Decken Sie die Miete zu**
Unter einer schwarzen Folie, z. B. Mulchfolie (› Glossar, S. 224), können Feuchtigkeit und Wärme in der Kompostmiete nicht so rasch entweichen. Die Arbeit der Mikroorganismen läuft unter diesen Umständen auf Hochtouren, und in wenigen Monaten bildet sich schwarzer, krümeliger Kompost.

→ **Thermokomposter versprechen zu viel**
Den Einsatz eines sogenannten Thermokomposters kann ich als Alternative nicht empfehlen. In Versuchen konnte man darin keine deutliche Temperaturerhöhung und damit schnellere Verrottung gegenüber dem klassischen Komposthaufen feststellen. Außerdem lässt sich der Rotteprozess darin nicht so gut kontrollieren wie in einer offenen Miete. Auch der Feuchtigkeitsgehalt lässt sich nicht sehr zuverlässig beurteilen. Am besten ist daher ein offener Kompost. ❋

Kompost ansetzen

(1) Ansetzen
Mischen Sie für den Kompost weiches, feuchtes Material und trockenes Strukturmaterial im Verhältnis 1:2.

(2) Umsetzen
Nach 2–3 Monaten mischt man die Bestandteile im Kompost noch einmal gut durch, lockert und lüftet sie dabei.

(3) Reifer Kompost
So sieht das Ergebnis nach ca. 6 Monaten aus: krümeliger, duftender nährstoffreicher Kompost.

BODEN & KOMPOST

? Kompostmenge

Mit meinen Gartenabfällen ergibt sich immer eine beträchtliche Menge Kompost. Gibt es auch Pflanzen, die die Düngung damit nicht vertragen?

Die Starkzehrer (❯ Glossar, S. 226) unter den Gemüsepflanzen schätzen Kompostgaben sehr, andere wie Bohnen oder Salat haben weniger hohe Ansprüche an die Nährstoffversorgung, ebenso wie die meisten Zierpflanzen. Für manche Pflanzen in Moorbeetkulturen oder in Steingärten ist eine Kompostgabe gar nicht geeignet.

➔ **Maßvoll dosieren**
Auch mit Kompostgaben kann man den Boden überdüngen. Um das zu vermeiden, arbeiten Sie höchstens 3 l Kompost pro m² in den Boden ein; das entspricht einer Schicht von 3 mm Höhe. In Staudenbeeten und um Obst- und Ziergehölze reichen 2 l pro m². Schwachzehrer (❯ Glossar, S. 225) wie Buschbohnen brauchen gar keinen Kompost. Ihnen reichen die im Boden natürlich vorhandenen mineralischen Nährstoffe wie Kalium, Stickstoff und Phosphor meist völlig aus.
❯ S. 54, Dünger ❯ S. 178, Fruchtwechsel einhalten

➔ **Tabu im Moorbeet**
Für Azaleen und Rhododendron, Heidelbeeren, Hortensien und andere Arten nährstoffarmer Böden (❯ S. 25, Tab.) ist der hohe pH-Wert von Kompost ungeeignet. Sie benötigen saures Substrat mit pH-Werten um 5. Für bodenverbessernde Maßnahmen bietet sich auf diesen Flächen das Mulchen (❯ Glossar, S. 224) mit Rindenabfällen und Laubkompost an.
❯ S. 61, Rindenmulch im Beet
❯ S. 58, Herbstlaub entsorgen

➔ **Verzicht im Magerrasen**
Auch Magerrasenarten wie Heidenelke oder Steppenkerze, alpine Pflanzen und mediterrane Kräuter wie Lavendel oder Rosmarin, die einen durchlässigen, humusarmen Boden schätzen, vertragen Kompost nicht so gut. Sie bilden dann viel Blattmasse auf Kosten der Blüte und werden anfällig für Pilzkrankheiten und Frost. ❈

Das „Gold des Gärtners"

Geldanlage: Kompost ist wertvoll – und das ist durchaus wörtlich gemeint. Er kostet nichts, und Sie können sich das Geld für Dünger oder Bodenverbesserer sparen.

Reichtum: Kompost steckt voller wertvoller Nährstoffe, die die Pflanzen zum Wachsen und Blühen brauchen.

Bodenleben: Die organische Masse lockt eine Vielzahl von Mikroorganismen herbei und kurbelt so das Bodenleben an. Von kleinsten Bakterien bis zum Regenwurm beginnt ein Heer von Bodentieren mit der Arbeit: Biomasse wird zersetzt und die Erde durchmischt und belüftet, bis sie schließlich ihre begehrte krümelige Struktur erhält.

? Kompostreife

Auf meinen Kompost bringe ich immer wieder neues Material und setze ihn von Zeit zu Zeit um. Wie lange dauert es, bis ich ihn verteilen kann. Und gibt es einen besonders günstigen Zeitpunkt dafür?

Im Frühjahr aufgesetzter Kompost reift in der sommerlichen Wärme schneller. Beginnen Sie erst im Herbst, müssen Sie länger warten, da die Bodentiere zwischendurch „Winterschlaf" halten. Unter optimalen Bedingungen ist der Kompost spätestens nach einem Jahr reif. Sie können den Prozess beschleunigen, wenn Sie den Kompost z. B. mit einer schwarzen Mulchfolie abdecken. Darin benötigt die Rotte aufgrund der höheren Temperaturen nur 3–4 Monate.

➔ **So erkennen Sie reifen Kompost**
Außer groben Holzanteilen sind die einzelnen Bestandteile nicht mehr zu unterscheiden, der Kompost ist braun und krümelig und duftet nach Erde. Die Regenwürmer sind arbeitslos und verlassen den Komposthaufen bis auf einige wenige Exemplare.

➔ **Sorgen Sie für gute Startbedingungen**
Bringen Sie Kompost im Frühjahr aus, damit die Pflanzen zu Beginn der Wachstumsperiode mit Nährstoffen versorgt sind. ❈

S › Sandboden

? Küchen- und Gartenabfälle kompostieren

Neulich las ich in der Zeitung, dass man nicht alle pflanzlichen Küchenabfälle auf den Kompost geben sollte. Was kann ich denn überhaupt kompostieren?

Problematisch sind vor allem mit Pestiziden behandelte Obst- und Gemüseschalen, z. B. von Zitrusfrüchten. Zwar sind Rückstände nicht im fertigen Kompost nachzuweisen, aber Produkte aus konventionellem Anbau sind grundsätzlich bedenklich.

→ **Trennen Sie die Abfälle**
Geben Sie am besten nur Obst- und Gemüseschalen aus biologischem Anbau auf den Kompost. Kaffeesatz und -filter sowie Teeblätter und -beutel können Zink- und Kupferanteile enthalten und gehören besser in die Biotonne, genauso wie Holzasche, die bis vor kurzem als billiger Kalidünger galt. Sie ist aber ebenso mit Schwermetallen belastet. Gekochte Essensreste sind auch tabu. Sie locken Ratten an und erhöhen die Infektionsgefahr mit Salmonellen.

→ **Unkraut und Keimträger zum Restmüll**
Unkrautsamen und -wurzeln werden in der Rotte genauso wenig abgetötet wie Krankheitskeime auf Pflanzen. Auch Papiertaschentücher, Staubsaugerbeutel und Kleintierstreu gehören in den Restmüll.

TIPP!
So geht's schneller

Bunter Mix: Wenn Sie schnell gärendes Material mit langsam verrottenden Resten mischen, schlagen Sie gleich zwei Fliegen mit einer Klappe: Sie verhindern bei feuchtem Material Fäulnis und regen bei trockenem Material den Rotteprozess an.

Gras & Immergrüne: Rasenschnitt fängt in großen Mengen schnell an zu faulen. Mischt man ihn mit Schnittmaterial der Thuja-Hecke, ist der Rotteprozess ausgewogen.

Laub & Gras: Gerbsäurereiches Walnuss- und Eichenlaub lässt sich mit Gras vermischt ebenfalls schneller kompostieren.

Pflanzen, die auf Sand „bauen"

Deutscher Name	Botanischer Name
Besenheide	Calluna vulgaris
Federgras	Stipa pennata
Ginster	Genista scoparia
Hohe Fetthenne	Sedum 'Herbstfreude'
Karthäuser-Nelke	Dianthus carthusianorum
Kissen-Aster	Aster dumosus
Pfeifengras	Molinia caerulea
Pfingstrose	Paeonia lactiflora
Sommerflieder	Buddleja davidii
Thymian	Thymus vulgaris

? Sandboden

In unserem ausgesprochen sandigen Boden will nichts richtig wachsen, und auch das Gießwasser versickert immer sofort. Welche Maßnahmen eignen sich, um ihn in seiner Struktur zu verbessern?

In einem sandigen Boden rieseln den Pflanzen Wasser und Nährstoffe buchstäblich durch die Wurzeln davon.

→ **Kompost wirkt Wunder**
Kompost fördert durch seinen Humusgehalt eine lockere Krümelstruktur und lockt Bodenlebewesen an, die wertvolle Ton-Humus-Komplexe (› Glossar, S. 226) produzieren. Deren Bildung beschleunigt man auch durch eine Gabe Bentonit. Es besteht aus Tonmineralen, die enorm quellfähig sind und daher Wasser und Nährstoffe wie ein Schwamm festhalten können.

→ **Pflanzen Sie standortgemäß**
Eine ganze Reihe bekannter und beliebter Stauden und Gehölze gedeihen auch gut auf sandigen Böden (› Tab.).

→ **Mulch hält feucht**
Eine Schicht Mulch (› Glossar, S. 224) aus Pflanzenresten wirkt doppelt: Der Boden bleibt feucht und die verwitternde Biomasse liefert wertvollen Humus.

29

BODEN & KOMPOST

Sandig oder lehmig: Testverfahren für Ihren Boden

→ **Bodenprobe:** Entnehmen Sie an mehreren Stellen mit der Handschaufel etwas Erde. Vermischen Sie die einzelnen Proben miteinander und geben Sie sie in eine Tüte. Schicken Sie diese an ein Untersuchungslabor (› S. 230, Adressen). Die Analyse gibt Auskunft über Bodenart und Bodentyp und enthält Düngeempfehlungen.

↓ **pH-Wert:** Lackmuspapier aus der Apotheke gibt Aufschluss über den Säuregehalt. Färbt sich das Papier in der Bodenlösung rot, reagiert der Boden sauer. Ist die Lösung alkalisch, wird das Papier blau.

← **Schlämmprobe:** Geben Sie etwas Erde in ein mit Wasser gefülltes Glas. Wenn sie sich auflöst, setzen sich grobe Bestandteile wie Sand am Boden des Gefäßes ab. Darüber reichern sich die leichteren Tonteilchen ab und an der Wasseroberfläche poröse Bestandteile wie Humus.

S › Sandig oder lehmig: Testverfahren für Ihren Boden

(1) Lehm- und Tonboden
Lässt sich die Bodenprobe zu einer dicken Wurst ausrollen, enthält der Boden überwiegend lehmige und tonige Anteile in feinen Korngrößen. Die kleinen Poren im Boden haben eine große Kapillarkraft mit hohem Wasserhaltevermögen, können aber nicht viel Wasser aufnehmen.

(2) Sandiger Boden
Bei der Fingerprobe rieselt Sandboden zwischen den Fingern hindurch. Er ist überhaupt nicht bindig und lässt sich auch nicht zu einem Klumpen formen. Die einzelnen Körner kann man deutlich erkennen und spüren. Wasser versickert in den großen Poren im Boden sofort.

(3) Humoser Boden
Ist der Boden krümelig und von dunkler Farbe, ist das ein Zeichen dafür, dass er viel organisches Material enthält. Er ist gleichermaßen sandig und tonig und daher nicht mehr so bindig wie toniger Boden. Man kann ihn gut formen und er backt in der Hand als bröseliger Klumpen zusammen.

So lernen Sie Ihren Boden gründlich kennen

Boden ist nicht gleich Boden: Je nach Ausgangsgestein und Tiefe wechselt die Zusammensetzung verschiedener Mineralien und humoser Bestandteile im Boden. Dieses Bodengefüge zeigt sich in verschiedenen Schichten und der Trennung in einen dunklen (humosen) Oberboden, den Mutterboden, und einen helleren Unterboden.

Machen Sie den Spatentest: Vitaler Boden ist krümelig, locker und ausreichend feucht. Mit einem Spatenstich bekommen Sie schon einen Eindruck davon, wie locker und tiefgründig Ihr Gartenboden ist.

Fingerprobe: Wenn Sie etwas Erde zwischen den Fingern reiben, bekommen Sie ein Gefühl für die Bodenart, die von der Zusammensetzung der einzelnen Mineralien und ihren Korngrößen (z. B. feiner Ton oder grober Sand) abhängt (› Abb. 1–3).

pH-Wert: Ob der Boden sauer oder basisch ist, hängt vom Gehalt an Wasserstoffionen (lat. potentia hydrogenii) in der Bodenlösung ab. Je höher er ist, desto höher ist die Säurekonzentration und desto niedriger ist der pH-Wert. Bei pH 7 ist das Säure-Basen-Verhältnis neutral.

BODEN & KOMPOST

? Schwerer Boden

Unser Boden ist lehmig und nur sehr schwer zu bearbeiten. Wie bereiten wir ihn für die Anlage eines Staudenbeetes und eine Gehölzpflanzung vor?

Lehmboden enthält viele feine Tonanteile, die vor allem im nassen Zustand quellen und sich stark verdichten.

› S. 32, Staunässe   › S. 33, Verdichteter Boden

→ **Arbeiten Sie Sand und Humus ein**
Arbeiten Sie eine 5–10 cm hohe Schicht Sand und etwas Kompost mit einem Kultivator in den Boden ein. Sand lockert den Boden auf, und der Humus macht ihn krümeliger.

› S. 24, Boden hart und trocken
› S. 56/57, Grundausstattung & praktische Helfer

→ **Säen Sie Gründünger**
Ideale Vorbereitung für spätere Bepflanzung ist eine Gründüngung (› Glossar, S. 223) mit Bienenfreund, Lupinen oder Raps. Ihre langen Wurzeln lockern den Boden tiefgründig.

› S. 24, Boden hart und trocken

→ **Mulchen Sie den Boden**
Eine Mulchschicht aus Pflanzenmaterial (› S. 60, Tab.) lockt Bodenlebewesen an. Diese verwandeln das Mulchmaterial in Humus.

› S. 60, Mulchen auf Neupflanzungen

→ **Lassen Sie den Frost arbeiten**
Graben Sie im Herbst die obersten 15–20 cm des Bodens mit dem Spaten um. Die groben Schollen sind den Winter über dem Frost ausgesetzt, der nach dem als Frostgare (› Glossar, S. 223) bezeichneten Prozess lockere, krümelige Gartenerde hinterlässt. ❈

? Staunässe

Nach starken Regenfällen steht bei mir an einigen Stellen im Garten das Wasser für einige Stunden, bis es versickert. Schadet das den Pflanzen?

Der Abfluss wird verhindert
Nur Sumpfpflanzen vertragen dauerhaft stauende Nässe. Grund dafür ist eine undurchlässige Schicht im Boden. Das Wasser verdrängt den Sauerstoff, die Wurzeln bekommen dann keine Luft mehr und sterben ab. Sie sollten also etwas unternehmen.

→ **Arbeiten Sie Schotter ein**
Graben Sie an den nassen Stellen 20 cm breite, ca. 1 m tiefe Löcher und füllen Sie sie mit Schotter. Auf den Schotter legen Sie ein

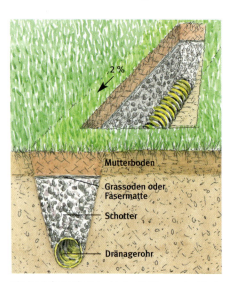

Ein im Schotterbett verlegtes Dränagerohr führt überschüssiges Regenwasser ab. Die für Pflanzen gefährliche Staunässe wird so vermieden.

durchlässiges Gartenvlies (› Glossar, S. 223) und füllen zum Abschluss eine dünne Schicht Erde auf. In diesen „Sickerlöchern" kann das Wasser jetzt schneller abfließen.

› S. 33, Verdichteter Boden

→ **Legen Sie eine Dränage**
Darunter versteht man alle Maßnahmen, die das Abfließen von Wasser erleichtern. Erkundigen Sie sich im Baumarkt nach geschlitzten PVC-Dränagerohren. Verlegen Sie diese selber wie unten beschrieben oder beauftragen Sie einen Fachmann damit.

Legen Sie die Rohre in ca. 50 cm tiefe, mit Schotter gefüllte Gräben mit mindestens 2 % Gefälle (› Abb.). Das Wasser dringt durch die Schlitze und wird entweder in einen Sickerschacht, die Kanalisation (dazu ist ein Sandfang als Filter nötig) oder einen Teich abgeleitet. Achtung: Bei lehmigen Böden nützt die Dränage nur wenig, da das Wasser in den feinen Hohlräumen zwischen den Tonteilchen durch Kapillarkräfte festgehalten wird.

› S. 32, Schwerer Boden

Wasser sammelt sich in einer Mulde
→ **Legen Sie ein Sumpfbeet an**
Machen Sie bei hoch anstehendem Grundwasser aus der Not eine Tugend und bepflanzen Sie die Geländemulde mit nässeliebenden Sumpfpflanzen wie Blut-Weiderich, Sumpf-Dotterblume oder Pfeifengras. ❈

? Verdichteter Boden

Wir wollen bauen und möchten auch einen Garten anlegen. Wie bereiten wir den Gartenboden nach den Baumaßnahmen für die Pflanzung vor?

Nach Baumaßnahmen ist der Boden erfahrungsgemäß durch Baumaschinen stark verdichtet. Um ihn bepflanzen zu können, muss er zunächst tiefgründig aufgelockert werden.

➜ **Lagern Sie den Oberboden**
Die wertvolle oberste Bodenschicht, auch Ober- oder Mutterboden genannt, muss vor Beginn der Bauarbeiten abgetragen und gesichert werden. Am besten lagert man den Boden während der Bauzeit in einer Miete abseits der Baustelle und bedeckt ihn mit Folie.

➜ **Veranlassen Sie eine Tiefenlockerung**
Regeln Sie vertraglich, dass die Baufirma nach Beendigung der Baumaßnahmen eine sogenannte „Tiefenlockerung" durchführt. Mit geeignetem Gerät wird der Unterboden dazu mindestens 40 cm, besser 60–80 cm tief aufgelockert. Erst dann darf der gelagerte Oberboden wieder aufgefüllt werden.

➜ **Säen Sie Gründüngung ein**
Auch mit Gründüngung (❯ Glossar, S. 223) lässt sich der Boden gut auflockern und für die weitere Bepflanzung vorbereiten. Die tiefgründigen Wurzeln von einjährigen Arten wie Lupine, Senf, Raps, Ackerbohne, Platterbse oder Bienenfreund hinterlassen Hohlräume, über die der Boden mit Luft versorgt und gelockert wird.

❯ S. 24, Boden hart und trocken

Populäre Gartenirrtümer

Bevor man das Beet im nächsten Jahr neu bepflanzen kann, muss man im Herbst den Boden tiefgründig umgraben.

Das ist nur zum Teil richtig. Schwere Böden lassen sich im Frühjahr leichter bearbeiten, wenn sie im Herbst umgegraben wurden. In sandigen und humosen Böden hat diese Methode aber Nachteile. Die von Mikroorganismen belebte oberste Schicht wird durch das Umgraben gestört. Unbelebte Erde kommt an die Oberfläche und muss erst wieder neu besiedelt werden. Auf bepflanzten Beeten werden zudem die Wurzeln der Bäume, Sträucher und Stauden arg in Mitleidenschaft gezogen. Besser ist es, auf das Umgraben zu verzichten und den Boden mit einer Grabegabel nur oberflächlich vorsichtig zu lockern.

Vom Umgang mit Kompost kann man krank werden, weil im Kompostmaterial Keime sind, die Infektionen verursachen können.

Normalerweise nicht. Wenn der Komposthaufen aus geeignetem Material aufgebaut wird, lässt sich eine Gesundheitsgefährdung ausschließen. Essensreste, verdorbene Ware und Pflanzen, die mit Schädlingen befallen sind oder eine Krankheit aufweisen, sollte man nicht kompostieren, um eine Verbreitung ansteckender Keime zu verhindern. Aus hygienischen Gründen sind auch Kleintierstreu und Papiertaschentücher zur Kompostierung nicht geeignet. Hält man sich an diese Vorgaben, sind die Verwendung und der Umgang mit Kompost bedenkenlos.

❯ S. 29, Küchen- und Gartenabfälle kompostieren

Bei der Neuanlage von Beeten sollte man vor dem Bepflanzen immer etwas Torf mit einarbeiten, um den Boden aufzulockern.

Das kann man nicht empfehlen. Als Mittel zur Bodenverbesserung hat Torf heute aus mehreren Gründen ausgedient. Torf ist nach großflächiger Ausbeutung der Moore zu einem knappen Rohstoff geworden. Die letzten intakten Moorflächen unterliegen heute strengen Schutzauflagen. Deshalb wird er von verantwortungsbewussten Herstellern von Gartensubstraten zunehmend durch andere Produkte wie Rindenhumus oder Kompost ersetzt. Dazu kommt, dass der niedrige pH-Wert von Torf vielen Gartenpflanzen eher abträglich und seine auflockernde Wirkung auch nur von kurzer Dauer ist.

33

Pflanzen und vermehren

Ob durch Aussaat, Stecklinge oder Absenker – Pflanzennachwuchs selber großzuziehen spart nicht nur Geld. Es macht auch richtig Spaß zu beobachten, wie aus kleinen Samenkörnern oder Stecklingen in kurzer Zeit prächtige Gewächse werden. Wenn Sie schon beim Einpflanzen gute Voraussetzungen für üppiges Wachstum schaffen, fühlen sich Ihre Pflanzen garantiert von Anfang an rundum wohl.

PFLANZEN UND VERMEHREN

? Blumenzwiebeln pflanzen

Ich habe im September verschiedene Blumenzwiebeln gekauft. Worauf muss ich achten, wenn ich sie pflanze, und wann ist der beste Zeitpunkt dafür?

Zwiebeln setzen

Die Pflanztiefe: Setzen Sie die Zwiebel etwa zwei- bis dreimal so tief ein, wie sie dick ist. Bei zu tiefer Pflanzung bleibt der Austrieb womöglich in der Erde stecken.

(1) Pflanzloch ausstechen
Stechen Sie mit einem Zwiebelpflanzer ein Loch in entsprechender Tiefe in die Erde.

(2) Zwiebeln einsetzen
Setzen Sie die Zwiebeln aufrecht mit dem spitzen Ende nach oben ins Loch.

(3) Loch verschließen
Füllen Sie das Loch mit Erde auf und drücken sie an. Markieren Sie die Pflanzstelle.

Die Größe der Zwiebel gibt vor, wie tief man sie einsetzt. Frühjahrsblüher wie Narzissen und Tulpen pflanzt man im Herbst. Lilien oder frostempfindliche Gladiolen, die im Sommer blühen, setzt man erst im Frühjahr ein. Für die Frühlingsblüher gilt: Je früher man die Zwiebeln setzt, desto sicherer erfolgt die Bildung von Wurzeln. Das ist wichtig, bevor strenger Frost einsetzt, der das Wachstum unterbricht. Robuste Arten wie Tulpen z. B. kann man aber durchaus noch pflanzen, wie es frostfrei ist, selbst im Dezember ist das noch möglich (❯ S. 37, Kasten).

❯ S. 135, Zwiebelblumen blühen nicht
❯ S. 136, Zwiebelblumen verschwinden

→ **Achten Sie auf Qualität**
Zwiebeln sollten beim Pflanzen keine Druckstellen, Verletzungen oder Schimmelbildung aufweisen. Zu trockene Zwiebeln fühlen sich weich und leicht an. Frische Zwiebeln sind fest und vergleichsweise schwer.

→ **Lagern Sie die Zwiebeln richtig**
Besonders kleine Zwiebeln und Knollen trocknen recht schnell ein, wenn man sie nicht gleich einpflanzt, und gehen dann im Frühling nicht auf. Wenn Sie nicht gleich pflanzen können, sollten Sie Zwiebeln und Knollen grundsätzlich frostfrei, kühl und dunkel lagern. Ein Kellerraum z. B. ist ideal. Sorgen Sie dafür, dass sich kein Schwitzwasser in Plastikbeuteln o. Ä. bilden kann. Mit etwas Holzwolle gefüllte Papiertüten sind zur Aufbewahrung gut geeignet. Wenn Sie die Pflanzung im Herbst verpasst haben, können Sie auch blühende Exemplare im Frühjahr kaufen und einpflanzen (❯ S. 50, Tipp).

→ **Pflanzen Sie in Gruppen**
Es ist Geschmackssache, ob man Zwiebeln gruppenweise oder einzeln pflanzt. Gruppen haben eine opulentere Wirkung. Dazu setzt man die Zwiebeln nebeneinander in ein entsprechend großes Pflanzloch im Beet. Lassen Sie je nach Größe genug Abstand zwischen den Zwiebeln. Die halbe Wuchshöhe ist ein guter Anhaltspunkt (bei Tulpen 10–15 cm).

→ **Pflanzen Sie Zwiebeln einzeln**
Zwiebel- und Knollenpflanzen, die verwildern, etwa Narzissen, Krokusse, Anemonen, Blausternchen und Winterlinge, wirken natürlicher, wenn sie separat in kleine Pflanzlöcher gesetzt werden. Nutzen Sie das Zufallsprinzip, indem Sie die Zwiebeln auf das Beet, Rasenstück oder zwischen Gehölze werfen und sie an Ort und Stelle einpflanzen. Mit einem Zwiebelpflanzer (❯ Abb. 1–3) kann man die Löcher leichter ausheben.

→ **Beachten Sie die Pflanztiefe**
Nach einer Faustregel pflanzt man Zwiebeln zwei- bis dreimal so tief, wie die Zwiebel dick ist. Eine Ausnahme machen Echte Lilien und Kaiserkronen (*Fritillaria imperialis*). Sie werden etwa dreimal so tief gepflanzt, wie die Zwiebel dick ist. Abgesehen von der Madonnen-Lilie (*Lilium candidum*) bilden Lilien am Spross zwischen Zwiebel und Erdoberfläche nämlich zahlreiche Wurzeln. Die Madonnen-Lilie setzt man dagegen ganz flach ein.

D › Dahlien blühen spät

Pflanzzeiten für Blumenzwiebeln

Ende August / Anfang September:
Herbstzeitlose, Madonnen-Lilie sowie kleine Zwiebeln und Knollen wie Märzenbecher oder Schneeglöckchen

Bis Mitte, spätestens Ende September:
Alpenveilchen, Anemone, Hyazinthe, Kaiserkrone, Narzisse, Netzblatt-Iris, Riesen-Hundszahn, Schachbrettblume, Schneeglanz, Winterling, Zier-Lauch, Zwerg-Schwertlilie

Bis Mitte / Ende Oktober:
Echte Lilien

Bis Anfang Dezember:
Blausternchen, Krokus, Traubenhyazinthe, Tulpe

Ab Mai:
z. B. Gladiole, Kaplilie, Schopflilie, Tagblume

? Bohnen gehen schlecht auf

Von meinen Buschbohnen ist nach der Aussaat nur ein Stiel ohne Blätter zu sehen. Sind die Triebe verkümmert, oder woran liegt das?

Es handelt sich um Larvenfraß
Bohnenfliegen legen ihre Eier zwischen Mai und Juli im Boden ab. Wenn die Bohnen bei kühler Witterung nur langsam keimen, haben die schlüpfenden Larven der Bohnenfliege ausreichend Gelegenheit, an den Keimblättern zu fressen.

→ **Säen Sie später**
Säen Sie die Bohnen erst direkt ins Beet, wenn der Boden schon stärker erwärmt ist, etwa Mitte Mai. Dann wachsen sie schneller heran und sind robuster gegen Fraßschäden.

→ **Ziehen Sie in Töpfen vor**
Ziehen Sie die Bohnen in Vorkultur im Haus oder Gewächshaus und pflanzen Sie sie erst als Jungpflanze ins Beet um.

→ **Bedecken Sie das Beet mit einem Schutzvlies**
Legt man am besten schon vor der Aussaat ein feines Schutzvlies (› Glossar, S. 225) auf das Beet, können die Bohnenfliegen keine Eier im Boden ablegen, aus denen die gefräßigen Larven schlüpfen.
› S. 77, Fraßgänge in Rettich ✻

→ **Zwiebeln richtig einsetzen**
Die meisten Zwiebeln sind oben spitz und unten flach. Manchmal lässt sich das aber kaum erkennen. Dann pflanzt man sie am besten schräg – so kann sich der Spross notfalls aufrichten. Sie können sie auch 1–2 Wochen vor der Pflanzung in lockeres, feuchtes Substrat legen. Bei Wärme treiben sie aus, und man sieht deutlich, wo sich Spross und wo sich Wurzeln entwickeln.

→ **Trick bei Kaiserkronen**
Pflanzen Sie Zwiebeln, die in der Mitte eine Vertiefung aufweisen, wie bei der Zwiebel der Kaiserkrone, leicht schräg ein. So kann sich kein Wasser in der Kuhle sammeln, das die Zwiebeln faulen lässt. ✻

? Dahlien blühen spät

Meine Dahlien blühen viel später als die, die es ab Juni im Gartencenter zu kaufen gibt. Was machen die Gärtner dort anders?

Die Vorkultur fehlt
Kleinwüchsige Dahlien werden meist in Vorkultur im Gewächshaus aus Samen herangezogen und blühen dann auch entsprechend früh im Jahr.
Größere Dahlien, die man als Knollen überwintert hat, werden in der Gärtnerei schon Anfang März unter Glas in Töpfe gepflanzt, sodass sie bereits ab Ende Mai blühen. Pflanzt man die frostempfindlichen Knollen erst Ende April oder Anfang Mai ins Freiland, blühen sie oft erst im Juli.

→ **Treiben Sie Knollen im Haus vor**
Bringen Sie überwinterte Knollen zum vorzeitigen Austrieb. Dazu setzt man sie im März in einen Topf mit Blumenerde und hält sie feucht. An einem hellen Fenster in einem kühlen, frostfreien Raum werden sie bald austreiben. Die weichen Triebe gewöhnt man bei mildem Wetter vorsichtig stundenweise an die Außentemperaturen. Erst wenn die Spätfrostgefahr vorbei ist (Ende Mai), werden die Pflanzen an Ort und Stelle vorsichtig in den Garten gesetzt. ✻

37

PFLANZEN UND VERMEHREN

? Dahlien vermehren

Ich überwintere meine Dahlienknollen immer erfolgreich. Kann ich große Exemplare nicht auch teilen, um neue Pflanzen zu bekommen?

Dahlienknollen teilt man so, dass ein Teilstück mindestens eine vitale Triebknospe aufweist.

Dahlienknollen mit mehreren Triebknospen kann man im Frühjahr vor dem Einpflanzen gut durch Teilung vermehren. Wichtig ist nur, dass jedes Teilstück mindestens eine, besser zwei oder drei Triebknopsen aufweist. Nach dem Winter zeigen sich an der Knolle oft mehrere neue Knospen. Je mehr Triebe das abgetrennte Teilstück hat, umso üppiger wird sich die Pflanze entwickeln.

➜ **Teilen Sie die Knollen**
Große Knollen kann man vorsichtig auseinander ziehen. Manchmal muss man etwas ruckeln, damit sich die Knollenstücke voneinander lösen. Sie können die Knollen auch mit einem scharfen, sauberen Messer durchschneiden. Teilen Sie die Knollen so, dass an jedem Teilstück ein bis drei Knospen verbleiben. Wenn die Schnittstellen klein sind, ist die Infektionsgefahr geringer. Sie können sie auch mit Holzkohlenpulver desinfizieren.

➜ **Canna und Co**
Andere Knollenpflanzen, die wie Dahlien überwintert werden, lassen sich ebenfalls durch Teilung vermehren, z. B. Blumenrohr (*Canna*) und Begonien. Bei etwas zähen Knollen ist es nötig, mit dem Messer nachzuhelfen. Lassen Sie die Schnittstellen bei Begonien vor dem Pflanzen etwas antrocknen, um Fäulnisbildung vorzubeugen.

? Dahlienknollen vertrocknet

Meine Dahlienknollen sind nach dem Überwintern ganz weich, viel leichter und sehen vertrocknet aus. Was habe ich bloß falsch gemacht?

Sie wurden falsch gelagert
Dass Dahlienknollen und auch andere Knollengewächse über Winter vertrocknen, passiert häufig. Sie wurden dann meist an einem zu warmen Platz überwintert. Die einzige Knolle, die warm, also bei Zimmertemperatur, überwintert wird, ist die Ruhmeskrone (*Gloriosa rothschildiana*).

➜ **Lagern Sie die Knollen richtig**
Ein kühler, frostfreier und dunkler Keller ist für fast alle nicht winterharten Blumenzwiebeln ideal. Bei 5–7 °C und ausreichender Luftzirkulation bleiben sie frisch und faulen nicht. Drahtgitter oder Holzroste sind eine gute Unterlage. Auch eine mit Zeitungspapier ausgeschlagene Holzkiste eignet sich zur Aufbewahrung. Ist der Standort wärmer, legen Sie die Knollen in Torf, Sägespäne oder Sand und feuchten sie gelegentlich an.

➜ **Wässern Sie die Knollen**
Oft regenerieren sich die trockenen Knollen noch mal und entwickeln trotzdem Triebe, wenn sie bis spätestens Juni in die Erde kommen (❯ Tipp).

> **TIPP!**
> **Dahlien im Dornröschenschlaf**
>
> **Lebensgeister wecken:** Bei vertrockneten Dahlienknollen kann man versuchen, die Knollen durch mehrstündiges Wässern vor dem Einpflanzen wiederzubeleben. Meist erholt sich die Pflanze dann und wird auch blühen. Üppigen Wuchs sollten Sie aber nicht erwarten. Die Knolle kann auch erneut bei richtiger Lagerung überwintert werden.
>
> **Andere Arten:** Begonien oder Canna können Sie so ebenfalls aus dem „Trockenschlaf" wecken. Auch bei Calla funktioniert das hin und wieder. Schwieriger ist es bei Freesien, Gladiolen oder Montbretien. Lagert man sie zu lange, trocknen sie unwiderruflich ein.

D › Direktsaat geht nicht auf

? Direktsaat geht nicht auf

Wenn ich Gemüse direkt ins Beet aussäe, gehen die Samen oft gar nicht oder nur sehr wenige davon auf. Können das nur Profigärtner?

Termine für die Direktsaat

Name	Aussaatzeit
Bohnen	Mai – Juli
Chinakohl	Juli – August
Dicke Bohnen	März – April
Endivie	Juni – Juli
Erbsen	April – Mai
Grünkohl	Juni – Juli
Möhren	März – Juli
Porree	April – Juni
Radieschen	fast ganzjährig
Salat	März – August
Spinat	fast ganzjährig
Zwiebeln	März – April; August – September

Die Temperatur stimmt nicht
Je nach Art kann der Zeitpunkt für die Aussaat verschieden sein. Ist der Boden noch zu kalt, gehen die Samen nicht auf.

→ **Halten Sie sich an die Aussaatzeiten**
Richten Sie sich nach den Angaben auf der Verpackung. Dort steht, welcher Zeitraum sich am besten zur Aussaat eignet (› Tab.).
› S. 228, Kalender mit Aussaatzeiten

→ **Vorkultur für empfindliche Arten**
Insbesondere Wärme liebende Gemüsesorten wie Tomaten, Paprika oder Zucchini keimen am besten an einem warmen, hellen Platz im Haus oder Frühbeet.
› S. 40, Direktsaat kümmert
› S. 186, Paprika bildet kaum Früchte

Das Beet wurde nicht vorbereitet
In einem harten Boden können sich die jungen Wurzeln nicht richtig ausbreiten.

→ **Bereiten Sie das Saatbeet vor**
Entfernen Sie Steine und Wurzelreste. Lockern Sie den Boden spatentief und rechen Sie ihn vor der Aussaat glatt. Schweren oder sandigen Boden sollten Sie zuerst verbessern.
› S. 29, Sandboden › S. 32, Schwerer Boden

Der Boden ist zu trocken
Keimende Pflanzen haben keinen Wasserspeicher. Sie müssen daher über die Wurzeln gleichmäßig feucht gehalten werden.

→ **Halten Sie den Boden feucht**
Nach der Aussaat ist regelmäßiges Wässern nicht nur in Trockenzeiten ein Muss. Achten Sie aber darauf, dass das Wasser locker in den Boden einfließen kann und die Erde nicht verschlämmt, verdichtet oder fortschwemmt.

Den Samen fehlt ein Kältereiz
Bei sogenannten Kaltkeimern (› Glossar, S. 223) wie Bärlauch oder Weinraute wird die Keimung durch eine Kälteperiode ausgelöst.

→ **Der Kühlschrank dient als Ersatz**
Im Frühjahr ist es im Freiland meist zu spät für den nötigen Kältereiz. Sie können die Samen aber für zwei bis drei Wochen in den Kühlschrank (nicht ins Gefrierfach!) legen, bevor Sie sie aussäen.

Tiere fressen die Samen auf
Vögel picken sich schon kurz nach der Aussaat die Samen aus der Erde. Und für Nacktschnecken sind die jungen Keimlinge ein willkommener Leckerbissen.

→ **Halten Sie Schnecken fern**
Schneckenzäune bieten den besten Schutz. Die Erde innerhalb der Umgrenzung muss aber frei von Schneckeneiern sein.
› S. 90, Schneckenplage

→ **Vogelscheuchen sind nützlich**
Vögel lassen sich durch flatternde Alustreifen an Stäben oder surrende Windräder abhalten. Auch ein engmaschiges Netz über dem Beet schützt die Saat, bis sie aufgegangen ist.
› S. 109, Samen keimt nicht

→ **Säen Sie nach**
Innerhalb der üblichen Saatzeiten können Sie in die Lücken noch mal neu aussäen.

Regen spült die Saat fort
Kräftige Schauer und längerer Regen können das Beet unter Wasser setzen und das Saatgut davonschwemmen.

→ **Hier hilft ein Folientunnel**
Unter einem transparenten Folientunnel aus dem Gartenfachhandel ist die Saat geschützt vor Regen, Spätfrost und starkem Wind. Auch eine spezielle Lochfolie oder ein Frühbeet bietet ausreichend Schutz.

PFLANZEN UND VERMEHREN

? Direktsaat kümmert

Ich habe mich so auf die Blütenpracht gefreut. Aber nun wachsen meine einjährigen Sommerblumen nur sehr kümmerlich. Was habe ich falsch gemacht?

Die Vorkultur fehlt
Einige Sommerblumen wie Löwenmäulchen, Zinnien, Sommerastern oder Fuchsschwanz sollten besser unter geschützten Bedingungen am Fensterbrett, im Frühbeet oder im Gewächshaus vorgezogen werden.

→ Betreiben Sie Vorkultur
Säen Sie die Samen ab Mitte/Ende März in flache Saatschalen aus. Stellen Sie die Gefäße an einen hellen, zimmerwarmen Platz. Die Sämlinge stellt man später frostfrei, kühl und hell auf, um sie an Freilandbedingungen zu gewöhnen. Nach den Eisheiligen ab Mitte Mai kann man sie nach draußen pflanzen.
› S. 39, Direktsaat geht nicht auf
› S. 186, Paprika bildet kaum Früchte

Die Keimlinge stehen zu dicht
Junge Pflanzen brauchen Platz, damit sich ihre Wurzeln ausbreiten können.

→ Vereinzeln Sie die Pflanzen
Sobald die Keimlinge das erste normale Blattpaar bilden, werden sie vereinzelt, d. h. pikiert (› Abb., › Glossar, S. 225).

Direkt ins Beet: robuste Sommerblüher

Deutscher Name	Botanischer Name
Duftsteinrich	*Lobularia maritima*
Jungfer im Grünen	*Nigella damascena*
Kalifornischer Mohn	*Eschscholzia californica*
Kapuzinerkresse	*Tropaeolum majus*
Kornblume	*Centaurea cyanus*
Kosmee	*Cosmos bipinnatus*
Ringelblume	*Calendula officinalis*
Schleifenblume	*Iberis* spec.
Sonnenblume	*Helianthus annuus*
Wicke	*Lathyrus odoratus*

Pikieren heißt, dass man die Jungpflanzen vereinzelt – im Beet setzt man Sämlinge in neue Reihen um und dünnt so zu dichte Reihen aus.

? Düngen nach der Pflanzung

Ich wollte meinen frisch gepflanzten Rosen etwas Gutes tun und habe sie gedüngt. Warum wachsen sie trotzdem so schlecht an?

Mineraldünger bekommt vielen Jungpflanzen nicht
Nach dem Einpflanzen reagieren die Wurzeln vieler Pflanzen empfindlich auf eine zu hohe Salzkonzentration im Boden. Schnell wirkende Mineraldünger erhöhen diesen Anteil und wirken somit schädlich auf die Wurzeln.

→ Verwenden Sie schonende Mittel
Gegen eine Düngung bei Neupflanzungen ist nichts einzuwenden, solange Sie ein Mittel verwenden, das seine Wirkstoffe allmählich freisetzt. Organische Dünger wie Hornmehl oder Hornspäne zersetzen sich langsam und schonen die Pflanzen. Nährstoffarme Böden kann man auch ohne Düngergaben vor der Pflanzung verbessern, z. B. mit einer Gründüngung (› Glossar, S. 223).

→ Testen Sie den Boden
Normale Gartenböden sind meist gut versorgt. Wenn Sie sich nicht sicher sind, ob das Nährstoffangebot im Boden ausreicht, sollten Sie die Erde untersuchen lassen.
› S. 29, Sandboden
› S. 30/31, Testverfahren für Ihren Boden

? Gehölze wachsen nicht an

Ich habe im Frühjahr Ziergehölze im Garten eingepflanzt. Nun habe ich den Eindruck, dass sie nicht gut anwachsen. Was habe ich falsch gemacht?

Die Wurzeln sind beschädigt
Insbesondere bei wurzelnackten Gehölzen (> Glossar, S. 227) kann es leicht passieren, dass das Wurzelwerk beschädigt ist.

→ **Kaufen Sie gesunde Ware**
Achten Sie beim Kauf darauf, dass die Wurzeln gesund sind. Die beim Roden entstandenen Schnittstellen sollten glatt und nicht aufgerissen sein. Das Gehölz sollte noch keinen Neuaustrieb oder vertrocknete Stellen – weder an Trieben noch an Wurzeln – aufweisen.

→ **Lockern Sie den Wurzelballen auf**
Die Wurzeln bahnen sich einfacher den Weg in das Erdreich, wenn man den Ballen mit der Hand oder einer Hacke etwas auflockert.

→ **Schneiden Sie die Wurzeln**
Entfernen Sie eingetrocknete Wurzelteile und kappen Sie ausgefranste Wurzelspitzen mit einem glatten Schnitt. Kürzen Sie kreisförmig um den Ballen wachsende Wurzeln ein. Schneiden Sie gesunde Wurzeln nicht zurück – sie sorgen dafür, dass die Pflanze schnell anwächst und vital bleibt (> Abb. 1).

Den Wurzeln fehlt Halt
Besonders bei wurzelnackten Gehölzen sollte man beim Einpflanzen darauf achten, dass sie fest genug im Erdreich stehen.

→ **So pflanzen Sie ein**
Verteilen Sie die Wurzeln beim Einsetzen gleichmäßig im Pflanzloch. Füllen Sie das Pflanzloch mit Erdreich auf und schwemmen Sie anschließend die Pflanze intensiv ein, damit alle Wurzeln Kontakt zur umgebenden Erde bekommen. Liegen Wurzeln hohl, d. h., sind sie von Luft umgeben, können sie auch unterirdisch leicht eintrocknen. Häufeln Sie die Basis an und befestigen Sie junge Bäumchen an einem Stützstab.
> S. 142, Baum wächst schief

Der Pflanzschnitt fehlt
Vielleicht haben Sie beim Einpflanzen wurzelnackter Gehölze den Pflanzschnitt vergessen. Der ist wichtig, da beim Ausgraben in der Baumschule Wurzelteile verloren gehen. Wenn Sie die Triebe bei der Pflanzung zurückschneiden, stellen Sie das Gleichgewicht zwischen Wurzel und Krone wieder her. Gehölze im Topf, also Containerpflanzen, oder mit Erdballen kann man ganzjährig pflanzen – sie verlieren ja bei der Pflanzung keine Wurzeln. Dementsprechend ist auch kein starker Pflanzschnitt notwendig.

→ **Schneiden Sie die Triebe wurzelnackter Gehölze zurück**
Entfernen Sie nach innen weisende und verkümmerte Triebe. Lassen Sie einen höheren Mitteltrieb sowie kräftige, nach außen weisende Seitentriebe stehen. Kürzen Sie sie um ein Drittel, schwache Triebe um die Hälfte ein. Die oberste Knospe der Seitentriebe sollte dabei nach außen weisen, die des Mitteltriebes nach innen. Eingetrocknete Triebe schneiden Sie tief, fast bis zur Basis, zurück. Das aktiviert schlafende Augen, die austreiben und ein neues Triebgerüst aufbauen.

→ **Lichten Sie Containerpflanzen aus**
Schneiden Sie nach der Pflanzung von Topf- oder Ballenware über Kreuz wachsende, nach innen oder schwach wachsende Triebe heraus. Kräftige, lange Triebe kürzen Sie nicht ein. Sie verzweigen sich im folgenden Sommer gleichmäßig. Lediglich wenn zwei Triebe sehr eng beisammenstehen, entfernen Sie den weiter außen stehenden, damit mehr Licht in das Strauchinnere fällt.

Richtiger Pflanzschnitt

(1) Wurzelnackte Gehölze
Kappen Sie lange, eingetrocknete und beschädigte Wurzeln. Kürzen Sie die Triebe ca. um ein Drittel ein.

(2) Containerpflanzen
Kürzen Sie zu lange Wurzeln ein. Lichten Sie nach innen und über Kreuz wachsende Triebe aus.

PFLANZEN UND VERMEHREN

? Gräser verkleinern

Mein Chinaschilf wird immer größer und wuchert die benachbarten Pflanzen zu. Kann ich ein Stück abstechen, ohne ihm zu schaden?

Stauden, und dazu gehören auch mehrjährige Gräser, haben einen mehr oder weniger starken Ausbreitungsdrang. Um ihn einzudämmen, kann man sie gut in der Mitte teilen oder vom Rand einzelne Stücke abtrennen, ohne sie in ihrer Wuchskraft zu beeinträchtigen. Im Gegenteil: Damit kann man die Pflanze zusätzlich verjüngen.

→ **Teilen Sie im Frühling**
Die beste Zeit, um Teilstücke abzutrennen, ist das zeitige Frühjahr. Teilen Sie den Wurzelballen der Pflanze mit einem Spaten und graben Sie ihn behutsam aus. Sie können die Horste dann ruhig deutlich verkleinern. Eingewachsene Chinaschilf-Pflanzen regenerieren sich nämlich sehr üppig. Die einzelnen Teilstücke pflanzen Sie anschließend an geeigneter Stelle wieder ein.

→ **Setzen Sie eine Wurzelbarriere**
Wenn Sie verhindern möchten, dass sich das Gras ungehindert ausbreitet, sollten Sie eine Wurzelsperre anbringen. Graben Sie dazu die Pflanze komplett aus und entfernen Sie alle Wurzelreste im Boden. Kleiden Sie das Pflanzloch mit einer Spezialfolie oder einer Wurzelsperre aus dem Fachhandel ringförmig bis in ca. 50 cm Tiefe aus (› Abb.) und setzen Sie die verkleinerte Pflanze wieder ein.

› S. 141, Bambus wuchert ✻

? Hanglage bepflanzen

Mein Garten liegt an einem Hang. Ich habe Sommerblumen dicht gesät, um die Erde durch Wurzelwerk zu festigen, aber der Regen spült trotzdem immer wieder etwas von der Bodenoberfläche ab. Wie kann ich das verhindern?

An einem Hang setzt man grundsätzlich nur mehrjährige Pflanzen, die nicht ständig ausgewechselt werden und gut einwurzeln können. Sommerblumen, Dahlien oder auch intensiv zu betreuendes Gemüse sind ungeeignet. Stauden, die mattenartig wachsen, oder Gehölze mit vielen Ausläufern befestigen den Hang am besten.

→ **Pflanzen Sie ausläuferbildende Arten**
Unter den Stauden sind Storchschnabel (*Geranium*), Gilbweiderich (*Lysimachia*), Waldsteinie (*Waldsteinia*), Kissen-Aster

Pflanzen mit starkem Ausbreitungsdrang sollte man Grenzen setzen – wie hier durch eine ringförmige Wurzelsperre aus festem Kunststoff.

(*Aster dumosus*), Günsel (*Ajuga reptans*), Wollblatt (*Stachys byzantina*), Chrysanthemen (*Chrysanthemum*), Wild-Erdbeeren (*Fragaria*) oder Wolfsmilch (*Euphorbia*) gute Bodenbefestiger. Zwischen diese meist niedrigwüchsigen Pflanzen setzt man höhere dauerhafte Pflanzen, die sich gegen die ausläuferbildenden Arten behaupten können, z. B. Pfingstrose (*Paeonia*), Taglilie (*Hemerocallis*) oder Wiesen-Schwertlilie (*Iris sibirica*). Als ausläuferbildende Gehölze kommen Kartoffel-Rose (*Rosa rugosa*), Brombeere (*Rubus fruticosa*) oder Berberitzen (*Berberis*) infrage.

→ **Pflanzen Sie aufrecht**
Setzen Sie die Pflanzen nicht schräg ein, sodass sie senkrecht zum Hangprofil stehen, sondern gerade. Dann entwickelt sich das Wurzelwerk besser. Am besten formen Sie dazu vorher eine kleine, terrassenartige Pflanznische im Boden, in der die Pflanzen aufrecht stehen.

→ **Stützen Sie den Hang ab**
Sehr steile Hänge mit hohem Gefälle sollte man besser mit baulichen Maßnahmen versehen und abstützen. Natursteinmauern oder stützende Gabeonen mit Steinfüllungen geben dem Boden nicht nur Halt, sie gliedern den Hang auch optisch und geben ihm mehr Struktur.

› S. 200, Böschungssicherung ✻

K › Keimlinge kümmern

? Iris umpflanzen

Ich habe im April viele verschiedene Stauden umgesetzt. Fast alle sind gut angewachsen, nur die Bart-Iris kümmert und blüht nicht. Woran liegt das?

Ungewöhnliche Pflanzzeiten

Name	Pflanzzeit
Bart-Iris (*Iris barbata*)	Juli/August
Herbst-Anemone (*Anemone japonica*)	April
Herbstkrokus (*Crocus sativus*)	August
Herbstzeitlose (*Colchicum autumnale*)	August
Pfingstrose (*Paeonia lactiflora*)	Oktober
Reiher-Federgras (*Stipa*)	April/Mai

Zeitpunkt im Frühjahr ist ungeeignet

Jede Pflanze hat ihren eigenen Wuchsrhythmus. Bart-Iris etwa nehmen Störungen der Wurzeln im Frühling sehr übel und quittieren es mit dem Ausfall der Blüte. Im Sommer nach der Blüte machen sie eine Ruhepause. Dann sind sie sehr robust und lassen sich problemlos versetzen.

→ **Pflanzen Sie im Sommer**
Bart-Iris, die man im Hochsommer umpflanzt, wachsen ohne Schwierigkeiten an. Achten Sie darauf, dass Sie die Rhizome sehr flach einpflanzen und nur ganz dünn mit Erde bedecken. Iris-Stauden sollten auch nicht im Schatten anderer Pflanzen stehen.

› S. 131, Stauden umpflanzen

? Keimlinge fallen um

Die jungen Keimlinge im Aussaatgefäß sind gut aufgegangen. Nun fallen sie teilweise plötzlich um und sterben ab. Kann ich den Rest noch retten?

Das liegt an einem Bodenpilz

Sind die jungen Pflanzen erst einmal von Bodenpilzen befallen, die die sogenannte Umfallkrankheit hervorrufen, lassen sich auch gesund erscheinende Pflanzen nicht mehr retten – die Saat ist verloren. Umso wichtiger ist es, einem Befall in Zukunft von vornherein vorzubeugen.

→ **Achten Sie auf Hygiene**
Verwenden Sie Kunststoffbehälter. Reinigen Sie sie vor der Aussaat mit heißem Wasser und desinfizieren sie bei vorherigem Befall.

→ **Vermeiden Sie Stress**
Achten Sie auf optimale Keimtemperaturen und gleichmäßige Feuchtigkeit.

› S. 86, Petersilie geht ein

? Keimlinge kümmern

Nach der Aussaat keimen die Pflanzen zwar, aber die Keimlinge wachsen nicht gut weiter. Was ist die Ursache?

Es fehlt gleichmäßige Feuchtigkeit

Frische Keimlinge brauchen eine ausgeglichene Feuchtigkeit, damit die Keim- und Wachstumsprozesse optimal und störungsfrei ablaufen können.

→ **Halten Sie die Keimlinge immer durchgehend feucht**
Achten Sie darauf, dass Boden- und Luftfeuchtigkeit im Aussaatgefäß nicht zu sehr schwanken. Die Erde darf nicht zu nass sein, aber auch nicht austrocknen. Unter einer durchsichtigen Abdeckhaube oder Abdeckfolie bleibt genug Feuchtigkeit in der Luft.

Das Substrat ist ungeeignet

Aussaaterde sollte strukturstabil sein, d. h., dass sich die Poren z. B. beim Gießen nicht nennenswert verändern. Sonst verhärtet die Oberfläche mit der Zeit, was den Luftaustausch behindert. Auch ein Verschlämmen oder Vernässen wird so vermieden.

→ **Verwenden Sie Aussaaterde**
Handelsübliche Aussaaterde erfüllt alle wichtigen Ansprüche, die Jungpflanzen in den ersten Wochen stellen. Sie ist feinkörnig und hat nur einen geringen Nährstoffgehalt. Das ist wichtig, weil die Wurzeln junger Pflanzen noch keine hohen Salzkonzentrationen im Boden vertragen.

› S. 40, Düngen nach der Pflanzung

43

PFLANZEN UND VERMEHREN

? Keimlinge schießen

Im Aussaatkasten sind die Sämlinge sehr lang und weich geworden. Kann ich sie so kultivieren, dass sie sich wieder erholen?

Es fehlt Licht

Gerade Keimlinge brauchen optimale Bedingungen, um sich zu kräftigen Pflanzen zu entwickeln. Fehlt ihnen Licht bei gleichbleibend hoher Temperatur, bilden sie helle, lange und dünne Triebe. Man bezeichnet das als Etiolieren oder Vergeilen (> Glossar, S. 226). An einem kühlen Standort passt sich der Stoffwechsel den Lichtverhältnissen an, und Geiltriebe bleiben aus.

→ **Wählen Sie einen kühlen, hellen Platz**
Die geschwächten Pflanzen erholen sich am besten bei ausreichendem Lichtangebot. Ideal ist ein heller Platz ohne direkte Sonne bei 15–18 °C. Der Stoffwechsel ist dann ausgeglichen, und die Triebe nehmen von selbst wieder das normale Aussehen an.

Die Sämlinge stehen zu dicht

Es kann sein, dass die Sämlinge auf zu engem Raum dicht gedrängt stehen und sich gegenseitig Licht und Nährstoffe streitig machen.

→ **Vereinzeln Sie die Pflänzchen**
Pikieren (> Glossar, S. 225) Sie die Sämlinge, indem Sie das Erdreich um die feinen Wurzeln mit einem Holzstab lockern und die Pflänzchen vorsichtig herausheben. Dann setzt man sie in einen neuen Topf oder an einen Einzelplatz in die Saatkiste. ❊

? Keimung bleibt aus

Ich habe schon vor zwei Wochen Samen ausgesät, und es zeigen sich immer noch keine Keimblätter. Was für Ursachen kann das haben?

> **TIPP!**
>
> **Arten mit langer Keimdauer**
>
> Ausgesäte Königs-Lilien (*Lilium regale*) brauchen mitunter ein halbes bis ein ganzes Jahr zum Keimen. Auch wer Wolfsmilch (*Euphorbia*), Stauden-Rittersporn (*Delphinium*), Alpenveilchen (*Cyclamen*), Akelei (*Aquilegia*), Skabiosen (*Scabiosa*) oder Veilchen (*Viola*) aussät, muss sich in Geduld üben. Oft beschleunigt eine Phase mit Temperaturen um 6 °C die Keimung.

Das Saatgut ist ungeeignet

Das A und O gelungener Aussaat ist qualitativ hochwertiges Saatgut. In guten Zuchtbetrieben werden Keimkraft und Reinheit des Saatguts gewährleistet. Dort wird es auch richtig gelagert und sorgfältig verpackt.

→ **Achten Sie auf Qualität**
Das Saatgut sollte in einer speziellen Keimschutztüte trocken und dunkel verpackt sein. Ein Datumsstempel gibt Auskunft über die Frist der optimalen Keimfähigkeit. Danach ist sie deutlich herabgesetzt.

→ **Lagern Sie Saatgut richtig**
Die meisten Samen bleiben an einem trockenen, dunklen Standort und kühlen Temperaturen mindestens zwei Jahre haltbar. Im Keller herrschen dafür ideale Bedingungen.

Die Temperatur ist zu hoch

Manche Arten, wie die im Hochsommer zu säenden Stiefmütterchen, benötigen niedrige Keimtemperaturen, sonst gehen sie nicht auf.

→ **Kühlen Sie die Saat**
Feuchte Tücher oder Säckchen, die man auf die Aussaatgefäße legt, sorgen durch Verdunstungskälte für sinkende Temperaturen. Sowie die Saat gekeimt ist, entfernt man sie.

Unterschiedliche Keimdauer

Wenn die sonstigen Bedingungen stimmen und ausreichend Licht, Wärme und Feuchtigkeit gegeben sind, kann die ausbleibende Keimung auch damit zu tun haben, dass Pflanzen verschiedene Strategien nutzen, um sich an ihrem Naturstandort optimal zu entwickeln. Die Keimdauer ist z. B. verschieden lang. Manche Samen keimen schnell, andere lassen sich ein Jahr Zeit. Selbst innerhalb derselben Spezies gibt es Unterschiede. Angaben dazu finden Sie auf den Samentüten oder im Katalog des Züchters (> Tipp).

→ **Warten Sie ab**
Sollten Sie eine Art oder Sorte ausgesät haben, die lange bis zur Keimung braucht, warten Sie einfach geduldig ab. Kontrollieren Sie regelmäßig das Aussaatgefäß und sorgen Sie im Hinblick auf Substrat und Feuchtigkeit für optimale Keimbedingungen.

> S. 43, Keimlinge kümmern ❊

44

N › Nadelgehölze im Topf

? Nachkommen blühen anders

Meine einjährigen Blumen vom letzten Jahr haben sich selber ausgesät, keimen auch gut und wachsen heran. Die Blüten sehen aber ganz anders aus, als die Mutterpflanzen. Wie ist das möglich?

Das liegt am Erbgut
Viele Gewächse, die in unseren Gärten für Farbe und reiche Erträge sorgen, sind Produkte aufwändiger Züchtungen. Das, was wir als Saatgut kaufen, ist das Ergebnis gezielter Kreuzungen, die sozusagen „auf den Punkt" gebracht werden. Kombinieren sich diese Gene neu, ergeben sich gemäß der Mendelschen Vererbungslehre aber nicht wieder genau die gleichen Merkmale (› Kasten).

→ **Verwenden Sie F₁-Hybriden**
Möchten Sie Zuchtsorten, die die gleichen Merkmale aufweisen wie im Vorjahr, müssen Sie Samen der gleichen F₁-Hybridsorte jedes Mal neu kaufen und säen. Diese entstammen nämlich immer derselben Elternlinie. Das ist zwar mit einem höheren Kostenaufwand verbunden, als wenn Sie selbst geerntetes Saatgut verwenden. Dafür haben sie aber auch viele Vorteile, besonders in Bezug auf Blütenmerkmale oder Krankheitsresistenz.

→ **Säen Sie reinerbige Wildarten**
Je weniger eine Pflanzenart züchterisch bearbeitet wurde, desto wahrscheinlicher ist es, dass ihre Nachkommen den Eltern ähneln. Gute Beispiele dafür sind Jungfer im Grünen (*Nigella*), Duftsteinrich (*Lobularia*), Akelei (*Aquilegia vulgaris*), Königs-Lilien (*Lilium regale*) oder Pfirsichblättrige Glockenblume (*Campanula persicifolia*). Diese Arten spielen wenig in Farbe und Aussehen und verbreiten sich meist von selbst.

→ **Pflanzen Sie gleiche Arten zusammen**
Bei Akelei oder Christrose z. B. ist es von Vorteil, gleich blühende Pflanzen zusammenzusetzen. Dann mischt sich das Erbgut bei gegenseitiger Bestäubung nicht so stark, und es gibt dennoch reichlich Nachkommen.

Gemischt, gekreuzt und aufgespalten
Hybriden sind Nachkommen aus der Kreuzung von reinerbigen Eltern verschiedener Arten, Rassen oder Sorten, die die Merkmale beider Eltern aufweisen. Nach der Mendelschen Vererbungslehre ist die erste Generation (F1, von lateinisch *filius*) mischerbig und homogen.

Heterosiseffekt: Durch Kopplung der Merkmale hat die F₁-Generation bessere Eigenschaften als die Eltern. In der folgenden Generation verliert sich die Wirkung durch Aufspaltung wieder.

Zucht: Da alle F₁-Hybriden die gleichen Merkmale aufweisen, kann man sie aus den gleichen reinerbigen Eltern-Linien immer wieder kreuzen. Dafür bauen Züchter zuvor in jahrelanger Arbeit eigene Eltern-Linien auf, die ihr streng gehütetes Geheimnis bleiben.

? Nadelgehölze im Topf

Ich habe im Herbst einen Kasten auf der Terrasse mit Mini-Zypressen bepflanzt. Warum sind sie im Lauf des Winters darin eingetrocknet?

Nadelgehölze zeigen nach längerem Bodenfrost häufig Trockenschäden an den Zweigspitzen.

Gefahr von Frosttrocknis
In ungeschützten Pflanzgefäßen friert die Erde bei Frost schnell durch. Das schädigt die Wurzeln und verhindert, dass immergrüne Pflanzen in den Wintermonaten ausreichend mit Wasser versorgt werden. Sie trocknen regelrecht aus und können den Feuchtigkeitsverlust dann auch im Frühling nicht mehr ausgleichen.

→ **Schutz für die Gefäße**
Stellen Sie die Kästen bei Frost an die Hauswand oder wickeln Sie sie zum Schutz vor Frost und Sonne mit Stroh- oder Bastmatten ein. Gießen Sie die Pflanzen regelmäßig.

› S. 145, Braune Blätter bei Immergrünen

45

PFLANZEN UND VERMEHREN

? Rosen einpflanzen

Ich habe jetzt im Mai Rosen in Töpfen gekauft. Sie haben zum Teil schon Blütenknospen. Was muss ich beim Einpflanzen beachten?

Containerrosen können Sie das ganze Jahr über pflanzen. Achten Sie bei veredelten Rosen darauf, dass die Veredlungsstelle ca. 5 cm unter der Oberfläche liegt. In den heißen Monaten Juli und August ist der Wasserbedarf der Pflanzen allerdings sehr hoch. Sie sollten Sie also nach dem Einpflanzen viel gießen. Der Vorteil von Containerrosen ist, dass Sie beim Kauf sehen, wie die Sorte blüht.

→ **Düngen und viel gießen**
Geben Sie bei der Frühjahrspflanzung etwas langsam zersetzenden organischen Dünger in das Pflanzloch und gießen Sie gut an. Die Rose braucht einige Wochen, um neue Wurzeln zu bilden. Während dieser Zeit darf der Wurzelballen nicht austrocknen.

→ **Pflanzschnitt entfällt**
Da Ihre Rose im Gegensatz zu wurzelnackten Gehölzen bei der Pflanzung keine Wurzeln verliert, bleibt das Verhältnis zu den Gehölztrieben ausgewogen, und ein Pflanzschnitt ist nicht nötig. Entfernen Sie lediglich abgebrochene Triebe und kürzen Sie schwaches Holz auf kleine Zapfen ein.
Nach der Blüte entfernen Sie abgeblühte Blütenstände bis zum ersten voll entwickelten, fünfteiligen Blatt.

› S. 41, Gehölze wachsen nicht an
› S. 159, Öfterblühende Rosen verkahlen ❋

? Rosen vermehren

Ich bin stolzer Besitzer einer wunderschön blühenden alten Rosensorte und würde sie gerne vermehren. Wie mache ich das am besten?

Stecklhölzer, etwa von Rosen, werden sehr tief in den Boden gesetzt, damit sie gut vor Frost und Trockenheit geschützt sind.

Sehr viele Rosen, besonders Historische oder naturnahe Sorten, kann man im Sommer durch Absenker (› Glossar, S. 222), Stecklinge oder über Winter durch Steckhölzer vermehren. Stecklinge sind grüne Triebspitzen, die man im Juli schneidet und bewurzeln lässt. Steckhölzer sind ruhende Triebstücke, die sich über Winter bewurzeln. Man kann Rosen auch über Veredeln (› Glossar, S. 226) vermehren, was aber etwas Übung erfordert.

Hobbygärtner benötigen dafür eine Wildlingsunterlage aus der Baumschule. Durch Stecklinge vermehrte Rosen wachsen in den ersten Jahren etwas schwächer als okulierte, holen den Rückstand aber wieder auf.

→ **Vermehrung über Stecklinge**
Schneiden Sie von einem blühenden Trieb mit einem scharfen Messer ein gut 15 cm langes Stück schräg ab. Entfernen Sie die Blüten über dem obersten Blatt sowie die unteren zwei Blätter. Setzen Sie den Trieb zu gut 2/3 in einen Blumentopf mit einem Gemisch aus Aussaaterde und Sand im Verhältnis 1:1. Etwas Bewurzelungspulver (› Glossar, S. 222) beschleunigt die Wurzelbildung. Wässern Sie die Stecklinge und stülpen Sie einen durchsichtigen Plastikbeutel über den Topf. Das sorgt für hohe Luftfeuchte, damit die Stecklinge nicht austrocknen. Es schadet nichts, wenn die Blätter abfallen.
Nach ca. sechs Wochen sind die Wurzeln so weit ausgebildet, dass man die Folie entfernen kann; austrocknen dürfen die Pflanzen aber auch dann nicht. Neu gebildete Triebe zeigen an, dass die Bewurzelung erfolgt ist. Lassen Sie die jungen Pflanzen in den Töpfen frostfrei überwintern. Im Frühjahr können Sie die Pflanzen umsetzen.

→ **Vermehrung über Steckhölzer**
Schneiden Sie im November ca. 30–40 cm lange, gerade Ruten ab und markieren Sie,

wo unten und oben ist. Graben Sie eine Rinne in den Boden und füllen Sie sie mit Sand. Stecken Sie die Hölzer in der ursprünglichen Saftflussrichtung aufrecht hinein, sodass das obere Ende auf maximal 10 cm Länge sichtbar bleibt. Schützen Sie die Triebe mit einem Vlies oder etwas Laub vor Frost. Während milder Wintertage und im zeitigen Frühjahr bilden sich Wurzeln. Wenn es gelungen ist, treiben die Hölzer frisch aus. Im Herbst setzen Sie die Pflanzen dann um.

→ Absenker gelingen leicht
Absenker sind am Boden fixierte Triebe, die in der Erde Wurzeln schlagen. Heben Sie dazu eine ca. 20 cm tiefe Mulde im Boden aus. Entblättern Sie den Trieb bis auf die Spitze und biegen Sie ihn zur Erde. Ritzen Sie dann die Rinde dort, wo sie am Boden aufliegt, längs etwas ein und fixieren Sie den Trieb mit zwei kreuzweise darübergesteckten Hölzern. Füllen Sie nun die Mulde mit Erde auf, sodass nur noch die beblätterte Triebspitze herausschaut, und wässern Sie den Trieb.
❯ S. 48, Stecklinge vertrocknen

→ So veredeln Sie Rosen
Schneiden Sie im Sommer die junge Rinde einer Wildlingsunterlage am Wurzelhals T-förmig ein. Die beiden entstehenden Rindenlappen klappen Sie vorsichtig auseinander. In diese Öffnung setzen Sie ein tief herausgeschnittenes „Auge" (z. B. die Blattanlage aus einem Trieb) der Edelsorte ein. Klappen Sie die beiden Rindenlappen darüber, sodass das Auge bedeckt ist. Fixieren Sie die Veredlungsstelle mit etwas Bast, bis die Pflanzenteile fest miteinander verwachsen sind. ✱

? Selbstaussaat gelingt nicht

Ich hoffe immer, dass sich meine Ringelblumen von selbst aussäen – aber ich warte jedes Jahr vergeblich auf Jungpflanzen. Woran liegt das?

Die Samen reifen nicht aus
Vielleicht entfernen Sie die Mutterpflanzen zu früh. Selbst aussamende Gartenblumen brauchen Zeit für Samenbildung und -reife.

→ Lassen Sie die Samen ausreifen
Die Mutterpflanzen sollten im Herbst so lange stehen bleiben, bis die reifen Samen von selbst herausfallen.

Es herrscht zu viel Ordnung
In einem „aufgeräumten" Garten kann sich von selbst kaum Wildwuchs ansiedeln. Beim Jäten wird er oft unabsichtlich entfernt.

→ Schaffen Sie Refugien
Überlassen Sie manche Stellen im Garten sich selbst. Beseitigen Sie nicht gleich jeden unbekannten Keimling, weil es sich um „Unkraut" handeln könnte, sondern warten Sie ab, was sich daraus entwickelt. Sehr oft zeigen sich auf diese Weise wüchsige, schöne Blumen, die ideal an ihren Standort passen.

Schnecken fressen die Keimlinge
Sehr viele Keimlinge und Jungpflanzen werden Opfer von Nacktschnecken, ehe Sie es überhaupt bemerken.

→ Bekämpfen Sie die Schnecken
Ergreifen Sie geeignete Maßnahmen, um Schnecken von Jungpflanzen fernzuhalten. Spezielle Schneckenzäune z. B. stellen in der Regel ein unüberwindliches Hindernis dar.
❯ S. 90, Schneckenplage ✱

Sich selbst aussäende Gartenblumen

Deutscher Name	Botanischer Name	Wuchsrhythmus	Sämlinge erscheinen im
Akelei	Aquilegia vulgaris	Staude	Juni – August
Duftsteinrich	Lobularia maritima	einjährig	April – Juli
Fingerhut	Digitalis purpurea	zweijährig	Juni – September
Kapuzinerkresse	Tropaeolum majus	einjährig	April – Juli
Muskateller-Salbei	Salvia sclarea	zweijährig	Juni – Juli
Nachtkerze	Oenothera biennis	zweijährig	Mai – September
Ringelblume	Calendula officinalis	einjährig	April – Juli
Vergissmeinnicht	Myosotis sylvatica	zweijährig	Mai – Juli

PFLANZEN UND VERMEHREN

? Stecklinge vertrocknen

Ich habe schon öfter versucht, Rhododendron und andere Gehölze als Stecklinge zu vermehren, aber es hat nie geklappt. Was mache ich falsch?

Die Wurzelbildung dauert zu lang
Stecklinge vertrocknen häufig, bevor sich genügend Wurzeln bilden konnten. Gehölze mit langen, flexiblen Trieben wie Rhododendron, aber auch Kletterpflanzen, Hortensien, Magnolien oder Rosen kann man oft besser über sogenannte Absenker vermehren. Das sind zum Boden herabgebogene und dort fixierte Triebe, die an der Stelle, wo sie aufliegen, Wurzeln schlagen. Sobald das erfolgt ist, trennt man sie von der Mutterpflanze ab.

Grundsätzlich kann man von allen Pflanzen mit flexiblen Trieben Absenker bilden. Junge, verholzte Triebe eignen sich dazu am besten.
› S. 46, Rosen vermehren

→ **Die Absenker-Methode**
Um Absenker am Boden zu fixieren, ist die Zeit zwischen April und September gut geeignet. Entfernen Sie Blüten- und Fruchtstände am ausgewählten Trieb und entblättern ihn vom Boden aufwärts. Nur einige Blattpaare an der Spitze bleiben stehen.

Graben Sie ein kleines flaches Loch in den Boden, in das Sie einen Abschnitt des Triebes legen. Ritzen Sie die Rinde an der tiefsten Stelle längs etwas ein. Befestigen Sie den abgesenkten Trieb z. B. mit zwei kreuzweise darübergesteckten Hölzchen oder gebogenem Draht so, dass er sich nicht wieder aufrichten kann. Füllen Sie das Loch mit Erde auf, aber so, dass die beblätterte Triebspitze frei bleibt. Gießen Sie den Absenker gut an und schützen Sie ihn im ersten Winter durch Falllaub oder Fichtenreisig vor Frost.
Bis die Absenker Wurzeln treiben und man die Jungpflanzen von der Mutterpflanze trennen darf, können, je nach Art, zwischen ein und drei Jahre vergehen. ❋

Absenker sind in den Boden eingegrabene Triebe, die dort Wurzeln schlagen, aber noch mit der Mutterpflanze verbunden sind.

? Stecklinge werden schwarz

Ich habe Stecklinge geschnitten, in Erde gesteckt und warte seit drei Wochen darauf, dass sie Wurzeln bilden. Nun sind sie an der Basis ganz schwarz geworden. Woran liegt das?

Es liegt ein Pilzbefall vor
Bei kühlen Temperaturen und zu feuchtem Substrat befällt ein Bodenpilz die Stecklinge. Sie beginnen dann zu faulen. Die Gefahr ist erst gebannt, wenn die Pflanze Wasser über Wurzeln aufnehmen und verdunsten kann.

→ **Im Wasser bewurzeln**
Leicht wurzelnde Pflanzenarten wie Pelargonien, Oleander, Passionsblumen oder Engelstrompeten bewurzeln auch gut in einem Wasserglas. Ein Bewurzelungshormon beschleunigt den Prozess.

→ **Wärme fördert das Bewurzeln**
Im Fachhandel gibt es spezielle Bodenheizungen für Anzuchtgefäße. Man kann auch frischen Rasenschnitt unter die Schale legen, der Wärme freisetzt. Setzen Sie die Pflanzen aber nicht dem Stress durch Sonnenlicht aus.

→ **Sorgen Sie für Hygiene**
Beugen Sie einem Befall schon im Vorfeld mit einer gründlichen Reinigung der Gefäße unter heißem Wasser vor. Das Substrat kann man in einem Sieb über heißem Wasserdampf desinfizieren. ❋

V › Veredeltes Gemüse

? Veredeltes Gemüse

Ich ziehe meine Tomaten und Gurkenpflanzen immer selbst heran. Nun habe ich aber gelesen, dass veredelte Pflanzen gegenüber ausgesäten eine Reihe von Vorteilen haben. Stimmt das wirklich?

Sinn der Veredlung ist, schwachwüchsigen Pflanzen durch besonders kraftvolle Wurzeln einer anderen Pflanze bessere Startbedingungen und bessere Wuchskraft zu ermöglichen. Die fremden Wurzeln bezeichnet man in diesem Fall als „Unterlage". Veredelte Pflanzen wachsen besonders in der ersten Wachstumsperiode deutlich stärker als Pflanzen auf eigenen Wurzeln. Vor allem bei einjährig kultiviertem Gemüse wie Tomaten und Gurken erzielt man mit veredelten Pflanzen eine deutlich höhere Ernte.

→ **Kaufen Sie veredelte Pflanzen**
Einige Saatgutzüchter bieten im Handel bereits veredeltes Gemüse als Topfpflanzen an. Diese Pflanzen sind aber teurer als herkömmliche Jungpflanzen. Sie bestehen schließlich auch aus zwei eigens für ein „Verkaufsexemplar" herangezogenen Pflanzen. In der Regel aber sind sie auch viel ertragreicher und widerstandsfähiger gegen Krankheiten. Die höheren Investitionskosten machen sich also durchaus bezahlt.

→ **Veredeln Sie Gemüse selbst**
Gemüsepflanzen zu veredeln ist gar nicht so schwer. Sie müssen nur zuerst eine Pflanze mit wuchskräftiger Wurzel und eine Edelsorte in Vorkultur heranziehen. Für Gurken eignet sich als robuste „Unterlage" beispielsweise eine Kürbisart. Wichtig ist, dass der Wurzeltrieb möglichst den gleichen Umfang hat wie die Triebspitze der Edelsorte.
Säen Sie beide Sorten aus und warten Sie, bis kräftige Sämlinge herangewachsen sind. Von dem heranwachsenden Sämling, der die Wurzelunterlage bilden soll, wird der Trieb so gekappt, dass sich eine lange, schräge Schnittfläche ergibt. Den Trieb der Edelsorte kappt man mit einem gegengleichen Schrägschnitt. Nun setzt man die Schnittflächen so aufeinander, dass die Ränder exakt übereinanderliegen. Dann wachsen die Pflanzenteile an den Rändern (nicht in der Mitte!) zusammen. Dort befinden sich die Leitungsbahnen, über die die Pflanzensäfte innerhalb der Pflanze transportiert werden.
Fixieren Sie die Veredlungsstelle mit weichem Bindematerial, z. B. einem speziellen Veredlungsband oder Bast. Stützen Sie die Pflanze mit einem Stab. Es kann nämlich vorkommen, dass Unterlage und Edelsorte unterschiedlich schnell wachsen und die „Statik" der Pflanze nicht ganz optimal ist. Der Stützstab verhindert dann, dass die Pflanze an der Verbindungsstelle abknickt.

→ **Verwenden Sie ein Veredlungs-Set**
Im Gartencenter erhalten Sie in der Saatgutabteilung auch praktische Sets, mit denen das Veredeln von verschiedenen Gemüsearten besonders leicht ist (› Abb. 1–3).

Gemüse selber veredeln

Praktische Sets: Saatgutzüchter bieten neuerdings auch sogenannte Veredlungs-Sets an. Sie enthalten neben den Samen für wuchskräftige Unterlagen auch die Samen der Edelsorte. Nach erfolgter Anzucht kann man die beiden Sämlinge mit dem beiliegenden Clip schonend und sicher miteinander verbinden, bis sie fest genug zusammengewachsen sind. Flexibles Bindematerial eignet sich aber auch.

(1) Verdrahten
Stecken Sie einen dünnen Metalldraht zur Hälfte von unten in den gekappten Trieb der Edelsorte.

(2) Verbinden
Führen Sie das herausstehende Ende des Drahtes senkrecht in das obere Ende der Wurzelunterlage.

(3) Fixieren
Sichern Sie die Stelle mit einem Veredlungsband, bis die Pflanzen zusammengewachsen sind.

PFLANZEN UND VERMEHREN

? Zwiebelblumen vermehren

Ich möchte in meinen Beeten den Bestand mit Tulpen und Narzissen aufstocken. Wie kann ich Zwiebelblumen am besten vermehren?

Brutzwiebeln finden sich meist an der Basis der großen Mutterzwiebel. Sie sind etwas kleiner und brauchen ein bis zwei Jahre bis zur Blüte.

Wildarten, z. B. die Tulpen *Tulipa turkestanica* oder *Tulipa humilis*, Königs-Lilien, Blausternchen, einige Krokusse und Winterlinge kann man auch durch Samen vermehren. Sammeln Sie die in der Blüte gereiften Samen und verstreuen Sie sie im Beet oder in kleine Töpfchen mit feuchter Aussaaterde. Man braucht nur Geduld, denn von der Keimung bis zur Blüte vergehen oft zwei bis drei Jahre. Manche Samen, wie die der Türkenbund-Lilie, brauchen zum Keimen einen Kältereiz. Viel schneller und einfacher ist es, Zwiebelblumen vegetativ zu vermehren (› Glossar, S. 226), z. B. über Tochterzwiebeln.
› S. 44, Keimung bleibt aus

→ **Nachwuchs entsteht im Verborgenen**
Tochterzwiebeln bilden sich im Laufe der Wachstumsperiode bei vielen Zwiebelblumen an der Mutterpflanze im Boden. Oft sind sie im ersten Jahr noch klein und nicht blühfähig. Nach ein oder zwei Jahren werden sie aber kräftiger und produzieren ihrerseits Nachwuchs. Narzissen, Blausternchen, Traubenhyazinthen, Schneeglöckchen, Montbretien und die nicht winterharten Schmucklilien bilden auf diese Weise mit der Zeit große Horste. Trennen Sie die Tochterzwiebeln von der Mutterpflanze ab, um sie zu vereinzeln.

→ **„Kleine Wilde" sich selbst überlassen**
Kleine Frühlingsblüher wie Blausternchen, Schneeglöckchen, Winterlinge oder Narzissen breiten sich schnell von selbst aus. Sie bilden dann größere Bestände, in denen sie erst richtig gut zur Geltung kommen.

→ **Ziehen Sie kleine Exemplare groß**
Großblumige Züchtungen, z. B. von Tulpen, nimmt man nach dem Vergilben des Laubes auf und lagert die Zwiebeln trocken. Bei der Gelegenheit sortieren Sie sie nach Größe. Kleinere, voraussichtlich nicht blühfähige, kommen in Extratöpfe oder ein eigenes Beet und werden noch ein Jahr kultiviert, bis sie kräftig genug für die Blüte sind. Gute Erfolge erzielt man so mit vielen Kaufmanniana- und Greigii-Tulpen sowie einfachen Sorten wie 'Prinses Irene' oder Darwin-Hybriden.

→ **Pflanzen Sie Zwiebelschuppen**
Brutzwiebeln von Lilien und Kaiserkrone erhalten Sie, wenn Sie im Frühjahr einen Teil der Schuppen an der Zwiebel vorsichtig abtrennen. Stecken Sie sie mit der Oberseite aufrecht in eine Kiste mit einem leicht feuchten Gemisch aus Sand und Torf. Nach einigen Wochen bilden sich kleine Brutzwiebeln an der Basis der Schuppen. Sobald sich diese Wurzeln entwickeln, kann man sie abtrennen, gleich in die Erde stecken und als neue Pflanze kultivieren.

→ **Trennen Sie Brutzwiebeln ab**
Die hübsche Tiger-Lilie und ihre Sorten ('Pink Tiger', 'Splendens' oder 'Citronella') bilden auch an den Blattachseln über der Erde kleine, dunkle Zwiebelchen. Nach der Blüte fallen sie ab und können eingesammelt werden, um neue Pflanzen heranzuziehen. Unterirdische Brutzwiebeln bilden auch Hyazinthen und kleine Zwiebelblumen wie Schneeglöckchen und Blausternchen (*Scilla* spec.). ❈

TIPP!
„In green" pflanzen

Kleine Zwiebeln (z. B. Schneeglöckchen) trocknen als Lagerware schnell ein und treiben dann im Boden nicht mehr aus. Pflanzen Sie ersatzweise vorgetriebene Zwiebeln, die man im zeitigen Frühjahr als Topfpflanzen oder eventuell auch vom Nachbarn bekommt. Diese wachsen ganz sicher an. Die Methode ist auch ideal, wenn man die Herbstpflanzung verpasst hat.

? Zwiebeln treiben nicht

Meine im September gesetzten Schneeglöckchen und Märzenbecher bleiben aus. Wie ist das möglich?

Zwiebeln haben schlechte Qualität
Besonders kleine Zwiebeln wie die von Märzenbecher und Schneeglöckchen trocknen aufgrund ihrer geringen Größe rasch aus, wenn sie nicht richtig gelagert werden, und treiben dann nicht mehr aus (> S. 50, Tipp).
→ Kaufen Sie gute Qualität
Pflanzzwiebeln sollten immer einen gesunden, festen und frischen Eindruck machen.
> S. 36, Blumenzwiebeln pflanzen

Es liegt Staunässe vor
Die meisten Zwiebeln sind gegen Staunässe empfindlich. Sie fangen dann an zu faulen und sterben ab. Nur Narzissen vertragen Nässe bis zu einem gewissen Grad.
→ Legen Sie eine Dränage
Sorgen Sie mit einer Dränage für ausreichenden Wasserabzug im Boden.
> S. 33, Verdichteter Boden

Zwiebeln wurden zu tief gepflanzt
Stecken die Zwiebeln zu tief in der Erde, erreicht der Spross die Oberfläche nicht.
→ Halten Sie die Pflanztiefe ein
Nach einer Faustregel werden Blumenzwiebeln etwa zwei- bis dreimal so tief gepflanzt, wie die Zwiebel dick ist.
> S. 36, Blumenzwiebeln pflanzen
> S. 136, Zwiebelblumen verschwinden

Populäre Gartenirrtümer

Nach dem Einpflanzen sollte man den Boden rund um das Gewächs festtreten, damit die Pflanze gut einwachsen kann.

Das stimmt nicht. Wenn überhaupt, dann sollte man das nur bei leichtem Sandboden machen. Das Festtreten verdichtet den Boden stark und erschwert das Wurzelwachstum eher. Besser ist es, die Wurzeln nach dem Pflanzen (besonders bei Gehölzen) mit Wasser einzuschlämmen, damit sie Bodenkontakt bekommen, und besonders Gehölze mit einem Stock zu stützen, bis sie sich fest verwurzelt haben.

In Pflanzlöcher muss man immer erst etwas Torf geben, damit die Pflanzen besser anwachsen.

Irrtum! Torf macht den Boden sauer – und das behagt vielen Pflanzen gar nicht. Mit Torf erreicht man, dass der Boden lockerer wird und Wasser besser aufnimmt. Durch eine gute Bodenvorbereitung erzielt man diesen Effekt aber auch. Saurer Boden ist allenfalls bei Moorbeetpflanzen wie Rhododendren, Hortensien, Kamelien, Azaleen oder Heidekraut erwünscht. Der Einsatz von Torf ist mit Zerstörung von Moorlandschaften verbunden und aus Naturschutzgründen nicht vertretbar.

Die beste Zeit, um Stauden zu pflanzen, ist das Frühjahr.

Das lässt sich pauschal nicht sagen. Grundsätzlich lassen sich alle Stauden, die in Töpfen kultiviert wurden, zu jeder Zeit pflanzen – vorausgesetzt, der Boden ist frostfrei. Ideal ist der späte Frühling, vorzugsweise Mitte bis Ende April, da der Boden dann für ein ideales Wurzelwachstum warm genug ist. Stauden wachsen aber auch im Juni und zwischen August und Anfang Oktober sehr gut an.

Ein Gewächs wird beim Einpflanzen immer etwas tiefer in die Erde gesetzt, als im Topf, in dem es herangezogen wurde.

Falsch! Die meisten Pflanzen werden in die Erde auf genau das gleiche Bodenniveau gesetzt wie vorher im Topf. Bei zu hoch gesetzten Pflanzen trocknet der Wurzelballen rasch aus, weil Luft in das frei liegende Wurzelgewebe eindringen und ihm Wasser entziehen kann. Im Gegensatz dazu verkümmern viele zu tief gesetzte Pflanzen, weil sie ersticken. Eine Ausnahme sind z. B. Topfrosen, die man so einpflanzt, dass die Veredlungsstelle ca. 5 cm unter der Erde liegt – auch wenn dadurch die Pflanze tiefer steht als im Container.

Allgemeine Pflege

Blütenträume genießen, gesundes Obst und knackiges Gemüse ernten – das wünscht sich jeder Gartenbesitzer. Doch für gutes Wachstum sind auch einige Voraussetzungen nötig. Wenn man die Wirkung sieht, die man durch richtiges Pflanzen, Düngen und Wässern erzielt, werden Pflegemaßnahmen zum reinsten Vergnügen. Und mit regelmäßigem Hacken, Jäten und Mulchen sorgt man dafür, dass das auch so bleibt.

ALLGEMEINE PFLEGE

? Dünger

Ich weiß nie genau, wie viel Dünger ich an meine Gemüsepflanzen und Blumen geben soll. Gibt es dafür vielleicht eine Faustregel?

Eine Faustregel gibt es leider nicht. Bei der Dosierung spielen mehrere Faktoren eine Rolle, z. B. der Humusgehalt Ihres Bodens. Dunkle, fast schwarze Böden enthalten viel Humus, der voller Nährstoffe steckt. Heller Sandboden ist dagegen humusarm und benötigt mehr Dünger.

Ganz wichtig ist auch, was Sie kultivieren. Wir Gärtner unterscheiden im Gemüseanbau Stark-, Mittel- und Schwachzehrer, also Pflanzen, die viel, mäßig und wenig Dünger brauchen.

Es spielt außerdem eine Rolle, welche Art von Dünger Sie verwenden (❯ Kasten). Mineralische Volldünger wie Blaukorn – der Name bezieht sich auf die blaue Farbe der Düngerkörnchen – enthalten die drei Hauptnährstoffe Stickstoff, Phosphor und Kali. Die beiden Letztgenannten, das zeigen neuere Untersuchungen, sind in vielen Hausgärten ausreichend, meist sogar im Übermaß vorhanden. Im Unterschied zu Stickstoff bauen sie sich nicht ab, sondern reichern sich immer mehr im Boden an. Aber auch die Stickstoffwerte sind zum Teil alarmierend hoch.
❯ S. 178, Fruchtwechsel einhalten

→ Machen Sie einen Bodentest
Einen Anhaltspunkt zum Nährstoffbedarf Ihres Bodens bekommen Sie, wenn Sie mit einfachen Testmethoden den Bodentyp bestimmen. Für eine genaue Analyse mit Düngeempfehlung sollten Sie eine Probe Ihres Bodens in einem Labor untersuchen lassen.
❯ S. 30/31, Testverfahren für Ihren Boden

→ Dosieren Sie exakt
Zu viel Dünger ist genauso schädlich für die Pflanzen wie zu wenig. Das gilt besonders für Jungpflanzen. Welche Düngerart (❯ Kasten) infrage kommt, richtet sich nach dem aktuellen Bedarf und der Zielsetzung. Sowohl bei mineralischem als auch bei organischem Dünger sind bei der Dosierung immer die Bodenverhältnisse und Nährstoffansprüche der Pflanzen zu beachten.
❯ S. 40, Düngen nach der Pflanzung

→ Starkzehrer brauchen viel Dünger
Einen hohen Nährstoffbedarf haben Kürbis, Sellerie und Gurke. Aber auch Rosen und Prachtstauden wie Rittersporn brauchen viel Dünger. Kompost oder gut verrotteter Stallmist liefert das nötige Futter. Hornspäne sorgen für den zusätzlich nötigen Stickstoff.

→ Mittelzehrer sind genügsam
Mangold, Rote Bete, Bäume und Sträucher sowie die meisten Stauden sind, je nach Bodenanalyse, mit gelegentlichem Düngen eines organischen Langzeitdüngers zufrieden.

→ Schwachzehrer brauchen nur wenig
Salat, Erbsen und Buschbohnen, aber auch vielen Steingartenstauden, Lavendel und vielen Kräutern reichen geringe Düngergaben organischen Düngers. Zu viele Nährstoffe führen bei dieser Gruppe zu Krankheiten.

→ Düngen Sie nach Bedarf
Meine Empfehlung lautet: Stellen Sie Ihre Düngegewohnheiten um. Verzichten Sie in Zukunft auf das klassische Blaukorn. Es enthält einen zu hohen Anteil an Phosphat und führt schnell zur Überdüngung. Richten Sie sich nach den Bodenverhältnissen in Ihrem Garten und greifen Sie zu Einzelnährstoffdüngern, mit denen Sie den fehlenden Nährstoff gezielt in der erforderlichen Konzentration geben können. ✳

Dünger ist nicht gleich Dünger

Grundsätzlich unterscheidet man zwei verschiedene Düngerarten:

Mineraldünger entstammen entweder natürlichen Vorkommen (Kalisalze) oder werden industriell hergestellt (z. B. Blaukorn, Kalkammonsalpeter). Sie werden direkt von den Pflanzen aufgenommen, wirken – mit Ausnahme einiger Langzeitdünger – sehr schnell und werden gezielt bei Mangelversorgung eingesetzt. Sie gleichen Nährstoffdefizite aber nur kurzfristig aus.

Organische Dünger, z. B. in Form von Granulat, aber auch Stallmist, Hornspäne oder Kompost enthalten Nährstoffe, die zunächst von Bodenorganismen freigesetzt werden müssen. Wie lange das dauert, hängt u. a. von den Temperatur-, Wasser- und Luftverhältnissen im Boden ab. Damit gleicht man Nährstoffmangel nicht schnell, aber langfristig aus.

G › Gießhilfen

? Giersch wuchert

Unser Garten ist überwuchert von Giersch. Gibt es irgendein wirksames Mittel dagegen?

Giersch (*Aegopodium podagraria*) ist eine vitaminreiche Heilpflanze, die man zu Salat, Kräuterquark oder wie Spinat verarbeiten kann. Aber was zu viel ist, ist zu viel! Dass er aus kleinsten Wurzelstückchen wieder austreibt, lässt Gärtner verzweifeln. Unkrautmittel wirken nur kurzfristig. Man kann ihn mit besseren Methoden kleinkriegen.

→ **Rupfen, rupfen, rupfen!**
Es hat sich bewährt, Giersch immer abzurupfen, sobald er seinen Kopf aus der Erde steckt. Damit verhindern Sie auch, dass sich die Pflanze zusätzlich über Samen vermehrt.

→ **Graben Sie die Wurzeln aus**
Auf sandigen Böden können Sie die langen, weißen Wurzeln mit der Grabegabel aus der Erde ziehen. Bei schweren Böden reißt man sie nur ab, und die verbliebenen Teilstücke treiben umso kräftiger aus. Mulch (› Glossar, S. 224) lockert schwere Erde mit der Zeit.
› S. 60, Mulchen auf Neupflanzungen

→ **Nehmen Sie ihm Licht und Luft**
Langfristig hilft das „Ersticken" unter Mulchfolie und Rindenmulch. Dazu müssen Sie das Beet vorübergehend komplett räumen. Legen Sie schwarze Mulchfolie auf die Erde und schütten Sie eine ca. 10 cm hohe Schicht Rindenmulch darauf. Lassen Sie die Folie mindestens ein Jahr aufliegen.
› S. 61, Rindenmulch im Beet ✽

? Gießhilfen

An heißen Tagen brauche ich sehr lange, um in meinem großen Garten alle Beete sowie die Pflanzkästen und Kübel zu gießen. Was kann ich für Möglichkeiten nutzen, um mir die Arbeit etwas zu erleichtern?

Eine automatische Tropfschlauchbewässerung sorgt z. B. im Gemüsebeet für eine gleichmäßige Durchfeuchtung des Bodens.

Für den Hausgarten gibt es verschiedene Arten von Gießhilfen. Besonders zuverlässig arbeiten automatische Bewässerungssysteme für Blumen- und Gemüsebeete oder Kübelpflanzen. Sie sind leicht zu verlegen und einfach in der Handhabung.
› S. 207, Wasserversorgung

→ **Verwenden Sie Pflanzkästen mit einem Wasserreservoir**
Es gibt Balkonkästen mit doppeltem Boden für einen Wasservorrat. Das Reservoir wird über einen Einfüllstutzen gespeist und ist über einen Docht mit dem Substrat verbunden. Ein Überlauf verhindert Staunässe – das ist wichtig bei Regenwetter. Am Wasserstandsanzeiger sieht man, wann man das Reservoir auffüllen muss.
Ähnlich funktionieren Wasserspeichermatten aus Schaumstoff. Sie saugen sich mit Wasser voll und geben es nach Bedarf an die Pflanzenwurzeln ab.

→ **Installieren Sie ein Tropfsystem**
Mehrere Töpfe und Kästen oder auch größere Beetflächen kann man mit einer Tropfschlauchbewässerung (sogenannte Perlregner) aus dem Fachhandel versorgen. Der Regner wird über einen Druckminderer an den Außenwasserhahn angeschlossen. Ähnlich funktionieren über Schläuche miteinander verbundene Tonkegel (z. B. Blumat), die neben die Pflanze in die Erde gesteckt werden. Sobald das Substrat austrocknet, entsteht durch den Wurzelsog ein Unterdruck, und Wasser wird angesaugt. Bei feuchter Erde lässt der Unterdruck nach, und die Wasserzufuhr wird unterbrochen.

→ **Füllen Sie Wasserflaschen**
Mit Wasser gefüllte Flaschen oder sogenannte Bewässerungskugeln steckt man kopfüber in die Erde neben die Pflanzen. Auch sie wirken über das Saugdruckprinzip. ✽

ALLGEMEINE PFLEGE

G › Grundausstattung & praktische Helfer

Grundausstattung & praktische Helfer

Bei der Gartenarbeit sind Harke, Schere und Spaten einfach unentbehrlich. Aber es gibt noch eine ganze Reihe anderer praktischer Helfer, die Ihrem grünen Daumen bei Bedarf wertvolle Dienste leisten.

Die Bodenständigen

Bei Stecksystemen eignet sich ein Stiel für verschiedene Aufsätze. Achten Sie darauf, dass die Stiellänge zu Ihrer Körpergröße passt. Lagern Sie die Geräte sauber und behandeln Sie sie jährlich mit einem ölhaltigen Pflegemittel.

1 Spaten: zum Ausheben von Pflanzlöchern, Aus- und Umgraben und Teilen von Pflanzen sowie zum Abstechen von Rasenkanten; das Spatenblatt sollte aus einem Stück geschmiedet sein

2 Grabegabel: zum schonenden, tieferen Durcharbeiten und spatentiefen Lockern und Lüften des Bodens

3 Kultivator (Grubber, Dreizack): bestens geeignet für oberflächliches Durcharbeiten, Jäten und Auflockern von Böden

4 Rechen: glättet den Boden nach groben Arbeiten wie Umgraben und oberflächlichem Auflockern

5 Fächerbesen: dient dem Abharken von Rasenflächen

6 Handharke: erleichtert das Durcharbeiten des Bodens bei kleinflächigen Pflanz- und Jätarbeiten

7 Pflanzkelle: für Erdaushub bei kleinflächigen Pflanzarbeiten

Die Pflegenden

Achten Sie beim Kauf auf hohe Qualität, gute Handhabung und lange Lebensdauer – das zahlt sich mit Sicherheit aus.

8 Gartenschlauch: mit Rollwagen und verschiedenen Aufsätzen zum Gießen und Beregnen kann man bequem den Garten wässern

9 Gießkanne: mit unterschiedlichem Fassungsvermögen von 5–20 Litern und abnehmbarer Tülle zum gezielten Gießen

10 Distelstecher: ein idealer, sehr praktischer Helfer beim Kampf gegen tief wurzelndes Unkraut

11 Fugenkratzer: entfernt mühelos Unkraut zwischen Platten; auch für langstielige Stecksysteme geeignet

12 Druckpumpen-Spritze: ermöglicht gleichmäßiges Ausbringen von Pflanzenschutzmitteln und Brühen

13 Straßenbesen: zum Reinigen gepflasterter Flächen

14 Handfeger und Kehrschaufel: als Ergänzung zum Straßenbesen beim Aufkehren von Resten

Die Schnittigen

Damit Scheren gut in der Hand liegen, gibt es verschiedene Größen und Ausführungen. Halten Sie die Schneiden sauber und scharf.

15 Scharfes Messer: zum Schnitt weichtriebiger Pflanzen

16 Bypass-Handschere: zweischneidig; für sauberen, glatten Schnitt von Stängeln, Rosentrieben und dünnen Ästen

17 Bypass-Astschere: zweischneidig; kraftvoller Schnitt von dicken Ästen durch lange Griffe mit guter Hebelwirkung

18 Amboss-Handschere: kraftsparende einschneidige Klinge, die auf einen stumpfen Amboss trifft, nur für abgestorbene Triebe

19 Rasenkantenschere: die waagerecht angeordneten, großen Scherblätter sind ideal zum Kantenschneiden

ALLGEMEINE PFLEGE

? Herbstlaub entsorgen

Jedes Jahr im Herbst stellt sich in meinem großen Garten die gleiche Frage: Wohin am besten mit den Bergen an Falllaub?

Falllaub ist ein wichtiger Rohstoff im Garten, den man nicht einfach gedankenlos entsorgen sollte. Im Nährstoffkreislauf sind Blätter als Biomasse unverzichtbare Mineralstofflieferanten für die Bodentiere, die daraus wertvollen Humus herstellen.

Herabfallendes Laub bildet eine Deckschicht am Boden, unter der die Erde feucht und krümelig bleibt und vor Frost geschützt ist. Viele Insekten und Kleintiere finden darin Schutz und Nahrung.

Aber Falllaub ist im Garten nicht überall nützlich. Auf dem Rasen nimmt es Grashalmen die Luft, das Teichwasser reichert es unnötig mit Nährstoffen an, und auf Terrasse und Wegen bildet es bei Nässe eine rutschige Schicht. An diesen Stellen sollte man es aufkehren und sammeln. Zum Glück gibt es sinnvolle Verwendungsmöglichkeiten dafür.
❯ S. 103, Herbstlaub

→ Häckseln Sie es klein
Mähen Sie das Laub mit dem Rasenmäher klein und streuen Sie es unter die Gehölze. Das tut Boden und Pflanzen gut. Wenn Sie im Frühjahr Hornspäne dazugeben, werden Sie staunen, wie schnell das Laub verrottet ist.

→ Gut gemischt auf den Kompost
In einem Anteil von ca. 20–25 % kann man Laub dem Kompost beimischen. Zusammen mit Staudenschnitt, Küchenabfällen und Holzhäckseln zersetzt es sich zu krümeliger Komposterde. Sie können auch einen eigenen Laubkompost anlegen (❯ Kasten).
❯ S. 29, Küchen- und Gartenabfälle kompostieren

→ Nutzen Sie Laub als Frostschutz
Empfindliche Rosen oder nicht winterharte Stauden schützen Sie an der Basis mit einer Laubschicht vor Frost. Etwas Erde darüber verhindert, dass das Laub davonweht.

→ Schaffen Sie ökologische Nischen
Reservieren Sie ein Eckchen im Garten für einen Laubhaufen. Igel und andere Gartennützlinge werden dieses Winterquartier dankbar annehmen. ✳

? Kübelpflanzen ausräumen

Ich habe meine Kübelpflanzen nach der Winterruhe ins Freiland gestellt. Nun haben sie plötzlich fleckige braune Blätter. Woran liegt das?

Das Sonnenlicht ist zu intensiv
Im späten Frühjahr ist die Sonnenstrahlung schon recht stark. Das vertragen viele Kübelpflanzen nach dem langen Aufenthalt im dunklen Winterquartier nicht sofort. Sie bekommen dann schnell einen Sonnenbrand, der sich in braunen Stellen auf den Blättern äußert.

→ Erst mal einen Schattenplatz
Gehen Sie behutsam vor beim Ausräumen und stellen Sie Ihre Kübelpflanzen zunächst in den Schatten. Nach ein paar Tagen, wenn sich die Gewächse an die Verhältnisse im Freien und die starke UV-Strahlung gewöhnt haben, dürfen sie dann wieder an ihren gewohnten Platz in die Sonne.

→ Schadhafte Blätter später entfernen
Lassen Sie die geschädigten Blätter zunächst an der Pflanze. Erst wenn sie frisch durchtreibt, können Sie die Blätter entfernen. Solange benötigt die Pflanze sie noch, um Photosynthese betreiben zu können. ✳

Lauberde ist Gold wert

Als Mulch: Das leicht saure Milieu von Lauberde eignet sich zum Mulchen unter Gehölzen und für Moorbeetpflanzen (z. B. Rhododendron), aber auch als Grundlage für Erdmischungen.

Gut Ding will Weile haben: Laub enthält Gerbsäure, besonders Walnuss- und Eichenlaub, und zersetzt sich nur langsam. Komposterde und Rasenschnitt als Zusatz beschleunigen den Prozess. Gehölzschnitzel sorgen für gute Durchlüftung. Abgedeckt mit Rasenschnitt oder Gartenerde ist die Lauberde nach ca. einem Jahr ausgereift.

❯ S. 28, Kompostmenge

? Lilien überwintern

Meine eingetopften Lilien überwintern im Keller. Jetzt stelle ich fest, dass die Triebe schon 30 cm hoch und ganz bleich sind. Was soll ich tun?

Sie stehen zu dunkel und zu warm
Viele Keller sind heutzutage gut isoliert und durch die Heizungsanlage angenehm temperiert. Wenn es dazu noch dunkel ist, etiolieren (› Glossar, S. 223) überwinterte Kübelpflanzen leicht und bilden dabei helle, dünne und lange sogenannte Geiltriebe.

› S. 44, Keimlinge schießen

→ **Schneiden Sie die Triebe nicht zurück**
Geiltriebe werden von selber wieder grün, sobald die Lilien nach den letzten Spätfrösten an ihrem angestammten Freilandplatz stehen. Schneiden Sie sie also nicht zurück.

→ **Wählen Sie einen geeigneten Platz**
Stellen Sie die Lilien an einen kühlen, aber frostfreien Platz, z. B. im kalten, hellen Treppenhaus oder dunklen Keller. Ich überwintere sie immer erfolgreich im Schuppen.

→ **Nötige Pflege in der Winterruhe**
Die Lilienzwiebeln bleiben über Winter im Topf. Abgestorbene Triebe schneide ich ab. Düngen Sie in der Winterruhe nicht und gießen Sie nur sparsam! Die Erde sollte möglichst trocken sein. Ist der Platz nicht ganz frostsicher, genügen einige Lagen Zeitungspapier als Frostschutz. So überstehen Lilien locker ein paar Minusgrade. Und sie treiben erst im Frühjahr wieder aus.

› S. 120, Kübelpflanzen überwintern ❁

? Moos im Garten

In meinem Garten siedelt sich überall Moos an, sodass ich bald nicht mehr dagegen ankomme. Gibt es ein gutes Mittel, um es dauerhaft zu bekämpfen?

Der Garten liegt im Schatten
An schattigen Stellen unter Gehölzen, wo es kühl und feucht und der Boden meist lehmig ist, bildet Moos dichte Teppiche. Mit der Zeit wachsen auch im Garten die Gehölze in die Höhe und beschatten freie Flächen.

→ **Lichten Sie aus**
Wenn Sie durch das Auslichten (› Glossar, S. 222) und den Rückschnitt von Gehölzen mehr trockene, helle Bereiche im Garten schaffen, verschwindet Moos oft von selbst.

› S. 164, Sträucher wachsen ineinander

Der Boden ist verdichtet
Feuchte Plätze, an denen sich das Wasser im Boden staut, und lehmiger Boden sind für die Ansiedlung von Moosen prädestiniert.

› S. 33, Verdichteter Boden

→ **Schwerer Lehmboden braucht Luft**
Lockern Sie den Boden tiefgründig mit Grabegabel oder Spaten auf (› Abb.). Arbeiten Sie dabei Sand oder Kies in den Boden ein.

› S. 32, Schwerer Boden

→ **Säen Sie Pflanzen zur Gründüngung**
Eine Gründüngung (› Glossar, S. 223) mit Bienenfreund, Ackersenf oder Lupine lockert den Boden ebenfalls.

Der Boden reagiert sauer
An bodensauren Stellen wachsen Moose bevorzugt. Zwar gibt es auch Moosarten auf kalkreichen Böden, aber dort haben sie mehr Konkurrenz durch andere Pflanzen.

Lockern Sie schwere Böden immer wieder auf und arbeiten dabei etwa Sand oder Kies ein.

→ **Arbeiten Sie Kompost ein**
Eine Kompostgabe von 3 l pro m² im Frühjahr verbessert den Boden und liefert die nötigen Nährstoffe. Auch eine Düngung mit Algenkalk oder kohlensaurem Kalk hilft.

› S. 25, Kalkarmer Boden

→ **Schaffen Sie Konkurrenz**
Wenn die Standortvoraussetzungen stimmen, verdrängen geeignete Stauden das Moos, z. B. auf lehmigem Substrat Bodendecker wie Haselwurz oder Günsel. Auf nährstoffarmen Böden kommt karminroter oder weißer Blutstorchschnabel infrage.

› S. 29, Sandboden › S. 116, Bodendecker

› S. 122/123, Lebensbereiche im Garten ❁

ALLGEMEINE PFLEGE

? Mulchen auf Neupflanzungen

Das Beet unter unserem Hausbaum habe ich mit Bodendeckern bepflanzt und anschließend mit zerhäckselter Rinde gemulcht. Warum wollen die Pflanzen nun nicht recht wachsen?

Die Pflanzen bekommen keine Luft

Kann es sein, dass Sie es mit dem Mulchen zu gut gemeint haben? Gerade junge Pflanzen ersticken regelrecht unter einer zu hohen Decke aus Rindenmulch.

→ **Legen Sie die Pflanzen frei**
Entfernen Sie die Mulchdecke von der Fläche, vor allem rund um die Pflanzen. Sie werden sehen, wie Ihre Bodendecker förmlich aufatmen!

→ **Mulchen Sie nur ältere Pflanzen**
Es ist besser, mit dem Mulchen so lange zu warten, bis die Pflanzen angewachsen sind. Das kann bis zu einem Jahr dauern! In dieser Zeit jäten Sie lediglich das aufkommende Unkraut und wässern Ihre Neupflanzung bei Bedarf regelmäßig.

→ **Mulchen Sie nicht zu viel**
Achten Sie darauf, dass die Mulchdecke auch bei eingewachsenen Pflanzen nicht zu hoch wird. Fünf Zentimeter dienen als Anhaltspunkt: Höher sollte eine Rindenmulchschicht nicht sein. Sobald sich im Laufe der Zeit die Rinde zersetzt, können Sie wieder neues Material aufbringen.

Der Boden ist zu trocken

Das Laubdach des Hausbaumes und die dicke Mulchschicht verhindern, dass ausreichend Regenwasser an die Pflanzung kommt. Zudem entziehen die Baumwurzeln dem Boden viel Feuchtigkeit.

→ **Prüfen Sie die Bodenfeuchte**
Vergewissern Sie sich, dass die Erde unter dem Baum ausreichend feucht ist. Das Wasser sollte mindestens 20 cm tief in den Boden eingedrungen sein.

→ **Wässern Sie bei Bedarf**
Regelmäßiges, tiefgründiges Wässern ist für junge Pflanzungen unerlässlich. Wenn die Wurzelballen der frisch gepflanzten Bodendecker erst einmal ausgetrocknet sind, nehmen sie nur schwer wieder Wasser an!

Mulcharten und ihre Verwendung

Material	Verwendung
Gehölzschnitt, Holzschnitzel	unter Bäumen und Sträuchern
Kies oder Splitt	im Steingarten
Laub	unter Bäumen und Sträuchern, im Moorbeet
Mulchfolie	z. B. für Kultur von Gurken, Paprika, Zucchini
Rasenschnitt (trocken)	in Gemüse,- Kräuter- und Staudenbeeten, in Erdbeerbeeten nach der Ernte
Rindenmulch	unter Bäumen und Sträuchern, als Wegebelag
Stroh	in Erdbeer-, Gemüse- und Kräuterbeeten

Rindenmulch eignet sich auch als pflegeleichter Übergangsbereich zwischen Beet und Rasen.

R › Rindenmulch im Beet

? Rindenmulch im Beet

Ich habe frischen Rindenmulch zwischen meinen Erdbeerpflanzen und im Gemüsebeet verteilt. Warum werden die Blätter der Pflanzen plötzlich hell?

Rindenmulch verbraucht Stickstoff

Wenn die Blätter heller werden und das Wachstum stockt, mangelt es besonders den Starkzehrern (› Glossar, S. 226) an Stickstoff. Rindenmulch wird von Bodenlebewesen wie Bakterien zersetzt, und dabei wird viel Stickstoff aus den oberen Bodenschichten benötigt. Außerdem enthält Rindenmulch einen hohen Anteil an Gerbsäuren, die bei Gemüse oder Staudenpflanzen, zu denen auch Erdbeeren gehören, erhebliche Wachstumsstörungen hervorrufen können.
› S. 178, Fruchtwechsel einhalten

→ **Entfernen Sie den Rindenmulch**
Um weitere Schäden zu vermeiden, sollten Sie das Rindenmaterial sofort wieder aus den Beeten herausholen.

→ **Beheben Sie akuten Stickstoffmangel**
Düngen Sie mit einem schnell wirkenden Mineraldünger (z. B. Kalkammonsalpeter, › S. 54, Kasten), um den Pflanzen den benötigten Stickstoff rasch zuzuführen.

→ **Düngen Sie mit Hornmehl**
Horndünger reichert den Boden langfristig wieder mit Stickstoff an. Er besteht aus zerkleinerten Hörnern und Hufen von Rindern, wirkt humusbildend und hat einen hohen Stickstoffgehalt. Im Gegensatz zu mineralischen Düngern setzt er seine Nährstoffe erst frei, wenn das Horn von Mikroorganismen verarbeitet wurde.

Wenn Sie die Blätter Ihrer Erdbeerpflanzen im Juli zurückschneiden und den Boden dann mit Hornmehl (30–45 g pro m^2) düngen, können Sie das Stickstoffdefizit bis zur Blütenentwicklung im kommenden Jahr wieder ausgleichen.

→ **Mulchen Sie mit geeignetem Material**
Mulchen Sie das Gemüsebeet im Sommer dünn mit abgetrocknetem Grasschnitt. So bleibt der Boden feucht und locker, und es wird ihm kein Stickstoff entzogen, den die Pflanzen dringend brauchen.
Auf dem Erdbeerbeet legen Sie eine dünne Schicht Stroh von unbehandeltem Getreide zwischen die Erdbeerreihen. Stroh zehrt zwar auch Stickstoff, ist aber pflanzenverträglicher als Rindenmulch. Zudem bleiben die Früchte darauf sauber und faulen nicht so leicht, weil sie nicht direkt am Boden aufliegen.
› S. 76, Erdbeeren schimmeln

→ **Pflanzen Sie in Mulchfolie**
Erdbeeren, Salat und Fruchtgemüse gedeihen optimal in schwarzer Mulchfolie. Verwenden Sie gelochte Folie, die wasser- und luftdurchlässig ist. Zunächst wird das Beet gejätet und gründlich gelockert. Anschließend können Sie die Folie ausbreiten und an den Rändern eingraben, damit sie nicht hochweht. An den Pflanzstellen wird die Folie kreuzförmig eingeschnitten. Nach der Pflanzung reduziert sich der Arbeitsaufwand beträchtlich. Unkraut hat keine Chance, und der Boden unter der Folie bleibt gleichmäßig feucht. Achten Sie aber besonders auf Schnecken, die sich unter der Folie sehr wohlfühlen.

→ **Bereiten Sie das Beet im Frühjahr vor**
Vor Saisonbeginn arbeiten Sie etwas Kompost in den Boden ein (ca. 3 l pro m^2). Auf leichten Sandböden empfiehlt sich eher eine Gabe Hornmehl (ca. 15 g pro m^2).

→ **Verwenden Sie im Steingarten Kies**
Steingarten- oder Steppenpflanzen gedeihen ebenfalls schlecht in Rindenmulch. An ihrem Naturstandort kommt organisches Material wie Rinde nicht vor. Aber auch diese Stauden sind dankbar für eine Mulchschicht, die die Feuchtigkeit im Boden und das Unkraut fernhält. Beste Dienste leistet hier mineralisches Mulchmaterial wie Splitt, Schotter oder Kies (Körnungen 8–16 mm). Sie bekommen das Material in jedem Baumarkt. Auch hier gilt die Regel: Eine Schichthöhe von 5 cm sollte nicht überschritten werden.

Pilzsporen in Rindenmulch

An der Zersetzung roher Baumrinde sind viele Bodentiere beteiligt – neben Regenwürmern und Asseln auch Bakterien und Schimmelpilze. Durch Schimmelpilze kommt es gelegentlich zu einem weißen Belag auf Rindenmulch, der aber während der Umwandlung in Rindenhumus von selbst wieder vergeht. Untersuchungen zeigen, dass die Pilze ungefährlich sind und der Umgang mit befallenem Rindenhumus keine gesundheitliche Beeinträchtigung zur Folge hat.

ALLGEMEINE PFLEGE

? Schneedruck verhindern

Nach dem letzten schneereichen Winter sind mein Buchs sowie meine Eiben und Thujen unter der Schneelast teilweise auseinandergefallen. Was kann ich tun, um das in Zukunft zu verhindern?

Zweige und Blattwerk immergrüner Gehölze bieten Neuschnee eine große Auflagefläche.

Immergrüne Gehölze bieten mit ihren Nadeln und Blättern auch im Winter eine große Angriffsfläche für Wind und Schnee. Während Schnee bei unbelaubten Gehölzen recht schnell durch das Geäst fällt, bleibt er auf den Kronen der Immergrünen länger liegen. Wird der Schnee durch Wärme oder Regen feucht, erhöht sich die Last. Ab einem bestimmten Punkt kann der Trieb das zusätzliche Gewicht nicht mehr tragen, kippt zur Seite oder bricht sogar ab. Auch hohe Gräser wie Chinaschilf oder Bambus sind davon betroffen.

→ **Bringen Sie Bastmatten an**
In schneereichen Gegenden sollten Sie Immergrüne zu Beginn des Winters in Bastmatten einwickeln. Schlagen Sie neben der Pflanze einen Pfahl ein und binden Sie die Matte daran fest, damit sie unter der Schneelast nicht umfällt.

→ **Errichten Sie ein Lattengerüst**
Rüsten Sie die Pflanze mit einem stabilen Lattengestell ein, um sie vor Schneelast zu schützen. Der Aufbau sollte vorbeugend im Spätherbst vor dem ersten Schnee erfolgen.

→ **Streifen Sie die Last ab**
In schneearmen Regionen reicht es, wenn Sie größere Mengen Neuschnee mit einem Reisigbesen oder einem Stock von den Gehölzen abfegen. Kehren Sie dabei immer von unten nach oben, um ein Abbrechen der Triebe zu vermeiden.

→ **Bündeln Sie Gräser**
Hohe Gräser wie Pampasgras binden Sie vorsorglich mit Bast zu Bündeln zusammen. ✻

? Schneelast

Durch starke Schneelast sehen einige Immergrüne in meinem Garten arg mitgenommen aus. Wie bringe ich sie wieder in Form?

Viele immergrüne Gehölze richten sich nach starkem Schneedruck nicht mehr auf. Besonders bei Säulenformen hängen dann Zweige nach außen über. Abstützen hilft nur bedingt, man muss die Wuchsform auch durch Schnitt korrigieren.

→ **Stützen Sie das Gehölz**
Binden Sie bei einer auseinandergefallenen Pflanze starke Gerüsttriebe (› Glossar, S. 223) im Innern des Strauches mit Bast zusammen. Ein in die Mitte geschlagener Pfahl bietet zusätzlichen Halt.

→ **Lenken Sie das Wachstum um**
Hängen einzelne Triebe nach außen über, schneiden Sie diese bis auf einen innen stehenden Seitentrieb zurück. Lücken gleicht das Wachstum im Folgejahr wieder aus.
› S. 162, Säulenformen schneiden ✻

Schneehöhe auf dem Beet

Schnee ist der beste Frostschutz: Eine hohe Schneedecke macht den darunter überwinternden Pflanzen nichts aus – im Gegenteil! Sie wirkt wie ein isolierendes Luftkissen. Die oberirdischen Teile der Stauden sind abgestorben, und die Pflanzen befinden sich in dieser Zeit im Ruhestadium mit stark reduziertem Stoffwechsel.

Schnee schadet Stauden nicht: Selbst wenn man den Schnee meterhoch im Beet auftürmt, hat das keine negativen Auswirkungen auf Pflanzen, deren Überwinterungsorgane im Boden liegen. Es dauert dann nur etwas länger, bis auch die letzten Schneereste weggeschmolzen sind und sich die ersten Frühjahrsblüher zeigen.

S › Stallmist

? Schnittgut entsorgen

Wir haben Bäume und Sträucher im Garten ausgelichtet. Können wir das Schnittgut noch sinnvoll bei der Gartenarbeit einsetzen?

Abgeschnittene Zweige von Bäumen und Sträuchern eignen sich hervorragend als Strukturmaterial für Kompost und Hochbeet. Man kann sie auch als Mulchmaterial und Brennholz nutzen oder sie Kleintieren und Insekten als Unterschlupf zur Verfügung stellen (› Tipp).
› S. 65, Vögel anlocken › S. 114, Bienenpflanzen
› S. 165, Vögel im Garten

→ **Häckseln Sie das Schnittgut klein**
Mieten oder kaufen Sie sich – z. B. gemeinsam mit den Nachbarn – einen Häcksler. Damit können Sie Äste oder Zweige bis zu 5 cm Dicke klein schreddern, bevor Sie die Gehölzschnitzel unter Gehölzen verteilen. Dickere Äste eignen sich gut als Kaminholz.

→ **Schnittgut als Strukturmaterial**
Wertvolle Dienste leisten Äste und Zweige als „Unterbau" in Hoch- und Hügelbeeten. Dafür wird das grob zerkleinerte Schnittgut ca. 30–50 cm hoch aufgeschichtet. Darauf folgen im Wechsel ca. 20 cm hohe Schichten aus Laub, Grobkompost und Gartenerde. Die Gehölzreste verhindern, dass die Schichten in sich zusammensacken.
Legen Sie sich einen Vorrat an Schnittgut neben den Komposthaufen. So haben Sie immer Strukturmaterial parat, um es unter weiches Material wie Rasenschnitt oder Küchenabfälle zu mischen.
› S. 26, Kompost stinkt

TIPP!
Unterschlupf für Nützlinge

Ein Haufen aus dünnen Zweigen, gemischt mit Falllaub, bietet Igeln und anderen Kleintieren ein ideales Winterquartier. Und auch andere Nützlinge wie Schlupfwespen und Marienkäfer nutzen Zweige zum Überwintern. In dickere Astscheiben können Sie unterschiedlich große Löcher bohren und sie an einem sonnigen Platz aufhängen. Sie dienen Wildbienen als Nistplatz.

→ **Mulchen Sie Gehölzbereiche**
Mischen Sie das frisch gehäckselte Schnittgut mit Rasenschnitt oder klein geschnittenem Laub und geben Sie einige Handvoll Hornspäne hinzu. Anschließend verteilen Sie diese Mischung unter Zier- und Obstgehölzen sowie Beerensträuchern. Dort verrottet die Häckselmischung langsam zu wertvollem Humus und hält dabei gleichzeitig den Boden ausreichend feucht.
› S. 61, Rindenmulch im Beet

→ **Bündeln für den Ofen**
Haben Sie einen Ofen? Dann schneiden Sie die Äste und Zweige in handliche Stücke und bündeln sie zu sogenannten „Wellen". Trocken gelagert, dienen sie zum Anschüren des Kaminfeuers in der Heizsaison. ❈

? Stallmist

Vom nahe gelegenen Bauernhof kann ich mir Stallmist für die Beete holen. Spricht aus hygienischen Gründen etwas dagegen, ihn zu verwenden?

Stallmist wird als organischer Dünger und wärmende Unterlage im Frühbeet seit alters im Garten eingesetzt. Dagegen ist auch nichts zu sagen, solange einige grundsätzliche Regeln eingehalten werden.

→ **Verwenden Sie nur abgelagerten Mist**
Mist vom Bauernhof sollte mindestens zwei Jahre kompostiert werden, bevor er in den Boden eingearbeitet wird. Erst dann ist er für die Pflanzen verträglich, und eine mögliche Belastung mit Keimen ist auszuschließen.

→ **Stellen Sie den Bedarf fest**
Wer regelmäßig Kompost auf die Beete ausbringt, braucht keinen Stallmist. Wenn Sie nicht sicher sind, wie viel Nährstoffe Ihr Boden benötigt, nehmen Sie besser erst eine Bodenprobe, bevor Sie erwägen, Stallmist auf die Beete zu geben. Hier gilt nicht das Motto „Viel hilft viel".
› S. 30/31, Testverfahren für Ihren Boden

→ **Düngen Sie nur Starkzehrer**
Auch abgelagerter Mist enthält noch mehr Nährstoffe als Kompost. Damit ist er nur für Starkzehrer wie Kohl und Tomaten sowie für Prachtstauden wie Rittersporn geeignet. Für Wildstauden, schwach zehrende Gemüse wie Salat oder gar Bohnen oder Steingartenpflanzen ist er zu stark konzentriert.
› S. 178, Fruchtwechsel einhalten ❈

63

ALLGEMEINE PFLEGE

? Unkraut entsorgen

Ich habe gehört, dass man das Unkraut nach dem Jäten nicht auf den Kompost geben sollte. Soll ich es besser in die Biotonne tun?

Sogenannte Samenunkräuter wie Vogelmiere und Löwenzahn bilden eine Vielzahl von Samen, die der Wind im ganzen Garten verbreitet. Wurzelunkräuter wie Giersch verbreiten sich nicht nur über Samen, sondern ungehindert über unterirdische Ausläufer (> Tab.). Die Verrottungswärme im Kompost reicht leider nicht aus, um alle Samen und Ausläufer abzutöten.

→ **Wurzelunkräuter in die Biotonne**
Ausläuferbildende Pflanzen gehören grundsätzlich in die Biotonne. Man kann sonst nicht ausschließen, dass Wurzelstücke mit in den Kompost geraten. Die Pflanzen sind in der Lage, selbst aus kleinsten Wurzelresten erneut wieder auszutreiben.
> S. 55, Giersch wuchert

→ **Sortieren Sie blühende und fruchtende Pflanzen aus**
Achten Sie beim Jäten darauf, ob die Pflanzen blühen oder fruchten. Samenunkräuter ohne Blüten und Samen können Sie auf den Kompost geben. Alle anderen Pflanzen gehören in die Biotonne. ✿

Samen- und Wurzelunkräuter

Samenunkräuter

Echtes Springkraut (*Impatiens* spec.)
Einjähriges Rispengras (*Poa annua*)
Franzosenkraut (*Galinsoga* spec.)
Löwenzahn (*Taraxacum officinale*)
Vogel-Sternmiere (*Stellaria media*)

Wurzelunkräuter

Ackerwinde (*Convolvulus arvensis*)
Giersch (*Aegopodium podagraria*)
Hahnenfuß (*Ranunculus repens*)
Quecke (*Lolium perenne*)
Schachtelhalm (*Equisetum arvense*)

? Unkraut macht sich breit

Das Unkraut in meinem Garten breitet sich immer weiter aus. Gibt es eine wirkungsvolle Möglichkeit, um das dauerhaft zu verhindern?

Aufkommendes Unkraut sollte man möglichst umweltschonend bekämpfen. Greifen Sie nicht zur chemischen Keule. Die einzige Erfolg versprechende Methode bei Unkrautaufwuchs ist regelmäßiges Jäten.

→ **Je früher, desto besser**
Samenunkräuter entfernen Sie vor der Blüte und verhindern so, dass sie sich durch Aussaat verbreiten. Feuchter Boden erleichtert diese Arbeit sehr. Einjährige Unkräuter haben nur ein schwaches Wurzelwerk und lassen sich dann besonders leicht ziehen.

Wurzelunkräutern rücken Sie zu Leibe, sobald sich der Trieb aus dem Boden wagt. Immer wieder abgehackt, werden auch die hartnäckigsten Wurzelunkräuter schwach.
> S. 55, Giersch wuchert > S. 64, Unkraut entsorgen

→ **Stechen Sie Tiefwurzler aus**
Unkräuter mit tiefen Pfahlwurzeln wie Distel oder Löwenzahn stechen Sie mit der Wurzel aus. Sonst treiben sie aus den Wurzelresten neu aus. Dafür eignet sich ein Distelstecher.
> S. 56/57 Grundausstattung & praktische Helfer
> S. 206, Unkraut in Plattenfugen

→ **Pflanzen Sie Bodendecker**
Pflanzen Sie nach dem Jäten bodendeckende Stauden und Gehölze wie Immergrün, Ysander oder Bodendecker-Rosen. Fühlen sie sich am Standort wohl, bieten sie dem lästigen Unkrautaufwuchs erfolgreich Paroli.
> S. 116, Bodendecker

→ **Mulchen Sie den Boden**
Eine Mulchschicht erschwert die Selbstaussaat von Samenunkräutern. Geeignete Materialien sind Rinde unter Gehölzen, Stroh und Grasschnitt zwischen Gemüse und Splitt oder Kies im Steingarten (> S. 60, Tab.). Wurzelunkräuter wachsen allerdings durch eine Mulchschicht hindurch. Hier hilft nur eine starke Mulchfolie.
> S. 60, Mulchen auf Neupflanzungen ✿

V › Vögel anlocken

? Vögel anlocken

Ich würde gerne meinen Garten etwas naturnäher gestalten. Stimmt es, dass Vögel viele Schädlinge vertilgen? Wie kann ich sie am besten anlocken?

Es ist richtig, dass heimische Gartenvögel Unmengen an Raupen, aber auch Läuse und andere Schädlinge an ihre Brut verfüttern. Sie leisten damit einen unschätzbaren Beitrag zum biologischen Pflanzenschutz.

→ **Hängen Sie Nistkästen auf**
Seit Jahrzehnten bewähren sich Nistkästen aus Holzbeton, einer Mischung aus Holz und organischen Zuschlagstoffen. Es gibt aber auch Nistkästen aus anderen Materialien, z. B. glasierte und frostbeständige Porzellankugeln, die Nesträubern wirkungsvoll den Zugang erschweren. Nistkästen mit rundem Dach, die frei selbst an niedrigen Ästen aufgehängt werden können, sind vor Katzen und Mardern relativ sicher. Sonst gibt es spezielle Manschatten, die Raubtiere fernhalten. Um den Ansprüchen der verschiedenen Höhlenbrüter wie Meisen und Stare gerecht zu werden, haben die Nistkästen unterschiedliche Größen und Formen. Auch der Durchmesser der Einfluglöcher ist variabel. An Bäumen werden die Kästen mit nicht rostenden Aluminiumnägeln aufgehängt, damit die Rinde nicht beschädigt wird. Sie können auch einen Platz an der Hauswand wählen. Wichtig ist, dass der Platz geschützt vor Regen und Wind ist und leicht erreicht werden kann. Nach dem Brutgeschäft sollte man den Kasten abnehmen und gründlich reinigen, um mögliche Keime abzutöten.

→ **Pflanzen Sie Nistgehölze**
Als Brutplatz für Freibrüter wie Zaunkönig oder Rotkehlchen eignen sich Hecken und Solitärgehölze, die wenig Schnitt brauchen und sich reich belauben.

› S. 165, Vögel im Garten

→ **Sorgen Sie für genügend Futter**
Nisthilfen sind nur dann sinnvoll, wenn die Vögel in der Umgebung auch genug Nahrung finden. Ein aufgeräumter Garten mit Zierrasen, Rosenbeeten und Thujahecke hat da wenig zu bieten. Im Naturgarten mit Obstbäumen, Blütenstauden, Komposthaufen und Wildkräutern ist der Tisch dagegen reich gedeckt. Je größer das Nahrungsangebot, umso mehr Vogeleltern können ihre Brut in Ihrem Garten aufziehen.

→ **Verzichten Sie auf Chemie**
Verzichten Sie in Zukunft am besten auf chemischen Pflanzenschutz. Die Mittel gelangen in die Nahrungskette und belasten über vergiftetes Futter letztlich auch Jungvögel.

→ **Fördern Sie auch andere Nützlinge**
Lassen Sie der Natur im Garten ihren Lauf: Es muss nicht immer alles akkurat sein. Ein Laubhaufen oder geschichtetes Schnittgut bieten Unterschlupf für Kleinsäuger wie Igel. Wildblumen locken Schmetterlinge an.

› S. 63, Schnittgut entsorgen ❄

Ein Nistkasten bietet höhlenbrütenden Singvögeln wie Blaumeisen Brutraum für den Nachwuchs und geeigneten Unterschlupf.

Haufen aus trockenem Falllaub sind für nützliche Gartenbewohner wie den Igel ein ideales Quartier für den Winterschlaf.

65

ALLGEMEINE PFLEGE

? Wasserbedarf

Obwohl ich regelmäßig gieße, hängen bei manchen Pflanzen die Blätter ganz schlaff herunter. Mache ich beim Wässern etwas falsch?

Die Pflanzen vertrocknen
Häufiges Gießen in geringen Mengen ersetzt nicht längeres, durchdringendes Wässern.

→ **Wässern Sie ausreichend**
Gießen Sie so, dass die Erde pro Gießgang bis in ca. 20 cm Tiefe durchfeuchtet wird.
› S. 67, Wasserverbrauch zu hoch

Mit einer runzligen, behaarten Blattoberfläche mindert Salbei den Wasserverlust bei Hitze.

Es ist zu sonnig
Pflanzen haben einen unterschiedlichen Wasserbedarf (› Kasten). Manche Pflanzen schützen sich bei Hitze, indem sie die Spaltöffnungen schließen und die Blätter hängen lassen. Am Abend erholen sie sich wieder.
› S. 191, Tomaten bilden kaum Früchte

→ **Wechseln Sie den Standort**
Setzen Sie die Pflanzen an einen in den Mittagsstunden beschatteten Platz.
› S. 134, Trockene Beete

Die Pflanzen sind krank
Ein Befall der Wurzeln mit Bodenpilzen verursacht die sogenannte Welkekrankheit.

→ **Räumen Sie das Beet**
Die Krankheit lässt sich nur durch Austausch der Pflanzen und der Erde beheben.
› S. 128, Sommerastern welken

Blätter verraten den Wasserbedarf
Hoher Verbrauch: Pflanzen mit großen, weichen und grünen Blättern haben in der Regel einen hohen Wasserverbrauch. Dazu gehören z. B. Gurkengewächse, Engelstrompete, Hortensien und Tafelblatt. Auch stark zergliederte Blätter wie bei der Tomate lassen auf einen hohen Wasserbedarf schließen. Ihre Blattoberfläche ist in der Summe ebenfalls sehr groß.

Geringer Verbrauch: Kleine, harte oder ledrige Blätter und silbrig behaartes Laub kennzeichnen ausgesprochene „Trockenkünstler" unter den Pflanzen. Eine Reihe mediterraner Kräuter wie Rosmarin oder Lavendel sind typische Vertreter dieser Gruppe. Auch sukkulente Pflanzen, die ihre Organe als Wasserspeicher nutzen oder zu Dornen reduzierte Blätter besitzen, brauchen nur sehr wenig Wasser.

? Wasserqualität

Es gibt ja verschiedene Meinungen, welches Wasser man zum Gießen verwenden sollte: Leitungswasser oder Regenwasser. Was empfehlen Sie?

Ganz klar: Regenwasser! Leitungswasser ist – oft mit viel Aufwand zu Trinkwasser aufbereitet – zu kostbar, um damit den Garten zu wässern. Regenwasser gibt es umsonst, während das Gießen mit Leitungswasser ganz schön ins Geld gehen kann. Außerdem vertragen die Pflanzen Regenwasser viel besser: Es ist weicher und besser temperiert als das oft kalkhaltige und kalte Leitungswasser. Eine Einschränkung gibt es allerdings doch: Der erste Regenguss nach ausgiebiger Trockenheit spült viel Schmutz und Schadstoffe in die Regentonne.

→ **Fangen Sie Regenwasser auf**
Sie können Niederschlagswasser vom Fallrohr der Regenrinne in Regentonnen oder Wasserzisternen umleiten. Wenn möglich, fangen Sie es nur bei längerem Regen auf. Das lässt sich z. B. mit einem speziellen Einsatz im Fallrohr steuern. Im Fachhandel bekommt man Kunststofffässer mit einem Volumen bis zu 700 Litern, ein einfaches Holzfass tut es aber auch. Sichern Sie das Fass mit einem Deckel (Kleinkinder könnten darin ertrinken). Bei ausreichender Fallhöhe, z. B. wenn die Tonne auf dem Garagendach steht, reicht der Wasserdruck für den Anschluss eines Wasserschlauchs aus. Sonst benötigen Sie eine Pumpe.

W › Wintergemüse schützen

? Wasserverbrauch zu hoch

In unserem Garten müssen wir im Sommer oft gießen und verbrauchen viel Leitungswasser. Kennen Sie bewährte Tricks, wie sich Wasser sparen lässt?

Beim Gießen ist entscheidend, wann, wie oft und wohin Sie gießen. Wichtig ist es zu verhindern, dass Wasser ungenutzt verdunstet.

→ **Gießen Sie durchdringend**
Als Faustregel empfehle ich, lieber einmal pro Woche durchdringend bis in 20 cm Tiefe, als jeden Tag oberflächlich zu gießen. Sonst breiten sich die Pflanzenwurzeln nicht genug in tiefere Bodenschichten aus, um sich von dort mit Wasser zu versorgen.

→ **Gießen Sie morgens**
Der beste Zeitpunkt zum Gießen ist morgens. Das Wasser dringt dann tief in den noch taufeuchten Boden ein, und die Blätter können tagsüber abtrocknen. Das ist wichtig, damit sich keine Pilzerkrankungen bilden. In der Mittagshitze würde das Wasser dagegen schneller verdunsten, als es die Pflanzen aufnehmen können.

→ **Gießen Sie direkt an die Wurzeln**
Anstatt die ganze Pflanze zu beregnen, sollten Sie direkt an die Wurzeln gießen. So geht weniger Wasser durch Verdunstung verloren.

→ **Lockern Sie den Boden auf**
Lockern Sie die oberste Bodenschicht regelmäßig mit einer Hacke auf. Damit werden die kleinen Kapillaren (› Glossar, S. 223) zerstört, über die das Bodenwasser an die Oberfläche gelangt und ungenutzt verdunstet.

→ **Mulchen Sie die Beete**
Unter einer dünnen Mulchschicht (› Glossar, S. 224) bleibt die Erde schön feucht. Bei Kübelpflanzen und im Steingarten spart eine Schicht Kies oder Splitt auf dem Substrat so manche Gießkanne!
› S. 60, Mulchen auf Neupflanzungen

→ **Verzichten Sie auf „Schluckspechte"**
Wählen Sie Pflanzen, die mit einem Minimum an Wasser auskommen können. Insbesondere, wenn Sie Beete in sonniger Lage auf durchlässigem Boden haben, empfiehlt sich z. B. die Anlage eines Steingartens mit Wärme liebenden Arten.
› S. 119, Heidebeet › S. 134, Trockene Beete ❄

? Wintergemüse schützen

Im Gemüsebeet stehen noch Feldsalat, Lauch und Möhren. Muss ich das Gemüse vor dem Winter ernten, oder kann es draußen bleiben?

Während Feldsalat im Beet bleiben kann, sollten Sie Möhren und Herbstlauch vor dem ersten Frost ernten. Bei kühler Lagerung bleiben sie wochenlang frisch. Feldsalat, Winterlauch, Grün- und Rosenkohl überstehen Fröste unter -15 °C. Nur bei Kahlfrösten ohne Schneebedeckung leidet die Qualität.

→ **Legen Sie eine Miete an**
Schlagen Sie eine Holzkiste mit Zeitungen aus und füllen Sie eine Schicht Sand hinein. Säubern Sie Wurzel- und Kohlgemüse wie Möhren, Pastinaken oder Rote Bete und sortieren Sie schadhafte Exemplare aus. Legen Sie das Gemüse schichtweise in die Kiste und füllen Sie über jede Lage etwas Sand.

→ **Schützen Sie Gemüse vor Kälte**
Unter einem Schutzvlies (› Glossar, S. 225) oder Folientunnel kann Kahlfrost Wintergemüse im Freiland nichts anhaben. Ernten können Sie darunter trotzdem. Lauch sollte man anhäufeln oder mit Laub anschütten.
› S. 186, Kasten: Frühkultur macht's möglich ❄

Vitaminreiches, würziges Wintergemüse wie Grünkohl lässt sich unter einer Vliesabdeckung selbst bei Minusgraden gut kultivieren.

67

ALLGEMEINE PFLEGE

? Winterschutz für Freilandpflanzen

Im letzten strengen Winter sind mir viele Pflanzen im Garten erfroren. Mit welcher Methode kann ich sie besser vor Frostschäden schützen?

Dafür gibt es eine wichtige Grundregel: Winterschutz beginnt im Sommer. Nehmen die Pflanzen im Sommer zuviel Stickstoff auf, stellen sie ihr Programm von „Wachstum" nicht auf „Ausreifen" um. Genau das ist aber nötig, um hiesige Winter zu überdauern. Je nach Herkunft und genetischer Anlage sind Pflanzen unterschiedlich winterhart. Während Holunder und Herbstastern unbeschadet durch den Winter kommen, frieren Rosen und Sommerflieder etwas zurück. Dabei spielt auch das Alter und der Standort der Pflanzen eine Rolle: Je älter die Pflanzen sind und je geschützter sie stehen, umso besser überstehen sie Frost und Kälte.

Buchs, Eibe und Kirschlorbeer sind in unseren Breiten zwar absolut winterhart. Trotzdem kommt es in kalten, sonnigen Wintern ohne Schnee zu Schäden durch Frosttrocknis (❯ Glossar, S. 223). Bei starker Sonneneinstrahlung verdunsten Immergrüne Feuchtigkeit über die Blätter. Ist der Boden gefroren, bleibt aber der nötige Wassernachschub aus.
❯ S. 145, Braune Blätter bei Immergrünen

→ **Keine Stickstoffdüngung ab Mitte Juni**
Verzichten Sie ab Mitte Juni auf stickstoffhaltigen Dünger. Das gilt vor allem für Mineraldünger wie Blaukorn, aber auch für organische Stickstoffdünger wie Hornspäne oder Hornmehl.
❯ S. 54, Dünger ❯ S. 61, Rindenmulch im Beet

→ **Schützen Sie empfindliche Pflanzen**
Decken Sie empfindliche Pflanzen (❯ Tabelle) mit trockenem Laub oder Fichtenreisig ab. Die Halme empfindlicher Gräser wie Pampasgras binden Sie zum Schopf zusammen, um die Basis zu schützen. Hochstammrosen überzieht man besonders im Kronenbereich an der Veredlungsstelle mit Frostschutzvlies. Manche Stauden wie Prachtkerze haben ihre eigene Technik. Sie säen sich aus und überdauern den Winter als Samen.
❯ S. 124, Pampasgras erfroren
❯ S. 155, Hochstammrose ohne Neuaustrieb

Frostempfindliche Pflanzen

Deutscher Name	Botanischer Name
Bartblume	Caryopteris clandonensis
Eisenkraut	Verbena bonariensis
Fackellilie	Kniphofia–Hybriden
Lydischer Ginster	Genista lydia
Pampasgras	Cortaderia selloana
Prachtkerze	Gaura lindheimeri
Rosen: Edel-, Beet- und Hochstammrosen	Rosa-Arten und -Hybriden
Säckelblume	Ceanothus delilianus
Sommerflieder	Buddleja davidii

Schutzmaßnahmen im Beet

(1) Abdecken
Zweige aus Fichtenreisig schützen frostempfindliche Stauden, Rosen und Immergrüne vor strengem winterlichen Frost.

(2) Anhäufeln
Empfindliche Rosensorten häufelt man im Spätherbst mit Garten- oder Pflanzerde an. Torf ist dafür tabu.

(3) Verpacken
Die Krone und die Veredlungsstelle von Stammrosen umwickelt man im Winter z. B. mit einem speziellen Frostschutzvlies.

→ **Empfindliche Gewächse tief pflanzen**
Pflanzen Sie Rosen so, dass die Veredlungsstelle ca. 5 cm unter der Erde liegt und häufeln Sie empfindliche Rosen an. Clematis und winterharte Fuchsien werden 5 cm tiefer gepflanzt, als sie im Topf stehen.

Wenn die Triebe stark zurückfrieren, treiben beide aus unterirdischen Augen wieder aus.

❭ S. 69, Populäre Gartenirrtümer

➜ Immergrüne in den Halbschatten

Wählen Sie für immergrüne Gewächse einen Platz an der Ost- oder Westseite des Hauses, der im Winter überwiegend im Schatten liegt. Wässern Sie bei längeren Trockenperioden. Niedrigen Rhododendron und Kirschlorbeer bedecken Sie mit Tannenwedeln, hohen Bambus können Sie mit Schilfrohrmatten schattieren und so vor Frost schützen.

➜ Sorgen Sie für guten Wasserabzug

Eine Reihe von Pflanzen ist höchst empfindlich gegen stauende Nässe im Winter. Dazu gehören Steingartenstauden, aber auch mediterrane Kräuter wie Thymian und Lavendel. Wenn diese Pflanzen im Frühjahr nicht mehr austreiben, ist unter Umständen zu nasser Boden schuld. Mischen Sie in schwere Böden viel Sand und Schotter. Eventuell ist auch eine Dränage nötig oder das Umsetzen der Pflanzen an einen Platz in Hanglage. Dort fließt das Wasser besonders schnell ab.

❭ S. 32, Staunässe

➜ Schützen Sie Obstbaumstämme

Baumrinde ist vor allem im Spätwinter starken Temperaturschwankungen ausgesetzt. Rindenrisse und nachfolgende Pilzkrankheiten sind vorprogrammiert. Hilfreich ist ein weißer Schutzanstrich. Sie können auch eine Schilfrohrmatte locker um den Stamm wickeln. Mit diesem Material kann man große Temperaturunterschiede im Winter ebenfalls sehr gut ausgleichen.

❭ S. 187, Rinde rissig ❁

Populäre Gartenirrtümer

Fließt Regenwasser durch kupferne Dachrinnen und Fallrohre, löst sich das Kupfer im Wasser. Anschließend reichert sich das Schwermetall im Boden an.

Das ist kaum nennenswert. Ist der pH-Wert des Regenwassers niedrig, besteht zwar tatsächlich die Möglichkeit, dass sich Kupfer aus der Dachrinne oder den Rohren löst. Wie neue Untersuchungen zeigen, kann man das Regenwasser trotzdem völlig unbedenklich als Gießwasser verwenden. Es hat nämlich nur für so kurze Zeit Kontakt mit der Dachrinne, dass sich nur kleinste Spuren von Kupfer lösen, die keinen Schaden anrichten.

Steine im Boden sollte man vor der Pflanzung aus der Erde herauslesen, damit sie das Pflanzenwachstum nicht behindern.

Das ist nicht ganz richtig. Natürlich haben Steine im Rasen und im Saatbeet nichts zu suchen. In Staudenbeeten und Gehölzrabatten sind Steine aber durchaus nützlich – sofern sie nicht die Größe von Findlingen haben. Sie verbessern die Durchlüftung und Wasserdurchlässigkeit der Erde. Bei der Verwitterung setzen Steine außerdem Spurenelemente wie Magnesium und Eisen frei, die die Pflanzen für gesundes Wachstum brauchen. In mediterranen Beeten sind sie sogar wichtig als Wärmespeicher für kälteempfindliche Pflanzen.

Beetrosen werden vor dem Winter mit einer Schicht Torf angehäufelt, damit sie ausreichend vor Frostschäden geschützt sind.

Nicht auf diese Weise. Rosen werden nicht mehr mit Torf angehäufelt. Man schont damit zum einen die begrenzten Torfvorräte, zum anderen trägt Torf nur unnötig zur Übersäuerung des Bodens um die Rosen bei. Statt Torf verwendet man zum Anhäufeln ganz normale Gartenerde.
Bei den meisten neueren Rosen habe ich in Regionen mit vergleichsweise wintermildem Klima die Erfahrung gemacht, dass sie auch ohne Anhäufeln gut durch den Winter kommen – vorausgesetzt, man pflanzt sie so ein, dass sich die Veredlungsstelle ca. 5 cm tief in der Erde befindet. Bei einigen Rosen aber ist das Anhäufeln wichtig, etwa bei Noisette-Rosen, einigen Teerosen und einigen Teehybriden. Diese Rosenklassen haben viel "Chinarosen-Blut" und frieren leicht zurück. Letztlich kommt es also auf das Kleinklima und die Sorte an, ob das Anhäufeln sinnvoll und notwendig ist.

Krankheiten & Schädlinge

Es kommt immer wieder vor, dass Pflanzen krank werden, weil sie von Pilzen, Viren oder Schädlingen befallen werden. Oft ist man in so einem Fall ratlos, weil man den Schaderreger nicht kennt und nicht weiß, welche Gegenmaßnahmen infrage kommen. Im folgenden Kapitel finden Sie die Antwort darauf, wie man madenfreie Kirschen erntet, Raupen aus dem Lauch verbannt und läusefreien Salat zieht.

KRANKHEITEN & SCHÄDLINGE

? Ameisen

In meinem Rasen wimmelt es nur so von Ameisen. Scheinbar ist dort irgendwo ein Nest. Womit werde ich sie am besten wieder los?

Ameisen können im Garten wirklich ausgesprochen lästig werden. Aber zum Glück müssen Sie kein Gift einsetzen, um die Krabbeltiere wirkungsvoll zu bekämpfen. Es gibt bewährte Hausmittel, die nicht nur billiger, sondern auch harmloser sind.

→ Setzen Sie den Bau um
Wenn Sie möglichst umweltschonend vorgehen möchten, sollten Sie versuchen, das Nest mithilfe eines großen Blumentopfs umzusetzen. Dazu stülpen Sie den Topf über das Nest und warten einfach ab. Nach 1–2 Wochen ist der Topf ganz mit den Nestbewohnern ausgefüllt. Nun schieben Sie ein dünnes Brettchen unter den Topf und tragen das Nest im Topf an einen Standort, wo es Sie nicht stört.

→ Streuen Sie Backpulver aus
Rigider, aber ohne Gifteinsatz, ist das Bestreuen des Nestes mit Backpulver. Damit es die Ameisen aufnehmen, sollten Sie vorher etwas Puderzucker daruntermischen. Daran gehen die Tiere ein.

→ Gießen Sie heißes Wasser ins Nest
Ohne die Königin geben die Ameisen ihr Nest sofort auf. Wenn Sie den Bau etwas öffnen, heißes Wasser hineinschütten und damit die Königin töten, verschwinden die Ameisen – auch die Tiere, die gerade nicht im Bau sind. ❊

? Äpfel madig

Auch in diesem Jahr haben fast alle meine Äpfel Würmer. Mir kommt es so vor, als würde der Befall immer stärker. Kann man denn nichts dagegen tun?

Der Schaden wird vom Apfelwickler hervorgerufen
Zwischen Mai und September legen die Weibchen eines Nachtfalters, des sogenannten Apfelwicklers, bis zu 60 Eier auf die Blätter von Apfelbäumen oder in die Nähe der Früchte. Daraus schlüpfen die Larven, die sich in die Früchte bohren und dort bestens geschützt sind. Nach drei Wochen verlassen sie den Apfel und verpuppen sich in einem Rindenversteck. Ein Teil der Falter schlüpft bereits im Sommer oder Herbst, die restlichen erst im Folgejahr. Sie finden in unseren Hausgärten nämlich beste Lebensbedingungen vor (› Kasten). Gegen die in der Frucht gut geschützten Larven ist man machtlos. Man kann den Apfelwicklern aber die sommerliche Eiablage erschweren.

→ Handeln Sie frühzeitig
Die Zahl der Falter verzehnfacht sich von Mai bis September. Die wurmstichigen Früchte lassen sich im Juni leicht herunterschütteln. Vernichten Sie die Larven z. B. in einer mit Wasser gefüllten Tonne, um die Vermehrung einzuschränken. Die Maßnahme ist umso effektiver, je mehr Nachbarn das bei ihren Bäumen auch durchführen.

→ Mit Wellpappe anlocken
Ab Ende Mai kann man die Larven den ganzen Sommer über anlocken. Legen Sie dazu einen Ring aus Wellpappe um den Stamm, in dem sich die Larven verpuppen können. Erneuert man ihn regelmäßig, hat man gute Chancen, die Larven zu minimieren. Sie haben aber noch andere Versteckmöglichkeiten.

→ Lockstoff-Fallen als Vorhersage
Der Sexuallockstoff der Weibchen wird für Leimfallen, die Sie im Fachhandel bekommen, künstlich hergestellt. Etwa 5 % der Männchen bleiben an den Fallen hängen. Da Weibchen nicht in die Falle gehen, verhindert der Fang leider nicht die Eiablage. Er dient aber der Vorhersage, wann und wie viele Falter aktiv sind. ❊

Hausgemachte Probleme

Etwas Ordnung muss sein: Ein sauberer Obstgarten war früher selbstverständlich: Falllaub wanderte auf den Kompost. Aus grünen Falläpfeln wurde Gelee bereitet, reifes Fallobst zu Saft verarbeitet, eingeweckt und Pflückware eingelagert. Nur mit viel Glück konnten sich so Schädlinge und Krankheiten ausbreiten.

Gefahr erkannt – Gefahr gebannt: Um zu verhindern, dass der Garten zum Terrain für Fäulnisbildung und Schädlingsbefall wird, sollte man Fallobst rechtzeitig aufsammeln, feuchtes Laub immer abrechen und kranke Pflanzenteile in der Biotonne entsorgen.

B › Birnenblätter mit Flecken

? Äste mit roten Pusteln

Auf einem Ast bei meinem Ahorn sind lauter kleine rote Pusteln zu finden. Sollte ich den Ast vielleicht besser entfernen?

Es handelt sich um die Rotpustelkrankheit *Nectria*

Der Pilz *Nectria* befällt zuerst abgestorbene Äste oder Aststummel, kann dann aber auch auf gesundes Gewebe übergehen. Bevorzugt ist er an Ahorn und Johannisbeeren zu finden, doch auch andere Obst- und Ziergehölze sind nicht davor gefeit. Der Pilz findet durch Wunden an der Rinde Eintrittspforten und breitet sich bei durch Wassermangel geschwächten Pflanzen schnell aus. Auch frostgeschwächte Gehölze sind gefährdet.

➜ **Trennen Sie den Ast ab**
Schneiden Sie den kranken Zweig sofort heraus, und zwar mindestens bis ca. 20 cm tief in das gesunde Holz. Vernichten Sie die befallenen Äste und führen Sie vorbeugend im Sommer immer einen Erhaltungsschnitt durch, bei dem Sie tote Äste entfernen.

? Birnenblätter mit Flecken

Viele Blätter meines Birnbaumes sind mit orangefarbenen Flecken übersät. Woher kommt das, und was kann man dagegen unternehmen?

Ein Pilz ist schuld

Der Birnengitterrost lebt ganzjährig auf Kulturwacholdern und im Sommer zusätzlich auf Birnbäumen. Im Mai erscheinen auf Wacholdertrieben auffällige, orangerote und gallertartige Auswüchse. Diese entlassen Sporen, die vom Wind bis zu 300 m weit getragen werden. Im Sommer bilden sich die orangefarbenen Flecken auf der Blattoberseite der Birnen, auf der Blattunterseite wachsen höckerartige Gebilde, die im Herbst aufbrechen und Sporen entlassen, die wiederum Wacholderpflanzen infizieren (› Kasten). Die Flecken selbst sind ungiftig und für Menschen ungefährlich. Nehmen sie überhand, bleibt dem Baum aber nicht mehr genügend Blattgrün für die Photosynthese. Er kümmert dann, und der Ertrag bleibt aus.

➜ **Entfernen Sie Wacholder**
Wenn Sie Wacholder im eigenen Garten haben, sollten Sie ihn entfernen, auch wenn das

Bei starkem Befall durch den Birnengitterrost verringert sich die Assimilationsfläche. Wachstum und Ertrag des Baumes gehen zurück.

keine Garantie ist, dass die Krankheit verschwindet. Erstens ist der Verbreitungsradius ja oft viel größer, und zweitens gelingt es dem Pilz anscheinend, die Birne auch ohne Wacholder zu infizieren. Chemische Präparate, mit denen man den Birnengitterrost bekämpfen könnte, sind für den Hausgarten nicht ausgewiesen.

➜ **Pflanzen Sie resistente Sorten**
Achten Sie beim Kauf auf neue Obstbaumzüchtungen wie 'Harrow Sweet' oder 'Conference'. Sie sind weitgehend resistent gegen Rostkrankheiten.

„Bäumchen-wechsle-dich" bei Rostpilzen

Ein Vagabundenleben: Rostpilze sind entwicklungsgeschichtlich sehr ursprüngliche parasitische Pilze, deren Sporen über weite Strecken durch Bienen, Regen und Wind verbreitet werden. Viele Arten brauchen in ihrem Entwicklungszyklus einen Zwischenwirt zum Überleben.

Spezialisten am Werk: Neben dem Birnengitterrost gibt es z. B. den Johannisbeerrost (auf Zirbelkiefer), den Nelkenrost (auf Wolfsmilch) und den Pappelrost (auf Laucharten). Oft sind Rostpilze auch auf Zierpflanzen wie Stockmalven, Rosen, Geranien und Fuchsien zu finden.

KRANKHEITEN & SCHÄDLINGE

? Blätter deformiert

Bei manchen meiner Gemüsepflanzen sind die Blätter verkrüppelt und an manchen Stellen verengt. Was hat das zu bedeuten?

Ein Virus ist der Grund

Neben anderen Gemüsepflanzen sind besonders Tomaten, Gurken, Paprika und Zucchini anfällig für Virusinfektionen. Man erkennt sie an auffällig schmalen Blättern, Verkrüppelungen, blasig aufgetriebenen Stellen und hellen Flecken, wobei nicht alle Symptome gleichzeitig auftreten müssen. Befallene Pflanzen wachsen kaum noch, und die Erträge bleiben aus. Eine Behandlung oder Heilung ist nicht möglich. Die Krankheit wird sehr leicht von Pflanze zu Pflanze übertragen, z. B. durch Blattläuse oder dadurch, dass Sie nach der Berührung einer kranken Pflanze eine gesunde anfassen.

→ Entfernen Sie die Pflanzen

Um die Ausbreitung zu verhindern, sollten Sie befallene Pflanzen sofort entfernen und im Hausmüll entsorgen. Sonst breitet sich das Virus mit Sicherheit aus. Geben Sie die Pflanzen keinesfalls auf den Kompost.

❯ S. 29, Küchen- und Gartenabfälle kompostieren

→ Pflanzen Sie resistente Sorten

Insbesondere bei Gurken und Zucchini gibt es mittlerweile sehr gute, resistente Sorten. Wenn Sie die Pflanzen selber heranziehen möchten, achten Sie beim Kauf des Saatguts auf die Sorteneigenschaften. Sie sind auf der Samenpackung vermerkt. ✸

? Blattläuse

In diesem Sommer sind besonders viele Triebe meiner Gartenpflanzen von Läusen befallen. Können Sie mir ein wirkungsvolles Gegenmittel nennen?

Ein paar Läuse auf Trieben und Blättern schaden den Pflanzen nicht. Nehmen sie jedoch überhand, ist vor allem bei jungen Gehölzen schnelles Handeln gefordert. Wenn Sie zu lange warten, sterben die Triebspitzen ab. Ein Obstbaum z. B. wächst dann in diesem Jahr nicht mehr.

→ Mechanische Maßnahmen helfen

Sind nur wenige Zweige befallen, können Sie diese abschneiden oder die Läuse mit einem scharfen Wasserstrahl abspritzen. Das funktioniert auch bei kleinen Bäumen, die schon stärker befallen sind. Dabei ist es gar nicht nötig, dass Sie alle Läuse restlos entfernen. Wenn ein Teil übrig bleibt, haben Sie dennoch die Massenvermehrung gestoppt – den Rest können Nützlinge übernehmen
(❯ Kasten, ❯ Glossar, S. 224).

→ Sorgen Sie für einen luftigen Standort

Blattläuse treten mit Vorliebe an windstillen Standorten auf, an denen sich die Luft staut und die Feuchtigkeit hält. Achten Sie schon bei der Pflanzung darauf, dass zwischen den einzelnen Pflanzen genug Abstand bleibt. Auch das Blattwerk sollte nicht zu dicht sein, sodass die Luft genügend zirkulieren kann. Regelmäßiges Auslichten (❯ Glossar, S. 222) hilft dagegen. Dann sind die Standortbedingungen für die Läuse weniger ideal.

→ Locken Sie Nützlinge an

Nützliche Insekten wie Marienkäfer und die Larven von Florfliegen, Schwebfliegen und Gallmücken ernähren sich mit Vorliebe von Blattläusen. Je mehr von diesen Insekten in den Garten kommen, desto mehr Eier legen sie neben den Blattläusen ab. Daraus schlüpfen später dann die Larven, die die Blattläuse fressen (❯ Kasten).

Marienkäfer fressen nicht nur als Larven, sondern auch als ausgewachsene Tiere Läuse. Mit Blüten können Sie diese zwar nicht locken, aber wenn Sie im Herbst unter den

---

Fressen und gefressen werden

Natürliche Feinde: Läuse gibt es in vielen Farben und Formen: grün, schwarz oder gelb, klein oder groß, geflügelt und ungeflügelt. Ihre Gegenspieler sind Nützlinge wie Marienkäfer, Florfliegen, Schwebfliegen und Gallmücken, die ausschließlich oder partiell Blattläuse fressen.

Das Problem löst sich von selbst: Im Frühjahr, wenn die Nützlinge noch rar sind, vermehren sich die Läuse ungehemmt und bilden bald große Kolonien. Wenn der Tisch reich gedeckt ist, kommt auch die Nützlingsvermehrung in Schwung. Nach einigen Wochen sind die meisten Läuse vertilgt, und ein Massenbefall tritt nur noch im Ausnahmefall auf.

B › Blau-Fichte mit braunen Zweigen

Büschen etwas Laub liegen lassen, bieten Sie den Käfern ideale Winterquartiere. Lose Rinde an abgestorbenen Bäumen ist ebenfalls geeignet. So bekommen Sie schon im Frühjahr Unterstützung bei der Bekämpfung. Florfliegen, Schwebfliegen und Gallmücken leben als Imago, also als ausgewachsenes Insekt, von Nektar. Locken Sie die Nützlinge als Helfer bei der Blattlausbekämpfung mit nektarreichen Blumen in den Garten. Besonders gut eignen sich Korb- und Doldenblütler wie Löwenzahn, Sonnenblume, Petersilie und Dill. Sie können lebende Nützlinge übrigens auch im Gartenfachhandel bestellen.

› S. 114, Bienenpflanzen › S. 63, Schnittgut entsorgen

→ **Sprühen Sie mit Kaliseifenpräparaten**
Sprühen Sie Blattober- und -unterseiten mit einem Kaliseifenpräparat aus dem Gartenfachhandel ein. Dies ist durch die enthaltene Fettsäure gut wirksam und schont gleichzeitig die Nützlinge. Für Haustiere und Menschen ist es völlig ungefährlich. Je länger das Präparat auf die Läuse einwirkt, desto besser wirkt es. Am Abend oder bei bedecktem Himmel ausgebracht, verdunstet das Mittel nicht so schnell. Bei starkem Befall wiederholen Sie die Behandlung.

→ **Warten Sie nicht zu lange**
Da sich bei einem Blattlausbefall die Blätter einrollen, sollten Sie möglichst schon vorher handeln. Nur dann kann die Laus auch z. B. von einem geeigneten Spritzmittel getroffen werden. In einem eingerollten Blatt ist das nämlich nicht mehr ganz so einfach.

› S. 84, Kohl mit Blattläusen
› S. 85, Kopfsalat hat Läuse ❊

? Blau-Fichte mit braunen Zweigen

Die Nadeln meiner Blau-Fichte werden an einigen Zweigen braun. Gibt es geeignete Maßnahmen, um den Baum noch zu retten?

Der Borkenkäfer treibt sein Unwesen

Den Borkenkäfer erkennt man selten rechtzeitig, da er im Verborgenen unter der Rinde wirkt. Sie erkennen den Befall daran, dass die Zweige von außen her dürr werden. Die Käferlarven haben dann schon so viele Gänge unter die Rinde gefressen, dass die Baumsäfte nicht mehr fließen. Wenn Sie nichts unternehmen, verbräunt im Umfeld ein Nadelbaum nach dem anderen. Denn sobald die Käfer ausfliegen, suchen sie einen neuen Lebensraum. Im Wald werden befallene Bäume per Gesetz sofort unschädlich gemacht. Das gilt aber nicht für Hausgärten. Besonders gefährdet sind Nadelbäume, wenn Brennholz im Garten gelagert wird.

› S. 211, Borkenkäfer

→ **Fällen Sie den Baum**
Wenn Sie sehen, dass ein Nadelbaum verbräunt, sollten Sie unverzüglich zur Säge greifen und den Baum fällen. Entrinden Sie den Stamm und verbrennen Sie die Rinde, da hier ja die Larven oder die schon ausgewachsenen Käfer sitzen. Diese warten nur darauf, dass ihre Flügeldecken aushärten und sie ausfliegen können.
Wenn Sie den gefällten Baum als Brennholz nutzen wollen, müssen Sie nicht entrindetes Holz mindestens 500 m vom nächsten Nadelbaum entfernt lagern. Denn so weit fliegt der Borkenkäfer nicht.

Es liegt ein Befall mit Läusen vor

Läuse kommen als Verursacher infrage, wenn die Verbräunung in Stammnähe beginnt und nach außen fortschreitet. Halten Sie ein weißes Blatt Papier unter einen Zweig und klopfen Sie kräftig darauf. Liegen auf dem Papier dann grüne Läuse mit roten Augen, haben Sie den Schädling identifiziert.

Für eine Nadelverbräunung gibt es verschiedene Ursachen. Liegt ein Befall mit Borkenkäfern vor, ist das Fällen des Baumes unvermeidlich.

→ **Bekämpfen Sie die Läuse biologisch**
Besprühen Sie den Baum dann mit einem Kaliseifenprodukt aus dem Gartenfachhandel. Das ist ein biologisches Mittel, das nur auf Läuse wirkt, Haustiere oder Nützlinge aber nicht beeinträchtigt. Sie brauchen auch keine Bedenken zu haben, wenn der Sprühnebel auf Ihrem Gemüse landet. ❊

KRANKHEITEN & SCHÄDLINGE

? Brombeeren reifen nicht

Meine Brombeerfrüchte bleiben teilweise rot und reifen nicht vollständig aus. Fehlt ihnen die Sonne?

Hier ist die Brombeermilbe aktiv

Ein häufig unerkanntes Problem bei Brombeeren ist die Brombeer-Gallmilbe. Durch ihre Saugtätigkeit am Blütenboden reifen Teilfrüchte nicht aus und bleiben dauerhaft violett. Die Tiere überwintern in den Triebknospen und wandern beim Austrieb auf die neu gebildeten Blätter und später die Blüten. Ohne Maßnahmen wird der Schaden von Jahr zu Jahr schlimmer, sodass Sie bald gar keine Beeren mehr ernten können.

→ **Behandeln Sie schon beim Austrieb**
Die wichtigste Maßnahme führen Sie im Frühling bei Knospenaufbruch durch. Denn dann verlassen die Milben die Triebknospe und leben offen auf der Brombeerpflanze. Besprühen Sie die Pflanzen in dieser Zeit zwei- oder dreimal im Abstand einiger Tage mit einem Pflanzenschutzmittel auf Rapsölbasis (im Fachhandel erhältlich). Das tötet die Milben ab. Für Menschen und Haustiere ist das Präparat völlig unschädlich. Eine Wartezeit bis zum Verzehr brauchen Sie auch nicht zu beachten.

→ **Entfernen Sie alte Triebe**
Da die Milben in den Triebknospen überwintern, schneiden Sie direkt nach der Ernte am besten alle abgetragenen Ruten über dem Boden ab und entfernen Sie sie.

❯ S. 174, Brombeeren wuchern ✱

? Erdbeeren schimmeln

Meine Erdbeeren verschimmeln schon während der Reife. Kann ich die Pflanzen jetzt noch behandeln, und welches Mittel hilft dagegen?

Eine Mulchschicht unter den Erdbeerpflanzen verhindert Grauschimmel und trägt so entscheidend zur Gesunderhaltung der Früchte bei.

Es liegt ein Grauschimmel-Befall vor

Grauschimmel ist ein Pilz, der bei feuchter und kühler Witterung bereits die Blüten infiziert, im Frühstadium aber noch nicht sichtbar ist. Erst bei den heranreifenden Beeren zeigen sich seine Fruchtkörper. Bei Regen oder hoher Luftfeuchte wachsen die Fruchtkörper des Pilzes aus der Beere und sie verschimmelt. Zu diesem Zeitpunkt ist es für Gegenmaßnahmen schon zu spät, diese müssen früher getroffen werden.

→ **Sorgen Sie für einen luftigen Standort**
Schaffen Sie ein Kleinklima, in dem die Pflanzen möglichst schnell abtrocknen können. In einem eingewachsenen Garten, in dem sich die Luft schnell staut, pflanzen Sie die Erdbeeren am besten auf 20 cm hohen Dämmen, damit sie luftig stehen. Auch das Pflanzen auf schwarzer Mulchfolie (❯ Glossar, S. 224) hat sich bewährt. Dadurch erwärmt sich der Boden besser, und Sie vermeiden gleichzeitig Wurzelkrankheiten, die bei zu kalter Erde auftreten.

→ **Mulchen Sie die Pflanzen**
Legen Sie kurz vor der Blüte eine Lage Stroh, Holzwolle oder Ähnliches um die Pflanzen. So verhindern Sie, dass Blüten und Früchte Kontakt zum feuchten Boden bekommen, und können auf diese Weise die Gefahr für einen Befall eindämmen.

→ **Wählen Sie resistente Sorten**
Sorten, die über dem Laub blühen, trocknen bei feuchter Witterung schnell ab und sind bedeutend weniger anfällig. Bewährt haben sich beispielsweise die Sorten 'Tenira', 'Korona' oder die Erdbeerwiesen 'Spadeka' oder 'Florika' (❯ S. 175, Tipp). Geben Sie nur wenig Stickstoffdünger, das erhöht die Widerstandskräfte, und erneuern Sie die Pflanzen alle zwei oder drei Jahre.

❯ S. 175, Erdbeeren tragen immer weniger
❯ S. 176, Erdbeeren welken ✱

F › Fraßgänge in Rettich

? Fraßgänge in Möhren

Meine Möhren sind durchsetzt mit dunklen Gängen. Sie stammen vermutlich von einem Insekt. Kann ich das im nächsten Jahr verhindern?

Das ist ein Befall mit Möhrenfliegen

Die Möhrenfliege ist ein Schädling, der den ganzen Sommer über in bis zu drei Generationen auftritt. Der Erstbefall beginnt bereits im Mai und bringt die jungen Pflanzen zum Absterben. Die zweite Generation folgt im Sommer und die letzte im Frühherbst. Nun hat sich das Insekt stark vermehrt und kann viele Eier ablegen. Deshalb sind vor allem die Lagermöhren oftmals sehr stark mit den Fliegenlarven durchsetzt. Noch vor wenigen Jahren war die Bekämpfung der Möhrenfliege sehr schwierig. Es war ein luftiger Standort nötig, und Stallmist oder Kompost durften nicht auf das Beet. Ein weiter Fruchtwechsel, bei dem die nächsten Doldenblütler erst nach mehreren Jahren wieder angebaut werden durften, war oberstes Gebot. Glücklicherweise ist es inzwischen einfach, dieses Problem ohne viel Aufwand zu lösen.

→ Säen Sie resistente Sorten

Den Sorten 'Ingot F_1' und 'Flyaway F_1' fehlt die Chlorogensäure, die die Maden der Möhrenfliege zu ihrer Entwicklung brauchen. Beide Sorten zeigen sich widerstandsfähig, bleiben frei von Befall und sind frisch genauso schmackhaft wie eingelagert.

→ Verwenden Sie ein Gemüsefliegennetz

Sie können Ihr Möhrenbeet auch mit einem Kunststoffnetz abdecken, das eine Maschenweite von 1 mm hat. Damit hindern Sie die Möhrenfliege, ihre Eier neben den Möhrenpflanzen im Boden abzulegen. Denken Sie daran, das Netz seitlich gut abzudichten oder die Ränder in den Boden einzugraben, damit die Fliegen nicht unten durchschlüpfen können. Es ist sinnvoll, das Netz während der gesamten Kulturzeit der Möhre einzusetzen.
› S. 77, Fraßgänge in Rettich › S. 78, Fraßspuren an Kohl › S. 79, Fraßspuren an Lauch ✽

Hilft die Mischkultur?

Fragwürdiger Nutzen: Versuche der Biologischen Bundesanstalt haben widerlegt, dass die ätherischen Inhaltsstoffe von Möhren und Zwiebeln im Beet sich gegenseitig helfen, schädlingsfrei zu bleiben. Danach soll die Möhre die Zwiebelfliege von der Zwiebel fernhalten und die Zwiebel die Möhrenfliege von der Möhre. Mischkultur ist hier also nutzlos.

Verschiedene Ansprüche: Eine Mischkultur von Möhre und Zwiebel ist auch nicht empfehlenswert, da beide Pflanzen völlig gegensätzliche Kulturansprüche haben. Wenn die Zwiebel im Sommer zur Abreife Trockenheit und möglichst wenig Nährstoffe braucht (› S. 182, Knoblauch ernten), benötigt die Möhre zur gleichen Zeit Wasser und Dünger.

? Fraßgänge in Rettich

In meinen Rettichen sind zahlreiche Fraßgänge. Welche Tiere fressen daran, und was kann ich dagegen tun?

Das verursachen Kohlfliegen-Maden

Die Kohlfliege legt ihre Eier neben Kohlpflanzen und anderen Kreuzblütlern, wie Rettich, in der Erde ab. Die Maden fressen dann Gänge z. B. in die Rübe oder in die Feinwurzeln von Kohlpflanzen. Ab April sollten Sie besonders wachsam sein: Die erste große Flugaktivität der Kohlfliege beginnt mit der Vollblüte des Löwenzahns. Vorher sind die Gemüsepflanzen nicht gefährdet.

→ Legen Sie Netze aus

Das Auslegen von speziellen Gemüsenetzen über die Pflanzen hat sich besonders bewährt. Die Kohlfliege kann dann keine Eier mehr an den Pflanzen ablegen. Dazu müssen Sie die Netze an den Rändern gut befestigen oder eingraben. Mit solchen Netzen arbeiten auch Profigärtner, um die Rettichwurzeln zu schützen. Man erhält sie im Fachhandel.
› S. 78, Fraßspuren an Kohl

→ Säen Sie erst spät aus

Warten Sie mit Ihrer Rettich- und Radieschenkultur, bis die Kastanienblüte vorüber ist. Ihre Pflanzen sind dann einige Wochen nicht gefährdet. Im Laufe des Sommers entwickeln sich neue Fliegengenerationen, sodass die Gefährdung wieder ansteigt. Da die Entwicklung stark vom Wetter abhängt, ist es dann nicht mehr möglich, die Flugzeiten vorherzusagen. ✽

77

KRANKHEITEN & SCHÄDLINGE

? Fraßspuren an Blättern

Einige Blätter meiner Rhododendren sind in diesem Jahr buchtenförmig angefressen. Schadet das den Pflanzen, und kann ich das verhindern?

Der Dickmaulrüssler frisst daran

Der Dickmaulrüssler ist ein dunkler, ca. 1 cm langer Käfer. Seinen Namen trägt er aufgrund seiner deutlich erkennbaren, rüsselförmigen Mundwerkzeuge. Da er nachtaktiv ist, werden Sie ihn tagsüber kaum sehen. Er befällt auch Kirschlorbeer, Stechpalmen, Eiben und Kübelpflanzen. Die Fraßspuren sind nicht das große Problem, schädlich ist der Larvenfraß an der Wurzel. Kümmerwuchs, Welke und das Absterben der Pflanze sind die Folgen. Die im Boden lebenden Larven sind weiß, bis zu 1 cm lang und haben eine braune Kopfkapsel. Man findet Sie in humoser, torfiger Moorbeeterde (❯ Glossar, S. 224), aber auch in Blumentöpfen mit Kübelpflanzenerde.

➔ **Fangen Sie die Käfer ein**
Frische Eibenzweige sind die Lieblingsnahrung der Dickmaulrüssler. Füllen Sie die Zweige in leere Blechdosen und legen Sie diese auf den Boden. Die ausgelegten Dosen locken die Käfer nachts an. Sie fühlen sich darin sicher und verlassen sie auch tagsüber nicht. Auf diese Weise können Sie die Käfer ganz leicht einsammeln.

➔ **Setzen Sie Nematoden ein**
Dickmaulrüssler-Larven lassen sich auch mithilfe von Nematoden (❯ Glossar, S. 224) bekämpfen. Das sind Fadenwürmer, die die Larven befallen und abtöten. Man kann sie

Das Problem beim Dickmaulrüssler sind weniger die angefressenen Blätter. Gefährlicher sind die Larven, die an den Wurzeln fressen.

als Nützlinge (❯ Glossar, S. 224) im Gartenfachhandel bestellen. Lösen Sie das Tonpulver, in dem sie geliefert werden, in einer Kanne mit Wasser auf und begießen Sie die Erde um die befallenen Pflanzen mit der Lösung. Führen Sie die Maßnahme in den Abendstunden durch, da die Tiere keine direkte Sonnenbestrahlung mögen, und beachten Sie, dass der Boden bei dieser Behandlung mindestens 12 °C warm sein muss, damit die Fadenwürmer aktiv werden können. ❊

? Fraßspuren an Kohl

Ich habe den Eindruck, dass Insekten an meinen Chinakohlpflanzen fressen. Können Sie mir geeignete Abwehrmaßnahmen empfehlen?

Das sind Schmetterlingsraupen

Wenn sich die Raupen gut sichtbar außen an den Blättern befinden, sind es Kohlweißlingsraupen. Meist handelt es sich aber um die Raupen von Eulenfaltern. Das sind Nachtfalter, die ihre Eier an Kohlpflanzen ablegen. Eulenraupen fressen sich schnell in das Gemüse, damit sie geschützt sind. Die Raupen mancher Eulenarten verstecken sich untertags im Boden und kommen erst nachts zum Fraß hervor. Es gibt Möglichkeiten, gegen die Schädlinge vorzugehen.

➔ **Setzen Sie spezielle Mittel ein**
Sie können mit einem *Bacillus-thuringiensis*-Präparat spritzen, einem giftproduzierenden Bakterium, das nur gegen Schmetterlingsraupen wirksam ist. Alle anderen Lebewesen bleiben verschont. Es funktioniert nur, wenn die Raupen noch sehr klein sind und sich noch nicht eingebohrt haben. Diesen Anfangsbefall übersieht man sehr leicht.
❯ S. 80, Gespinst an Sträuchern

➔ **Legen Sie Netze aus**
Ein Gemüseschutznetz verhindert, dass die Falter ihre Eier auf die Blattunterseite legen. Breiten Sie es bei Kulturbeginn über das Beet. Befestigen Sie die Ränder gut und legen Sie das Netz locker auf, sodass die Pflanzen noch Platz haben, wenn sie größer sind. ❊

F > Fraßspuren an Obstgehölzen

? Fraßspuren an Lauch

Meine Lauchpflanzen weisen durch und durch Fraßgänge auf. Was sind das für Tiere, und wie kann ich die Pflanzen besser davor schützen?

Es handelt sich um Larven der Lauchmotte

Dieser Kleinschmetterling fliegt den ganzen Sommer über. Wenn Sie ihm keinen Einhalt gebieten, wird er Ihre Lauchpflanzen möglicherweise zerstören. Die Larve der Lauchmotte lebt im Innern des Lauchblattes und ist so gegen jegliches Spritzmittel geschützt. Allmählich dringt die Larve bis in das Herz der Pflanze vor, die dadurch stark in Mitleidenschaft gezogen wird.
Am Ende der Entwicklung verlässt die Raupe das Innere der Pflanze und verpuppt sich auf dem Blatt. Wenn Sie aufmerksam hinschauen, können Sie die Puppen der Lauchmotte als 1 cm lange Gebilde in einer netzartigen Hülle auf den Blättern sehen.

→ Legen Sie Schutznetze aus

Erfolg versprechen spezielle Gemüsenetze, die Schädlinge an der Eiablage hindern. Sie bleiben von der Pflanzung bis zur Ernte über den Pflanzen und sollen so locker aufliegen, dass die Pflanzen ihre volle Größe erreichen können, ohne dass sie die Netze an den Rändern anheben.
› S. 77, Fraßgänge in Möhren

Die Lauchminierfliege ist schuld

Oft ist der ganze Lauch auch durchsetzt mit Miniergängen der Lauchminierfliege. Diese legt ihre Eier in das Laubblatt. Daraus entwickelt sich eine Fliegenmade, die in das Blattinnere einen Gang frisst. Im Blatt ist die Made gut geschützt. Man erkennt sie als hellen Einschluss. Ist dieser dunkel, hat sie sich bereits verpuppt. Aus der Puppe schlüpft die ausgewachsene Fliege. Der Schädling fliegt von Mai bis Ende Oktober. An den Blattspitzen erkennen Sie, wann eine neue Angriffswelle bevorsteht. Dort finden Sie perlschnurartig aneinandergereihte Fraßpunkte. Sie sind hell und haben einen Durchmesser von einem Millimeter. An diesen Stellen hat die Fliege mit ihrem Saugrüssel am Pflanzengewebe gesaugt. Neben Lauch befällt die Minierfliege auch andere Lauchgewächse wie Zwiebeln und Schnittlauch.

→ Schutznetze helfen

Auch hier ist das wirksamste Mittel das Auslegen von Schutznetzen (s. o.). ❁

? Fraßspuren an Obstgehölzen

Bei meinen Apfelbäumen sind viele der frisch ausgetriebenen Blätter und Blüten angefressen. Welches Tier kann das sein?

Diesen Schaden verursachen die Raupen des Frostspanners

Frostspanner sind kleine Nachtfalter, deren flügellose Weibchen im Oktober vom Boden über den Stamm in die Krone von Obstbäumen kriechen, um dort ihre Eier abzulegen. Die überwinterten Raupen ernähren sich nach dem Schlüpfen im nächsten Frühjahr dann von den frisch austreibenden Blättern.

→ Bringen Sie Leimringe an

Im Fachhandel gibt es Leimringe (› Glossar, S. 224) für den Baumstamm, an denen die Weibchen auf dem Weg in die Krone kleben bleiben. Man bringt sie Ende September an. Kratzen Sie vorher lose Rinde am Stamm ab, damit der Ring gut anliegt, sonst schlüpfen die Tiere unter ihm durch. Falls vorhanden, sichern Sie auch den Stützpfahl damit. ❁

Leimringe bringt man im Herbst am Baumstamm an. Sie hindern das Frostspannerweibchen an der Eiablage in der Baumkrone.

KRANKHEITEN & SCHÄDLINGE

? Gehölze ohne Neuaustrieb

In meinem Obstgarten sind im Frühjahr einige erst im letzten Jahr gepflanzte Gehölze nicht mehr ausgetrieben. Woran könnte das liegen?

Wühlmäuse fressen an den Wurzeln
Gerade die zarten und schmackhaften Wurzeln junger Bäume sind in langen, frostigen Wintern für Wühlmäuse besonders verlockend. Die lästigen Nager sind ohne Winterruhe durchgehend aktiv und fressen in dieser Zeit neben Baum- und Strauchwurzeln auch Blumenzwiebeln und Wintergemüse. Manchmal erkennt man den welligen Verlauf von Wühlmausgängen schon an der Bodenoberfläche oder sieht einen flachen Erdhaufen aufgetürmt neben dem Gangende.
› S. 140, Austrieb bleibt aus

→ Drahtkörbe bieten Schutz
Graben Sie beim Pflanzen junger Bäume einen Käfig aus feinem Maschendraht um den Wurzelballen des Baumes mit ein. So kommt die Wühlmaus nicht an die jungen Wurzeln heran. Wenn der Draht nach einigen Jahren verrostet und sich auflöst, reagiert das Wurzelwerk schon nicht mehr so empfindlich auf Fraßschäden durch Wühlmäuse.

→ Setzen Sie Fallen ein
Stochern Sie mit einem Metallstab im Boden, bis Sie einen Gang gefunden haben. Legen Sie ihn frei und suchen Sie eine Stelle mit geradem Verlauf. Dort stellen Sie eine Falle auf. Beseitigen Sie vorher alle Öl- oder Schmiermittelspuren, die sich daran befinden, sonst wird die Wühlmaus misstrauisch. Bestücken Sie die Falle mit Möhre oder Sellerie und decken Sie das Loch darüber luft- und lichtdicht mit Erde ab. Wühlmäuse sind empfindlich gegen Helligkeit und Zugluft. Im zeitigen Frühjahr ist der Einsatz der Falle besonders lohnend: Bei begrenztem Nahrungsangebot ist der Köder unwiderstehlich.

→ Einsatz von Ultraschall
Die Wirkung von Ultraschallgeräten ist umstritten. Trotz zahlreicher Versuche konnten ebenso wenig nennenswerte Erfolge nachgewiesen werden wie beim Vergrämen durch spezielle Geräusche oder Gerüche.
› S. 102, Fläche uneben

? Gespinst an Sträuchern

Bei mir sind verschiedene Sträucher im Frühsommer mit einem dichten Gespinst überzogen. Was kann man dagegen unternehmen?

Es handelt sich um Larven der Gespinstmotte
Im Innern des Gespinstes befinden sich zahlreiche kleine Raupen, die die Blätter fressen. Sie spinnen sich ein, um nicht von Vögeln gefressen zu werden. Die Raupen verschwinden in der Regel schnell wieder, sobald sie ihre Entwicklung abgeschlossen haben. Der Strauch treibt dann ohne bleibenden Schaden wieder neu aus. Normalerweise besteht also kein Handlungsbedarf.

→ Wenden Sie ein Spritzmittel an
Wenn ausgerechnet die Sträucher an Ihrem Lieblingssitzplatz im Garten befallen sind, setzen Sie am besten ein *Bacillus-thuringiensis*-Präparat als Spritzmittel ein. Das Bodenbakterium erzeugt ein Protein, das nur Fraßinsekten abtötet und sonst ungefährlich ist. Damit es das Gespinst durchdringt, sollten Sie eine Sprühflasche mit scharfem Strahl verwenden und der Flüssigkeit vorher etwas Spülmittel zusetzen.

Eine Bekämpfung der Gespinstmotten ist normalerweise nicht nötig. Auch bei Kahlfraß erholen sich die Pflanzen und treiben wieder aus.

H > Heckenpflanzen sterben ab

? Gurkenblätter verfärben sich gelb

In meinem Gewächshaus werden die Gurkenblätter jedes Jahr recht schnell gelb, und die Pflanzen sterben dann ab. Wie kann ich das verhindern?

Spinnmilben nehmen überhand

Winzig kleine Spinnmilben saugen auf der Blattunterseite und vermehren sich bei Wärme rasant. Die Blätter sind oberseits fahlgrün bis gelb verfärbt. Auf der Blattunterseite findet sich ein feines Gespinst mit grünlich gelben oder rötlichen Milben. Bei starkem Befall vertrocknen die Blätter und fallen ab.

→ **Setzen Sie Nützlinge ein**
Die einzige wirkungsvolle Möglichkeit ist der Einsatz von Raubmilben, die sich von Spinnmilben ernähren. Diese Nützlinge (> Glossar, S. 224) können Sie über den Fachhandel oder beim Züchter bestellen. Die kleinste Packungsgröße für Erwerbsgärtner enthält genügend Tiere. Damit dezimieren Sie die Spinnmilben erfolgreich. Sie können ruhig mehr Raubmilben ausbringen – Sie fressen sich dann gegenseitig auf.

Beim Einsatz von Raubmilben sollten Sie so früh wie möglich handeln. Sobald die Spinnmilben ein Gespinst gebildet haben, können die Nützlinge nichts mehr ausrichten. Die Raubmilben benötigen hohe Luftfeuchte. Befeuchten Sie deshalb an heißen Tagen die Erde im Gewächshaus.

Der frühzeitige Einsatz von Raubmilben ist für eine erfolgreiche Bekämpfung von Spinnmilben äußerst wichtig.

? Heckenpflanzen sterben ab

In meiner fünfjährigen Thujenhecke sterben immer wieder einzelne Pflanzen ab. Was kann das für eine Ursache haben?

Ein aggressiver Bodenpilz ist schuld

Der Bodenpilz dringt in die Wurzeln ein und zerstört die Leitungsbahnen im Wurzelhals der Scheinzypressen. Die Überdauerungsorgane des Pilzes können viele Jahre im Boden fortbestehen.

→ **Entfernen Sie erkrankte Pflanzen**
Zur Diagnose kratzen Sie die Rinde am Wurzelhals ab. Wenn das darunterliegende Gewebe verbräunt ist und einige Zentimeter darüber wieder hell, sollten Sie die ganze Pflanze gleich entfernen. Werfen Sie die Pflanze aber nicht auf den Kompost, sondern in den Hausmüll, da der Kompost sonst mit den Pilzsporen verseucht wird.

> S. 29, Küchen- und Gartenabfälle kompostieren

→ **Tauschen Sie den Boden aus**
Entfernen Sie anschließend so viel Erde vom Standort der kranken Pflanzen wie möglich. Achten Sie darauf, die Wurzeln der Nachbarpflanzen nicht zu verletzen. Die Erde wird ebenso unschädlich entsorgt wie die abgestorbene Pflanze. Auch sie enthält die aggressiven Pilzsporen, die sonst die nächsten Pflanzen befallen.

→ **Pflanzen Sie Containerware**
Als Ersatzpflanzen nehmen Sie besser keine Wurzelware mit angeschnittenen Wurzeln, in die der Pilz leicht eindringen kann. Nehmen Sie Containerware mit unverletzten Wurzeln.

→ **Vermeiden Sie Stress**
Stress-Situationen wie Bodentrockenheit bei sehr hohen Temperaturen machen die Pflanzen anfällig für Krankheiten. Unter solchen Verhältnissen infiziert der Pilz die Gehölze besonders leicht. Sorgen Sie für eine gleichmäßige Wasserversorgung, besonders bei längeren Trockenperioden.

81

KRANKHEITEN & SCHÄDLINGE

? Himbeeren madig

In meinen reifen Himbeerfrüchten finde ich manchmal kleine weiße Larven. Wie kann ich das verhindern?

Das sind Larven des Himbeerkäfers

Der Himbeerkäfer *Byturus tomentosus* ist ein nur 0,4 cm großer, gelbbraun gefärbter Käfer. Er tritt im Mai auf, frisst an Blüten, höhlt sie aus und nagt an den Blattknospen. Seine Eier legt er in die Himbeerblüte. Daraus entwickeln sich dann die gelblichen Larven, die sich von den Früchten ernähren. Da weibliche Käfer über 100 Eier ablegen können, sorgen schon wenige Käfer für großen Schaden.

› S. 180, Himbeerernte verlängern

→ Fangen Sie die Käfer

Sie können die Käfer fangen, bevor sie Eier ablegen. Dazu nehmen Sie einen aufgespannten Regenschirm, den Sie mit der Spitze nach unten unter die Himbeerruten halten. Nun schütteln Sie diese kräftig. Dabei fallen die Käfer in den umgedrehten Schirm. Bei kühler Witterung können sich die Käfer nicht so gut festhalten, deshalb eignen sich die Morgenstunden besonders gut für diese Maßnahme. Im Allgemeinen reicht es aus, wenn Sie die Käfer zwei- bis dreimal zum Blühbeginn Anfang Juni absammeln.

Die Käfer dürfen Sie natürlich nicht andernorts wieder freilassen, da sie sonst sofort wieder zurückfliegen würden. Geben Sie sie in ein Gefäß mit Wasser, dem Sie eine geringe Menge Spülmittel zusetzen. Das tötet die Käfer rasch ab. ❉

? Kirschen madig

In diesem Jahr ist es besonders schlimm. Fast alle Kirschen an meinem Baum sind madig. Was kann ich dagegen unternehmen?

Befall mit der Kirschfruchtfliege

Wenn die Maden schon in den Kirschen sind, ist eine Behandlung unmöglich. Hier helfen nur durchgreifende Maßnahmen oder das Ausweichen auf früh reifende Sorten.

→ Beugen Sie langfristig vor

Ernten Sie den Baum zunächst zügig und vollständig ab. Nur dann können sich die Maden nicht fertig entwickeln. Bearbeiten Sie den Boden unter dem Baum mehrmals mit einer Fräse, das zerstört einen Teil der im Boden verpuppten Larven. Mitte Mai streuen Sie Kalkstickstoff unter den Baum, der die schlüpfenden Fliegen tötet. Ein Schutznetz am Boden verhindert zusätzlich, dass die jungen Fliegen durchkommen. Außerdem müssten Sie so in weitem Umkreis auch mit allen anderen Kirschbäumen, Wildkirschen, Kornelkirschen und Schneebeeren verfahren und ca. 3 Jahre abwarten, bis Sie das Netz entfernen. Erst dann schlüpfen keine weiteren Fliegen mehr aus dem Boden.

→ Gelbtafeln dienen der Kontrolle

Fruchtfliegen werden von der Farbe Gelb angezogen. Sie legen z. B. ihre Eier in Kirschen, die sich von grün auf gelb färben. Um die Fliegen abzufangen, kann man ab Mai beleimte Gelbtafeln (› Glossar, S. 223) in den Baum hängen. Die Ausbeute ist allerdings gering. Die Tafeln dienen eher als Hilfsmittel, um festzustellen, ab wann das Insekt fliegt.

Die Kirschfruchtfliege legt ihre Eier, sobald sich die Früchte von grün nach gelb verfärben. Nur frühe Sorten bleiben befallsfrei.

→ Kurzfristig helfen Kräuterextrakte

Durch Spritzungen mit Knoblauchextrakten oder Wermut-Tee lässt sich der Schädling anfänglich vertreiben, die Eiablage lässt sich aber nicht dauerhaft verhindern. Der Eiablagedruck wird bald so groß, dass der Kirschfruchtfliege gar nichts anderes übrig bleibt, als ihre Eier auf die Kirschen zu legen.

→ Pflanzen Sie früh reifende Sorten

'Burlat', eine wohlschmeckende, dunkelrote Herzkirsche, reift schon vor dem Auftreten der Kirschfruchtfliege, die Maden entwickeln sich erst später. Halten Sie diesen Baum aber kleinkronig, damit Sie ihn mit einem Netz gegen Vögel schützen können. Diese fressen nämlich bevorzugt frühe Kirschen. ❉

K › Kirschtriebe vertrocknen

? Kirschtriebe vertrocknen

Meine Sauerkirsche bekommt nach der Blüte ganz dürre Triebspitzen. Wächst sich das später vielleicht von selbst wieder aus?

Verursacher ist ein Pilz

Die Spitzendürre oder Monilia wird von einem Pilz verursacht, der über die Blüten in das Holz Richtung Stamm wächst. Da er die Leitungsbahnen verstopft, vertrocknet der Zweig. Die Krankheit kann auch anderen Obst- und Ziergehölzen erheblich schaden (› Kasten). Regnerisches Wetter während der Blüte fördert die Infektion.

→ Schneiden Sie die Triebspitzen

Sobald Sie merken, dass die Spitzen dürr werden, schneiden Sie die erkrankten Zweige heraus. Dabei müssen Sie mindestens 10 cm scheinbar gesundes Holz mit entfernen, da der Pilz hier schon eingewandert, aber noch nicht sichtbar ist.

→ Lichten Sie den Baum aus

Monilia liebt lange Feuchteperioden. Achten Sie bei Schnittmaßnahmen daher auf einen lockeren Aufbau, sodass der Baum schnell abtrocknen kann. Auch sollte er möglichst an einem luftigen und freien Standort stehen.

→ Pflanzen Sie resistente Sorten

Besonders anfällig ist die Sorte 'Schattenmorelle', die oft auch noch im Schatten ihr Dasein fristen muss. Der Name stammt jedoch vom Ort ihres ersten Auftretens, dem Chateau Morell, und hat überhaupt nichts mit einer Vorliebe für Schatten zu tun. Sauerkirschen lieben volle Sonne. Besser als die Sorte 'Schattenmorelle' ist 'Morina'. Sie ist viel weniger anfällig für Spitzendürre und andere Krankheiten wie Sprühflecken. Zudem hat sie bessere Verwertungseigenschaften, und die Einzelfrüchte sind größer und etwas süßer. Sie eignet sich hervorragend zum Entsaften, zum Einwecken und für Marmeladen.

→ Entfernen Sie faulende Früchte

Monilia verursacht noch einen weiteren Schaden, der sich in faulenden Früchten dar-

Bei der Spitzendürre dringt der Pilz über die Blüten ein und wächst dann im Holz in Richtung Stamm. In der Folge trocknen die Zweige ein.

stellt. Charakteristisch für *Monilia*-Fäulnis sind die hellen, meist ringförmig angeordneten Sporenpolster auf den Kirschen. Befallene Früchte sollten Sie gleich abpflücken, da sich die Fäulnis schnell überträgt. Vor allem nach einem Regen, wenn einige Kirschen platzen, kann sich *Monilia* leicht ausbreiten. Sie sollten deshalb regelmäßig aufmerksam kontrollieren, ob sich irgendwo ein *Monilia*-Nest bildet, und dies dann sofort entfernen.

→ Beseitigen Sie Fruchtmumien

Die Krankheit kann auch in sogenannten Fruchtmumien überdauern. Das sind eingetrocknete Früchte, die den ganzen Winter am Baum bleiben. Auch Fruchtmumien sollten Sie deshalb grundsätzlich bei der Ernte mit abpflücken und im Restmüll entsorgen.

Monilia – Gefahr für Kern- und Steinobst

Verschiedene Erreger: *Monilia* ist die Pilzgattung, die Spitzendürre und Fruchtfäule bei Kern- und Steinobst auslöst. Im Wesentlichen handelt es sich um zwei Arten: *Monilia fructigena*, die verstärkt die Früchte von Kernobst mit einem grauen Belag überzieht, und *Monilia laxa*, die häufig auch als Steinobst-*Monilia* bezeichnet wird und einen gelblichen Belag bildet.

Betroffene Arten: Eine Erkrankung mit *Monilia* gefährdet nicht nur Sauerkirschen, sondern auch Zier- und Süßkirschen. Bei Süßkirschen oder Ziermandeln kann die Infektion so stark sein, dass das Gehölz schlagartig abstirbt. Ebenfalls befallen werden Zwetschgen- und Apfelbäume. Selbst Ziergehölze wie die Forsythie können infiziert werden.

KRANKHEITEN & SCHÄDLINGE

? Kohl mit Blattläusen

Auf meinen Rotkohlpflanzen befinden sich kleine Kolonien von grauen Läusen. Muss ich dagegen etwas unternehmen, oder verschwinden sie von selbst?

Das ist die Mehlige Kohlblattlaus
Sobald Sie an Ihren Kohlblättern violette oder gelbliche Verfärbungen bemerken, werden Sie kleine Kolonien der grauen Mehligen Kohlblattlaus bemerken. Die Tiere sind mit Wachsstaub eingepudert, um Feuchtigkeit und Regen abzuwehren. Sie vermehren sich sehr schnell und erreichen nach einigen Tagen das Pflanzenherz. Sobald dieses besiedelt wird, stirbt es ab, und die Pflanze wächst nicht mehr weiter. Je früher Sie mit der Bekämpfung beginnen, desto besser.

→ Verwenden Sie ein Spritzmittel
Besprühen Sie jede einzelne Kolonie mit einem biologisch verträglichen Spritzmittel z. B. auf Rapsölbasis. Benetzen Sie auch die Blattunterseiten, da sich hier ebenfalls Kolonien befinden. Nach ein paar Tagen kontrollieren Sie alle Pflanzen noch einmal, und wiederholen Sie die Behandlung, falls nötig. Rapsöl greift die Wachsschicht der Kohlblätter an, was die Pflanzen für 2–3 Tage empfindlicher gegen Sonnenlicht und Trockenheit macht, bis sich die Wachsschicht erneuert hat. Führen Sie die Behandlung deshalb bevorzugt bei bedecktem Himmel durch, und beschatten Sie die Pflanzen anschließend für ein paar Tage.

› S. 74, Blattläuse

? Kopfsalat fault

Ein Teil meines Kopfsalats fault schon kurz nach der Pflanzung und der Rest dann kurz vor der Ernte. Wie kann ich das verhindern?

Jungpflanzen sind oft durch Krankheitserreger an der Bodenoberfläche gefährdet. Mulchfolie hält diese wirkungsvoll von den Blättern ab.

Da sind Schimmelpilze am Werk
Die Fäulnis rufen verschiedene Pilze hervor, gegen die man gezielt vorgehen muss. Mit einem vernünftigen „Salatmanagement" bekommt man das jedoch in den Griff.

→ Jungpflanzen hoch pflanzen
Die Pilzkrankheit, die junge Pflanzen befällt, ist der Grauschimmel. Er beginnt an abgestorbenen Pflanzenteilen und greift dann auf gesundes Gewebe über. Entfernen Sie daher vor dem Pflanzen vorsichtig alle abgestorbenen Blättchen. Pflanzen Sie den Salat so hoch, dass kein Blatt mehr den Boden berührt. Bei Jungpflanzen im Erdpresstopf aus Torf sollten zwei Drittel des Topfes noch aus dem Boden ragen.

→ Gießen Sie morgens
Wichtig ist, dass der Salat nach Befeuchtung gut abtrocknen kann. Gießen Sie deshalb 2–3-mal pro Woche nur morgens 10–15 Liter pro m^2. Eine Gabe reicht für 3–4 Tage.

→ Legen Sie Mulchfolie aus
Wenn der Salat fault, nachdem er schon fast erntefähig ist, sind meist Pilze der Gattungen *Rhizoctonia* oder *Sclerotinia* der Grund. Beide Pilze greifen aus der oberen Bodenschicht die unteren Blätter an. Auf einer geschlitzten Mulchfolie (› Glossar, S. 224) sind die Blätter vor den Fäulniserregern geschützt.

→ Führen Sie einen Fruchtwechsel ein
Je öfter Sie Salat anbauen, desto größer ist die Gefahr, dass sich Salatpflanzen infizieren, weil sich die Pilze im Boden immer weiter vermehren. Halten Sie also auf der Fläche im Rahmen eines Fruchtwechsels (› Glossar, S. 223) eine Anbaupause von 2 Jahren ein.

› S. 178, Fruchtwechsel einhalten

K › Kopfsalat hat Läuse

? Kopfsalat hat Läuse

Meine Kopfsalatpflanzen sind innen total verlaust. Gibt es nicht irgendein Mittel, mit dem ich die Läuse wirkungsvoll bekämpfen kann?

Die Pflanzen sind von der Grünen Salatblattlaus befallen

Die Salatblattlaus vermehrt sich auf Salatköpfen explosionsartig. Zwischen den engen Blättern ist sie so gut geschützt, dass z. B. Nützlinge sie kaum erreichen können. Bei Lausbefall wird manchmal empfohlen, Kulturschutznetze auszulegen. Das ist nur sinnvoll, wenn sich auf den Pflanzen noch keine Läuse befinden, was aber kaum zu vermeiden ist. Ein Schutznetz verhindert aber nicht nur, dass sich Läuse ansiedeln, auch Nützlinge wie Marienkäfer, Florfliegen und Schwebfliegen kommen dann nicht mehr an die Pflanzen heran. Die Läuse aber, die unter Umständen schon auf den Pflanzen sitzen, können sich unter dem Netz bei diesen Bedingungen gut geschützt vermehren. Es gibt bessere Möglichkeiten, um einem Lausbefall vorzubeugen.

→ Pflanzen Sie resistente Sorten

Was noch vor wenigen Jahren nicht möglich war, ist heute Standard: Mit blattlausresistenten Sorten sind Sie vor einem Befall sicher (› Tab.). Sie können in der Gärtnerei Jungpflanzen kaufen oder die Pflanzen aus Samen selbst heranziehen. Blattlausfreien Genuss muss man nicht mit harten, ungenießbaren Blättern erkaufen. Im Gegenteil, der Salat schmeckt wunderbar. Nur eines sollten Sie wissen: Die Resistenz erstreckt sich nur auf

eine Blattlausart, die Grüne Salatlaus *Nasovovia ribis-nigri*. Dies ist aber die Laus, die sich im Salat am aggressivsten vermehrt. Es können also immer noch einzelne Läuse im Salat vorhanden sein, nur die Massenvermehrung bleibt aus.

Die Befürchtung, dass solche Züchtungen auf gentechnisch veränderten Sorten beruhen, ist völlig unbegründet. Um eine solche Sorte in den Handel zu bringen, wären umfangreiche Zulassungsprüfungen nötig, und der Salat müsste unübersehbar als Gen-Salat gekennzeichnet sein. In Deutschland gibt es bisher überhaupt kein gentechnisch verändertes Gemüse. Weder als Saatgut, noch als Endprodukt oder auch als Verarbeitungsprodukt wie beispielsweise Gemüse in Tütensuppen ist es erhältlich.

→ Setzen Sie biologische Mittel ein

Sie können den Läusen auch mit Pflanzenschutzmitteln zu Leibe rücken. Um die Genießbarkeit zu wahren, sollten Sie zu biologischen Mitteln auf Kaliseifenbasis greifen, die im Fachhandel erhältlich sind. Allerdings müssen Sie die Läuse mit dem Präparat direkt treffen, was bei Kopfsalat nur im Jungstadium möglich ist. Sobald die Kopfbildung beginnt, sind die Schädlinge zwischen den Blättern so versteckt, dass man sie nicht mehr erreicht. Der Erfolg ist am größten, wenn Sie die Pflänzchen ein bis zwei Wochen

nach der Pflanzung behandeln, und zwar so, dass alle Blätter, auch die Unterseiten, tropfnass sind. Um den Erfolg zu steigern, können Sie die Maßnahme nach zehn Tagen wiederholen. Nutzen Sie dazu die kühleren Abendstunden. Bei großer Hitze oder praller Mittagssonne könnten sonst Blattverbrennungen auftreten. Zudem wirken die Mittel dann nur eingeschränkt.

Eine Wartezeit bis zum Verzehr des Salates besteht nicht. Für Nützlinge und Haustiere sind Kaliseifenpräparate völlig unschädlich.

› S. 74, Blattläuse ✹

Resistente Salatsorten

Kopfsalat	Merkmale
'Casanova'	große Köpfe, ertragreich
'Estelle'	große, zarte Köpfe
'Fiorella'	robust und ertragreich
'Irina'	große, schossfeste Köpfe

Eissalat	
'Barcelona'	schossfest, lange haltbar
'Bennie'	große, feste Köpfe
'Calgary'	frühe Reife
'Fortunas'	schossfest, große Köpfe

Eichblattsalat	
'Sirmai'	rote, zartknackige Blätter
'Smile'	sehr ergiebiger Kraussalat

Bataviasalat	
'Leny'	nussiger Geschmack

KRANKHEITEN & SCHÄDLINGE

? Lilien mit roten Käfern

Auf meinen Lilien sitzen leuchtend rote Käfer, die große Löcher in die Blätter fressen. Was kann ich dagegen unternehmen?

Die leuchtend roten Lilienhähnchen sind nicht zu übersehen. Durch einfaches Absammeln hält sich der Schaden in Grenzen.

Das sind Lilienhähnchen
Sowohl die ausgewachsenen Käfer als auch die Larven des Lilienhähnchens suchen mit Vorliebe Liliengewächse heim.

→ **Fangen Sie die Käfer**
Als einzige Maßnahme bei einem Befall kommt das Absammeln in Betracht. Doch Vorsicht: Schon bei der geringsten Pflanzenberührung lassen sich die Tiere zu Boden fallen und sind dann nur noch schwer zu finden. Wenn Sie einen Behälter unter die Blätter halten, können Sie die Insekten aber darin auffangen. Bei sehr starkem Befall sollten Sie eventuell besser auf das Kultivieren von Lilien verzichten.

? Oleander mit schwarzen Flecken

Mein Oleander hat schwarze Flecken auf den Blättern, und teilweise vertrocknen die Triebspitzen. Was mache ich falsch?

Die schwarzen Flecken verursacht der Oleanderkrebs
Oleanderkrebs wird von Bakterien z. B. der Gattung *Pseudomonas* hervorgerufen, die zu ihrer Entwicklung viel Feuchtigkeit benötigen, etwa während langer Regenperioden. Die Bakterien können an den Zweigen krebsartige Wucherungen und dunkle Aufrisse bilden, die immer größer werden.

→ **Sorgen Sie für trockenen Stand**
Stellen Sie die Pflanze an einen regengeschützten Platz, z. B. auf der Terrasse, oder bauen Sie ihnen einen Unterstand im Beet.

→ **Kranke Triebe entfernen**
Schneiden Sie befallene Stellen ab und desinfizieren Sie anschließend Ihr Werkzeug mit Spiritus. Das beugt einer weiteren Übertragung der Krankheit vor.

? Petersilie geht ein

Warum gehen meine Petersilienpflänzchen im Beet ein, sobald sie aufgegangen sind?

Daran sind Bodenpilze schuld
Langlebige Bodenpilze, die das Wurzelwerk von Doldenblütlern angreifen, befallen die zarten Keimlinge im Beet und töten sie ab. Bei langjährigem Anbau an derselben Stelle werden Arten wie die Petersilie besonders anfällig für den Befall.

→ **Sorgen Sie für Abwechslung**
Sie sollten mindestens vier Jahre lang weder Petersilie noch Dill, Möhren, Sellerie oder andere Doldenblütengewächse auf diesem Beet anbauen. Durch einen weiten Fruchtwechsel (› Glossar, S. 223) in mehrjährigem Turnus geht der Pilzbefall dann zurück.
› S. 178, Fruchtwechsel einhalten

→ **Verwenden Sie selbst gesammelten Samen**
Lassen Sie eine Petersilienpflanze blühen und ernten Sie den Samen. Bewahren Sie ihn bis zur Aussaat dunkel und trocken auf. Er keimt so problemlos wie die Mutterpflanze und wächst zu robusten Jungpflanzen heran.

→ **Säen Sie in Kisten vor**
Säen Sie Petersilie in Aussaatschalen vor und verpflanzen Sie die Sämlinge erst zu Sommerbeginn. Dann können sie in der Vorkultur ein kräftiges Wurzelwerk ausbilden und sind robust genug, bevor sie mit dem Schadpilz konfrontiert werden.
› S. 43, Keimlinge fallen um

86

? Pfefferminze mit Blattflecken

Meine Pfefferminze hat an vielen Stellen dunkle Flecken auf den Blättern. Kann ich sie so überhaupt noch sammeln und zur Teebereitung nutzen?

Ein Pilzbefall liegt vor

Dunkle Flecken auf den Blättern werden durch sogenannte Blattfleckenpilze verursacht. Besonders in Feuchteperioden können sich diese schnell ausbreiten und viele Blätter befallen. Für den Menschen sind diese Pilze nicht giftig. Dennoch sind die Blätter für einen Tee nicht mehr besonders gut geeignet, da der Gehalt an den erwünschten Inhaltsstoffen stark zurückgeht. Das Gleiche gilt für einen Befall mit Mehltau, den Sie an einem mehligen Belag auf den Blättern erkennen. Nicht selten leiden Minzen auch unter dem Minzrost. Dieser zeigt sich in orangeroten Pusteln auf der Blattunterseite.

→ **Schneiden Sie stark zurück**
Schneiden Sie alle befallenen Triebe bis auf den Boden zurück. Vorsichtshalber sammeln Sie auch abgefallene Blätter vom Boden auf und entfernen sie, sodass sich kein krankes Pflanzenmaterial mehr in der Nähe befindet. Zur Kräftigung und Unterstützung können Sie die Pflanze nun leicht düngen, damit sie schnell neue, gesunde Triebe ausbildet.

→ **Wählen Sie einen geeigneten Standort**
Wenn der Pfefferminze der Standort nicht zusagt, erkrankt sie häufiger. Sie sollten sie deshalb an eine Stelle pflanzen, an der sie gut gedeiht. Ungeeignet sind dafür Plätze mit Staunässe oder zu großer Trockenheit. Sehr gut geeignet ist dagegen humusreicher Gartenboden, der eher feucht als trocken ist. Lichten Schatten von anderen Gehölzen verträgt sie gut, sie sollte aber nicht in deren Wurzelbereich stehen.

? Radieschen mit durchlöcherten Blättern

Meine Radieschenblätter sind durchsiebt mit Löchern. Was sind das für Schädlinge, und schaden sie dem Gemüse?

Die Löcher fressen Erdflöhe hinein

Erdflöhe sind kleine, sehr bewegliche Käfer, die bevorzugt auf den Blättern sitzen. Je kleiner die Pflanzen sind, desto größer sind die Schäden. Besonders problematisch sind die Direktsaaten von Radieschen und Rettich im Beet. Oft zerbeißen die Erdflöhe schon die Keimblätter derart, dass die Jungpflanzen absterben. Dann ist die Pflanze verloren. In den letzten Jahren haben durch Erdflöhe verursachte Schäden dramatisch zugenommen. Oft wird der Schaden längere Zeit gar nicht bemerkt. Dann ist es für erfolgreiche Gegenmaßnahmen meist aber schon zu spät.

→ **Schwemmen Sie die Erdflöhe weg**
Hacken Sie bei größeren Pflanzen den Boden ringsum sehr grobschollig auf und gießen Sie dann reichlich Wasser über die Pflanzen. Das schwemmt die Käfer in die Erde, und dort können sie keinen Schaden mehr anrichten.

→ **Legen Sie ein Vlies auf**
Vor allem bei Direktsaaten sollten Sie ein Vlies oder Erdflohnetz auflegen, das einem Befall rechtzeitig vorbeugt. Man kann es beim Hersteller beziehen. Auskünfte erteilt der Fachhandel. Legen Sie es gleich nach der Saat oder der Pflanzung darüber und dichten Sie den Rand gut ab.

Erdflöhe haben in den letzten Jahren stark zugenommen. Sie können Radieschensaaten so stark schädigen, dass sie absterben.

→ **Halten Sie einen Fruchtwechsel ein**
Bauen Sie im nächsten Jahr an der gleichen Stelle keine Radieschen an, da die Erdflöhe im Boden überwintern und in der kommenden Saison die Pflanzen erneut befallen.

KRANKHEITEN & SCHÄDLINGE

? Rhododendron mit gelben Blättern

Mein Rhododendron hat auf einmal gelbe Blätter bekommen und wächst auch nicht mehr. Ist das eine Krankheit, oder muss ich ihn düngen?

Die Ursache ist Eisenmangel

Rhododendron verträgt keinen Kalk im Boden. Die Erde sollte humushaltig und sauer sein. Der optimale Säurewert des Bodens liegt für Moorbeetpflanzen wie Rhododendron und Azaleen zwischen pH 4,2 und 5,5. Nur dann ist das Spurenelement Eisen (Fe) in ausreichender Menge im Boden für die Pflanzen verfügbar. Liegt der pH-Wert über 6 lässt das Wachstum deutlich nach, das Gewebe zwischen den grün bleibenden Blattadern hellt sich auf und färbt sich gelb. Diese bei Rhododendron und anderen säureliebenden Pflanzen häufige Mangelerscheinung bezeichnet man als Chlorose.

› S. 25, Kalkarmer Boden

→ Tauschen Sie die Erde aus

Kleinere Exemplare können Sie ausgraben und die Pflanzgrube vergrößern. Schlagen Sie darin ein Wurzelvlies aus und füllen Sie spezielle Moorbeeterde hinein. So hat der Wurzelballen mehr Raum und geeignetes Substrat. Es kann aber sein, dass die Wurzeln den Bereich nach einiger Zeit durchwachsen.

→ Verwenden Sie Spezialdünger

Nehmen Sie zum Düngen nur Spezial-Rhododendrondünger. Dieser enthält keinen Kalk und kann vorhandenen Kalk teilweise neutralisieren. Diese Dünger reichen aber keinesfalls aus, einen kalkreichen Boden so weit zu verändern, dass er nun für diese Gehölze geeignet ist. Es gibt auch Eisen-Spezialdünger, der über das Blatt gegeben wird.

→ Wählen Sie geeignete Sorten

Inzwischen gibt es im Gartenfachhandel und in speziellen Baumschulen neue Züchtungen, sogenannte INKARHO-Rhododendren, die kalkhaltigen Boden bedeutend besser vertragen. Bei Neupflanzungen können Sie sie in den normalen Gartenboden setzen.

In kalkhaltigen Böden können Rhododendren kein Eisen aufnehmen. Mangelsymptome zeigen sich dann z. B. in Form gelber Blattflächen.

→ Setzen Sie Schwefel zu

Versauern Sie den Boden durch Zugabe von elementarem Schwefel. Das Problem ist, dass die richtige Dosis erst durch eine genaue Untersuchung ermittelt werden müsste. Als Faustregel kann jedoch gelten, dass ein normaler Gartenboden mit einem neutralen pH-Wert von 7 mit 500 g Schwefel pro m^2 so weit versauert wird, dass ein Rhododendron darauf gedeiht. Diesen Schwefel sollten Sie auf 40 cm Bodentiefe einarbeiten, damit die Wirkung nicht jahrelang auf sich warten lässt. Auch nach der Einarbeitung dauert es noch Monate, bis Sie einen Effekt bei der Änderung der Blattfarbe feststellen können.

› S. 30/31, Testverfahren für Ihren Boden

Standortbedingungen für Gehölze und Gartenblumen

Der Standort: Steht eine Pflanze an einem für sie optimalen Platz, gedeiht sie gut und bleibt gesund. In der prallen Sonne wird eine Waldpflanze kümmern und eine Präriepflanze geht im Schatten ein. Die Widerstandskraft der Pflanzen wird am falschen Platz geschwächt.

Das Licht: Zier- und Kulturpflanzen benötigen in der Regel viel Sonne und einen freien Stand mit ausreichender Luftbewegung. Sonst trocknen die Blätter nach Regen nur langsam ab, und im feuchten Milieu breiten sich schnell Krankheiten aus.

Der Boden: Pflanzen wie Rhododendron oder Heide stellen spezielle Ansprüche an das Substrat. Standorte, auf denen sie gedeihen, muss man mit geeigneter Erde künstlich schaffen.

R > Rose mit Blattflecken

? Rose: gerollte Blätter

Viele Blätter an meinen Rosen haben sich zusammengerollt. Schadet das den Pflanzen?

In den Blättern lebt die Larve der Blattrollwespe

Die nur 4 mm großen, schwarzen Blattwespen legen ihre Eier im Mai und in der ersten Junihälfte am Rand der Rosenblätter ab. Wenn sich die Blätter dann beiderseits der Mittelrippe nach unten einrollen, sind die hellgrünen oder weißen Larven geschlüpft und ernähren sich gut geschützt im Innern des Blattes vom Blattgewebe der Blattunterseiten. Mit der Zeit vergilben die Blätter, hängen schlapp nach unten und fallen schließlich ab.

→ **Entfernen Sie die Blätter**
Ein Befall der Blattrollwespe schadet der Rose nicht, selbst wenn viele Blätter betroffen sein sollten. Wenn Sie den Anblick jedoch als störend empfinden, können Sie die zusammengerollten Blättchen entfernen und vernichten. Die Blattwespen können sich dann nicht mehr in so großer Zahl weitervermehren. Für den akuten Befall ist das zwar nicht von Bedeutung, es wirkt sich aber auf die Wespenpopulation im Folgejahr aus. Dann sind schon merklich weniger Wespen vorhanden, die sich weitervermehren können. Das wiederum wirkt sich auch auf die Zahl der abgelegten Eier aus, die ebenfalls deutlich geringer sein wird. Und so lässt sich der Befall langfristig eindämmen.

? Rose mit Blattflecken

Die Blätter meiner Beetrosen haben lauter Flecken bekommen. Ist das schädlich, und was kann ich dagegen unternehmen?

Es handelt sich um Sternrußtau

Gelbliche Flecken, die innen eine schwarze Zeichnung aufweisen, sind Anzeichen für einen Befall mit Sternrußtau. Ist er stark, fallen die Blätter ab. Die Rose wächst und blüht dann nicht mehr. Düngung oder bessere Pflege verhindern den Befall nicht. Auch mit Pflanzenstärkungsmitteln können Sie den Pilz nicht eindämmen. Am besten lösen Sie das Problem über die Sortenwahl.

→ **Wählen Sie widerstandsfähige Sorten**
Achten Sie beim Rosenkauf auf widerstandsfähige Sorten. Diese bekommen auch ohne Pflanzenschutzmittel keine Pilzerkrankungen. Solche Rosen erkennen Sie am ADR-Zeichen. Die Allgemeine Deutsche Rosenneuheitenprüfung verleiht dieses Zeichen nur an gesunde und robuste Sorten. Um diese Auszeichnung zu bekommen, werden die Rosen vier Jahre lang in verschiedenen Rosensichtungsgärten in Deutschland auf die Probe gestellt. Bleiben sie in dieser Zeit gesund, erhalten sie das ADR-Prädikat.

→ **Spritzen Sie vorbeugend**
Man kann empfindliche Sorten den ganzen Sommer über mit einem Pflanzenschutzmittel vorbeugend spritzen. Aber selbst dann ist nicht auszuschließen, dass sie erkranken.

Ein Befall mit Mehltau liegt vor

Dunkle, ins Schwärzliche gehende Flecken werden vom Falschen Mehltau hervorgerufen. Sie schädigen die Blätter und beeinträchtigen ebenfalls die Gesundheit der Rose, da das Blattgrün zerstört wird.

→ **Wählen Sie widerstandsfähige Sorten**
Mit resistenten Sorten lässt sich das Problem lösen. Spritzmittel schützen nur bedingt.

Rostpilze schädigen die Blätter

Ein Befall mit dem Rostpilz tritt bei Trockenheit und Kaliummangel auf. Diese Krankheit macht sich nicht durch schwarze, sondern rostbraune Blattflecken bemerkbar.

→ **Wählen Sie widerstandsfähige Sorten**
Widerstandsfähige Sorten bieten auch hier den besten Schutz vor einem Befall.

Pilzkrankheiten auf Rosenblättern wie der Sternrußtau lassen sich durch die Wahl widerstandsfähiger Sorten vermeiden.

KRANKHEITEN & SCHÄDLINGE

? Schildläuse an Buchs

Meine Buchseinfassung ist mehr grau als grün und die Zweige weisen kleine, schildförmige Gebilde auf. Was kann ich dagegen tun?

Bei den schildförmigen Gebilden handelt es sich um die braunen Deckel der Schildlaus, die auf den verholzten Teilen sitzt. Als helles, watteartiges Gebilde an den Triebspitzen sind die Ausscheidungen der Wollllaus erkennbar, die ebenfalls zur Gruppe der Schildläuse gehört.

→ **Verwenden Sie ein Spritzmittel**
Sie können die Schädlinge mit einem Pflanzenschutzmittel auf Rapsölbasis bekämpfen. Dabei handelt es sich nicht um ein Salatöl, sondern um eine Rapsölaufbereitung mit Zusatzstoffen, die eine sofortige Mischung im Wasser ermöglichen. Durch die ölige Beschaffenheit der Spritzbrühe werden die Pflanzen vollständig benetzt, und sie gelangt auch an eher unzugängliche Stellen. Um sicherzustellen, dass Sie auch wirklich alle Schädlinge erfassen, spritzen Sie dreimal im Abstand von einer Woche.
Auch Spinnmilben werden so bekämpft. In Hitzeperioden sind diese häufig auf Buchs zu finden. Obwohl mit bloßem Auge kaum sichtbar, können sie für großflächiges Vergilben und das Absterben der Triebe verantwortlich sein. Unter dem öligen Belag ersticken die Schädlinge. Haustiere und Nützlinge wie Marienkäfer oder Schwebfliegen werden dadurch nicht gefährdet. ✱

? Schneckenplage

Meine jungen Salatpflänzchen sind überall angefressen und mit Schleimspuren bedeckt. Wie kann ich sie vor Schnecken schützen?

In feuchten Sommern bringen gefräßige Schnecken Gartenbesitzer regelmäßig zur Verzweiflung. Aus den im Boden abgelegten Eiern der Spanischen Wegschnecke (❯ Kasten) oder der Ackerschnecke entwickeln sich im Frühsommer Hunderte von Jungtieren, die sich mit Vorliebe über Jungpflanzen in Gemüsebeeten hermachen. Es gibt zahlreiche Vorschläge, wie man der Plage Herr werden kann, von denen aber nur wenige dauerhaft wirksam sind. Am besten, Sie wenden eine Kombination verschiedener Maßnahmen an.

→ **Streuen Sie Schneckenkorn aus**
Wenn Sie Schneckenkorn anwenden, richten Sie sich unbedingt nach der Gebrauchsanweisung auf der Packung und dosieren Sie die Menge genau. Die meisten Präparate enthalten Metaldehyd. Es wirkt nur auf Schnecken, nicht auf Igel, Käfer oder Regenwürmer und war viele Jahre auch im biologischen Anbau zugelassen. Gegen diesen Wirkstoff ist nichts einzuwenden. Auch Eisen-III-Phosphat ist ein empfehlenswerter Bio-Wirkstoff, nur benötigt man ca. die 10-fache Menge eines Metaldehyd-Präparates. Bei Verwendung von Präparaten mit Methiocarb müssen Sie darauf achten, eine Wartezeit von zwei Wochen bis zur Gemüseernte und zum Verzehr einzuhalten.
Auch Ackerschnecken können Sie mit Schneckenkorn bekämpfen. Ausschlaggebend ist hier aber nicht die Gesamtmenge an Schneckenkorn pro m², sondern die Zahl der einzelnen Körnchen. Je mehr Körnchen, desto kürzer ist der Weg der einzelnen Schnecke dorthin. Zerstoßen Sie deshalb das Schneckenkorn zu kleineren Körnchen und streuen Sie diese auf das Beet.

→ **Ein Schneckenzaun schützt**
Mit einem für Schnecken unüberwindlichen Schneckenzaun aus dem Fachhandel können Sie Ihre Kulturen sehr sicher schützen. In der

---

Ungebetene Gäste aus dem Mittelmeerraum

Die Spanische Wegschnecke ist eine Nacktschnecke mit variabler Körperfärbung von Rotbraun bis Schwarz. Die hitzetolerante Art wurde 1958 aus dem Mittelmeerraum eingeschleppt.

Natürliche Fressfeinde kennt die Spanische Wegschnecke wegen ihrer Bitterkeit und der starken Schleimproduktion kaum. Kein Wunder, dass sie sich so massiv ausbreiten konnte.

Diese Nacktschnecken sind so robust, dass sie mit aromatischen Abwehrpflanzen oder mit Barrieren aus Asche, Fichtennadeln, Kaffeesatz und Sägemehl kaum zu beeindrucken sind.

S › Schorf auf Äpfeln

Ein Schneckenzaun hält Nacktschnecken wirksam ab, wenn man darauf achtet, dass im Beet vorher keine Eiablage stattgefunden hat.

Regel besteht er aus Metallprofilen, die in den Boden gesteckt werden. Er ist zwar in der Anschaffung nicht ganz billig, aber dafür viele Jahre haltbar.

→ Absammeln oder Zerschneiden wirkt zuverlässig
Auch das Zerschneiden der Schnecken ist ein probates Mittel, wobei der eher unerfreuliche Anblick nicht jedermanns Sache ist. Die Befürchtung, dass beim Zerschneiden Schneckeneier freigesetzt werden könnten und die Schneckenplage noch zunimmt, ist unbegründet, da die Eier im Freien sofort vertrocknen.

→ Stellen Sie Bierfallen auf
Flache, überdachte und mit etwas Bier gefüllte Gefäße, die man zwischen die Gemüsepflanzen stellt, werden als Fallen eingesetzt. Sie locken viele Schnecken an – auch aus der Umgebung! Die Schneckendichte steigt damit also eher an. Sie sind deshalb nur innerhalb von Schneckenzäunen ratsam.

? Schorf auf Äpfeln

Viele meiner Äpfel haben eine stark verschorfte Schale. Kann man sie noch essen, oder ist das beim Verzehr schädlich?

Der Verursacher ist ein Pilz
Schorfpilze überwintern auf Falllaub und werden durch den Wind leicht verbreitet. So können sie den Neuaustrieb im Frühjahr leicht infizieren. Auf dem Blatt bilden sie schmutzig olivgrüne Flecken, auf der Frucht rissige, verkorkte Stellen. Sie wachsen nicht mit, reißen bei älteren Früchten auf und bilden dann Eintrittspforten für Krankheitskeime. Die Früchte bleiben genießbar, sind aber nicht mehr so haltbar.

→ Entfernen Sie das Falllaub
Da der Schorf auf dem Laub überwintert, sollten Sie es im Herbst entfernen. Dann ist die Gefahr viel geringer. Sie können das Laub ohne weiteres kompostieren.

→ Lichten Sie Bäume aus
Achten Sie auf einen lockeren Aufbau und entfernen Sie regelmäßig steile und nach innen wachsende Triebe. So kann der Baum nach Regen schneller abtrocknen. Ein dichter, verwachsener Baum bietet ein ideales Kleinklima für die Entstehung von Schorf.

→ Pflanzen Sie resistente Sorten
Jede gute Baumschule führt inzwischen ein breites Sortiment schorfresistenter Sorten. Auch geschmacklich sind einige Spitzensorten darunter (› Tab.).

Schorfresistente Apfelsorten für den Hausgarten

Sorte	Eigenschaften
'Ahra'	ähnlich 'Goldparmäne', aber krebsfest und größere Frucht
'Gerlinde'	mittelgroß, knackig, süß mit feiner Säure, besser als 'James Grieve'
'Pilot'	sensationelle Lagerfähigkeit, bester Geschmack, knackig, sehr schöne Färbung
'Pinova'	süß-säuerlich, saftig, knackig, robust und ertragreich
'Rebella'	süß mit feiner Säure, Spitzenapfel
'Regine'	feinsäuerlich, fest und saftig
'Renora'	mittelgroß, süß-säuerlich, saftig, blassrot
'Resi'	kleine Früchte, ideale Pausenäpfel für Kinder
'Retina'	roter Apfel für Sofortverzehr, besser als 'Jakob Fischer'
'Topaz'	klein, dunkelrot, geschmacklich wie 'Elstar', Spitzensorte, auf Lausbefall achten

KRANKHEITEN & SCHÄDLINGE

? Schwarzer Blattbelag

Auf der Blattoberseite meiner Kohlpflanzen befindet sich ein unansehnlicher Belag. Ist er schädlich?

Die Färbung kommt durch Schwärzepilze

Schwärzepilze besiedeln die zuckerhaltigen Ausscheidungen, den sogenannten Honigtau, von Insekten wie Blattläusen, Schildläusen oder Wollläusen. Sie schaden den Pflanzen zwar nicht, aber ihre Photosynthese wird eingeschränkt, weil der Belag das Blattgrün überdeckt. Schwärzepilze sind weit verbreitet auf Zimmerpflanzen, auf Gurken, Tomaten, Paprika und Kohlgewächsen.

→ Spritzen Sie ein Pflanzenschutzmittel
Packen Sie das Übel an der Wurzel und bekämpfen Sie die Insekten, die den Honigtau absondern. Bei hartlaubigen Pflanzen eignen sich am besten Rapsölpräparate. Bei weichlaubigen Pflanzen ist eine Behandlung mit Kaliseife meist sehr effektiv.
❯ S. 93, Weiße Fliegen ✽

? Stachelbeeren mit hellem Belag

Die Triebspitzen meiner Stachelbeeren sind von einem weißlichen Belag überzogen, die Beeren von einem grauen Belag. Kann ich den abwaschen?

Der Stachelbeermehltau verursacht den schädlichen Belag

Beim Amerikanischen Stachelbeermehltau (*Spaerotheca mors uvae*) handelt es sich um einen Pilz, der Stachelbeerpflanzen infiziert und über den Wind oder Regentropfen verbreitet wird. Bei einem Befall sind die Früchte nicht mehr genießbar. Sie reifen nicht mehr genügend aus und schmecken nicht. Der Mehltau besiedelt nicht nur die Triebspitzen, sondern auch die reifenden Beeren. Diese sind dann mit einem grauen Belag überzogen und recht unansehnlich. Meist bleiben sie hart und ungenießbar. Die Triebspitzen entwickeln sich nicht weiter und vertrocknen dann. In diesen verdorrten Spitzen überwintert der Pilz.

Die Triebspitzen abzuschneiden oder Anti-Mehltaumittel zu spritzen, hilft leider nur, wenn Sie das regelmäßig machen. Nur durch

Mehltaufeste Stachelbeersorten

Sorte	Eigenschaften
'Captivator'	mittelgroß, dunkelrot
'Invicta'	groß, gelbgrün, ertragreich, stachellos
'Pax'	mittelgroß, dunkelrot, stachellos
'Remarka'	groß, weinrot
'Rokula'	mittelgroß, rot
'Rolonda'	eher klein, sehr dunkel

wiederholtes Spritzen und Zurückschneiden der befallenen Spitzen erzielen Sie eine deutliche Minderung des Befalls. Sobald Sie aber mit den Maßnahmen aufhören, wird es nicht lange dauern, bis der Schadpilz wieder erscheint. Langfristig ist es also besser, auf eine dauerhafte Lösung zu setzen.

→ Pflanzen Sie mehltauresistente Sorten
Am besten ersetzen Sie die Pflanze gegen eine mehltaufeste Sorte. Es gibt mittlerweile sogar resistente stachellose Sorten (❯ Tab.).
❯ S. 190, Stachellose Beerensträucher

→ Entfernen Sie die Triebspitzen
Durch wiederholten Rückschnitt der vertrockneten Triebspitzen können Sie den Befall zumindest eindämmen. ✽

Pflegefehler begünstigen Krankheiten

Falsche Düngung: Überdüngung oder eine Mangelversorgung verursachen oft einen Krankheits- und Schädlingsbefall, z. B. mit Blattläusen. Überdüngung fördert mastigen Wuchs mit weichen Zellwänden, was Pilzkrankheiten begünstigt. Zu dichter und hoher Wuchs verzögert das Abtrocknen der Blätter und lockt Schädlinge an (❯ S. 74, Blattläuse ❯ S. 93, Weiße Fliegen).

Falsche Bewässerung: Auch Fehler beim Gießen verursachen Krankheiten. Staunässe fördert Bodenpilze wie *Phytium* oder *Verticillium*. Eine Folge davon sind verbräunte statt weiße Wurzelspitzen oder ein fauliger Geruch. Pflanzen im Trockenstress reagieren ebenfalls: Radieschen etwa werden pelzig, Salat oder Fenchel schießen (❯ S. 193, Wurzelgemüse geplatzt).

W > Weiße Fliegen

Die Braunfäule ist die häufigste Krankheit bei Tomaten. Sie tritt besonders stark auf, wenn die Blätter längere Zeit nass bleiben.

? Tomaten mit braunen Blättern und Früchten

Meine Tomaten bekommen im Sommer oft braune Blätter und Früchte und sterben dann ab. Was hat das für einen Grund, und wie kann ich es verhindern?

Diese Pilzerkrankung heißt Braunfäule
Braunfäule wird durch zu viel Regen und Feuchtigkeit hervorgerufen.

→ **Bringen Sie einen Regenschutz an**
Sobald die Pflanzen nicht mehr nass werden, bleiben sie gesund. Kübelpflanzen z. B. können Sie unter ein Vordach stellen.

→ **Halten Sie Abstand**
Pflanzen Sie nicht zu dicht, sonst trocknet der nächtliche Tau zu langsam ab.

→ **Lüften Sie nachts das Gewächshaus**
Ab Juli sollten Sie Ihr Gewächshaus auch nachts lüften. Durch die Luftzirkulation fördern Sie, dass der Tau morgens schneller abtrocknet. Bei feuchter Luft kann sich die Braunfäule rasant ausbreiten.

→ **Pflanzen Sie geeignete Sorten**
Die Sorten 'De Berao' und 'Phantasia F_1' sind hochtolerant. Sie werden nur in extrem nassen Jahren befallen. In durchschnittlich feuchtem Klima bleiben sie gesund.

? Weiße Fliegen

Meine Rosenkohlpflanzen sind übersät mit kleinen weißen Fliegen. Ist das schädlich für die Pflanzen, und wie werde ich sie wieder los?

Das sind Kohlmottenschildläuse
Diese auch Weiße Kohlfliege genannte Schildlausart saugt Pflanzensaft und sondert Honigtau ab. Darauf bilden sich Schwärzepilze, die die Photosynthese der Blätter behindern. Die Pflanzen wachsen dann nicht mehr optimal. Die Weiße Fliege im Gewächshaus ist eine andere Art. Sie befällt Tomaten und Gurken (> Tipp).
› S. 92, Schwarzer Blattbelag

→ **Verwenden Sie Pflanzenschutzmittel**
Besprühen Sie die Blattunterseiten mit einem Pflanzenschutzmittel, z. B. auf Rapsölbasis. Dies tötet die Fliegen, ihre Jugendstadien und die Eier ab. Für den Anwender ist das Mittel völlig ungefährlich. Eine Wartezeit besteht nicht.

→ **Behandeln Sie frühmorgens**
Morgens sind die erwachsenen Tiere noch klamm und können nicht wegfliegen. Dann ist die Behandlung besonders erfolgreich.

→ **Spritzen Sie nicht in praller Sonne**
Die Behandlung löst teilweise die schützende Wachsschicht auf den Blättern auf. Sonnenlicht kann sie dann schädigen. Behandeln Sie deshalb möglichst an bedeckten Tagen.

TIPP!
Bekämpfung im Gewächshaus

Gelbtafeln: Im Gewächshaus können Sie die Weiße Fliege mit Gelbtafeln (> Glossar, S. 223) anlocken, an deren Leimschicht sie kleben bleiben. Es hilft dabei, die Pflanzen ab und zu zu schütteln. Das schreckt die Fliegen auf und sie gehen schneller „auf den Leim".

Nützlinge: Bei geringem Befall können Sie auch Nützlinge (> Glossar, S. 224) aussetzen, z. B. Schlupfwespen. Sie entwickeln sich in den Larvenstadien der Weißen Fliege und töten diese ab. So hält man den Schädling den ganzen Sommer in Schach, und er tritt nur noch vereinzelt auf. Lebende Nützlinge kann man gezielt über den Fachhandel oder beim Züchter bestellen.

93

KRANKHEITEN & SCHÄDLINGE

? Weißer Blattbelag

Viele diesjährige Triebe meines Apfelbaums sind von einem weißen Belag überzogen. Muss ich dagegen etwas unternehmen?

Mehltau bildet den Belag

Der Echte Mehltau ist ein pflanzenschädlicher Pilz, der sich bei hoher Luftfeuchtigkeit rasant ausbreiten kann. Er befällt Apfelbäume und andere Gehölze, Zierpflanzen und Gemüse, z. B. Gurken. Er wirkt sich bei den verschiedenen Pflanzen unterschiedlich aus, besonders schädlich ist er in der feuchtwarmen Luft von Gewächshäusern.

› S. 93, Tipp: Bekämpfung im Gewächshaus

→ **Setzen Sie Pflanzenschutzmittel ein**
Verwenden Sie Pflanzenschutzmittel, am besten ein biologisches, das essbaren Produkten nicht schadet. Präparate auf Rapsölbasis z. B. sind völlig ungiftig, aber sehr wirksam. Die erste Spritzung sollte aber schon erfolgen, wenn die ersten kleinen weißen Flecken auftauchen. Sonst gewinnt der Pilz die Oberhand. Wenn Sie die Wirksamkeit dieses Mittels noch deutlich steigern wollen, fügen Sie pro Liter fertige Spritzbrühe noch einen Teelöffel Backpulver hinzu. Eine Wartezeit bis zum Verzehr brauchen Sie bei diesen Präparaten nicht einzuhalten.

→ **Beseitigen Sie Krankheitsherde**
Entfernen Sie darüber hinaus noch alle stark befallenen Blätter, um eine Ausbreitung der Krankheit zu verhindern.

→ **Pflanzen Sie resistente Sorten**
'Jonathan' ist eine Apfelsorte, die für Mehltau hoch anfällig ist. Im Hausgarten hat sie deshalb eigentlich nichts zu suchen. Wenn Sie kleine rote Äpfel lieben, pflanzen Sie 'Pikkolo' oder 'Pinova'. Diese sind nicht nur unempfindlich gegenüber Mehltau, auch andere Krankheiten und Schädlinge suchen diese Sorten bedeutend weniger heim.

› S. 91, Schorf auf Äpfeln

? Zwetschgen verformt

Meine Zwetschgen sind im Frühsommer länglich und flach verformt. Gibt sich das wieder?

Ursache für die Narrentaschenkrankheit ist eine Pilzinfektion der Blüten bei feuchter Witterung.

Verursacher ist eine Pilzkrankheit

Die sogenannte Narrentaschenkrankheit wird durch den Pilz *Taphrina deformans* hervorgerufen, der während der Blüte eindringt. Bei Regen ist die Infektionsgefahr besonders hoch. Die Früchte trocknen im Laufe des Sommers ein und bleiben am Baum hängen. Auch Mirabellen sind gefährdet.

→ **Verhindern Sie Neubefall**
Entfernen Sie verformte Früchte vor dem Austrieb im nächsten Jahr, da der Erreger auf ihnen überwintert.

→ **Lichten Sie die Bäume aus**
Sorgen Sie dafür, dass die Bäume bei Nässe rasch abtrocknen können. Vergreiste Bäume lichten Sie ordentlich aus (› Glossar, S. 222). Möglicherweise können Sie auch einen Baum oder Strauch in der Nähe ganz entfernen, um das Kleinklima zu verbessern.

Wie gut sind Stärkungsmittel?

Pflanzenschutzmittel: Laut Pflanzenschutzgesetz ist ein Präparat nur dann ein Pflanzenschutzmittel, wenn es direkt auf einen Schadorganismus einwirkt. Pflanzenschutzmittel brauchen im Gegensatz zu Pflanzenstärkungsmitteln eine amtliche Zulassung.

Pflanzenstärkungsmittel: Sie sind auf einer amtlichen Liste vermerkt (momentan sind es 300), eine Wirkungsprüfung findet aber nicht statt. Da sie laut Pflanzenschutzgesetz nicht direkt wirken dürfen, können sie die Pflanze nur widerstandsfähiger machen. Eine messbare Wirkung kann man von ihnen nur bei Pflanzen, die unter außergewöhnlichem Stress stehen und ungenügend versorgt werden, erwarten. Die besten Voraussetzungen für gutes Gedeihen sind und bleiben die Wahl widerstandsfähiger Sorten, der richtige Standort und angemessene Pflege.

? Zwiebellaub stirbt ab

Bei meinen Zwiebeln stirbt das Laub mitten im Sommer ab. Gibt es dagegen ein geeignetes Mittel?

Das kommt vom Falschen Zwiebelmehltau

Dieser Pilz lässt sich im Hausgarten nicht bekämpfen. Noch vor wenigen Jahren war der Falsche Mehltau völlig unbekannt. Wenn das Zwiebellaub befallen ist, wird es grau und es stirbt recht schnell ab. Naturgemäß wächst dann die Zwiebelknolle nicht mehr, und die Erträge sind sehr unbefriedigend.

→ **Pflanzen Sie Steckzwiebeln im Herbst**
Überwinternde Zwiebeln haben gegenüber den Sommerzwiebeln einen deutlichen Vorsprung. Schon im Mai können Sie die kleinen Zwiebeln mit dem Laub als Schalotten ernten. Im Juni haben die Zwiebeln dann schon eine erntefähige Größe. Der Mehltau ist zu dieser Zeit noch nicht aktiv.

Pflanzen Sie deshalb sogenannte Steckzwiebeln im Oktober. Sie werden beim Pflanzen nur zur Hälfte in die Erde gesteckt. Angeboten werden sie zu dieser Zeit in den meisten Bau- und Gartenmärkten. Wählen Sie dabei in erster Linie gelbschalige Sorten. Bei rotschaligen Sorten ist der Ertrag oft gering, da diese oft sehr frühzeitig blühen und dann wertlos sind. Schon im Herbst werden sich daraus kleine Pflanzen entwickeln. Sobald die Zwiebeln im Frühling mit dem Wachstum beginnen, können Sie eine Düngergabe verabreichen. Das regt das Wachstum an.

Populäre Gartenirrtümer

Bei einem Blattlausbefall hilft das Besprühen mit Brennnesselsud.

Das stimmt leider nicht. Wissenschaftliche Untersuchungen haben gezeigt, dass der Wirkungsgrad nur etwa 30 % entspricht, genauso viel wie bei reinem Wasser. Der gelegentlich beobachtete Rückgang der Blattläuse ist vermutlich eher auf die starken natürlichen Schwankungen der Blattlauspopulationen zurückzuführen.

Gegen die Tomaten-Braunfäule lässt sich auch mit alternativen Methoden etwas unternehmen.

Leider nicht. Weder Kupfernägel im Stängel noch Kupferdraht im Wurzelbereich, Spritzmittel aus Mager- oder Vollmilch oder Tee aus Rhabarberblättern zeigten im Vergleich zu unbehandelten Pflanzen Wirkung. Da die durch Wind verbreiteten Sporen zuerst mittlere Blattetagen befallen, nützt es auch nichts, beim Gießen die unteren Blätter nicht zu benetzen (❯ S. 93, Tomaten mit braunen Blättern und Früchten).

Bei einer Schneckenplage hält ein spezieller Moosextrakt die Nacktschnecken erfolgreich von den Beeten fern.

Das ist immer wieder zu lesen. Der gleiche Effekt soll angeblich mit Kaffee erzielt werden. Im Versuch zeigte sich leider die völlige Wirkungslosigkeit. Auch Sägespäne sollen Schnecken von Pflanzen fernhalten. Das funktioniert allenfalls bei trockenem Wetter, aber dann sind die Schnecken nicht unterwegs.
❯ S. 90, Schneckenplage

Gegen einen Befall des Apfelwicklers helfen nur bestimmte Insektizide, die man in die Blüte sprüht.

Das stimmt nicht. Da der Apfelwickler frühestens Mitte Mai erscheint, beeindruckt ihn diese Maßnahme wenig. Die Blüte ist zu diesem Zeitpunkt längst vorbei. Sie erreichen damit nur, dass blütenbesuchende Bienen geschädigt werden.
❯ S. 72, Äpfel madig

Schädlingsbekämpfungsmittel auf biologischer Basis kann man in jedem Fall bedenkenlos anwenden.

Falsch. Der Wirkstoff Pyrethrum tötet ausnahmslos alle Insekten ab. Neben Blattläusen sterben so auch Nützlinge wie Marienkäfer, Florfliegen und Schwebfliegen.

95

Rund um den Rasen

Ob akkurat gepflegt, als Tummelplatz zum Spielen oder als grüne Oase: Eine Rasenfläche ist für viele unverzichtbarer Bestandteil im Garten. Sattgrün, kräftig im Wuchs und ohne störende Unkräuter soll sie sein. Mit ausreichend Licht, Luft, Wasser und Nährstoffen ist das kein Problem. Und zeigen sich doch mal Lücken, bringt man den grünen Teppich mit einfachen Pflegemaßnahmen schnell wieder in Form.

RUND UM DEN RASEN

? Aussaat am Hang

Ich habe Rasensamen am Hang ausgesät. Wie kann ich vermeiden, dass das Saatgut beim Bewässern immer wieder nach unten geschwemmt wird?

An einer steilen Böschung ist es schwierig, das Saatgut so einzuarbeiten, dass es bei starkem Regen oder bei ausgiebigem Wässern an Ort und Stelle bleibt. Sowohl für die Aussaat wie auch für die anschließende Pflege empfiehlt es sich, bei der Anlage die Neigung so flach wie möglich zu halten. Der Boden sollte locker sein und nicht zu trocken, damit er Wasser leicht aufnimmt.

→ Wässern Sie den Boden vorher
Beregnen Sie sehr trockenen Boden schon vor der Aussaat. Sonst schwemmt das zunächst abperlende Wasser die Saatkörner gleich mit sich fort.

→ Beregnen Sie mit feinen Düsen
Wässern Sie den Boden immer möglichst sanft und achten Sie darauf, dass die Feuchtigkeit ihn gut durchdringt. Dann wachsen die Graswurzeln auch mehr in die Tiefe. Gießen Sie lieber einmal ausgiebig als mehrmals hintereinander nur eine geringe Menge.

→ Verlegen Sie Rollrasen
Die Investition in einen Rollrasen ist bei Hanglagen durchaus zu empfehlen. Die schon fertigen Rasensoden verlegt man von unten nach oben. Stecken Sie sicherheitshalber in den ersten Wochen Holzstäbe in die Soden, um zu verhindern, dass sie nach unten abrutschen. ❈

? Aussaat ungleichmäßig

Ich habe per Hand Rasensamen ausgestreut und sehe nun überall Lücken. Anscheinend sind die Körner nicht überall hingekommen. Was kann ich tun?

Wenn man schlechte Bodenvorbereitung und hungrige Vögel als Ursache ausschließen kann, wird es an der ungleichmäßigen Verteilung der Samen bei der Aussaat liegen. Gleichmäßige Rasensaat per Hand erfordert ein gutes Augenmaß und sehr viel Erfahrung – ist also für ungeübte Hobbygärtner auf großen Flächen kaum zu empfehlen.
❯ S. 104, Kahlstellen ❯ S. 109, Samen keimt nicht

→ Bessern Sie kleine Stellen aus
Lockern Sie an den betreffenden Stellen den Boden noch mal gut mit einem Rechen auf und säen Sie – möglichst mit der gleichen Rasenmischung – noch mal per Hand nach. Wässern Sie die Stellen und halten Sie sie in den kommenden Wochen immer gleichmäßig feucht. Bei ausreichender Bodenfeuchtigkeit wird die Saat in den nächsten Wochen keimen, und die vorhandenen Lücken werden sich schnell schließen.

→ Verwenden Sie für große Flächen einen Streuwagen
Ist die gesamte Fläche lückig und schütter, graben Sie am besten den ganzen Rasen noch mal um. Sie können die noch jungen Gräser auch mit einem Rechen in den Boden einarbeiten. Dann harken Sie die Fläche glatt und bringen das Saatgut mit einem Streuwagen aus dem Fachhandel gleichmäßig aus. Wässern Sie die Fläche anschließend. ❈

? Baumwurzeln im Rasen

Der alte Obstbaum in meinem Rasen hat dicke Wurzeln an der Oberfläche gebildet, die nun Stolperfallen sind. Wie kann ich das Problem entschärfen?

Baumwurzeln reichen im Laufe des natürlichen Wachstums im Umkreis des Baumes immer weiter und verdicken sich ebenso wie Stamm und Äste. Damit das Gehölz vital bleibt, sollte man die Wurzeln natürlich nicht beschädigen.

→ Nivellieren Sie den Boden
Stechen Sie die Grasnarbe strahlenförmig vom Baum ausgehend in Form eines 6-speichigen Rades ein, und zwar etwas weiter, als die Unebenheiten im Boden reichen. Heben Sie den Rasensoden (Wurzeln plus ca. 2 cm Erde) mit dem Spaten ab und rollen Sie ihn nach außen weg. Ebnen Sie den Boden zwischen den Wurzeln mit sandhaltiger Erde (Verhältnis ca. 1:3) ein und rollen Sie den Soden wieder darüber. Treten Sie ihn gut fest und wässern Sie den Bereich. ❈

B › Blumenwiese anlegen

? Blumenwiese anlegen

Seit Monaten mähe ich meinen Rasen nicht, um eine Wildblumenwiese zu bekommen, aber es stellen sich kaum schöne Blumen ein. Woran liegt das?

Das hängt vom Standort ab
Je nach Standort siedeln sich nach einiger Zeit unterschiedliche Pflanzen auf einer Fläche an. An feuchten, lehmigen Stellen fühlen sich Primeln, Schachbrettblumen, Narzissen, Sumpf-Schwertlilie, Wiesen-Schwertlilie, Weinberg-Tulpen, Herbstzeitlose und Storchschnabel wohl. Trockenere Standorte eignen sich für Margeriten, Feuer-Lilien (nicht mähen!), Kornblumen oder Klatsch-Mohn. Blumenwiesen sind kein starres Gefüge, so wie Staudenbeete, und ändern sich ständig.

→ Sie brauchen Geduld
Erwarten Sie nicht, dass sich in wenigen Wochen ein wogendes Blütenmeer einstellt, wo vorher nur Gras wuchs! Das kann Monate und sogar Jahre dauern.

→ Verbessern Sie den Boden
Für magere Wiesenpflanzen ist ein gedüngter Gartenboden meist zu reich an Stickstoff. Ein Düngestopp und gelegentliche Sandgaben wirken dann wie eine Abmagerungskur. Arbeiten Sie dazu einfach etwas Sand mit einem Rechen in den Boden ein.
› S. 32, Schwerer Boden

→ Mähen Sie nicht zu früh
Lassen Sie die Samen ausreifen und mähen Sie nicht vor Ende Juni. Je mehr Samenstände vorhanden sind, desto besser sind die Voraussetzungen für die Selbstaussaat.

TIPP!
Narzisseninseln im Rasen
Wenn der Boden feucht und nährstoffreich ist, fühlen sich auch Narzissen im Rasen wohl. Pflanzen Sie die Zwiebeln in Gruppen zusammen und mähen Sie auch nach der Blüte so lange um die „Inseln" herum, bis das Laub eingezogen ist. Auf Rasenflächen haben sich die Dichter-Narzisse (*Narcissus poeticus*), niedrige Alpenveilchen-Narzissen (*Narcissus cyclamineus*), aber auch noch gezüchtete Sorten wie 'Golden Harvest' und 'Mount Hood' bewährt.

→ Helfen Sie durch „Impfen" nach
Um die Entwicklung zu beschleunigen und das Spektrum der blühenden Pflanzen zu erweitern, bietet es sich an, geeignete Arten und Sorten auf der Fläche auszupflanzen oder einzusäen (› Tab.). Wuchskräftige und anpassungsfähige Stauden und Einjährige verwildern in der Regel sehr schnell. Auch Zwiebelblumen verbreiten sich mit der Zeit durch Tochterzwiebeln und Selbstaussaat, besonders die kleinwüchsigen Wildarten.
› S. 136, Zwiebelblumen verschwinden

→ Säen Sie Wildblumen aus
Statt Rasensamen kann man bei der Neuanlage der Fläche auch gleich Blumensamen als Saatgutmischung im Fachhandel kaufen und aussäen. Oft enthält sie Pflanzen mit sehr unterschiedlichen Bodenansprüchen. Das ist nicht weiter tragisch, denn es etablieren sich ohnehin nur diejenigen Arten, die an den Standort am besten angepasst sind.

Wildpflanzen für die Blumenwiese

Deutscher Name	Botanischer Name	Methode
Akelei	*Aquilegia vulgaris*	Aussaat oder Pflanzung
Beinwell	*Symphytum officinale*	Pflanzung
Klatsch-Mohn	*Papaver rhoeas*	Aussaat
Kornblume	*Centaurea cyanus*	Aussaat
Margeriten	*Argyranthemum vulgare*	Aussaat
Ringelblume	*Calendula officinalis*	Aussaat
Schlüsselblume	*Primula officinalis*	Pflanzung
Veilchen	*Viola odorata*	Pflanzung
Wiesen-Schwertlilie	*Iris sibirica*	Pflanzung
Wiesen-Storchschnabel	*Geranium pratense*	Pflanzung

RUND UM DEN RASEN

? Braune Gräser

Seit der Schneeschmelze nach dem letzten Winter ist unser Rasen ganz braun und welk. Erholt er sich von selbst wieder?

Das liegt an der feuchten Kälte
Lange, frostige und feuchte Winter übersteht der Rasen nicht besonders gut. Die Halme werden braun und wirken schlaff. Durch richtige Düngung lassen sich geschwächte Rasengräser aber gut wieder aufpäppeln.

→ **Geben Sie Kalium im Herbst**
Eines der Hauptnährelemente im Boden ist Kalium (K). Es entsteht bei der Verwitterung von Tonmineralen (› Glossar, S. 226). Kalium festigt das Gewebe einer Pflanze und schützt sie sowohl vor Stress durch Trockenheit als auch vor Frostschäden und sogar vor Pilzbefall. Eine kaliumbetonte Düngung im Herbst stärkt die Gräser nachhaltig, sodass sie gesund über den Winter kommen. Inzwischen gibt es solche Dünger speziell für Rasenflächen im Handel.

→ **Startdüngung im Frühling**
Nach dem Winter tut den angegriffenen Halmen zunächst das Lüften oder Vertikutieren der Grasnarbe gut. Anschließend bringt man einen speziell auf die Bedürfnisse von Rasenflächen abgestimmten sogenannten Startdünger auf. Dessen hoher Phosphatgehalt fördert die Wurzelbildung und sorgt für eine dicht geschlossene Grasnarbe. Als Langzeitdünger auf organischer Grundlage wirkt er über mehrere Monate hinweg.

? Braune Spitzen

Kurz nach dem Mähen werden die Grasspitzen in meinem Rasen immer ganz braun. Was mache ich bei der Rasenpflege falsch?

Die Messer am Rasenmäher sind unscharf
Ist das Messer eines Rasenmähers stumpf, werden die Schnittstellen der Gräser fransig. Sie trocknen an den Spitzen aus und werden braun. Das sieht nicht nur unschön aus, sondern ist auch für die Halme nicht besonders gesund. Unsaubere Blattränder sind häufig Eintrittspforten für Pilzkrankheiten. Die Messerblätter sollten daher immer sauber, frei von Rost und gut geschärft sein.
› S. 108, Rasenmähertypen im Überblick

→ **Bei einem Spindelmäher**
Spindelmäher schneiden nach dem Prinzip einer Schere und haben den saubersten Schnitt. Scharfe Schneidwerke sind dafür unentbehrlich. Kontrollieren Sie die Scherblätter regelmäßig und lassen Sie sie wenn nötig beim Fachhändler nachschleifen.

→ **Bei einem Sichelmäher**
Viele Rasenmäher schneiden mit einem propellerartig rotierenden Messer. Durch die schnelle Rotation werden die Gräser abgeschlagen. Prüfen Sie, ob das Ergebnis „fransenfrei" ist. Falls nicht, lassen Sie das Messer beim Fachhändler nachschleifen.

Trockene Spitzen sind ein Indiz, dass der Rasen mit stumpfen Messern geschnitten wurde.

Jahreszeitlicher Pflege-Guide

Im Frühjahr: Lüften und Vertikutieren Sie die Grasnarbe und düngen Sie die Fläche mit einem phosphathaltigen Startdünger. Überprüfen Sie die Messer des Rasenmähers auf rostige Stellen und schleifen Sie sie bei Bedarf. Mähen Sie, sobald der Rasen ersten Zuwachs zeigt.

Im Sommer: Mähen Sie wöchentlich und achten Sie darauf, dass der Boden nicht austrocknet. Wässern Sie ausgiebig und düngen Sie ein weiteres Mal mit einem Langzeitdünger.

Im Herbst: Düngen Sie mit einem kaliumbetonten Dünger und mähen Sie die Fläche bei der letzten Mahd vor der Winterpause möglichst kurz. Reinigen Sie den Rasenmäher gründlich.

Im Winter: Belasten Sie den Rasen möglichst nicht, solange er gefroren ist.

? Braune Stellen im Rasen

Warum werden einige Stellen in meinem Rasen braun, obwohl ich die gesamte Fläche immer gleichmäßig pflege?

Der Boden ist zu nass
Ist der Boden verdichtet, staut sich die Nässe darin, und im Boden ist zu wenig Luft. Das hat zur Folge, dass die Wurzeln ersticken und die Pflanzen absterben.

→ **Lockern Sie den Boden**
In diesem Fall sollten Sie Sand in den Boden einarbeiten, um ihn zu lockern, und Dränagerohre im Boden verlegen, damit das Wasser immer zuverlässig ablaufen kann.
› S. 32, Staunässe

Der Boden ist zu trocken
An einigen Stellen im Garten herrscht immer Trockenheit, z. B. dort, wo weit reichende Wurzeln größerer Gehölze unter die Rasenfläche gewachsen sind und den Halmen dauerhaft Wasser entziehen.

→ **Wässern Sie regelmäßig**
Bei schnell austrocknenden Böden hilft nur regelmäßiges, durchdringendes Beregnen und eine stärkere Düngung mit Kalium.

Es hat sich ein Hexenring gebildet
An auffallend ringförmigen Trockenstellen erscheinen im Hochsommer die Fruchtkörper eines Pilzes, dessen unterirdisches Pilzgeflecht, das Myzel, den sogenannten Hexenring bildet. Er stellt sich besonders bei mit Nährstoffen unterversorgten und austrocknenden Rasenflächen ein.

→ **Lockern Sie den Boden**
Der Hexenring verschwindet im Frühjahr oder Herbst, wenn Sie das Myzel an den Trockenstellen mit einer Grabegabel durchstechen und den Boden damit auflockern. Wässern Sie ihn anschließend gut.

→ **Düngen Sie mit Stickstoff**
Mit einer Gabe stickstoffbetontem Dünger kurbeln Sie das Wachstum der Gräser an.

Larvenfraß ist schuld
Im Frühling fressen die raupenartigen, braunen Larven der Wiesenschnake und im Sommer Käferlarven (z. B. helle, 1–5 cm lange Engerlinge) an den Rasenwurzeln, bevorzugt an feuchten Stellen. Die Gräser sterben dann ab und hinterlassen braune Lücken.

→ **Setzen Sie Nematoden ein**
Abhilfe schafft der Einsatz von Nematoden (Fadenwürmer), den natürlichen Feinden der Larven, die man als Nützlinge (› Glossar, S. 224) im Fachhandel bestellen kann.
› S. 129, Stauden kümmern

Es handelt sich um Hunde-Urin
Auch ätzende Wirkstoffe in Hunde-Urin rufen gelbbraune Flecken im Rasen hervor.

→ **Schwemmen Sie die Schadstoffe aus**
Durchdringendes Gießen an den betroffenen Stellen schwemmt Rückstände von Hunde-Urin in den Unterboden aus.

Das kreisförmige Geflecht eines Hexenringes zeigt sich im Rasen durch einen gelblichen Ring und die Fruchtkörper des Bodenpilzes.

→ **Schrecken Sie Hunde ab**
Zur Abschreckung verwendet man spezielle Puder mit Geruchsstoffen, die es im Fachhandel zu kaufen gibt.

Mahd erfolgt zu selten
Unregelmäßiges Mähen fördert die Ausbreitung sogenannter horstbildender Gräser (› Glossar, S. 223). Flächig wachsende Gräser, die ein dichtes Wurzelgeflecht entwickeln und damit eine einheitliche Grasnarbe, geraten dabei ins Hintertreffen. In der Folge bilden sich zwischen den Gräserpulks braune und kahle Stellen.

→ **Mähen Sie regelmäßig**
In den Sommermonaten sollte man die Rasenfläche während der Hauptwachstumszeit einmal wöchentlich mähen.

101

RUND UM DEN RASEN

? Fläche uneben

Mit der Zeit sackt der Boden in meinem Rasen immer mehr ab, und unebene Stellen treten auf. Woran liegt das, und was kann ich dagegen tun?

Wühlmäuse sind aktiv
Häufig führt die Tätigkeit von Wühlmäusen zu Absackungen und Unebenheiten des Bodens. Gegen weitere Schäden hilft nur die gezielte Bekämpfung der Nager. Versuche, sie durch in den Gängen ausgestreute Haare oder Windgeräusche zu vertreiben, bleiben meist ebenso erfolglos wie dröhnende Hammerschläge auf den Boden. Umstritten ist auch der Einsatz von speziellen, im Handel erhältlichen Ultraschallgeräten.
› S. 80, Gehölze ohne Neuaustrieb

→ Stellen Sie Fallen auf
Legen Sie im zeitigen Frühjahr einen Gang mit geradem Verlauf frei und stellen Sie darin eine handelsübliche, mit Möhre bestückte Falle auf. Decken Sie das Loch darüber licht- und luftdicht ab.

→ Legen Sie Giftköder aus
Graben Sie einen Gang alle 2–3 m auf und legen Sie dort z. B. mit Zinkphosphid behandelte Giftköder auf der Grundlage von Möhren aus, die es fertig präpariert von verschiedenen Herstellern im Fachhandel gibt.

Schlechte Bodenvorbereitung
Wenn der Boden schon bei der Anlage des Rasens nicht richtig vorbereitet und eingeebnet wurde, kann das Niveau später absacken und muss dann ausgeglichen werden.
› S. 104, Kahlstellen

→ Bessern Sie die Stellen aus
Schälen Sie die Grassoden mit einem Spaten ca. 2 cm tief ab und planieren Sie die unebenen Stellen mit einem Gemisch aus Sand und Gartenerde im Verhältnis 1:3. Dann legen Sie die Soden wieder auf und wässern sie gründlich. An lückigen Stellen ebnen Sie die Erde ebenfalls ein und streuen Rasensaat aus oder verlegen Rollrasen.
› S. 98, Baumwurzeln im Rasen
› S. 98, Aussaat ungleichmäßig ❋

Ein Vertikutierer lockert verfilzten Rasen durch senkrechte Schnitte in die Grasnarbe auf. Dabei entstehende Lücken schließen sich schnell.

? Gelbe Gräser

Ich mache mir Sorgen wegen der vielen gelben Gräser in meinem Rasen. Der Grassoden ist ganz verfilzt, und es kommen kaum noch neue Halme hervor. Muss ich neu einsäen, weil der Rasen schon zu alt ist?

Der Rasen ist schlecht belüftet
Mit der Zeit stehen sich die wachsenden Gräser gegenseitig im Wege und machen sich Nahrung und Licht streitig. Die Grasnarbe bildet einen dichten Wurzelfilz, der kaum noch Luft an den Boden lässt.

→ Vertikutieren Sie den Rasen
Der Frühling ist die beste Zeit, um jährlich oder in mehrjährigem Turnus den Grassoden in ihrem Rasen zu lockern. Vertikutieren ist vom englischen „vertical cutting" abgeleitet und bedeutet, dass man mithilfe eines Vertikutierers (› Glossar, S. 227) senkrecht in die Grasnarbe schneidet. Das lüftet den Rasen, lockert Verfilzungen und entfernt unerwünschten Aufwuchs (z. B. Moos).

→ Düngen Sie den Boden
Nach dem Vertikutieren sollte man düngen. Ein speziell auf die Bedürfnisse von Gräsern abgestimmter Langzeit-Rasendünger fördert das Wurzelwachstum, stärkt die Halme und sorgt dafür, dass der Rasen vital bleibt. ❋

H › Herbstlaub

? Graue Flecken

Nach dem Winter treten plötzlich an verschiedenen Stellen graubraune Flecken in meinem Rasen auf. Muss ich dagegen etwas unternehmen?

Das ist Schneeschimmel
Schneeschimmel (*Fusarium nivale*) ist eine Pilzkrankheit, die bei feuchtkalter Witterung als Nassfäule auftritt – insbesondere auf Flächen, die vor dem Winter nicht mehr kurz gemäht wurden und auf denen längere Zeit Laub oder Schneereste aufgetürmt lagen.

Schneeschimmel zeigt sich typischerweise nach einem nasskalten Winter als weißer Belag auf den Grashalmen.

→ Vertikutieren Sie die Fläche
Vertikutieren und anschließendes Düngen wirken wie eine heilsame Frühjahrskur.
› S. 102, Gelbe Gräser

→ Streuen Sie Sand
Sand bindet die Feuchtigkeit kurzfristig im Boden und dämmt den Pilzbefall ein.
› S. 32, Schwerer Boden

→ Halten Sie die Fläche frei
Harken Sie Laub und eventuelles Schnittgut immer direkt ab. Häufen Sie im Winter keine Schneehügel auf den Rasen.

→ Kurzer Winterschnitt
Schneiden Sie den Rasen vor dem Winter möglichst kurz.

→ Überprüfen Sie den pH-Wert
Schneeschimmel bevorzugt hohe pH-Werte. Kalken Sie daher nur, wenn es wirklich nötig ist, und stärken Sie die Halme mit einem kaliumbetonten Herbstdünger. ✽

Weitere Pilzerkrankungen
Wurzelhalsfäule: Feuchte Kälte und Luftmangel unter Schnee sind Auslöser für den Befall mit *Typhula*-Pilzen, einem fleckig-grauen Belag auf den Halmen. Sie wirken trocken und papierartig. Vermeidung: Kaliumbetonte Herbstdüngung, kurz gemähte Halme und vertikutieren.

Rotspitzigkeit: Bei Nährstoffmangel in feuchtwarmen Sommern bildet sich ein rotes, fädiges Myzel zwischen den Halmen. Maßnahme: Stickstoffdüngung und Fläche abtrocknen lassen.

Pythium-Fäule: Eine Folge von Stressfaktoren wie Trockenheit oder Staunässe sind eingesunkene, graue, schleimig wirkende Flecken. Die Halme lassen sich leicht aus dem Boden ziehen. Wässern Sie morgens (besseres Abtrocknen), vertikutieren Sie und geben Sie Langzeitdünger.

? Herbstlaub

Erholt sich der Rasen eigentlich von selber wieder, wenn er unter einer Schicht Herbstlaub zu faulen beginnt, oder muss ich etwas unternehmen?

Licht und Luft fehlen
Pilze finden bei hoher Luftfeuchtigkeit und Sauerstoffmangel ideale Wachstumsbedingungen vor (› Kasten). Eine Laub- oder Schneedecke über dem Rasen fördert die Ausbreitung von Pilzkrankheiten enorm. Noch dazu nimmt man den Gräsern die Möglichkeit zur Photosynthese, was sie zusätzlich schwächt.

→ Rechen Sie das Laub ab
Auch wenn's an feuchtkalten Herbsttagen schwerfällt – kehren Sie konsequent täglich oder alle zwei Tage herabgefallenes Laub vom Rasen. Das Gleiche gilt für Rasenschnitt oder Materialien aller Art, die sich auf dem Rasen befinden. Lassen Sie auch keine Gegenstände, Planen oder Ähnliches auf dem Gras liegen.

→ Lockern Sie die Grasnarbe auf
Ähnlich wie bei der Bekämpfung von Schneeschimmel lassen sich auch durch Herbstlaub beeinträchtigte Flächen durch Vertikutieren und Düngen wieder begrünen. Das Auflockern der Grasnarbe tut den Gräsern gut, und eine Startdüngung im Frühling gibt ihnen neue Kraft. Wenn größere Flächen abgestorben sind, kann man sie im Mai nach der Frostperiode durch Nachsaat schließen.
› S. 103, Graue Flecken ✽

RUND UM DEN RASEN

? Kahlstellen

Mein alter Rasen hat im Laufe der Jahre in einigen Bereichen kahle und schadhafte Stellen bekommen. Gibt es eine Methode, sie auszubessern?

Rasen neu anlegen

(1) Lockern
Verdichteten Boden graben Sie tiefgründig um und rechen die Oberfläche glatt.

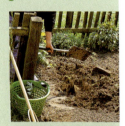

(2) Aussäen
Besonders gleichmäßig bringen Sie das Saatgut mit einem Streuwagen aus.

(3) Einarbeiten
Mit einem Rechen harken Sie dann die Samen oberflächlich etwas in den Boden ein.

(4) Wässern
Beregnen Sie den Boden durchdringend und halten Sie ihn gleichmäßig feucht.

Das liegt an Trittspuren

Häufig begangene Stellen im Rasen werden mit der Zeit lückig, weil man die Grasnarbe immer wieder aufreißt. Außerdem wird der Boden dort auch stark verdichtet, was das Gräserwachstum zusätzlich behindert. Eine Nachsaat kommt infrage, wenn die schadhaften Stellen überschaubar sind und sich die ständige Belastung in Grenzen hält.

→ **Verwenden Sie Strapazierrasen**
Wählen Sie eine Saatgutmischung, die Trittbelastungen standhält. Sie ist unter der Bezeichnung Strapazierrasen oder Spiel- und Sportrasen im Handel und enthält einen besonders hohen Anteil robuster und fester Gräser wie Kammgras oder Weidelgras. Achten Sie darauf, nur hochwertiges Qualitätssaatgut aus dem Fachhandel zu kaufen, Billigprodukte erfüllen den Zweck nicht.
› S. 105, Lückiger Wuchs

→ **Lockern Sie den Boden**
Kontrollieren Sie vor der Aussaat, ob der Untergrund frei von Steinen und Verdichtungen ist. Gerade an viel begangenen Stellen ist der Boden oft bretthart und muss erst tiefgründig gelockert werden. Nach dem Umgraben ebnen Sie ihn mit einem Rechen.
› S. 33, Verdichteter Boden

→ **Vertikutieren Sie oberflächlich**
Ist eine tiefgründige Lockerung nicht erforderlich, sollten Sie den Boden vor dem Einsäen an den Schadstellen vertikutieren (› Glossar, S. 227), also belüften. Feuchten Sie die Erde dann etwas an und, wenn nötig, rauen Sie sie mit einem Rechen etwas auf, damit die Samen eine bessere Bodenhaftung haben und nicht gleich fortgeweht werden.
› S. 98, Aussaat ungleichmäßig
› S. 102, Gelbe Gräser

→ **Düngen Sie den Rasen**
Bedecken Sie die Saat leicht mit etwas Substrat, nachdem Sie die Samenkörner ausgestreut haben, und halten Sie die Fläche ausreichend feucht. Verabreichen Sie den Gräsern nach der Keimung eine Startdüngung, die das Wurzelwachstum anregt. Mit einem Streuwagen lassen sich die Körner gleichmäßig ausbringen. Rechen Sie sie dann etwas in den Boden ein. Im Fachhandel gibt es auch ausgeklügelte Kombisysteme aus Rasensamen und Dünger für eine Rasenerneuerung. Damit wird die Nachsaat zum Kinderspiel.

Der Rasen wird zu stark beansprucht

Bei extremer Belastung wächst selbst das stärkste Gras nicht mehr. Ist dies der Fall, sollten Sie die Fläche besser anders nutzen.

→ **Verlegen Sie Trittplatten**
Die einfachste Möglichkeit, den Rasen zu schonen, ist es, Trittsteine oder Rasengittersteine an stark frequentierten Stellen zu verlegen. Vielleicht genügen schon einzelne, Sie können aber auch eine größere Fläche abdecken. Über eine längere Strecke bietet sich die Anlage eines Weges aus Steinplatten, Rindenmulch oder Kieselsteinen an.
› S. 207, Wege anlegen ❋

M › Maulwurfshügel

? Lückiger Wuchs

Meine neu gesäten Rasengräser sind zwar schnell aufgegangen, aber nun ist die Fläche lückig und unansehnlich. Liegt das am Saatgut?

Das Saatgut ist von schlechter Qualität

Rasengräser haben sehr unterschiedliche Eigenschaften. Es gibt weich- und hartblättrige, hohe und niedrige Arten sowie horst- oder mattenbildende Gräser. Je nach Mischung der Arten und Sorten, kann sich das Saatgut für bestimmte Standorte besonders gut eignen (› Tab.). Auf trockenem, sandigem Boden in der Sonne gedeihen andere Gräser als an einem feucht-schattigen Platz. Und Gräserarten in einem Zierrasen mit rein repräsentativer Wirkung sind feiner und weniger belastbar als in einem strapazierfähigen Spiel- und Sportrasen.
Neben der Beanspruchung gibt es auch große Unterschiede in der Qualität. Bei preisgünstigen Gräsersaatmischungen handelt es sich meist um schnell wachsende, hohe Arten, die sich eher für Wiesen und Weiden eignen als für eine Rasenfläche. Breitwüchsige Grassorten sind meist teurer als horstige.

→ Planen Sie richtig
Die entscheidenden Aspekte vor der Anlage einer Rasenfläche sind die Verhältnisse am Standort und die beabsichtigte Nutzung. Davon hängt ab, welches Saatgut Sie am besten verwenden sollten (› Tab.).

→ Kaufen Sie Qualität
Im Fachhandel erhalten Sie ein breites Sortiment an verschiedenen Rasenmischungen für jeden Einsatzbereich, an dem Rasen gedeihen kann. Bei hochwertigen Produkten namhafter Hersteller aus dem Fachhandel und qualifizierter Zuchtbetriebe, wie der Deutschen Saat-Veredlung (DSV), können Sie von guter Keimfähigkeit und vitalem Wuchs der Gräser ausgehen.

? Maulwurfshügel

Meine Rasenfläche ist der reinste Tummelplatz für Maulwürfe. Kann und darf man gegen die lästigen Untermieter denn gar nichts unternehmen?

Bei allem Ärger, den man angesichts der Maulwurfshügel empfinden kann: Maulwürfe sind nützliche Gartenbewohner, die u. a. schädliche Bodenlebewesen wie Engerlinge vertilgen. Ihre Anwesenheit ist immer auch ein Hinweis auf ein weitgehend intaktes und ausgeglichenes Bodenleben. Außerdem stellen sich in Gärten, in denen der Maulwurf vorkommt, nur selten Wühlmäuse ein. Maulwürfe stehen unter Naturschutz und dürfen nicht getötet werden.

› S. 102, Fläche uneben
› S. 80, Gehölze ohne Neuaustrieb

→ Vertreiben Sie den Störenfried
Maulwürfe sind zwar geschützte Tiere, man darf sie aber vertreiben. Sehr empfindlich reagieren sie auf fremde Gerüche. In Terpentin, Petroleum oder auch Molke getränkte Lappen in den Gängen vertreiben sie angeblich ebenso wie Meerschweinchenkot. Der Erfolg von Ultraschallgeräten ist umstritten.

→ Ebnen Sie die Fläche ein
Ist der Rasen durch die Grabetätigkeit so unterwühlt, dass man einsinkt, können Sie die Grassoden behutsam lösen, hochklappen und die Löcher mit Erdreich aus den Maulwurfhügeln wieder auffüllen.

› S. 98, Baumwurzeln im Rasen
› S. 102, Fläche uneben

Grassorten für den Hausgarten

Bezeichnung	Verwendung	Eigenschaften	Pflegeaufwand
Spiel- und Sportrasen	für starke Beanspruchung	feste Halme, sehr strapazierbar	gering
Schattenrasen	für kaum beanspruchte, schattige Flächen	feine Halme, mäßig strapazierbar	gering
Zierrasen	für repräsentative, nicht begangene Flächen	sehr feine Halme, nicht strapazierbar	hoch

RUND UM DEN RASEN

? Moos und Klee im Rasen

Ich mähe meinen Rasen zwar regelmäßig, aber gegen das lästige Moos und den hartnäckigen Klee komme ich einfach nicht an. Gibt es nicht eine gute Methode, um den Aufwuchs dauerhaft zu unterdrücken?

Der Standort ist nicht optimal
Moos und Klee im Rasen sind immer ein Zeichen dafür, dass der Standort für Rasengräser nicht optimal ist. Es fehlt ihnen an Vitalität, um sich gegen „Un-Kräuter" behaupten zu können. Neben Nährstoffmangel hemmt Schattenwurf das Rasenwachstum.

→ **Mähen Sie nicht zu tief**
Halten Sie immer eine Schnitthöhe von gut 5 cm ein und schwächen Sie die Gräser nicht durch ungewohnt tiefes Mähen.

→ **Düngen Sie angemessen**
Zwischen wuchskräftigen Grashalmen haben Moos und Klee keine Chance! Düngen Sie den Rasen 2–3-mal pro Saison mit einem Langzeitdünger. Gegen Klee hilft ein stickstoffreicher Dünger.

→ **Setzen Sie Eisensulfat ein**
Harken Sie lebendes Moos nicht ab, Sie verteilen es nur weiter. Durch Ausbringen von Eisensulfat stirbt das Moos ab. Anschließend kann man es aus der Fläche harken.

→ **Kalken Sie sauren Boden**
Bei saurem Boden kann man Rotklee und viele Moose durch Kalken vertreiben. Das hebt den pH-Wert. Denken Sie aber daran: Es gibt auch kalkliebende Moose.

→ **Streuen Sie Sand**
Ein Absanden der Fläche unterdrückt das Mooswachstum ebenfalls. Dabei wird etwas

Moos breitet sich im Rasen hartnäckig aus, wenn Boden- und Standortprobleme auftreten oder Pflegefehler vorliegen.

Sand leicht in den Boden eingearbeitet. Das macht das Bodenmilieu trockener, und der Boden wird besser durchlüftet.

→ **Säen Sie Schattenrasen**
Verwenden Sie bei einer Neusaat auf schattigem Standort geeignete Gräsermischungen.
› S. 105, Lückiger Wuchs

→ **Pflanzen Sie Bodendecker**
Alternativ können Sie auch Schattenstauden als Bodendecker pflanzen.
› S. 110, Schattige Fläche › S. 116, Bodendecker ✤

? Neuaustrieb fehlt

Die Gräser in meinem Rasen wachsen nicht mehr sehr kräftig. Sollte ich vielleicht neu aussäen, oder kann ich ihre Wuchskraft noch stärken?

Die Grasnarbe ist verfilzt
Mit der Zeit wird das Wurzelwerk immer dichter, z. B. weil der Rasen lange nicht gelockert wurde. Die Gräser behindern sich dann gegenseitig und verlieren an Wuchskraft.

→ **Vertikutieren Sie die Fläche**
Lockern Sie die Rasenfläche im Frühling mit einem Vertikutierer. So bekommen die Gräserwurzeln wieder Platz und Luft.
› S. 102, Gelbe Gräser › S. 104, Kahlstellen

→ **Auch Abharken lüftet**
Wenn Sie die Fläche ohne Fangkorb mähen, harken Sie das Schnittgut mit einem festen Rechen gründlich ab. Dabei kommt jedes Mal automatisch Luft an die Gräser.

Das liegt am Standort
Schattenwurf, etwa durch größer werdende Gehölze, kann das Gräserwachstum ebenfalls deutlich einschränken.

→ **Säen Sie Schattenrasen**
Für schattige Bereiche gibt es spezielle Gräsermischungen.
› S. 105, Lückiger Wuchs

→ **Pflanzen Sie Bodendecker**
Bodendecker wie Immergrün oder Bergenie sind eine gute Alternative, wenn selbst Schattenrasen nicht gut gedeiht.
› S. 110, Schattige Fläche › S. 116, Bodendecker ✤

R > Rasenkanten

? Rasen wirkt trocken

Mein Rasen macht einen vertrockneten Eindruck – nicht nur im Sommer. Die Gräser wachsen einfach kümmerlich. Was mache ich falsch?

Der Boden ist sandig
Sandiger Boden kann Wasser nicht lange halten. Die Gräser trocknen dann leicht aus. Zu tiefer Schnitt schwächt den Wuchs auch.

→ **Wässern Sie ausreichend**
Durchdringendes Beregnen ist besser als häufiges, aber nur kurzes Gießen, bei dem nur die Oberfläche benetzt wird.

→ **Mähen Sie nicht zu tief**
Die optimale Schnitthöhe liegt bei ca. 5 cm. Kappen Sie bei einem Mähdurchgang nie mehr als die Hälfte des Halmes.

→ **Verbessern Sie den Boden**
Arbeiten Sie Kompost, Mutterboden oder Bentonit (› Glossar, S. 222) in den Boden ein. Das verbessert die Krümelstruktur.
› S. 29, Sandboden

So setzen Sie dem Rasen Grenzen

Natur- und Backsteine, Kies: In den Boden eingelassene Steine oder eine Kiesschüttung (in verschiedenen Farben, Größen und Körnungen) sind langlebig und bilden schöne Übergänge.

Rindenmulch: Er wirkt natürlich, verwittert aber mit der Zeit und muss dann erneuert werden (nur Pinienmulch ist relativ langlebig). Achten Sie auf Unterschiede in Färbung und Größe.

Einfassungspflanzen: Buchs, Grasnelken, Lavendel oder Thymian bilden natürliche Grenzen und sind robust und langlebig genug, um dem Ausbreitungsdrang der Gräser zu widerstehen.

Eisenelemente: Nostalgische Rasenkanten verleihen dem Garten ein romantisches Flair. Man findet sie auf Flohmärkten, Gartenmessen oder beim Antiquitätenhändler.

? Rasenkanten

Es stört mich, dass sich die Rasengräser immer wieder in die angrenzenden Beete ausbreiten? Wie kann ich das am besten verhindern?

Es fehlt eine Begrenzung
Viele Gräser bilden seitliche Ausläufer, mit denen sie ihrem natürlichen Ausbreitungsdrang folgen. Mit einer klaren Abgrenzung zwischen Beet und Rasenfläche halten Sie Gräser nicht nur im Zaum, der Garten bekommt auch eine attraktive Kontur, wirkt ordentlich und gepflegt. Es gibt verschiedene Möglichkeiten, Rasen in Form zu bringen.

→ **Stechen Sie die Kanten ab**
Die einfachste, nur nicht sehr dauerhafte Möglichkeit ist, mit einem Spaten oder einem Kantenstecher (aus dem Fachhandel) im Frühling die Konturen sauber abzustechen. Dabei entsteht ein kleiner Graben, den die Gräser nicht überwinden.

→ **Graben Sie eine Wurzelsperre ein**
Im Fachhandel gibt es ca. 20 cm breite Leisten aus Kunststoff oder Metall. Man gräbt sie

Klare Konturen sind praktische und auch gestalterisch wichtige Elemente, die dem Garten einen starken Ausdruck verleihen.

so ein, dass die Oberkante etwas übersteht und die Gräser nicht darüberwachsen.

→ **Schaffen Sie eine Übergangszone**
Sehr wirksam und dekorativ ist eine flache Übergangszone aus Rindenmulch, Kies oder Steinen zwischen Rasen und Beet (› Kasten). Das ist außerdem praktisch, weil die Räder des Rasenmähers darüberlaufen und die Rasenkante so leicht abzumähen ist. Es gibt sogar Kunststoffelemente dafür im Handel.

→ **Pflanzen Sie lebende Einfassungen**
Natürlich wirkt es, das Beet mit einer Pflanzenreihe zu begrenzen. Der Klassiker dafür ist Buchsbaum – als Element im Bauerngarten ohnehin unverzichtbar (› Kasten).

107

RUND UM DEN RASEN

Rasenmähertypen im Überblick

1 **Spindelmäher** eignen sich im Handbetrieb für kleine Flächen von bis zu 100 m² Größe und sind mit und ohne Fangkorb erhältlich. Eine in Laufrichtung rotierende Spindel schneidet die Halme am unteren, fest stehenden Messer wie eine Schere ab.

2 **Benzin-Sichelmäher** sind leistungsstark und für Flächen ab 150 m² Größe interessant. Modelle mit zusätzlichem Motorantrieb muss man (z. B. in Hanglagen) nicht schieben.

3 **Akku-Sichelmäher** sind in Leistung, Ausstattung und auch Schnitttechnik mit denen im Kabelbetrieb (> 4) vergleichbar. Der Akku ermöglicht aber freien Aktionsradius.

4 **Elektro-Sichelmäher** arbeiten leise und leisten auf Flächen von 50–400 m² gute Dienste, wobei das Elektrokabel den Radius begrenzt. Sie sind in der Regel mit Fangkorb, wahlweise auch mit Mulchvorrichtung ausgestattet. Ein nach unten weisendes, waagerecht um eine Achse rotierendes Messer schlägt die Halme ab.

5 **Balkenmäher** sind benzinbetrieben und kommen dort zum Einsatz, wo nur sporadisch gemäht wird (z. B. Blumenwiesen). An einem quer zur Laufrichtung stehenden Balken bewegt sich das starre Messerblatt mit scharfen Zinken waagerecht hin und her. Auch in hohem und nassem Gras verstopfen Balkenmäher nicht.

S › Samen keimt nicht

? Rollrasen kümmert

Unser Rollrasen wurde schon kurz nach dem Verlegen braun und welk. Was ist der Grund dafür?

Pflege ist nötig
Rollrasen ist äußerst praktisch, weil er dem Hobbygärtner die Arbeit des Säens erspart und die Fläche sehr schnell und gleichmäßig begrünt. Man sollte aber nicht unterschätzen, dass Bodenvorbereitung und Pflege genauso wichtig sind wie bei einer Aussaat.

➜ **Bereiten Sie den Boden vor**
Damit der kurz geschnittene Grassoden gute Bodenbedingungen zum Einwurzeln vorfindet, sollten Sie die Fläche wie für eine Neuansaat präparieren. Planieren Sie den Boden dann so glatt, dass die ausgerollte Rasenbahn ohne Beulen oder Senken ganz aufliegt.
› S. 104, Kahlstellen

➜ **Gleichen Sie Senken aus**
Zeigen sich Senken im Boden, wo der Rollrasen nicht plan aufliegt, sticht man dort mit dem Spaten hinein, klappt die Rasensoden zu beiden Seiten hoch und füllt das Loch mit einem Erd-Sandgemisch auf.

➜ **Belasten Sie die Fläche nicht**
Auch wenn es schwerfällt: Frisch verlegter Rollrasen ist empfindlich. Beanspruchen Sie ihn in den ersten zwei bis drei Wochen nicht. Ab und zu betreten kann man ihn zwar, aber Fußballspiele sind noch tabu.

➜ **Wässern Sie reichlich**
Die Gräser brauchen zum Anwachsen in den nächsten zwei Wochen genügend Wasser. ❈

? Samen keimt nicht

Nach der Aussaat des Saatguts sind viele Rasensamen gar nicht aufgegangen. Woran kann es liegen, dass sie nicht keimen, und worauf sollte ich achten, wenn ich die Aussaat wiederhole?

Der Saatzeitpunkt ist falsch
Bei Bodenfrost oder großer Trockenheit haben die jungen Keimlinge keine Chance, sich zu entwickeln.

➜ **Wählen Sie einen geeigneten Termin**
Gute Zeiten für die Rasensaat sind Mai und Anfang September. Dann ist die Frostgefahr gering und in der Regel keine große Hitze zu befürchten. Bei ausbleibenden Niederschlägen sollten Sie die Fläche jeden Tag beregnen.

Der Boden ist zu hart
Ein zu steiniger, verkrusteter oder verdichteter Boden lässt keine Keimung zu.

Stimmen bei der Aussaat alle Voraussetzungen wie lockerer Boden und gleichmäßige Feuchtigkeit, bildet sich bald eine dichte Grasnarbe.

➜ **Verbessern Sie den Boden**
Lockern Sie den Boden vor der Aussaat mit einem Kultivator und entfernen Sie größere Steine und Wurzeln. Verdichteten Boden graben Sie mit einem Spaten um. Anschließend rechen Sie die Fläche glatt.
› S. 33, Verdichteter Boden › S. 104, Kahlstellen

Das Saatgut ist minderwertig
Je länger und wärmer Rasensamen lagern, desto schlechter keimen sie. Feuchtes, schimmelndes Saatgut ist zur Aussaat ungeeignet.

➜ **Kaufen Sie hochwertiges Saatgut**
Im Fachhandel wird Saatgut richtig und nicht zu lange gelagert. Auf der Verpackung finden Sie das Datum, bis zu dem die Samen sicher keimen (Keimgarantie des Züchters).

Vögel fressen die Samen
Eine frisch eingesäte Fläche zieht hungrige Vögel magisch an.

➜ **Spannen Sie ein Netz**
Spannen Sie über kleinere Flächen ein engmaschiges Vogelschutznetz aus dem Fachhandel, bis die Saat aufgegangen ist.

➜ **Verscheuchen Sie die Vögel**
Selbst gebastelte Vogelscheuchen, flatternde Alustreifen an Stäben oder bunte, surrende Windräder irritieren die Vögel zumindest eine Weile lang. ❈

RUND UM DEN RASEN

? Schattige Fläche

Meine Rasenfläche wird stark beschattet. Kann ich das Wachstum der Gräser irgendwie fördern und verhindern, dass sie so kümmerlich wirken?

Bewuchs ist nicht standortgerecht

Gräser haben wie alle Pflanzen einen bestimmten Lichtbedarf für ihren Stoffwechsel. Wenn es sich nicht um äußerst genügsame Arten handelt, wird es schwierig, einen Rasen an sehr dunklen Stellen im Garten zu etablieren. Im Dauerschatten wird kein Rasen langfristig gedeihen. Aber es kommen durchaus geeignete Alternativen infrage.

→ **Säen Sie Schattenrasen**
Im Fachhandel gibt es hochwertige Rasenmischungen mit schattentoleranten Gräsern.
› S. 105, Lückiger Wuchs

→ **Verlegen Sie Trittsteine**
Stark frequentierte Stellen wirken immer lückig und provisorisch. Am besten legt man dort Trittsteine aus oder einen Kiesweg an.
› S. 104, Kahlstellen › S. 207, Wege anlegen

→ **Pflanzen Sie Bodendecker**
Schattige, nicht beanspruchte Stellen können auch ausgezeichnet durch diverse Schattenstauden begrünt werden (› Tab.).
› S. 116, Bodendecker

→ **Sorgen Sie für mehr Licht**
Wenn möglich, sollten Sie angrenzende Gehölze auslichten oder einzelne entfernen. ❊

Dekorative Bodendecker

Deutscher Name / Botanischer Name	Wuchshöhe
Bergenie (*Bergenia* spec.)	20–40 cm
Dickmännchen (*Pachysandra terminalis*)	20–30 cm
Duft-Veilchen (*Viola odorata*)	20–30 cm
Efeu (*Hedera helix*)	ca. 10–20 cm
Farne (diverse Gattungen)	40–100 cm
Immergrün (*Vinca minor*)	ca. 10 cm
Maiglöckchen (*Convallaria majalis*)	ca. 20 cm
Schaumblüte (*Tiarella* spec.)	ca. 20 cm
Storchschnabel (*Geranium* spec.)	ca. 30 cm

? Unkraut macht sich breit

Was kann ich dagegen unternehmen, dass schon kurz nach der Aussaat wieder Unkräuter in der gerade neu angelegten Rasenfläche auftreten?

Samenunkräuter hält man durch häufiges Mähen wirkungsvoll in Schach.

Das sind Samenunkräuter, die sich selbst aussäen bzw. über Samen verbreiten wie Vogel-Sternmiere oder Weiß-Klee. Sie keimen schneller als Gräser und können den konkurrenzlosen Vorteil in einer frisch eingesäten Rasenfläche erfolgreich für sich nutzen.

→ **Haben Sie Geduld**
Warten Sie eine Weile ab. Die ersten Mähgänge schwächen hochwüchsige Wildkräuter in der Regel so, dass sie bald eingehen. Samenunkräuter sind einjährig und entwickeln ohnehin nur ein schwaches Wurzelwerk. Mit der Zeit behaupten sich die nach dem Schnitt willig wieder austreibenden Gräser und bilden ein dichtes Wurzelwerk, in dem sich Unkräuter schwertun.

→ **Jäten Sie frühzeitig**
Gerade in jungen, noch nicht voll durchwurzelten Rasenflächen ist Jäten das beste Mittel, um Samenunkräuter einzudämmen.

→ **Mähen Sie regelmäßig**
Anders als hartnäckige Wurzelunkräuter etablieren sich einjährige Kräuter nicht dauerhaft im Rasen, wenn man sie durch regelmäßige Mahd am Wachstum hindert.
› S. 111, Wurzelunkräuter
› S. 64, Unkraut macht sich breit ❊

? Wurzelunkräuter

In unserem Rasen breiten sich immer mehr hartnäckige Wurzelunkräuter aus. Gibt es eine Möglichkeit, das dauerhaft zu verhindern?

Die Pflanzen haben gute Strategien

Wildkräuter lassen sich einiges einfallen, um sich dauerhaft im Rasen zu etablieren und scharfen Rasenmähermessern zu entgehen sowie ständiger Trittbelastung zu trotzen. Einige wie Giersch bilden Ausläufer, und Löwenzahn hat tiefe Pfahlwurzeln, die man nur mit viel Mühe aus dem Boden bekommt. Wegerich z. B. entwickelt sehr flache Blattrosetten, die der Rasenmäher nicht erfasst. So führen sie ein Leben „im Untergrund" und breiten sich ungestört immer mehr aus. Unternimmt man nichts, machen sie den Gräsern nicht nur den Platz streitig, sondern lösen die geschlossene Grasnarbe mit der Zeit auf. Spätestens dann sollten Sie dem Unkraut Paroli bieten.

› S. 64, Unkraut macht sich breit

→ **Verwenden Sie einen Distelstecher**
Es hilft nichts, Wurzelunkräuter muss man regelmäßig von Hand aus der Rasenfläche entfernen. Spezielle Distelstecher sind in jedem Gartenfachgeschäft erhältlich. Sie reichen gut 30 cm tief in den Boden und sind so geformt, dass man damit die ganze Pflanze inklusive langer Pfahlwurzeln bequem entfernen kann. Sie können es aber auch mit einem alten Küchenmesser versuchen.

› S. 206, Unkraut in Plattenfugen ✻

Populäre Gartenirrtümer

Bei der Anlage der Rasenfläche muss man den Boden zum Schluss walzen, bevor man das Saatgut ausbringt.
Das ist nicht wahr. Meist begünstigt man damit Verdichtung und Staunässe. Walzen macht – wenn überhaupt – nur nach dem Ausbringen der Samenkörner bei sehr leichten Sandböden Sinn, um die Samen in den Boden zu drücken.

Je tiefer und häufiger man den Rasen mäht, desto mehr fördert man die Verzweigung der Gräserwurzeln und umso dichter wird der Rasen.
Das stimmt nicht ganz, denn ob sich Pflanzen verzweigen, ist genetisch festgelegt. Bei einer Schnitthöhe zwischen 4 und 6 cm können sich breit und niedrig wachsende Gräser gegen schmal und hoch wachsende Gräser durchsetzen. Eine gewisse Mindesthöhe ist also wichtig, damit sich alle Gräser im Rasen behaupten.

Gräser benötigen weniger Wasser, wenn man sie nicht so häufig gießt.
Falsch, zur Toleranz gegenüber Trockenheit kann man Gräser nur begrenzt erziehen. Sie werden zwar widerstandsfähiger, wenn man sie ausreichend mit Kalium düngt, aber wenn sie Wasser brauchen, muss man sie gießen. Man kann sich die Arbeit nur erleichtern, wenn man durchdringend wässert. Dann wird nicht nur die Oberfläche benetzt, sondern der Boden gut zwei Handbreit durchfeuchtet. Das spart Zeit, weil man den Regner nicht so häufig anstellen muss.

Der Rasen sollte am besten immer in gleicher Schnitthöhe gemäht werden, damit er sich daran gewöhnt.
Das ist falsch. Immer wenn der Rasen, z. B. nach dem Sommerurlaub, sehr lang geworden ist, muss man ihn erst schrittweise wieder auf das gewohnte Maß bringen. Ein Mähgang auf höherer Stufe ist mindestens erforderlich, bevor man das Gras auf 5 cm kürzt. In Trockenperioden bleibt Rasengras grundsätzlich länger, damit Pflanzen und Boden nicht so rasch austrocknen.

Mit der Rasensorte „Berliner Tiergarten" kann man nichts falsch machen.
Im Gegenteil: Bei der Bezeichnung „Berliner Tiergarten" handelt es sich meist um eine minderwertige Allerweltsmischung aus vorwiegend hochwüchsigen Gräserarten und -sorten. Verwenden Sie besser standortgerechtes Qualitäts-Saatgut.

Alles über Gartenblumen

Ob Zwiebelblumen, Blütenstauden oder Sommerblumen – Gartenblumen erfreuen das Herz und die Sinne. Für jeden Platz im Garten gibt es geeignete Blumen – im tiefen Schatten wie in voller Sonne. Mit richtigem Schnitt und guter Pflege bleiben die Pflanzen vital und kommen mit geeigneten Maßnahmen gut über den Winter. Geschickt bepflanzt und gut geplant, haben Beete das ganze Jahr Saison.

ALLES ÜBER GARTENBLUMEN

? Bienenpflanzen

Ich möchte gerne ein paar Bienen und Schmetterlinge in meinen Garten locken. Welche Blumen sollte ich dafür anpflanzen oder aussäen?

Nektarreiche Pflanzen locken Insekten mit bunten Farben oder betörendem Aroma. Die Blütenform ist dabei oft für bestimmte Insekten maßgeschneidert. Nachtfalter bestäuben duftende Arten wie Mondviole oder Nachtkerze, die Mehrzahl der Blumen aber werden von tagaktiven Insekten aufgesucht.

→ Vermeiden Sie gefüllte Blüten
Gefüllte Blüten enthalten keinen Nektar und sind daher für Bienen und Schmetterlinge uninteressant. Pflanzen und säen Sie also ungefüllte Arten und Sorten aus, wenn Sie Insekten anlocken möchten.

→ Legen Sie ein Kräuterbeet an
Schmetterlinge und Bienen fliegen besonders auf die aromatischen Blüten mediterraner Kräuter wie Lavendel, Ysop, Thymian, Salbei und Oregano. Aber auch Dill und Majoran sind verlockend. Wenn Sie Kräuter anbauen, ernten Sie nicht schon alle Triebe vor der Blüte ab, sondern lassen Sie immer auch einen Teil der Pflanzen zur Blüte kommen.

→ Pflanzen Sie Sommerblüher
Im Frühjahr herrscht kein Mangel an Nektar. Da bieten auch Obstbäume, Wiesen und Rapsfelder Insekten reichlich Nahrung. Besonders wichtig ist die Versorgung im Hochsommer während der Blühpause, damit die Tiere gut genährt den Winter überstehen. Locken Sie bunte Gaukler, Bienen und Hummeln daher mit nektarreichen Pflanzen an, die vornehmlich im Sommer blühen. Dazu gehören z. B. Bartblume, Bienenfreund, Fingerstrauch, Fetthenne, Gelbsenf, Kugeldistel oder Steinquendel.
> S. 114, Blühpause im Sommer

→ Säen Sie Wildblumen aus
Im Fachhandel gibt es Saatmischungen für Bienenweiden mit ein-, zwei- und mehrjährigen, nektarreichen Wildblumen, die nicht nur Bienen anlocken, sondern auch andere Insekten. Ganz nebenbei erfreuen die Blüten das Auge natürlich auch mit ihrem attraktiven, lange haltenden bunten Blütenflor. ✳

Flotte Bienen und wilde Hummeln

Nützliche Verwandschaft: Dass die Honigbiene als einzige Nutzbiene noch ca. 555 verwandte Arten in Mitteleuropa hat, ist kaum bekannt. Die meisten leben einzeln als „Solitärbienen" und sind selbst an kalten Frühlingstagen unterwegs (> S. 63, Tipp: Unterschlupf für Nützlinge).

Emsige Sammler: Auch die sozial lebenden Hummeln gehören zur großen Familie der Bienen. Sie sind noch fleißiger als Honigbienen: Bis zu 1000 Blüten besuchen sie pro Tag.

? Blühpause im Sommer

Im Hochsommer blüht in unserem Garten fast nichts. Gibt es vielleicht ein paar Pflanzen, die auch in dieser Zeit für Farbe sorgen?

Nach der Hauptblütezeit befindet sich der Garten häufig in einem wenig attraktiven „Sommerloch", bis im Spätsommer Astern und andere Herbststauden blühen.

→ Vertrauen Sie auf Einjährige
Das Paradebeispiel für ungebrochenen Blühwillen ist und bleibt das Fleißige Lieschen. Aber auch viele andere Einjährige wie Eisenkraut, Schmuckkörbchen oder Spinnenpflanze schweben mit ihren Blüten den ganzen Sommer über dem Beet.

→ Wählen Sie sommerblühende Stauden
Hochsommerliche Blütenpracht liefern z. B. Sonnenhut, Gelenkblume, Sonnenbraut, Schönaster und Prachtkerze. Remontierende Stauden (> Glossar, S. 225) wie Feinstrahl, Rittersporn und Steppen-Salbei blühen noch mal, wenn man sie nach der ersten Blüte zurückschneidet, und auch Knollenpflanzen wie Dahlien zeigen sich ausdauernd.
> S. 130, Stauden: Rückschnitt nach Blüte

→ Pflanzen Sie sommerblühende Gehölze
Kleinere Sträucher wie Bartblume, Fingerkraut, Hibiskus und viele der neuen Kleinstrauchrosen blühen den ganzen Sommer über. Für Halbschattenbereiche bieten sich z. B. Fuchsien, Hortensien oder auch spät blühende Clematis an. ✳

B › Blütenarmer Garten

? Blütenarmer Garten

Wir wohnen in einem schönen, alt eingewachsenen Garten, aber mit den Jahren blühen immer weniger Blumen darin. Gibt es dafür einen Grund?

Schattenstauden beeindrucken weniger durch knallige Farben als durch reizvolle Blattformen und Blütenträume in Pastell.

Manche Gehölze werden zu groß

In einem neu angelegten Garten ist viel Platz für Blütenstauden und Sommerblumenbeete. Hecken, Obstbäume und Ziersträucher sind noch klein und werfen noch keinen Schatten. Spätestens nach zehn Jahren, wenn sie hoch gewachsen sind, sieht der Garten ganz anders aus. Dann werden viele Beete nicht mehr voll besonnt. Trotz aller Bemühungen kümmern viele Prachtstauden und Sommerblumen dann oder gehen ein. Sie weichen aus Lichtmangel und dem Wurzeldruck der Gehölze. Durch Schnittmaßnahmen und Umgestaltung lässt sich das Problem am besten lösen.

→ Lichten Sie Ihre Gehölze aus

Entfernen Sie alte, abgestorbene und zu dicht wachsende Triebe und sägen Sie bodennahe Äste direkt am Stamm ab. Roden Sie einzelne Sträucher, wenn zu dicht gepflanzt wurde. So kommt mehr Licht in den Bestand, und der Unterwuchs kann sich besser entfalten.

› S. 143, Blüte bleibt aus
› S. 164, Sträucher wachsen ineinander

→ Pflanzen Sie Schattenstauden

Mit geschickter Auswahl haben Sie das ganze Jahr Freude an immer neuen Aspekten von Schattenstauden (› Tab.). Schon im Winter geht es mit Christrosen los. Zwiebelblumen und Leberblümchen, Buschwindröschen oder Lerchensporn folgen im Vorfrühling mit bunten Blütenteppichen, die bald von Lungenkraut, Akelei und Elfenblume abgelöst werden. Helle, panaschierte Funkienblätter, fein strukturierte Gräser und Farne sowie leuchtend weiße Blüten von Silberkerze, Glockenblumen oder Garten-Astilbe behaupten sich im Sommer unter dem dichten Blätterdach und bringen Licht in den Bestand. Auch Alpenveilchen, Azaleen, Hortensien und Rhododendren fühlen sich im Schatten wohl. Den Spätsommer verzaubern Herbst-Anemonen und Eisenhut.

→ Einjährige beleben dunkle Ecken

Sommerblumen wie das Fleißige Lieschen blühen prächtig und ausdauernd. In Töpfe und Kübel gepflanzt und an kahle Stellen platziert, hellen sie schattige Bereiche mit leuchtender Blütenpracht zusätzlich auf.

› S. 114, Blühpause im Sommer

→ Werten Sie den Sitzplatz auf

Auch andere Gartenelemente sorgen für Farbe. Eine hell gestrichene Bank, Spiegeldeko, Steinfiguren, eine Kalksteinmauer oder ein funkelnder Quellstein verleihen dem Schattenreich zusätzliche Attraktivität. Genießen Sie die angenehme Kühle an einem heißen Sommertag in Ihrer neuen Oase. ❋

Genügsame Schattenbewohner

Deutscher Name	Botanischer Name
Christrose	*Helleborus niger*
Elfenblume	*Epimedium grandiflorum*
Filigran-Farn	*Polystichum setiferum* 'Plumosum'
Funkien	*Hosta*-Arten und -Sorten
Garten-Astilbe	*Astilbe × arendsii* in Sorten
Golderdbeere	*Waldsteinia geoides*
Haselwurz	*Asarum europaeum*
Herbst-Anemone	*Anemone hupehensis* in Sorten
Japangras	*Hakonechloa macra* 'Aurea'
Japan-Segge	*Carex morrowii* 'Variegata'
Rotschleierfarn	*Dryopteris erythrosora*
Schaublatt	*Rodgersia podophylla*
Silberkerze	*Cimicifuga racemosa*

ALLES ÜBER GARTENBLUMEN

? Bodendecker

An der Nordseite meines Hauses habe ich schon verschiedene Bodendecker gepflanzt, aber nichts will auf dem lehmig-feuchten Boden gedeihen. Gibt es dafür nicht auch eine schöne Lösung?

Pflegeleicht, unverwüstlich und ein hübscher Frühjahrsblüher: Das Immergrün eignet sich als Bodendecker für schattige Beete.

Die Pflanzenauswahl ist falsch
Auf einem solchen Standort gedeihen erfahrungsgemäß eher genügsame Stauden.

→ **Das wächst gut solo**
Sehr pflegeleicht wird Ihr Beet, wenn Sie nur eine, am besten ausläuferbildende Staudenart pflanzen wie Immergrün (*Vinca minor*), Ysander (*Pachysandra terminalis*) oder Teppich-Waldsteinie (*Waldsteinia ternata*), die rasch dichte Teppiche bilden.
› S. 106, Moos und Klee im Rasen

→ **So können Sie schön kombinieren**
Verteilen Sie in lockerem Abstand einzelne Funkien (*Hosta*-Arten und -Sorten), Japan-Seggen (*Carex morrowii*) und Elfenblumen (*Epimedium grandiflorum*) auf der Fläche, deren verschiedene Blattformen einen reizvollen Kontrast bieten. Dazwischen pflanzen Sie gruppenweise Bodendecker wie Haselwurz (*Asarum europaeum*), Teppich-Astilbe (*Astilbe chinensis* var. *pumila*) und Purpur-Günsel (*Ajuga reptans* 'Atropurpurea'). Ein paar immergrüne Gehölze wie Buchs oder Kirschlorbeer geben dem Beet Struktur und sorgen auch im Winter für etwas Grün.
› S. 115, Blütenarmer Garten

Der Boden braucht Luft
Selbst schweren Boden kann man durch geeignete Maßnahmen verbessern.

→ **Bereiten Sie das Beet vor**
Lockern Sie den Boden vor der Bepflanzung mit einem Kultivator auf und arbeiten Sie dabei etwas Sand ein. Legen Sie eventuell auch ein paar Trittplatten in das Beet, das erleichtert die spätere Pflege.
› S. 32, Schwerer Boden
› S. 60/61, Grundausstattung & praktische Helfer ✽

? Chinaschilf verliert Blätter

Die Blätter von unserem großen Chinaschilf fliegen im Winter durch den ganzen Garten. Wie kann man das am besten verhindern?

Das ist typisch für Riesen-Chinaschilf
Es muss sich um *Miscanthus giganteus* handeln, das Riesen-Chinaschilf. Die herumfliegenden Blattspreiten treten vor allem bei diesem Gras auf. Da Zusammenbinden nicht hilft, gibt es nur zwei Möglichkeiten.

→ **Schneiden Sie es ab**
Die schnellste und einfachste Lösung ist es, das Gras im Spätherbst bis zur Basis zurückzuschneiden. Klein gehäckselt gibt es einen fantastischen Mulch (› Glossar, S. 224), den Sie gleich wieder auf das Beet streuen können. Auf den zauberhaften Winteraspekt, den die Schilfhalme bei Schnee und Eis bieten, müssen Sie dann allerdings verzichten.

→ **Pflanzen Sie eine andere Sorte**
Es gibt auch Alternativen. Das Angebot an Chinaschilf ist mittlerweile groß und bietet wunderschöne Sorten, die sich nicht nur durch grazilen Wuchs, elegante Blüten oder flammende Herbstfärbung auszeichnen, sondern auch lange haftende Blätter haben. Eine große Auswahl bieten viele gut sortierte Staudengärtnereien. Lassen Sie sich dort am besten beraten. ✽

D › Dachvorsprung

? Christrose: Blätter welken

Meine Christrosen blühen zwar wunderschön, aber die Blätter sehen ganz verwelkt aus. Was kann ich dagegen unternehmen?

Das ist ein natürlicher Vorgang

Bei Christrosen (wie auch bei einigen Bergenien) werden die Blätter im natürlichen Jahresrhythmus mit Beginn der Blüte welk und sterben ab. Bald darauf entwickeln sich dann neue. Es besteht also kein Grund zur Sorge.

→ **Schneiden Sie die Blätter ab**
Wenn sich die Blütenknospen aus dem Boden schieben – das ist meist Anfang bis Ende Februar der Fall –, können Sie die Blätter ruhig abschneiden. Dann ist der optische Eindruck der Christrosenblüte nicht beeinträchtigt. Wenn Sie der Anblick des welken Laubes nicht stört, lassen Sie die Blätter dran und warten Sie den natürlichen Prozess ab: Nach der Blüte werden sie ohnehin unter den neu austreibenden Blättern versteckt und sterben ab. ❋

TIPP!
Der Lenz ist da!

Nahe Verwandte der Christrose (*Helleborus niger*) sorgen bis ins späte Frühjahr hinein für fortwährenden Blütenzauber. Die rot blühenden Hybriden der nicht stammbildenden Lenzrose (*Helleborus orientalis*) machen der weiß blühenden Schwester im späten Winter Konkurrenz. Ihre Büten hängen glockenförmig nach unten. Inzwischen gibt es eine Vielzahl von Varianten mit hübschen Zeichnungen auf rosaroten und purpurfarbenen Kelchblättern.

Platz für „Extremisten"

Pflanzen für die Südseite:
Bartblume (*Caryopteris clandonensis*)
Haar-Federgras (*Stipa capillata*)
Hohe Fetthenne (*Sedum telephium*)
Kugel-Lauch (*Allium sphaerocephalon*)
Lavendel (*Lavandula angustifolia*)
Niedrige Iris (*Iris* 'Barbata-Nana')
Palmlilie (*Yucca filamentosa*)
Perovskie (*Perovskia abrotanoides*)
Rote Zwerg-Berberitze
(*Berberis thunbergii* 'Atropurpurea nana')
Säckelblume (*Ceanothus delilianus*)
Salbei (*Salvia officinalis*)

Pflanzen für die Nordseite:
Bergenie (*Bergenia*-Hybriden)
Buchsbaum (*Buxus sempervirens*)
Christrosen (*Helleborus*-Arten und -Sorten)
Funkien (*Hosta*-Arten)
Kirschlorbeer (*Prunus-laurocerasus*-Sorten)

? Dachvorsprung

Direkt über unserem Beet am Haus befindet sich ein Dachvorsprung, der den Regen abhält. Gibt es Pflanzen, die dort trotzdem gut gedeihen?

Es ist ein Unterschied, an welcher Seite des Hauses sich das Beet befindet. Im Süden und Westen kommt zum Wassermangel noch Hitze und sengende Sonne hinzu, an der Nordseite ist eher Lichtmangel das Problem. Neben einer standortgerechten Bepflanzung ist eine Aufwertung des Bodens entscheidend für den Erfolg.

→ **Verbessern Sie den Boden**
Meist ist der Boden direkt am Haus durchlässig und nährstoffarm. Bentonit (› Glossar, S. 222), das in den Boden eingearbeitet wird, ihn mit Tonmineralen anreichert und die Wasserkapazität erhöht, verbessert den Boden vor der Bepflanzung. Mit einer Kiesschicht als Abdeckung bleibt die Erde zudem länger feucht, und das Beet wirkt attraktiv.
› S. 29, Sandboden

→ **Auf der Südseite**
Die Auswahl trockenheitsertragender und wärmeliebender Pflanzen ist relativ groß. Steppenpflanzen und Sukkulenten (› Glossar, S. 226) eignen sich ebenso wie Knollen- und Zwiebelgewächse (› Tab.).

→ **Auf der Nordseite**
Etwas schwieriger wird die Bepflanzung an der Nordseite. Nur wenige Stauden gedeihen gut auf schattigen, immer trockenen Beeten (› Tab.). Hier müssen Sie also nachhelfen und die Pflanzen regelmäßig gießen. ❋

117

ALLES ÜBER GARTENBLUMEN

? Dauerhafte Trogbepflanzung

Auf unserer sonnigen Südterrasse steht ein großer Trog, den wir gerne dauerhaft bepflanzen möchten. Welche Pflanzen kommen dafür infrage?

Die Pflanzenauswahl beschränkt sich in diesem Fall auf Gehölze und Stauden, die auch bei großer Hitze und Trockenheit gedeihen.

→ **Bereiten Sie das Gefäß vor**
Es ist wichtig, dass der Trog über mehrere Wasserabzugslöcher verfügt, damit sich kein Gießwasser am Boden staut. Decken Sie sie mit Tonscherben ab, damit sie nicht mit Erde verstopfen. Geben Sie eine Schicht Blähton (aus dem Gartencenter) hinein, sodass der Boden des Gefäßes bedeckt ist, und breiten Sie ein durchlässiges Vlies darüber (❯ Glossar, S. 227). Nun füllen Sie die Erde ein. Wählen Sie hochwertiges Substrat, das sich für Kübelpflanzen eignet. Wichtig ist, dass es strukturstabil ist und nicht nach kurzer Zeit in sich zusammensackt.
❯ S. 24, Blumenerden

→ **Wählen Sie die Pflanzen aus**
Die Bepflanzung sollte aus winterharten und trockenheitsverträglichen Arten bestehen, die nicht zu groß werden. Als Gehölze geben z. B. Zwerg-Flieder (*Syringa meyeri* 'Palibin'), Zwerg-Kiefer (*Pinus mugo* 'Mops') oder Buchs dem Ganzen Struktur. Dazwischen kommen Hohe Fetthenne (*Sedum*), Rutenhirse (*Panicum*) und Lavendel (*Lavandula*) infrage. Für die Randzonen eignen sich Niedriges Schleierkraut (*Gypsophila*), Thymian (*Thymus*) und Silberdistel (*Carlina*).

? Fingerhut blüht nicht

Mein Fingerhut blüht nicht, obwohl er schon letztes Jahr eine Blattrosette entwickelt hat. Woran liegt das?

Die Frosteinwirkung fehlt
Einige Pflanzen, z. B. viele Zweijährige und Wintergetreide, blühen und fruchten in unserem Klima erst nach dem Kältereiz durch eine Frostperiode. Dieses Phänomen nennt man Vernalisation (❯ Glossar, S. 227).

→ **Warten Sie ab**
Normalerweise sind die Winter in unseren Breiten kalt genug, um den Blütereiz bei Fingerhut auszulösen. War der Winter zu mild, brauchen Sie ein bisschen Geduld. Dann blüht und fruchtet Fingerhut oft erst im dritten Jahr und stirbt anschließend ab.
❯ S. 172, Bärlauch selber anbauen

? Gräser schneiden

Ich habe letztes Frühjahr meinen Blauschwingel kurz geschnitten, weil er trockene Blätter hatte. Danach ist er eingegangen. Verträgt er keinen Rückschnitt?

Gräser sind empfindlich
Gräser vertragen einen radikalen Rückschnitt nicht so gut wie andere Stauden.

→ **Zupfen Sie Halme nur aus**
Wintergrüne Gräser wie Blauschwingel sollte man gar nicht schneiden, sondern im späten Frühjahr nur trockene Halme auszupfen. Das gilt auch für Reiher-Federgras, Schwingel, wintergrüne Seggen und Hainsimse.

→ **Schonen Sie das „Herz" der Pflanze**
Bei manchen Gräsern, z. B. Pfeifengras oder Reitgras, können Sie einen Stängelbund mit der Hand aus der Basis herausdrehen, um die jungen Blätter im empfindlichen „Herz", dem Austriebsbereich der Halme, nicht zu verletzen. Bei allen übrigen schneiden Sie im Frühjahr mit beginnendem Austrieb vorsichtig alle trockenen Halme zurück.

Schneiden Sie Gräser wie Pfeifengras erst ab März zurück. Achten Sie dabei darauf, nicht zu tief zu schneiden.

H › Herbstastern welken

? Heidebeet

In meinem Heidebeet siedeln sich immer mehr Pflanzen aus den umliegenden Beeten an und verdrängen die Heide. Wie kann ich das verhindern?

Die Konkurrenz ist zu groß
Besonders Besenheide (*Calluna vulgaris*) und Glocken-Heide (*Erica tetralix*) gedeihen gut auf mageren, durchlässigen Sandböden mit niedrigem pH-Wert. Das für Heidebeete ideale Substrat-Gemisch besteht aus Sand, Torf, Rindenmulch und Gartenerde. Es ist wie nährstoffarme Aussaaterde zusammengesetzt, sodass auch für Wildkraut-Samen aus der Umgebung gute Voraussetzungen zum Keimen herrschen.

→ Pflegen Sie das Beet
Ein Heidebeet nach natürlichem Vorbild erfordert ein hohes Maß an Pflege. Unkrautbekämpfung steht dabei an erster Stelle. Regelmäßiges Jäten ist unerlässlich, damit die konkurrenzschwachen Heidepflanzen nicht auf Dauer verdrängt werden. Schneiden Sie sie regelmäßig nach der Blüte zurück, damit sie nicht von unten verkahlen. Heidekräuter vertragen ständige Wasserberieselung genauso wenig wie dicke Schichten aus Falllaub im Herbst.

→ Schaffen Sie ideale Bedingungen
Voraussetzungen wie in der Lüneburger Heide (› Kasten) herrschen im Garten nur selten. Sie müssen also dafür sorgen, dass auf diesem Sonderstandort immer die richtigen Bodenbedingungen herrschen. Arbeiten Sie viel Sand und Torf in den Gartenboden ein. So können Sie ihn ausreichend „abmagern".

Natürliche Heidevorkommen

Naturnahe Heideflächen wie in der Lüneburger Heide sind besonders zur Blütezeit faszinierende Landschaften. Nur auf nährstoffarmen Sandböden wie dort kann sich die konkurrenzschwache Heide behaupten. Begünstigt wird das durch wandernde Schafherden, die aufkommende Wildkräuter und Baumsämlinge mit Ausnahme des stachligen Wacholders sofort abfressen.

→ Nutzen Sie natürliche Bedingungen
Neu angelegte Gärten in Gegenden mit sandigen Böden bieten für ein Heidebeet beste Standortverhältnisse. Die Gehölze sind noch klein, sodass genug Sonnenlicht auf das Beet fällt, und mit Torfzusatz lässt sich das nötige saure Milieu leicht herstellen. Findlinge und eine passende Beipflanzung aus Wacholder und Gräsern ergänzen die Szenerie perfekt.

→ Verhindern Sie Schattenwurf
Eine Heidefläche kümmert, wenn sie durch umliegende Sträucher und Laubbäume zu stark beschattet wird. Dichte Gehölzbestände sollten ausgelichtet bzw. gerodet werden. Besenheide reagiert besonders empfindlich auf Schatten, während Schnee-Heide auch in einem lichten Kiefernbestand gedeiht, dessen Nadelstreu nötigen Rohhumus liefert. ✳

? Herbstastern welken

Die untersten Blätter meiner hohen Herbstastern werden immer braun. Gieße ich sie vielleicht zu wenig?

Das ist genetisch bedingt
Nein, das liegt nicht am Gießen und ist auch keine Krankheit, sondern bei Herbstastern eine ganz normale Erscheinung. Die unteren Blätter der im Herbst blühenden Raublatt-Astern (*Aster novae-angliae*) werden regelmäßig schon im Sommer braun.

→ Pflanzen Sie halbhohe Gräser davor
Durch Kombination mit herbstblühenden Gräsern werden die kräftigen Asternblüten in ihrer Leuchtkraft und natürlichen Note noch besonders betont. Ganz nebenbei werden damit auch die unschönen braunen Blätter an der Basis kaschiert. Rutenhirse (*Panicum*) oder Pfeifengras (*Molinia*) harmonieren z. B. ganz hervorragend mit Astern.

→ Wählen Sie andere Sorten
Das Astern-Sortiment wächst durch Neuheiten unaufhörlich weiter. Aus Amerika stammen z. B. sehr schöne Wildarten, die keine braunen Blätter bekommen und sich besonders für naturnahe Gärten eignen. Bestens bewährt haben sich u. a. *Aster lateriflorus* 'Chloe' und *Aster laevis*.
Für feuchte Böden eignet sich besonders *Aster umbellatus*, die mit weißen Blütenwolken von August bis September jeden Pflanzenfreund begeistert. Sie bekommen die neuen Astern-Arten und -Sorten in gut sortierten Staudengärtnereien. ✳

119

ALLES ÜBER GARTENBLUMEN

? Kübelpflanzen überwintern

Leider habe ich nur einen dunklen, warmen Keller. Gibt es pflegeleichte Kübelpflanzen, die ich dort überwintern kann?

Ein dunkler, warmer Keller ist denkbar ungeeignet, um Kübelpflanzen zu überwintern. Die Pflanzen halten ihren Stoffwechsel aufrecht, solange es warm ist, und wachsen weiter. Sie entwickeln dann aber bei zu wenig Licht nur lange Geiltriebe (› Glossar, S. 223).

→ **Wählen Sie einen hellen Platz**
Generell gilt: Je wärmer der Standort ist, desto heller sollte die Pflanze stehen. Zitruspflanzen und einige Sukkulenten (› Glossar, S. 226) sowie viele Pflanzen tropischer Regionen (z. B. Banane oder Strauchmargerite) kann man auch an einem warmen Fensterplatz im Haus überwintern.

→ **Fragen Sie den Nachbarn**
Vielleicht hat jemand in der Nachbarschaft einen Wintergarten und bringt Ihre Pflanzen dort mit unter. Auch ein helles Treppenhaus, eine Veranda oder ein kühler Abstellraum mit Tageslicht kommen infrage.

→ **Gärtnereien bieten Service an**
Einige Gärtnereien bieten gegen einen Pauschalbetrag das Überwintern von Kübelpflanzen inklusive der nötigen Pflege an.

Hitze und Sommersonne, dazu magere steinige Böden: So fühlt sich Lavendel wohl und erfreut uns jedes Jahr mit leuchtend violetten Blüten.

? Lavendel geht ein

Meine im Herbst noch frisch gepflanzten Lavendel-Stauden sind mir über Winter eingegangen. Hätte ich sie besser schützen müssen?

Er wurde zu spät gepflanzt
Wird Lavendel zu spät im Jahr gepflanzt, kann er nicht mehr richtig einwurzeln. Die empfindlichen Wurzeln erfrieren dann.

→ **Warten Sie bis zum Frühjahr**
Pflanzen Sie Lavendel im April oder Mai. So kann er den Sommer über genug Wurzeln bilden und übersteht den ersten Winter.

Er bekommt zu viel Nährstoffe
Lavendel besiedelt von Natur aus karge Böden und reagiert auf zu hohe Düngergaben empfindlich. Geschwächte Pflanzen sind dann besonders frostanfällig.

→ **Stellen Sie die Düngung ein**
Düngen Sie Lavendel nur wenig und ab dem Spätsommer überhaupt nicht mehr.

Der Standort ist schattig und nass
Lavendel ist ein absolutes Sonnenkind. Im Schatten werden die Triebe lang und anfällig für Läuse und Pilzkrankheiten. Besonders durch winterliche Staunässe werden auch Pilzkrankheiten und Wurzelfäule begünstigt.

→ **Wählen Sie einen sonnigen Platz**
Ein Standort in voller Sonne, am besten von morgens bis abends, ist für Lavendel ideal.

→ **Sorgen Sie für Wasserabzug**
Lockern Sie schweren Boden auf und arbeiten Sie sandigen Schotter oder Kies ein.
› S. 32, Schwerer Boden

Rindenmulch schadet
Der hohe Huminsäureanteil in Rindenmulch schadet kalkliebenden Arten wie Lavendel.

→ **Mulchen Sie mit Splitt**
Schützen Sie den Boden nach der Pflanzung vor Frost und aufkeimendem Unkraut nicht mit Rindenmulch, sondern lieber mit einer mehrere Zentimeter dicken Schicht Splitt aus dem Baustoffhandel.

? Lavendel verkahlt

Mein vierjähriger Lavendel verkahlt von unten her. Was ist der Grund, und wie bekommt die Pflanze wieder eine schöne, kompakte Wuchsform?

Er wird nicht richtig geschnitten

Frostempfindliche Halbsträucher wie Lavendel, Thymian oder Salbei behandelt man weniger wie Gehölze, sondern eher wie Stauden. Dann entwickeln sie sich in unserem Klima zu langlebigen, wüchsigen Pflanzen, die man aber jährlich auf ein bestimmtes Maß zurückschneiden muss, um die Form zu erhalten. Ein massiver Rückschnitt erfolgt im Frühjahr, im Sommer kürzt man nur die abgeblühten Triebe etwas ein.

→ **Der Sommerschnitt**
Schneiden Sie nach der Blüte die abgeblühten Stängel aus und kürzen Sie dabei auch die Triebspitzen um ca. 5 cm ein (› Abb. 1). Geben Sie der Pflanze eine halbkugelige Form, mit der sie kompakt und über den Herbst und Winter attraktiv bleibt. Der Schnitt sollte bis Ende Juli durchgeführt sein. Bei einem späteren Schnitt reifen die Neutriebe bis zum Winter nicht mehr aus und trocknen ein. Bei spät blühenden Sorten schneiden Sie ab August nur noch die Blüten aus. In kühleren Regionen sollten Sie deshalb besser früh blühende Sorten pflanzen.

→ **Der Frühjahrsschnitt**
Der Frühjahrsschnitt erfolgt spät, und zwar wenn die ersten Knospen austreiben. Die Pflanze befindet sich dann bereits in der Wachstumsphase und hat genug Wuchskraft, um nach dem Schnitt sofort wieder durchzutreiben. Damit minimiert man die Gefahr, dass die geschnittenen Triebe eintrocknen. Kürzen Sie Lavendel ab dem zweiten Jahr nach der Pflanzung jährlich auf 10–15 cm im beblätterten Bereich ein (› Abb. 2). Formen Sie dabei eine Halbkugel, so wirken die Triebe nach außen geschlossen und die Pflanze bleibt in sich kompakt. Der massive Schnitt regt die Vitalität der Triebe und Knospen am und im Boden an.

→ **Verjüngen Sie ältere Pflanzen**
Ältere Lavendelbüsche schneiden Sie kurz vor dem Austrieb im Frühjahr. Achten Sie darauf, nur im beblätterten Bereich zu schneiden und nicht im verholzten, blattlosen Teil. Im Laufe des Sommers werden sich im verkahlten Bereich neue Triebe bilden, weil nun nicht mehr die ganze Wuchskraft in die Spitzen der Triebe gelenkt werden kann. Das ist eine Folge des Saftstaus (› Glossar, S. 225) nach dem Einkürzen der Triebenden. Stark verästelte Zweige, sogenannte Besen, in den Randzonen können Sie im nächsten Frühjahr zugunsten des weiter unten erfolgenden Austriebs entfernen. ❋

So bleibt Lavendel gut in Form

Buschigen Wuchs fördern: Gänzlich ohne Schnitt vergreisen Halbsträucher wie Lavendel mit der Zeit und treiben kaum noch junge Bodentriebe. Sie verkahlen, und die Triebe kippen zur Seite. Nach einigen Jahren treiben die Pflanzen nach einem strengen Winter nicht mehr aus. Ein kräftiger jährlicher Rückschnitt im Frühjahr fördert das Wachstum bodennaher Triebe. Dies macht aber nur dann Sinn, wenn Sie die Pflanzen von Jugend an auf diese Weise jung halten.

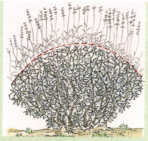

(1) Sommerschnitt
In Halbkugelform bleibt der Busch nach Rückschnitt abgeblühter Triebe kompakt.

(2) Frühjahrsschnitt
Der Wuchs wird buschig, wenn Sie nur im beblätterten Bereich mit vitalen Knospen schneiden.

(3) Ältere Büsche verjüngen
Schneiden Sie nur im beblätterten, noch unverholzten Bereich, sonst trocknen die Triebe ein.

ALLES ÜBER GARTENBLUMEN

Lebensbereiche im Garten

Jeder Garten kennt Licht und Schatten, hat trockene und feuchte Bereiche. Für alle Standortverhältnisse kommen geeignete Pflanzen infrage. Man muss nur wissen, welche.

→ **Prachtstauden:** In sonnigen Beeten fühlen sich auf nährstoffreichen Böden mehrjährige Stauden und einjährige Gartenblumen wohl. Sie wollen regelmäßig gedüngt und gewässert werden und brauchen ab einer gewissen Höhe eine Stütze.

↓ **Gehölzrand:** Im Halbschatten höherer Bäume wachsen Sträucher, Gräser, Farne und großblättrige Stauden. Zwiebelpflanzen als Frühlingsboten sowie Funkien und Waldbodenpflanzen prägen den Bewuchs.

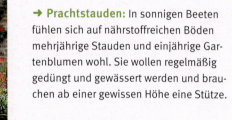

→ **Steingarten und Trockenmauer:** Sonnenhungrige und Trockenheit ertragende Stauden wie Pfingst-Nelke, Polster-Phlox und Fetthenne brauchen viel Licht, Wärme speicherndes Gestein und einen durchlässigen Boden – dann fühlen sie sich ganz wie zu Hause im sonnigen Magerrasen.

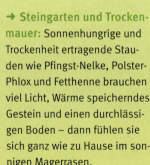

L › Lebensbereiche im Garten

↑ **Heide- und Steppenbeet:** Eine Vegetation mit anspruchslosen Arten besiedelt trockene, sandige und durchlässige Böden. Steppen- und Heidepflanzen wie Steppen-Salbei, Edeldistel und Goldhaar-Aster sind hier in ihrem Element. Sie sind sehr genügsam in Bezug auf Nährstoffe und werden nicht gedüngt.

↓ **Wasser und Wasserrand:** In einem naturnahen Gartenteich werden verschiedene Zonen von unterschiedlichen Pflanzen besiedelt. Die freie Wasserfläche nutzen Schwimmblatt- und Unterwasserpflanzen, den Röhrichtgürtel beherrschen Gräser und das Ufer nässeliebende Stauden.

So entsprechen sich natürliche und kultivierte Standorte

Felder und Wiesen: Nährstoffreiche, gut wasserversorgte Böden und ein heller Standort bieten artenreicher Feld- und Wiesenflora ebenso beste Voraussetzungen wie den Prachtstauden im Garten.

Gebirge: Widrigen Temperatur- und Bodenverhältnissen passen sich Pflanzen durch niedrigen Polsterwuchs in geschützten Nischen an – ebenso wie in Steingärten und an Trockenmauern.

Wasser und Wasserrand: Je nach Tiefe und Strömung teilen auf den Standort spezialisierte Pflanzen das Revier unter sich auf.

Laub- und Nadelgehölze: Lichtmangel prägt die Standortverhältnisse im Unterwuchs heimischer Wälder. Auch im Garten gedeihen auf humusreichen Böden genügsame Stauden. Im Frühjahr nutzen Geophyten die Gunst der Stunde im Licht noch laubfreier Bäume.

Wüste und Steppe: An Trockenheit, extreme Wärme und karge Böden angepasste Pflanzen besiedeln die Wüstenregionen der Erde – und das Steppenbeet im Garten. In sandiger, durchlässiger Erde behaupten sich hier die sonst konkurrenzschwachen „Extremisten".

ALLES ÜBER GARTENBLUMEN

? Pampasgras erfroren

Nun ist mir schon zum zweiten Mal das Pampasgras eingegangen. Steht es vielleicht nicht am richtigen Platz?

Es ist nicht ganz winterhart
Pampasgras (*Cortaderia selloana*) ist in unseren Breiten frostempfindlich und braucht im Winter Schutz vor der Kälte.

→ **Binden Sie das Gras zusammen**
Bündeln Sie den Blattschopf im Herbst mithilfe einer Schnur, damit Regen und Schnee nicht in den Grashorst eindringen. Breiten Sie zusätzlich eine dicke Laubschicht um das Gras und decken Sie das Laub mit Fichtenreisern ab, damit es nicht wegfliegt.

→ **Vermeiden Sie Winternässe**
Im Gegensatz zu seinem großen Wasserbedarf im Sommer reagiert das Pampasgras im Winter äußerst empfindlich auf Nässe im Boden. Die Pflanze sollte also auf einem Standort stehen, wo sich das Wasser nicht staut. Zwar ist es dann während der Hauptwachstumszeit nötig, öfter zu gießen, aber so vermeiden Sie die schädliche Staunässe während der Wintermonate.

› S. 68, Winterschutz für Freilandpflanzen ❋

So zusammengebunden, läuft Niederschlagswasser an dem Pampasgras ab. Ein guter Schutz – vor Nässe und auch gegen Kälte.

? Pfingstrose blüht nicht

Ich habe im letzten Jahr meine Pfingstrosenknollen geteilt und an neue Stellen verpflanzt. Nun blühen sie aber nicht mehr. Woran liegt das?

Die Knollen haben keine „Augen"
Bei Pfingstrosen entwickeln sich im Frühjahr kräftige neue Triebe nur aus im Vorjahr angelegten Knospen (Augen) an den Knollen.

→ **Achten Sie beim Teilen auf Knospen**
Pfingstrosenknollen teilt man zum Vermehren am besten Ende September mit einem Messer in mehrere Stücke. Jedes Teilstück sollte mindestens eine Knospe aufweisen.

→ **Kaufen Sie nur gute Qualität**
Pfingstrosen sollte man nur in guten Fachgeschäften und Gärtnereien kaufen. Manche Staudengärtner bieten Pfingstrosen im Herbst nicht im Topf, sondern als wurzelnackte (› Glossar, S. 227) Ware an. Daran können Sie überprüfen, ob Sie blühfähige Exemplare mit Knospen erhalten.

Zu tief gepflanzt
Wenn eine Pfingstrose nicht blüht, sitzt sie vielleicht zu tief in der Erde. Als Faustregel gilt, dass die Knospen 3 cm, höchstens 4 cm unter der Erde liegen sollen.

→ **Pflanzen Sie neu ein**
Wenn Sie den Verdacht haben, dass Ihre Pfingstrose zu tief sitzt, graben Sie sie im Herbst noch einmal aus. Achten Sie beim Einpflanzen auf die richtige Höhe und gießen Sie anschließend gut an. Von jetzt an sollten Sie nicht mehr eingreifen, sondern in Ruhe abwarten, bis die Pflanze blüht.

Der Standort ist ungeeignet
Sonne und Trockenheit vertragen Pfingstrosen besser als zu viel Nässe und Schatten, die Pilzkrankheiten fördern. Unter lichtem Baumschatten blühen sie zwar ohne Einschränkung, wenn der Standort aber sehr dunkel oder schattig ist, treiben sie keine Blüten mehr.

→ **Wählen Sie einen optimalen Platz**
Pfingstrosen benötigen einen tiefgründigen, lehmigen, aber durchlässigen Boden und stehen gern möglichst sonnig. ❋

P › Pflegeleichte Staudenbeete

? Pflegeleichte Staudenbeete

Mein Staudenbeet blüht zwar wunderschön, macht aber sehr viel Arbeit. Wie kann ich es praktisch gestalten, ohne dass es an optischem Eindruck einbüßt?

Man sieht einem üppig blühenden Staudenbeet oft nicht an, wie viel Arbeit man mit Gießen, Düngen und Hacken verbringt. Dem Standort angepasste Arten und Sorten gedeihen dagegen problemlos, und man hat mit ihrer Pflege auch weniger Arbeit. Außerdem hält sich der Aufwand schon deutlich in Grenzen, wenn man das Beet nur zweimal jährlich gründlich bearbeitet. Das genügt, um den Überblick zu behalten und rechtzeitig notwendige Maßnahmen, z. B. bei übermäßigem Unkrautwuchs, zu ergreifen.

→ **Bevorzugen Sie möglichst pflegeleichte und langlebige Sorten**
Trennen Sie sich von sehr pflegeintensiven Prachtstauden, die Sie also ständig gießen, düngen oder hochbinden müssen. Pflanzen Sie dafür „Dauerbrenner" wie Christrosen (*Helleborus*), Eisenhut (*Aconitum*), Funkien (*Hosta*), Pfingstrosen (*Paeonia*), Silberkerzen (*Cimicifuga*) und Taglilien (*Hemerocallis*), die nach Jahren noch gesund und vital sind.
› S. 122/123, Lebensbereiche im Garten

→ **Wählen Sie standortgerechte Arten**
Beschränken Sie sich auf Arten und Sorten, die für den Standort geeignet sind. Viele Stauden z. B. sind Sonnenkinder und kümmern vor sich hin, wenn Sie zu wenig Licht bekommen. Aber auch für schattige Bereiche gibt es Stauden mit interessanten Blattstrukturen und Farben (› S. 115, Tab.).
› S. 122/123, Lebensbereiche im Garten
› S. 115, Blütenarmer Garten

→ **Vertrauen Sie auf Wildblumen**
Hübsche Wildpflanzen wie Mädchenauge, Steppen-Salbei oder Storchschnabel sind deutlich robuster und anspruchsloser als pflegeintensive Prachtstauden.

→ **Entfernen Sie anfällige und kümmernde Pflanzen aus dem Bestand**
Kontrollieren Sie die Pflanzen im Frühjahr oder Herbst im Hinblick auf schwache oder kranke Exemplare. Alle anfälligen und befallenen Pflanzen sortieren Sie dabei aus.

→ **Vereinzeln Sie wuchernde Stauden**
Besonders wuchsfreudige Stauden neigen dazu, andere mit der Zeit zu verdrängen. Teilen und verpflanzen Sie sie oder nehmen Sie sie ganz heraus. Auch aussamende Stauden wie Frauenmantel und Spornblume nehmen mit der Zeit überhand und sollten regelmäßig vereinzelt werden.

→ **Beseitigen Sie Wurzelunkräuter**
Jäten Sie gründlich alle Wurzelunkräuter (› Glossar, S. 227), sonst wächst Ihnen die Arbeit bald wieder über den Kopf.
› S. 64, Unkraut macht sich breit

→ **Pflanzen Sie dekorative Kleinsträucher zwischen die Blumen**
Ergänzen Sie die Bepflanzung um klein bleibende Gehölze wie Fingerstrauch (*Potentilla*) oder sommerblühende Spiräen (*Spiraea*). Sie blühen schön und machen kaum Arbeit. Alle 10 Jahre bis zum Boden zurückgeschnitten, gedeihen und blühen sie unverdrossen bei äußerst geringem Pflegeaufwand.

Üppiges, gesundes Wachsen und Blühen ohne aufwändige Pflege: Mit der richtigen Pflanzenauswahl ist das kein Problem.

ALLES ÜBER GARTENBLUMEN

? Rittersporn verschwindet

Ich habe schon ein paar Mal vergeblich probiert, Rittersporn anzusiedeln. Können Sie mir sagen, warum er in meinem Garten nicht wächst?

Standfeste Rittersporn-Sorten

Name	Merkmale
'Berghimmel'	hellblau, weißes Auge
'Finsteraarhorn'	dunkelblau, dunkles Auge
'Jubelruf'	mittelblau, weißes Auge
'Lanzenträger'	enzianblau, weißes Auge
'Tempelgong'	dunkelviolettblau, dunkles Auge

Er wird von Schnecken gefressen
Der junge Austrieb von Rittersporn ist ein besonderer Leckerbissen für Schnecken. Über Nacht kann die ganze Pflanze komplett verschwunden sein.

→ **Bekämpfen Sie die Schnecken**
Ergreifen Sie geeignete Gegenmaßnahmen, sobald die Pflanzen austreiben. Bewährt haben sich z. B. spezielle Schneckenzäune rund um das Beet und das Ausstreuen von Schneckenkorn.

› S. 90, Schneckenplage

Der Standort ist nicht ideal
Zweifellos gehört Rittersporn zu den schönsten Gartenstauden. Damit er zur vollen Pracht heranwächst, müssen Sie seinen Standort im Garten sorgfältig auswählen.

→ **Suchen Sie einen geeigneten Platz**
Rittersporn will sonnig stehen, aber kühl. Ein Beet, das von morgens bis abends in der Sonne liegt, ist ihm unter Umständen zu warm. Lieber ist ihm ein Sonnenplatz am Gehölzrand. Aber Vorsicht: Zu viel Schatten und Wurzeldruck von benachbarten Pflanzen mag er auch nicht.

→ **Achten Sie auf gute Erde**
Der Boden sollte frisch sein, gerne feucht und auf keinen Fall zu trocken, aber auch nicht zu nass. Rittersporn braucht nahrhaften Boden. Sandige Erde sollten Sie also mit Lehm und Kompost anreichern oder etwas Bentonit einarbeiten.

› S. 29, Sandboden

→ **Halten Sie den Boden frei**
Rittersporn mag keine Konkurrenz. Wenn ihm wüchsige Stauden oder Gehölze zu nahe rücken, verschwindet er. Halten Sie ihm also die Konkurrenz vom Leibe und verwenden Sie auch keinen Rindenmulch (› Glossar, S. 225): Auf Huminsäure reagiert Rittersporn nämlich empfindlich.

Es handelt sich um schlechte Qualität
Möglicherweise haben Sie eine qualitativ minderwertige Pflanze gekauft. Das betrifft übrigens nicht nur die Pflanzware, sondern auch die verschiedenen Sorten.

→ **Achten Sie auf gute Qualität**
Wenn Sie Wert auf ein Prachtexemplar legen, kaufen Sie die Pflanze in einer Staudengärtnerei, die über die Auszeichnung „Qualitätszeichen Stauden" verfügt. Dort können Sie unter einer Auswahl verschiedenster Blautöne und auch anderen Farben wählen. Wählen Sie nur Pflanzen mit kräftigen, gesunden Trieben und einem gleichmäßig feuchten und gut durchwurzelten Ballen in einem ausreichend großen Topf.

→ **Kaufen Sie robuste Pflanzen**
Manche Sorten sind besonders standfest und nicht so anspruchsvoll in Bezug auf den Standort (› Tab.). Mit robusten Züchtungen erwirbt man Spitzenqualität, auch wenn es sich um alte Sorten handelt, die schon seit bald einhundert Jahren im Handel sind – sie bewähren sich noch heute!

Ein Blütentraum in Blau – so präsentiert sich unser Gartenrittersporn bei richtiger Sortenwahl und einem geeignetem Standort.

S › Schattiger Vorgarten

? Schattiger Vorgarten

In unseren Vorgärten verirrt sich leider nur selten ein Sonnenstrahl. Trotzdem möchten wir ihn zu einem Schmuckstück machen. Haben Sie einen Tipp?

Keine Sorge: Es gibt eine Vielzahl von Möglichkeiten, auch ein kleines Schattenreich optisch ansprechend zu gestalten. Ein hübscher Vorgarten wirkt immer einladend und entwickelt eine richtige Anziehungskraft, egal ob er groß oder klein ist und in der Sonne oder im Schatten liegt.

➔ Helle Farben leuchten im Schatten
Es gibt eine ganze Reihe von Pflanzen, die willig im tiefen Schatten gedeihen. Viele Farne und Gräser gehören dazu, Immergrün oder das Fleißige Lieschen. Für Blickpunkte sorgen helle Blüten- und Blattfarben und der Wechsel verschiedener Blattstrukturen und -formen. Ein gutes Beispiel dafür sind schattenliebende Funkien mit großen, mehr oder weniger hell gefleckten Blättern. Formen mit gelben Blatträndern (*Hosta*-Hybride 'Sunpower') oder weißen Blattstreifen wechseln mit unifarbenen Blättern in den verschiedensten Grüntönen. Darüber erhebt sich im Spätsommer eine majestätische Blüte: Schon sieht ein dunkler Vorgarten freundlicher aus. Lassen Sie dazwischen Gruppen mit hell blühenden Fleißigen Lieschen um die Wette blühen. Vielleicht bepflanzen Sie eine Schale damit und stellen sie neben den Hauseingang. Es gibt inzwischen auch wunderschöne, gefüllt blühende Sorten von Fleißigen Lieschen, die sich im Schatten wohlfühlen.
› S. 115, Blütenarmer Garten

➔ Gehölze geben Struktur
Auch Gehölze haben im Schatten einiges zu bieten. Neben der Kletter-Hortensie, deren weiße Blüten eine hübsch blühende Kulisse an der Hauswand bilden, kommen Edel-Mahonien mit gelber Winterblüte oder Ilex 'Golden King' mit gelbem Laub infrage. Auch flächig am Boden wachsende Gehölze mit hellen Beerenfrüchten bieten sich an. Die gelbnadelige Form der Säuleneibe (*Taxus baccata* 'Fastigiata Aureomarginata') ist ein richtiger Hingucker. Einen schönen Kontrast bilden außerdem leuchtend grüne Buchskugeln ebenso wie andere Formgehölze.

➔ Helle Flächen wirken Wunder
Ein heller Untergrund bringt immer Licht in den Garten. Mit einem weißen Kiesbelag oder einem Kiesbeet wird Ihr Vorgarten garantiert zum Blickfang. Decken Sie dazu mit Kies die Erde zwischen den Beetpflanzen ab oder legen Sie ein ganzes Beet im Asia-Stil mit geharktem Kies an. Stimmen Sie Bepflanzung und übrige Gestaltung ebenfalls darauf ab. Einen hübschen Effekt erzielen auch verschiedene Trittplatten, die man zu einem individuellen Muster zusammenfügt.
› S. 207, Wege anlegen › S. 134, Trockene Beete

➔ Dekorieren Sie den Garten
Wind- und Klangspiele, Findlinge, Steinfiguren oder spiegelnde Dekoelemente ziehen die Blicke an und sorgen optisch und akustisch

Verschiedene Beläge wie brauner Rindenmulch und heller Kies kontrastieren im Vorgarten reizvoll mit Steinfiguren und Kugelbuchs.

für Abwechslung. Ein sprudelnder Quellstein oder plätschernder Brunnen schafft eine lauschige Atmosphäre.

➔ Geben Sie der Fläche Format
In dunklen Bereichen sorgen ornamentale Formen für ein spielerisches Element, das ihnen eine gewisse Leichtigkeit gibt. Wenn es die Größe zulässt, können Sie mit formaler Gestaltung rechts und links vom Hauseingang spannende Symmetrien schaffen. Mit niedrigen Buchshecken eingefasste Beete eignen sich dafür ebenso wie eine in unterschiedliche Höhen gestaffelte Bepflanzung, die das Haus ansprechend einrahmt.

ALLES ÜBER GARTENBLUMEN

? Sichtschutz

Wir haben neu gebaut und wünschen uns auf der Terrasse möglichst schnell einen blühenden Sichtschutz. Welche Pflanzen kommen dafür infrage?

Einjährige Kletterpflanzen sind schnellwüchsig und schützen Ihre Terrasse innerhalb kurzer Zeit vor neugierigen Blicken. Außerdem erfreuen sie den ganzen Sommer lang mit einer nicht enden wollenden Blütenfülle.

→ Bauen Sie eine Rankhilfe
Einjährige Himmelsstürmer brauchen für ihre Kletterkünste eine Unterlage, an der sie sich festhalten können. Seien Sie erfinderisch, die Rankhilfen müssen ja nur einen Sommer halten. Schlagen Sie z. B. zwei Holzpfosten in die Erde und spannen Sie dazwischen einen Kokosstrick oder befestigen Sie ein Baustahlgitter daran. Hübsch sind auch selbst geflochtene Gerüste aus Weidenruten. Wichtig ist nur, dass Stäbe, Drähte oder Schnüre nicht mehr als 1 cm dick sind, damit sich die Triebe und Kletterorgane der Pflanzen gut darumwickeln können.
› S. 205, Sicht- und Windschutz

→ Säen Sie einjährige Kletterer aus
Sie können einjährige Kletterpflanzen wie Feuer-Bohne, Glockenrebe, Schwarzäugige Susanne, Prunkwinde oder Zaun-Wicken im Frühjahr schon vorgezogen kaufen. Es gelingt aber leicht, sie aus Saatgut selbst heranzuziehen, und ist zudem billiger. Wenn Sie Samen schon ab März im Haus vorziehen, verkürzen Sie die Wartezeit. Ab Mai werden die Jungpflanzen nach draußen gepflanzt. Sie begrünen die Wand in wenigen Wochen.

→ Pflanzen Sie in nahrhafte Erde
Reichern Sie den Gartenboden vor dem Umpflanzen der Sämlinge mit etwas Kompost und einer Handvoll Hornspäne an. Wenn Sie die Kletterer an der Terrasse nicht direkt ins Beet setzen können, können Sie sie auch in Kübeln kultivieren. Wählen Sie die Gefäße nicht zu klein (mindestens 20 l Inhalt pro Pflanze) und füllen Sie sie mit hochwertiger Blumenerde. Düngen Sie wöchentlich mit flüssigem Blumendünger.
› S. 24, Blumenerden ✽

Mit einjährigen Kletterern wird die Terrasse in Windeseile begrünt. Zum Sichtschutz gibt es Blüten in Hülle und Fülle dazu.

? Sommerastern welken

Meine Sommerastern machen einen schlappen Eindruck und bekommen braune Blätter. Was kann das für Gründe haben?

Es liegt Wassermangel vor
An sehr heißen Tagen kann es vorkommen, dass die Pflanzen mehr Wasser brauchen.

→ Wässern Sie die Pflanzen
Wenn Sie die Astern ausgiebig gießen, erholen sie sich in wenigen Stunden wieder.
› S. 66, Wasserbedarf

Es handelt sich um Asternwelke
Wenn ein Befall mit Bodenpilzen vorliegt, geht nach kurzer Zeit die ganze Pflanze ein. Diese dringen über die Wurzel in das Zellgewebe ein. Gegenmittel gibt es leider nicht, man kann nur durch Verwendung weitgehend resistenter Sorten vorbeugen.
› S. 176, Erdbeeren welken

→ Vermeiden Sie Staunässe
Nasse Erde begünstigt den Befall. Sorgen Sie in Beet und Kübel für guten Wasserabzug und lassen Sie die Pflanzen nach dem Gießen ausreichend abtrocknen.

→ Entsorgen Sie befallene Pflanzen
Entfernen Sie kranke Pflanzen mitsamt Erde im Restmüll (nicht auf den Kompost!) und desinfizieren Sie Töpfe und Kübel.

→ Wechseln Sie den Standort
Pflanzen Sie Sommerastern 4–5 Jahre nicht mehr an die gleiche Stelle, denn die Pilzsporen halten sich sehr lange im Boden. ✽

S › Stauden kümmern

? Stauden fallen auseinander

In meinem Beet fallen die hohen Stauden immer auseinander und bekommen auch noch Mehltau. Haben Sie einen Tipp, wie ich das verhindern kann?

TIPP!
Standhafter Phlox

Ein Traum an Blüte und Duft – so erscheint hoher Staudenphlox ab Juli in den Gärten. Leider machen ihm oft Mehltau und Älchen (› Glossar, S. 222) zu schaffen. Oft blüht er nur kümmerlich oder verschwindet gleich wieder. Eine Auswahl robuster Sorten von *Phlox paniculata* finden Sie im Internet unter www.perenne.de. Erkundigen Sie sich, welche Sorten für Ihre Region geeignet sind.

Den Pflanzen fehlt Halt
Bei starkem Wind und nach ergiebigen Regenfällen neigen viele hochwüchsige Stauden zum Umfallen und brauchen Halt.
→ **Bringen Sie Stützen an**
Praktische und durchaus dekorative Gestelle für Stauden kann man ganz leicht selber konstruieren. Es gibt aber auch eine große Auswahl aus Holz, Metall oder Kunststoff im Fachhandel. Wenn Sie sie frühzeitig aufstellen, wachsen die Stauden durch sie hindurch und verbergen die Stützvorrichtung dann unauffällig unter ihren Blättern.

Sie haben zu viel Stickstoff gedüngt
Gibt man den Pflanzen zu viel Stickstoffdünger, werden die Triebe weich und kippen leichter um. Außerdem werden sie anfällig für Pilzkrankheiten wie Mehltau.
→ **Düngen Sie richtig**
Verwenden Sie Dünger maßvoll und halten Sie sich genau an die Dosiervorschriften.

Die Sorte ist nicht standfest
Manche Sorten sind resistent gegen Krankheiten, kippen aber schnell um. Andere sind standfest, dafür aber anfällig für Mehltau.
› S. 179, Gurken welken
→ **Wählen Sie geeignete Sorten**
Das Staudensortiment wächst ständig. Fragen Sie in einer Staudengärtnerei nach besonders robusten Sorten (› Tipp).

? Stauden kümmern

Einige meiner frisch gepflanzten Stauden kümmern, und ich finde keine Erklärung dafür. Können Sie mir sagen, woran das liegt?

Käferlarven befallen die Wurzeln
Wenn die weißen Larven des Dickmaulrüsslers an den Wurzeln fressen, beginnt die Pflanze zu welken und stirbt kurz darauf ab.
› S. 78, Fraßspuren an Blättern
→ **Setzen Sie Nematoden ein**
Gegen Larven des Dickmaulrüsslers hilft eine Behandlung mit Nematoden. Diese Fadenwürmer befallen die Larven und töten sie ab. Man kann sie als Nützlinge (› Glossar, S. 224) im Fachhandel bestellen.

Die Pflanzen haben einen Schock
Frisch gepflanzte Stauden müssen sich an den neuen Standort erst gewöhnen und auf die ungewohnten Verhältnisse einstellen.
→ **Gießen Sie regelmäßig**
Halten Sie den Wurzelballen gleichmäßig feucht, damit die Wurzeln wachsen und sich schnell ausbreiten.
→ **Vermeiden Sie Rindenmulch**
Jungpflanzen vertragen den hohen Gehalt an Huminsäure in Rindenmulch nicht.

Halten Sie das Gießrohr an den Wurzelbereich und wässern Sie die Pflanzen ausgiebig, damit die Erde tief genug durchfeuchtet wird.

ALLES ÜBER GARTENBLUMEN

? Stauden: Rückschnitt im Herbst

Ich habe erst seit kurzem einen Garten, in dem ich Stauden gepflanzt habe. Meine Nachbarn sagten mir, ich müsste diese im Herbst zurückschneiden. Ist es falsch, wenn ich sie trotzdem bis zum Frühjahr stehen lasse?

Nein, das ist sogar besser. Wenn Sie die abgestorbenen Triebe über Winter stehen lassen, schmücken sie nicht nur den Garten. Ihre Samen bieten den Singvögeln auch Nahrung, und die Stängel dienen Insekten zum Überwintern. Außerdem schützen sie die jungen, schon sichtbaren Triebknospen vor den schädlichen Strahlen der Wintersonne.

➜ **Schneiden Sie vor dem Austrieb**
Schneiden Sie die abgestorbenen Stängel erst vor dem Austrieb im Frühjahr direkt über dem Boden zurück. Achten Sie darauf, die an der Basis schon sichtbaren neuen Rosetten bzw. bei Gräsern das „Herz" nicht zu verletzen. Wuchernde Stauden verkleinern Sie durch Abstechen mit einem Spaten oder indem Sie junge seitliche Knospen ausbrechen. An der Basis verholzende Halbsträucher wie Lavendel, Gewürzsalbei und Perovskie benötigen im Frühjahr einen speziellen Schnitt.
❯ S. 121, Lavendel verkahlt
❯ S. 42, Gräser verkleinern

➜ **Kürzen Sie wintergrüne Stauden**
Purpurglöckchen, Bergenie, einige Storchschnabelarten oder Kalmus bilden im Laufe der Jahre immer längere Triebe und verkahlen von innen her. Schneiden Sie die längsten Triebe deshalb im Frühjahr, kurz vor dem Neuaustrieb, auf einen Seitentrieb nahe der Basis zurück und entfernen Sie eingetrocknete Triebe und Blätter. Ist kein Seitentrieb vorhanden, so kürzen Sie den Trieb bis auf einen kurzen Zapfen über dem Boden ein. Auch die Blätter der Elfenblume (*Epimedium*) sind wintergrün, vertrocknen aber im Frühsommer. Mit den Blüten entwickeln sich neue Blätter. Sie können ein paar alte Blätter aber früher entfernen, damit man die ab März erscheinenden Blüten besser sieht.

Schneiden Sie Frauenmantel gleich nach der Blüte zurück. Die neu austreibenden jungen Blätter bleiben bis in den Spätherbst attraktiv.

? Stauden: Rückschnitt nach Blüte

Ich schneide immer die verwelkten Blüten bei meinem Rittersporn zurück. Er treibt dann erneut aus und blüht im Herbst noch einmal nach. Kann man das auch bei anderen Stauden durch Rückschnitt erreichen?

Bei vielen Gartengewächsen kräftigt ein Rückschnitt die Pflanze und fördert den Neuaustrieb. Leider kann man damit aber nicht alle zu einer zweiten Blüte anregen.

➜ **Diese Stauden treiben neu aus**
Kürzt man bei Rittersporn und Fingerhut den Blütenstängel gleich nach der Blüte am Boden, entziehen die Samen der Pflanze keine Kraft und sie treibt noch mal aus. Steppen-Salbei und Katzenminze schneiden Sie auf 10 cm über dem Boden zurück und lassen junge Blattrosetten stehen. Die Storchschnabelsorte 'Rosanne' blüht erneut, wenn Sie sie Mitte Juli um die Hälfte einkürzen.

➜ **Diese Stauden kräftigt ein Rückschnitt**
Bei Frauenmantel und vielen früh blühenden, sommergrünen Storchschnabelarten fördert der Rückschnitt die Bildung neuer Blattrosetten, sodass sie gestärkt und vital in den Winter gehen. Entfernen Sie dabei auch altes Laub, schonen Sie aber junge Blätter und die Rosettenherzen.

S › Stauden verkahlen

? Stauden umpflanzen

Ich möchte mein Staudenbeet ganz neu gestalten. Muss ich etwas Besonderes beachten, oder kann ich die Stauden einfach versetzen?

Lockern Sie einen festen Wurzelballen etwas mit der Hand, bevor Sie die Pflanze an ihrem neuen Platz ins Pflanzloch setzen.

Pflanzen geraten beim Umpflanzen in Stress. Es ist nötig, die Aktion gut vorzubereiten, einen geeigneten Zeitpunkt dafür zu wählen und sorgfältig vorzugehen.

→ **Wählen Sie einen kühlen Tag**
Kurz vor der Blüte oder bei großer Hitze sollte man nicht verpflanzen. Dann läuft ihr Stoffwechsel auf Hochtouren, und ihre Kräfte sind begrenzt. Feuchtes Wetter und bedeckter Himmel im Frühjahr und Herbst bieten dagegen gute Bedingungen.

→ **Verbessern Sie den Boden**
Jäten Sie zunächst alle Wurzelunkräuter und bessern Sie Sand- oder schweren Lehmboden vor dem Bepflanzen auf.
› S. 29, Sandboden › S. 32, Schwerer Boden

→ **Bereiten Sie die Pflanzen vor**
Wenn Sie die Stauden teilen, bevor Sie sie umpflanzen, bilden sie am neuen Platz gleich neue Wurzeln und wachsen dann besser an. Pflanzen mit fleischigen Wurzeln (z. B. Türkischer Mohn) werden beim Ausgraben mit dem Spaten leicht verletzt und vertragen das Umpflanzen nicht. Entweder Sie lassen sie an ihrem Platz oder Sie verzichten darauf.
› S. 42, Gräser verkleinern

→ **So pflanzen Sie ein**
Je schneller die Stauden wieder in die Erde kommen, desto besser wachsen sie an. Pflanzen Sie die Teilstücke genauso tief wie vorher ein und berücksichtigen Sie beim Abstand den Platzbedarf der Pflanzen.

→ **Gießen Sie gründlich an**
Spülen Sie nach dem Einpflanzen mit Wasser Erde an die Wurzeln der Pflanzen. Das regt das Wurzelwachstum an. ❄

? Stauden verkahlen

Mir fällt auf, dass einige Stauden und Gräser schon nach wenigen Jahren von innen kahl werden. Woran liegt das?

Die Pflanzen altern

Das ist ein Zeichen für nachlassende Vitalität (› Kasten). Astern und Chinaschilf z. B. neigen mehr dazu als Pfingstrosen und Funkien. Mit Pflegemaßnahmen wie Wässern und Düngen wird man das Problem nicht lösen, aber es gibt eine andere Möglichkeit.

→ **Teilen Sie die Stauden**
Teilung regt das Wachstum an und verjüngt die Pflanze. Graben Sie dazu den Wurzelballen aus und teilen Sie ihn je nach Größe mit dem Spaten, einem Messer oder auch per Hand in zwei oder mehrere Stücke. Pflanzen Sie die Teilstücke wegen der Gefahr von Bodenmüdigkeit (› Glossar, S. 222) oder Bodenpilzen an einen anderen Platz.
› S. 128, Sommerastern welken
› S. 42, Gräser verkleinern
› S. 132, Stauden wuchern ❄

Lebensdauer von Stauden

Kurzlebige Stauden: Einige Arten wie Ausdauernder Lein oder die Akelei halten sich wegen ihrer kurzen Lebensdauer nicht so lange im Beet wie andere Arten und verschwinden nach einigen Jahren. Aufgrund ihrer Fähigkeit, sich durch Selbstaussaat zu erneuern, sind sie aber trotzdem für lange Zeit mit immer wieder neuen Pflanzen im Garten präsent.

Langlebige Stauden: Vorausgesetzt, die Standortbedingungen stimmen, erweisen sich einige Staudenarten als sehr ausdauernd und können mit einem Garten alt werden, ohne dass sie regelmäßig geteilt und verjüngt werden müssen. Dazu gehören z. B. Pfingstrosen, Taglilien, Funkien, Eisenhut und Silberkerzen.

ALLES ÜBER GARTENBLUMEN

? Stauden wuchern

Meine schöne gelbe Taglilie bedrängt die anderen Pflanzen im Beet. Wie kann ich ihrem starken Wachstum am besten Grenzen setzen?

Platzbedarf wird unterschätzt
Beim Kauf kann man sich kaum vorstellen, dass ein kleines Gewächs in wenigen Jahren einen halben Quadratmeter im Beet beansprucht. Und so passiert es leicht, dass man Stauden und Gehölze viel zu dicht pflanzt.

→ **Teilen Sie die Pflanze**
Graben Sie die Pflanze im Herbst oder Frühjahr mit einem Spaten aus und teilen Sie sie in mehrere Stücke.
› S. 131, Stauden verkahlen

→ **Suchen Sie einen neuen Platz**
Manche Stauden wie Ihre Taglilie sind pflegeleicht und lassen sich problemlos umsetzen. Wüchsige Arten zeigen sich da in der Regel nicht sehr empfindlich. Halten Sie zu anderen Pflanzen einen Abstand von 50 cm.
› S. 131, Stauden umpflanzen

→ **Pflanzen Sie klein bleibende Sorten**
Kleinwüchsige Sorten bedrängen die anderen Pflanzen im Beet nicht. Bei Taglilien bieten sich 'Stella d´Oro' oder 'Tinker Bell' an. ❋

Nehmen Stauden im Beet zu viel Platz ein, kann man sie problemlos teilen, z. B. indem man die Wurzeln mit den Händen auseinanderzieht.

? Steingartenstauden verschwinden

Letztes Jahr im Herbst habe ich einen Steingarten angelegt. Leider sind aber einige Steingartenstauden im Frühjahr nicht ausgetrieben. Woran liegt das?

Sie wurden zu spät gepflanzt
Steingartenstauden sollten an ihrem Standort schon gut etabliert sein, damit sie Stresssituationen wie Hitze, Trockenheit, Nässe und Frost unbeschadet überstehen.

→ **Pflanzen Sie rechtzeitig**
Bepflanzen Sie den Steingarten im Frühjahr oder im Spätsommer. Dann haben die Stauden über Sommer Zeit, um einzuwurzeln.

Der Boden ist ungeeignet
Steingartenstauden (› Tab.) stammen oft aus alpinen Regionen mit steinigen, humusarmen und durchlässigen Böden. Solche Verhältnisse sind im Garten nur selten gegeben.

→ **Schaffen Sie günstige Bedingungen**
Für guten Wasserabzug ist eine Hanglage von Vorteil. An einem mit Natursteinmauern terrassierten Hang fließt Regenwasser sofort ab. Mischen Sie ein grobes Substrat aus Splitt, Sand, Torf, Gartenerde und Bentonit und füllen Sie es in die Lücken zwischen den Steinen. Kompost oder Dünger bekommt den an magere Böden angepassten Pflanzen nicht.
› S. 25, Kalkarmer Boden
› S. 200, Böschungssicherung

Das Kleinklima stimmt nicht
Alpine Stauden sind an raues Klima angepasst. Kühle Temperaturen und hohe Sonneneinstrahlung machen ihnen nichts aus. In stauender Hitze dagegen gehen sie ein, und im Schatten fehlt den Pflanzen das Licht. Sie wachsen dann in die Länge, kümmern und werden weich und frostanfällig.
› S. 120, Kübelpflanzen überwintern

→ **Wechseln Sie den Standort**
Verlegen Sie den Steingarten an einen luftigen, sonnenexponierten Platz.

→ **Pflanzen Sie hitzeresistente Stauden**
Wählen Sie Pflanzen aus mediterranen Klimagebieten, denen übermäßige Wärme nichts ausmacht wie Fetthenne, Rosmarin, Thymian oder Lavendel.
› S. 118, Dauerhafte Trogbepflanzung ❋

T › Tränendes Herz verschwindet

? Topf-Hortensien im Garten

Ich habe eine schön blühende Topf-Hortensie in den Garten gepflanzt. Im nächsten Jahr hat sie aber leider nicht geblüht. Wie kann ich sie dazu bringen?

Düngung ist zu stark

Topf-Hortensien päppelt man kräftig auf, damit sie beim Verkauf in voller Blüte stehen. Die Triebe werden durch starke Stickstoff-Düngung aber weich und frostanfällig. Im Beet erfrieren dann die Blütenanlagen.

→ **Stellen Sie das Düngen ein**
Die Pflanze muss sich am neuen Platz erst eingewöhnen. Dünger braucht sie vorerst nicht, aber eine dünne Decke aus Rindenhumus tut ihr gut. Nach einigen Jahren geben Sie ihr hin und wieder eine Kompostgabe.

Der Schnitt ist falsch

Topf- oder Bauern-Hortensien blühen am Ende einjähriger Langtriebe (› Glossar, S. 222). Wenn man sie im Frühjahr schneidet, entfernt man dabei leider auch die Blütentriebe.
› S. 156, Hortensie blüht kaum

→ **Lichten Sie nur aus**
Schneiden Sie die abgeblühten Dolden oberhalb der neuen Knospen erst im Frühjahr ab. Lichten Sie nur dann ältere Triebe bodennah an der Basis aus, wenn Sie die ganze Pflanze verjüngen möchten. ✽

Winterharte Herbstchrysanthemen

Geschützt über Winter: Große Topf-Chrysanthemen nach der Blüte draußen zu überwintern, ist einen Versuch wert. Stellen Sie den Topf mit den verblühten Trieben (kein Rückschnitt bis zum Frühjahr!) dazu im Spätherbst an eine geschützte Stelle, und bedecken Sie die Pflanze mit einem Frostschutzvlies (› Glossar, S. 223) und Tannenreisig. Es sollte sich kein Regen- oder Schmelzwasser im Untersetzer sammeln.

Zu neuem Leben erweckt: Im Frühjahr topfen Sie die Pflanze in nährstoffreiche Erde um, gießen sie fleißig und düngen sie. Dann blüht Ihnen wieder was im Herbst!

Robuste Steingartenstauden

Deutscher Name	Botanischer Name
Alpen-Aster	*Aster alpinus*
Blaukissen	*Aubrieta*-Hybriden
Blauschwingel	*Festuca cinerea*
Felsenblümchen	*Petrorhagia saxifraga*
Felsen-Steinkraut	*Alyssum saxatile*
Gänsekresse	*Arabis caucasica*
Glockenblume	*Campanula carpatica*
Krusten-Steinbrech	*Saxifraga paniculata*
Polster-Phlox	*Phlox subulata*
Sonnenröschen	*Helianthemum*-Hybriden

? Tränendes Herz verschwindet

Mein Tränendes Herz ist schon zum zweiten Mal nach der Blüte gelb geworden und verschwunden. Was mache ich falsch?

Das ist genetisch bedingt

Gar nichts. Es handelt sich um einen ganz natürlichen Vorgang: Das Tränende Herz treibt aus, blüht und verschwindet dann bis zum nächsten Frühjahr in der Erde. Das kann man mit dem Zyklus von Tulpen und Narzissen vergleichen, bei dem die Zwiebeln im Boden überdauern, die Blätter aber über Sommer „einziehen". Ähnlich verhalten sich übrigens auch Türkischer Mohn und Stauden-Alpenveilchen. Leider passiert es immer wieder, dass man im Sommer bei Gartenarbeiten aus Versehen die unterirdischen Knospen heraushackt, weil man sie nicht sieht.

→ **Pflanzen Sie Stauden davor**
Pflanzen Sie das Tränende Herz in den Hintergrund des Beetes und spät austreibende Stauden wie Funkien oder Farne davor. Sie verdecken dann geschickt die Lücke, die das Tränende Herz im Sommer hinterlässt.

→ **Markieren Sie die Pflanzstelle**
Stecken Sie ein auffälliges Etikett in die Erde direkt neben das Tränende Herz. So erkennen Sie die Pflanzstelle besser. ✽

ALLES ÜBER GARTENBLUMEN

? Trockene Beete

In unserer Region regnet es nur wenig, vor allem im Sommer. Wir möchten aber nicht ständig die Pflanzen gießen. Gibt es Alternativen?

Gräser und Stauden beleben mit Blüte und buntem Laub auch trockene, der Sonnenhitze ausgesetzte Gartenecken.

Warme, trockene Sommer sind im Zuge des Klimawandels in unseren Breiten keine Ausnahme mehr. Trockenheitsverträgliche Pflanzungen liegen also voll im Trend und sind derzeit Gegenstand umfangreicher Studien. Mit der richtigen Bodenvorbereitung und Pflanzenauswahl bei der Beetanlage gehört ständiges Gießen der Vergangenheit an.

→ Jäten Sie Unkraut
Befreien Sie das Beet zunächst von allen Wurzelunkräutern. Jäten Sie die Fläche mit der Grabegabel gründlich durch, und holen Sie tiefgründige Pfahlwurzeln mit einem speziellen Distelstecher heraus. Entfernen Sie aufkommendes Unkraut später regelmäßig.
› S. 55, Giersch wuchert
› S. 64, Unkraut macht sich breit

→ Bereiten Sie den Boden vor
Regenwasser muss in einem trockenheitsverträglichen Beet schnell abfließen können, denn Staunässe vertragen Steppen- und Präriepflanzen nicht. Eine wichtige Voraussetzung ist also ein durchlässiger Boden. Schweren Lehmboden machen Sie mit einer Beimischung von einem Drittel Splitt oder Kies (Baustoffhandel) durchlässiger. Sandige Böden reichern Sie zur besseren Nährstoffversorgung mit Bentonit (› Glossar, S. 222) an.
› S. 29, Sandboden › S. 32, Schwerer Boden
› S. 32, Staunässe › S. 33, Verdichteter Boden

→ Pflanzen Sie „Spezialisten"
Viele Trockenheit ertragende Stauden, Gehölze und Sommerblumen mediterraner und subtropischer Gebiete halten sich auch in unserem Klima (› Kasten). Dazu gehören einige Präriestauden, Steppenpflanzen und Sukkulenten aus Wüstenregionen. Auch zahlreiche Gräser kommen gut mit Trockenheit zurecht. Sie sind besonders im Herbst reizvoll, wenn ihre Ähren und Halme in warmen Braun- und Rottönen schimmern.

→ Setzen Sie Zwiebelpflanzen
Blumenzwiebeln sind durch ihre Fähigkeit, Nährstoffe in der Zwiebel zu speichern, unabhängig von Pflegemaßnahmen und bringen Farbe und Struktur ins Beet. Robuste Wildtulpen und Herbstkrokusse sorgen zudem für schmückende Blumenpracht im zeitigen Frühjahr und im Herbst.

→ Pflege im ersten Jahr
Wässern Sie die Pflanzen nur so lange, bis sie richtig eingewurzelt sind. Im Herbst verteilen Sie eine ca. 5 cm dicke Schicht Kies oder Schotter auf dem Beet. Diese Mulchschicht (› Glossar, S. 224) hilft, die Feuchtigkeit im Boden zu halten, bis sich die Pflanzen etabliert haben, und verhindert Unkrautaufkommen. Bereits im zweiten Jahr kommt die Pflanzung ohne Wässern zurecht. ✽

Pflanzen für Prärie und Steppe

Gehölze
Bartblume (*Caryopteris clandonensis*)
Perückenstrauch (*Cotinus coggygria*)
Sommerflieder (*Buddleja davidii*)
Sommerginster (*Cytisus nigricans* 'Cyni')
Zwerg-Kiefer (*Pinus mugo pumilio*)

Stauden
Ehrenpreis (*Veronica spicata* ssp. *incana*)
Fetthenne (*Sedum* 'Herbstfreude')
Gold-Wolfsmilch (*Euphorbia polychroma*)
Lampenputzergras (*Pennisetum orientale*)
Prachtkerze (*Gaura lindheimeri*)
Silber-Ährengras (*Stipa calamagrostis* 'Allgäu')
Stauden-Lein (*Linum perenne*)
Steppen-Aster (*Aster sedifolius* 'Nanus')
Steppen-Salbei (*Salvia nemorosa* 'Caragona')
Zier-Lauch (*Allium* 'Purple Sensation')

Z › Zwiebelblumen blühen nicht

? Zier-Lauch mit gelben Blättern

Unser Zier-Lauch ist schön ausgetrieben. Jetzt werden aber auf einmal die Blätter gelb, obwohl er noch nicht geblüht hat. Fehlt der Pflanze etwas?

Das ist ganz natürlich

Keine Sorge, es handelt sich weder um eine Krankheit noch um einen Kulturfehler, sondern um einen ganz normalen Prozess. Zier-Lauch (*Allium* spec.) ist eine Zwiebelpflanze, bei der die Blätter, anders als bei Tulpen und Narzissen, schon vor der Blüte vergilben und einziehen. Wenn es Sie optisch stört, können Sie das gelbe Laub kaschieren. Entfernen Sie es aber nicht, sonst stören Sie die Stoffwechselabläufe der Pflanze.

→ Pflanzen Sie höhere Begleiter

Stecken Sie die Zwiebeln zwischen Pflanzen, die mit ihrem Laub die gelben Blätter des Zier-Lauchs im Frühsommer geschickt verdecken. Infrage kommen viele Blütenstauden, aber auch niedrige Kleinstrauchrosen. Passende Begleiter sind z. B. Lavendel und Salbei, Gräser und Edeldisteln, Indianernessel und Wolfsmilch. So schweben die violetten Lauchkugeln über der Bepflanzung, und das gelbe Laub fällt gar nicht auf. ❄

Standorte von Zwiebelblumen

Selbstversorger: Zwiebelpflanzen werden durch ihren Nährstoffspeicher in der Zwiebel während der Blütezeit ausreichend versorgt und sind diesbezüglich in der Regel standortunabhängig.

Vorlieben bei der Platzwahl: Tulpen und Zier-Lauch z. B. gedeihen an einem sonnigen, trockenen Standort auf durchlässigem Boden am besten. Die Kaiserkrone und Lilien benötigen einen sonnigen Platz und nährstoffreichen Boden. Narzissen, Winterling und Märzenbecher dagegen mögen es etwas kühler und feuchter. Sie blühen auch im lichten Schatten.

? Zwiebelblumen blühen nicht

Einige meiner Zwiebelblumen treiben nur Blätter und blühen nicht. Ich kann mir gar nicht erklären, warum. Muss ich sie vielleicht düngen?

Der Standort ist zu schattig

Im Laufe der Jahre verändert sich der Garten. Ehemals sonnige Beete liegen dann vielleicht im Gehölzschatten, und lichthungrige Zwiebelblumen wie Kaiserkrone oder Tulpen kommen nicht mehr zur Blüte.

→ Versetzen Sie die Zwiebeln

Sobald die Blätter gelb sind, nehmen Sie die Zwiebeln aus der Erde und pflanzen sie an einer sonnigen Stelle sofort wieder ein. Narzissen bilden im Lauf der Jahre dichte Horste, die Sie sowieso immer mal wieder aufnehmen, teilen und neu pflanzen sollten.

Es fehlen Nährstoffe

Zuchtsorten von Narzissen, Tulpen und Kaiserkronen brauchen in der Wachstums- und Blühphase im Frühling viele Nährstoffe, um Kraftreserven für das Folgejahr anzulegen.

→ Eine Düngergabe wirkt Wunder

Auf leichten, sandigen Böden brauchen Blumenzwiebeln eine Düngergabe mit Beginn des Austriebs. Bewährt haben sich schnell wirkende Mineral- oder Flüssigdünger.

→ Entfernen Sie den Samenstand

Der Samenstand kostet die Pflanze nur unnötig Kraft und sollte gleich nach der Blüte entfernt werden. Lassen Sie das vergilbte Laub der Zwiebelblumen dagegen in Ruhe einziehen. Auch nach der Blüte produziert es weiter Nährstoffe mittels Photosynthese, die für das nächste Jahr gespeichert werden.

› S. 137, Zwiebelblumen welken

Die Sorten sind kurzlebig

Anders als Wildarten, die sich von selbst vermehren, muss man kurzlebige Zuchtsorten oft schon nach kurzer Zeit ersetzen.

→ Kaufen Sie langlebige Sorten

Zu den Zwiebelblumensorten, an denen Sie lange Freude haben, gehören viele Kleinzwiebeln wie Schneeglanz oder Blausternchen und Wildtulpen sowie diverse Zucht-Narzissen und -Tulpen (› S. 136, Kasten).

› S. 36, Blumenzwiebeln pflanzen ❄

ALLES ÜBER GARTENBLUMEN

? Zwiebelbumen verschwinden

Ich habe schon viele Zwiebelblumen gesetzt, aber nach ein, zwei Jahren sind die Tulpen und Narzissen immer wieder verschwunden. Woran liegt das bloß, und was kann ich tun, um das zu verhindern?

Wühlmäuse sind schuld
Besonders Tulpen fallen immer wieder Wühlmäusen zum Opfer. Es gibt zum Glück Möglichkeiten, das zu verhindern.

→ **Benutzen Sie Pflanzkörbe**
Im Fachhandel gibt es Draht- oder Kunststoffkörbe in verschiedenen Größen. Diese stellt man in entsprechender Tiefe in das Pflanzloch, gibt die Zwiebeln hinein und deckt sie mit Erde zu.

→ **Stellen Sie Fallen auf**
Für Wühlmäuse verwendet man am besten spezielle Fallen, die unterirdisch in einem der Gänge aufgestellt werden. Die Wirkung von Ultraschallgeräten dagegen ist umstritten.
› S. 80, Gehölze ohne Neuaustrieb
› S. 102, Fläche uneben

Langlebige Zwiebelblumen

Trompeten-Narzissen: 'Mount Hood', 'Golden Harvest', 'Spellbinder'

Botanische Narzissen: 'Tete á Tete', 'February Gold'

Hohe Tulpen: 'Prinses Irene', 'Monte Carlo', 'Ad Rem', 'Ballade', 'Parade'

Botanische Tulpen: *Tulipa tarda*, *Tulipa linifolia* 'Bright Gem'

Die Zwiebeln sind verfault
Blumenzwiebeln vertragen keine Staunässe. Besonders empfindlich reagieren Tulpen auf feuchte Kälte im Winter und Staunässe nach Dauerregen im Sommer.

→ **Sorgen Sie für Wasserabzug**
Lockern Sie schweren Lehmboden mit Sand und Splitt auf. Dann fließt das Wasser ab.
› S. 32, Schwerer Boden

→ **Setzen Sie Stauden daneben**
Stauden nehmen über die Wurzeln viel Wasser auf, sodass die Tulpen die nötige trockene Ruhephase einlegen können.

→ **Pflanzen Sie rechtzeitig**
Wenn Sie die Zwiebeln rechtzeitig im Herbst setzen, können sie vor dem Winter noch viele Wurzeln bilden und gut einwachsen.

Es liegt an der Sorte
Eine allgemeine Sortenempfehlung lässt sich nicht geben. Zwiebelblumen, die in Norddeutschland zuverlässig blühen, versagen womöglich im Süden. Einige Tulpen- und Narzissensorten sind aber auch unabhängig vom Klima langlebig und blühfreudig (› Kasten).

→ **Pflanzen Sie robuste Arten und Sorten**
Wildarten, auch Wildtulpen, vermehren sich im Laufe der Jahre, anstatt zu verschwinden. Die Weinberg-Tulpe (*Tulipa sylvestris*) z. B. verwildert an warmen, sonnigen Plätzen.

Die Zwergstern-Tulpe (*Tulipa tarda*) leuchtet mit ihren gelben Blüten im Frühlingsbeet. Sie ist anspruchslos und vermehrt sich von selbst.

Blaustern, Schneeglöckchen oder Winterling versamen sich dagegen im Gehölzschatten. Auch viele sogenannte botanische Sorten sind robust und langlebig (› Kasten). Sie haben noch ihren ursprünglichen Charme und eignen sich gut zum Verwildern, stammen aber aus Zuchtbetrieben.

Die Qualität ist schlecht
Pflanzware gibt es in sehr unterschiedlicher Qualität. Kümmernde Zwiebeln sind nicht blühfähig und verschwinden bald wieder.

→ **Kaufen Sie gute Qualität**
Achten Sie beim Einkauf auf große, kräftige und feste Zwiebeln. Lassen Sie Sonderangebote im Supermarkt liegen. Im Fachhandel oder in Staudengärtnereien sind die Zwiebeln zwar teurer, aber gesund und vital.
› S. 36, Blumenzwiebeln pflanzen
› S. 51, Zwiebeln treiben nicht ❊

? Zwiebelblumen welken

Jedes Jahr stören mich die gelben Blätter der abgeblühten Tulpen, besonders im Rasen. Darf ich sie gleich nach der Blüte abschneiden?

Bei Zwiebelblumen ziehen sich die oberirdischen Pflanzenteile nach der Blüte wieder in das Speicherorgan zurück. So übersteht die Zwiebel heiße, trockene Sommermonate im Boden und sammelt Kraft für das kommende Frühjahr. Diesen genetisch festgelegten Prozess sollte man nicht stören.

→ Lassen Sie die Blätter dran

In der Zeit vom Austrieb bis zum Absterben der Blätter erzeugt die Pflanze durch Photosynthese Energie für die Bildung von Tochterzwiebeln, die im nächsten Jahr blühen. Wenn Sie die Blätter zu früh abschneiden, fehlen den Pflanzen beim Neuaustrieb Nährstoffe. Sie können sie aber bündeln und z. B. zu einem Zopf zusammenbinden.

→ Kaschieren Sie die Blätter

Um die welken Blätter zu verbergen, setzen Sie andere Pflanzen zwischen die Zwiebelblumen im Beet. Pfingstrosen, Chinaschilf und Sonnenbraut treiben aus, wenn das Tulpenlaub schon vergilbt, und schließen die entstehenden Lücken.

→ Kleinblumenzwiebeln für den Rasen

Frühblüher wie Wildkrokus, Blausternchen und Schneeglanz eignen sich besser zum Verwildern im Rasen. Ihre Blätter ziehen zum Zeitpunkt der ersten Rasenmahd im Frühjahr meist sowieso schon wieder ein. ❉

Populäre Gartenirrtümer

Tulpen und Narzissen muss man nach der Blüte ausgraben und die Zwiebeln im Herbst wieder pflanzen.

Im Gegenteil. Es besteht die Gefahr, dass die Zwiebeln während der Lagerzeit vertrocknen oder sich mit einem Pilz infizieren. Diese Arbeit können Sie sich also sparen. Richtig gepflanzt, können die Zwiebeln über viele Jahre im Boden bleiben. Vermeiden Sie aber durch bodenverbessernde Maßnahmen Staunässe.

Stauden machen viel Arbeit im Beet. Ständig müssen sie gewässert, hochgebunden und verjüngt werden.

Das ist nur bedingt richtig. Außer Prachtstauden, die tatsächlich viel Pflege benötigen, gibt es noch eine Vielzahl genügsamer Arten und Sorten. Wildstauden machen am richtigen Platz im Garten nur wenig Arbeit. Meist beschränkt sich die Pflege auf gelegentliches Wässern und Düngen und jährlichen Rückschnitt.

Einjährige Blumen und Stauden passen nicht zusammen. Stauden sind mehrjährig und vertragen keine Störung durch ständig wechselnde Bepflanzung.

Das stimmt so nicht. Zwiebelblumen und früh einziehende Stauden hinterlassen nach dem Einziehen der Blätter kahle Stellen im Staudenbeet. Einjährige Sommerblumen eignen sich ideal, um diese Lücken zu füllen. Goldmohn, Eisenkraut oder einjähriger Rittersporn blühen den ganzen Sommer durch, ohne die Stauden zu stören. Einmal gepflanzt, versamen sie sich und vagabundieren als charmante „Lückenbüßer" durchs Beet. Dann braucht man die eingewachsenen Stauden auch nicht mehr durch Pflanzarbeiten zu stören.

Alte Sorten sind besser als die neuen. Sie sind einfach robuster und gesünder und nicht so überzüchtet.

Dabei handelt es sich wirklich um ein Gerücht. Sicher gibt es alte Sorten, die schon seit langer Zeit im Handel sind und nach wie vor empfohlen werden können. Man denke nur an Kletterrosen wie 'New Dawn', unter Pfingstrosen an die Sorte 'Sarah Bernhardt' oder die Rittersspornsorten von Karl Förster. Seit langem aber bemühen sich engagierte Stauden- und Baumschulgärtner mit Erfolg um eine ständige Verbesserung des Sortiments: Viele neue Sorten sind standfester, resistenter gegen Krankheiten und blühen länger und schöner.

Ziergehölze & Immergrüne

Bäume und Sträucher bilden den grünen und blühenden Rahmen eines Gartens. Richtig platziert, geben sie ihm Struktur und wirken als Einzelgehölz ebenso wie in Gruppen. Welche Gehölze sich zu einem schönen Gartenbild ergänzen und wie man zu passender Zeit Licht in das zunehmende Dickicht bekommt, ist leicht zu lernen. Richtig gepflegt und geschnitten, bleiben Ziergehölze jahrein, jahraus vital und attraktiv.

ZIERGEHÖLZE & IMMERGRÜNE

? Ahorn vertrocknet

Ich habe meinen Fächer-Ahorn ausgelichtet. Nun trocknen manche Triebe an den Schnittstellen ein, und es bilden sich rote Flecken. Was soll ich tun?

Ahorn ist empfindlich

Ahornarten können Wunden nicht gut abschotten und verschließen. Größere Schnittwunden trocknen dann oft bis weit in das alte Holz zurück und bilden einen Nährboden für Pilze wie die Rotpustelkrankheit.

> S. 163, Schnittstellen versorgen

→ **Vermeiden Sie Schnittmaßnahmen**
Fächer-Ahorn und andere Ahornarten entwickeln von selbst ein stabiles Gerüst, das ohne Schnitt jahrelang vital bleibt und im Alter immer mehr Charakter bekommt. Entfernen Sie bei Schnittmaßnahmen besser mehrere kleine Triebe als einen großen.

→ **Schneiden Sie im Sommer**
Zwischen Juni und September versiegt der Saftdruck (> Glossar, S. 225) in der Pflanze fast ganz. Dann bluten die Schnittstellen nicht und bieten weniger Angriffsfläche für Pilzkrankheiten. Außerdem kann die Pflanze die Wunde während der Wachstumsphase innerlich besser durch keimhemmende Stoffe abschotten und außen Wundgewebe bilden.

→ **Entfernen Sie kranke Triebe**
Sind Triebe eingetrocknet oder von Pilzen befallen, schneiden Sie diese im Sommer aus. Entfernen Sie nicht nur die betroffenen Bereiche, sondern schneiden Sie mindestens 10 cm weiter in das gesunde Holz zurück. ❄

? Austrieb bleibt aus

Letztes Jahr habe ich einen Hibiskus gepflanzt. Nun treibt er nach einem frostreichen Winter nicht mehr aus. Ist er überhaupt winterhart bei uns?

Junge Gehölze sind frostempfindlich

Viele Gartengehölze stammen ursprünglich aus wärmeren Klimaregionen und sind in jungen Jahren frostempfindlich (> Tab.), z. B. der spät blühende Roseneibisch *Hibiscus syriacus*. Diese Gehölze haben als Jungpflanzen noch nicht genug Holzmasse aufgebaut, um harten Wintern zu widerstehen. Besonders wurzelnackt im späten Herbst gepflanzte Gehölze mit eher labiler Frosthärte können in den ersten Jahren in frostreichen Wintern ohne schützende Schneebedeckung stark zurückfrieren oder ganz absterben.

> S. 80, Gehölze ohne Neuaustrieb

→ **Sorgen Sie für Winterschutz**
Packen Sie den jungen Strauch spätestens im Dezember mit Stroh ein und wickeln Sie eine Schilfmatte um ihn herum. So werden die besonders im Vorfrühling gefährlichen starken Temperaturschwankungen abgemildert, bei denen auf extrem kühle Nächte schon recht warme Tage folgen. Die Matten halten auch eisige Winterwinde ab.

→ **Kaufen Sie größere Pflanzen**
Ältere, schon größere Sträucher und Bäume sind zwar etwas teurer, aber auch schon stärker verholzt und weniger frostempfindlich.

→ **Pflanzen Sie im späten Frühjahr**
Topfgehölze, sogenannte Containerware, kann man zwar ganzjährig pflanzen, sie wachsen aber im April/Mai, wenn der Boden bereits etwas erwärmt ist, ideal an. Dann können sie genug Kräfte sammeln, ehe sie dem ersten Winter trotzen müssen. ❄

Frostempfindliche Gehölze

Name	Höhe	Merkmale	Standort
Davidie *Davidia involucrata*	bis 20 m	cremefarbene Blüten; braucht sehr lange bis zur ersten Blüte	Sonne bis Halbschatten
Fächer-Ahorn *Acer palmatum*	3–8 m	unauffällige Blüten; dekoratives Laub; zahlreiche Sorten	Halbschatten
Marone/Esskastanie *Castanea sativa*	bis 20 m	hängende, grünliche Blütenstände; schmackhafte Früchte	Sonne
Schwarze Maulbeere *Morus nigra*	ca. 4 m	weiße Blüten; schmackhafte Früchte	Sonne

? Bambus wuchert

Mein Bambus breitet sich an mehreren Stellen im Garten aus und bedrängt die Nachbarpflanzen. Wie kann ich ihn stoppen?

Bambus bildet Wurzelausläufer

Viele Bambusarten, besonders die Zwergbambusarten der Gattung *Sasa*, aber auch *Phyllostachys* oder *Pleioblastus*, treiben unterirdisch zahlreiche starke Ausläufer, die mit ihren harten Spitzen sogar feste Gartenteichfolien durchstoßen können.

➔ **Bauen Sie eine Sperre ein**
Verhindern Sie den Ausläuferwuchs schon bei der Pflanzung durch feste Wurzelsperren im Erdreich. Dazu sichert man ein ausreichend großes Terrain durch Steine, eine Betoneinfassung oder eine spezielle Rhizomsperre (➔ Glossar, S. 225) aus nicht durchwurzelbarem Kunststoff. Die Sperre umschließt den Wurzelballen ringförmig bis in eine Tiefe von 70 cm und ragt etwa 5 cm über den Boden. So ist gewährleistet, dass die Ausläufer der wuchsfreudigen Pflanze sie nicht überwinden oder unterwandern können.
➔ S. 42, Gräser verkleinern

➔ **Wählen Sie wenig wuchernde Sorten**
Insbesondere für kleine Gärten bieten sich wenig wuchernde Bambus-Gattungen wie *Thamnocalamus* (nicht wuchernd), *Indocalamus* oder *Semiarundinaria* (kurze Ausläufer) an. Auch Pflanzen der horstbildenden Gattung *Fargesia* breiten sich erfahrungsgemäß nicht übermäßig stark aus. ❄

? Baum verpflanzen

Wir möchten an der Stelle, wo unser schöner alter Hausbaum im Garten steht, am Haus anbauen. Können wir den Baum jetzt noch umpflanzen?

Prinzipiell lassen sich auch größere Gehölze umsetzen, vorausgesetzt, es handelt sich nicht um Bäume, die tiefe Pfahlwurzeln ausbilden, z. B. Kiefern. Wichtig ist, dass das Unternehmen technisch gut vorbereitet und fachgerecht ausgeführt wird und es Sie kräftemäßig nicht überfordert. Überlegen Sie, ob der Aufwand gerade bei großen, ausgewachsenen Bäumen gerechtfertigt ist.

➔ **Legen Sie den Wurzelballen frei**
Ideal für die Aktion ist ein bedeckter Frühlingstag, wenn das Gehölz noch keine frischen Austriebe hat. Bei einem Baum mit breiter Rundkrone gräbt man zunächst mit dem Spaten ringförmig einen schmalen Graben im Radius von etwa 1 m in den Boden um den Baumstamm. Nun sticht man mit dem Spatenblatt immer tiefer schräg nach unten und hebt die Erde aus, bis die Wurzeln mit dem Erdreich eine flache, nach unten gewölbte Halbkugel bilden. Wichtig ist, dass der Wurzelballen kompakt bleibt. Schieben Sie ein Ballenleinen (aus der Baumschule) darunter und binden Sie es an der Stammbasis zusammen. Damit kann man den Baum gut transportieren und ihn darin ins neue Pflanzloch setzen. Nach dem Einpflanzen löst man nur die Knoten am Stamm, das Tuch verrottet dann in der Erde. ❄

So pflanzt man richtig um

(1) Wurzelballen freilegen
Stechen Sie das Erdreich rund um das Gehölz mit einem Spaten ab, bis der Wurzelballen frei liegt.

(2) Mit Ballenleinen umfassen
Stellen Sie den Wurzelballen auf ein Leintuch und binden Sie es am Stamm mit einer Schnur fest.

(3) Den Baum transportieren
Gut verpackt verliert der kompakte Wurzelballen auf dem Weg zum neuen Standort keine Erde.

(4) Einpflanzen
Stellen Sie den Baum mit Ballentuch in das neue Pflanzloch. Lösen Sie die Schnur, und füllen Sie das Loch mit Erde auf.

ZIERGEHÖLZE & IMMERGRÜNE

? Baum wächst schief

Unser frisch gepflanzter Baum steht nach einigen Tagen plötzlich ganz schief. Kann man den Stand zum jetzigen Zeitpunkt noch korrigieren?

Der Baum braucht Halt

Jeder junge Baum mit einer Rundkrone wächst gerade, wenn er an einem Stützpfahl aufgebunden wird. Nur wenn andere, gleich hohe Pflanzen den Baum seitlich bedrängen und ihm das Licht nehmen, könnte das die Wachstumsrichtung beeinflussen.

→ **Bringen Sie einen Stützpfahl an**
Schlagen Sie einen ausreichend starken, unten angespitzten Stützpfahl aus Holz etwa 15 cm neben dem Baum in die Erde, und zwar in der Hauptwindrichtung vor dem Stamm. Binden Sie den Stamm mit Naturbast oder einem anderen flexiblen Material am Pfahl mit einer sogenannten Achterschleife (> Glossar, S. 222) über Kreuz wie bei einer Acht in der Stamm-Mitte und kurz über der Basis der Krone fest (> Abb.). Für besonders festen Halt können Sie den Pfahl auch noch mit Seilen zu drei Seiten hin an Pflöcken im Boden verankern.

> S. 160, Rinde beschädigt ❋

Hier wurde der Abstand zwischen Stamm und Pfahl durch mehrere Wicklungen fixiert. Man lockert sie mit zunehmendem Stammwachstum.

? Baum zu hoch

Die Serbische Fichte und eine Birke werden mir in meinem Garten allmählich zu hoch. Mein Nachbar sagt, ich soll den Mitteltrieb oben absägen. Kann man das einfach machen, ohne den Bäumen zu schaden?

Jede Baumart hat eine typische Wuchsform und ein bestimmtes Wuchspotenzial. Vor allem hoch aufragende Nadelgehölze werden für kleine Gärten im Alter oft zu groß, denn sie benötigen im Gegensatz zu Laubbäumen auch im unteren Bereich Platz, um sich entfalten zu können.

Werden bei Laub- und Nadelbäumen Spitze und Seitenäste mitten im Astwerk gekappt, zerstört man die natürliche Wuchsform. Der Baum versucht dann, den immensen Saftstau (> Glossar, S. 225) an der Schnittstelle auszugleichen und aktiviert dazu unter der Rinde „schlafende" Knospen. Aus ihnen entwickeln sich sehr lange, instabile Triebe – so lange, bis der Baum seine alte Größe wieder erreicht hat. Die natürliche Form erlangt er aber nicht mehr. Das Kappen ist deshalb also keine geeignete Lösung!

Man kann die Gehölze aber auch verkleinern, ohne ihre Stabilität zu gefährden.

→ **Nadelgehölze verkleinern**
Kürzen Sie Nadelgehölze nur so weit zurück, wie es unbedingt nötig ist. Befestigen Sie einen Stab an der Schnittstelle und binden Sie daran einen Seitentrieb als neue Spitze fest. Über die gesamte Baumlänge lenken Sie dann die längsten Seitentriebe auf weiter innen im Gehölz stehende Triebe um. Durch Umlenken (> Glossar, S. 226) stellt man die natürliche Wuchsform annähernd wieder her.

→ **Laubbäume verkleinern**
Bei Laubbäumen bremsen Sie das Wachstum, indem Sie kleinere, bis 10 cm dicke Äste an den Haupttrieben auslichten und diese im Außenbereich der Krone verschlanken (> Glossar, S. 227). So verringern Sie die absolute Größe zwar kaum, es gelangt aber mehr Licht in das Innere des Baumes, wo durch die Bildung neuer Triebe Energie gebunden wird – Energie, die der Baum nicht mehr in das Längenwachstum steckt. ❋

? Blüte bleibt aus

Ich schneide meine Spiräe immer im Februar. Sie wächst dann auch sehr kräftig, bildet aber kaum Blüten. Andere Sträucher blühen dagegen nach dem Schnitt im zeitigen Frühjahr prächtig. Mache ich etwas falsch?

Der Schnitt erfolgt zur falschen Zeit

Fast alle im Frühjahr blühenden Gehölze blühen, bevor sich das Blattwerk entwickelt. Dies ist möglich, weil sie ihre Blütenknospen schon im Vorjahr angelegt haben. Mit einem Schnitt im Frühjahr entfernen Sie also ungewollt die einjährigen Langtriebe mit den Blütenknospen. Sommerblühende Sträucher wie Sommerflieder oder Hibiskus dagegen bilden ihre Blütentriebe erst im Frühjahr – da kommt der frühe Schnitt zur rechten Zeit. Würden Sie sie im Herbst oder Winter schneiden, wären sie Frosteinwirkungen ausgesetzt und anfälliger für Krankheiten, denn sie können Schnittwunden in der wachstumsfreien Zeit nicht verschließen.

→ Schneiden Sie Frühjahrsblüher nach der Blüte

Sträucher wie Spiräe, Deutzie oder das Mandelbäumchen bilden nur kurzlebige Triebe. Ohne Schnittmaßnahmen entwickeln sie nur kurze, besenartige Triebe, die kaum noch blühen. Da sie vor allem an einjährigen Langtrieben (> Glossar, S. 222) blühen, kann man diese jährlich nach der Blüte entfernen. Außerdem entfernt man alle Triebe, die älter als drei Jahre sind, am Boden und belässt dafür die gleiche Anzahl junger Bodentriebe. Bei veredelten Mandelbäumchen erfolgt der Schnitt immer oberhalb der Veredlungsstelle.

Vergreiste Triebspitzen entfernen Sie zugunsten eines tiefer stehenden Jungtriebes. Blut-Johannisbeere, Kolkwitzie, Schönfrucht, Weigelie und Forsythie blühen zwar auch an einjährigen Langtrieben, aber das ergiebigste Blütenholz findet sich an den einjährigen Seitenverzweigungen zweijähriger Langtriebe (> Glossar, S. 227). Entfernen Sie z. B. bei der Forsythie nach der Blüte Triebe, die älter als drei bis vier Jahre sind, und lassen Sie dafür einjährige Triebe, die aus dem Boden wachsen, stehen. Abgeblühte zweijährige Triebe lichten Sie aus, indem Sie auf einen tiefer stehenden einjährigen Seitentrieb umlenken.
> S. 149, Forsythie schneiden

→ Lichten Sie Sträucher mit stabilem Gerüst aus

Sträucher wie Berberitze, Echter Gewürzstrauch, Hartriegel, Haselnuss, Scheinquitte, Schneeball und Felsenbirne blühen an einjährigen Trieben, aber sie vergreisen langsam und bilden auch am alten Holz Blütentriebe. Sie entwickeln ein stabiles Gerüst mit Bodentrieben, die mindestens fünf Jahre und länger vital bleiben. Entfernen Sie deshalb höchstens ein Fünftel der Gerüsttriebe (> Glossar, S. 223), und lassen Sie dafür junge Bodentriebe stehen. Überzählige Jungtriebe entfernen Sie. Sträucher dieser Gruppe bilden oft dichte Besen an den Triebenden. Lichten Sie diese regelmäßig aus und lassen einen Jungtrieb als neue Triebspitze stehen. Insgesamt schneidet man viel zurückhaltender als bei Sträuchern mit kurzlebigen Trieben.
> S. 148, Felsenbirne verkahlt

→ So schneiden Sie Sträucher mit langlebigem Gerüst

Zaubernuss, Zierkirsche, Flieder, Holunder, Weißdorn, Zierapfel und Magnolien blühen vor allem an einjährigen Kurztrieben (> Glossar, S. 224) und behalten über Jahre ein vitales Blütenholz. Der Schnitt erfolgt hier sehr maßvoll. Entfernen Sie dabei lediglich sich kreuzende oder nach innen wachsende Triebe und Verzweigungen an den Triebenden. Die Gerüsttriebe werden dabei nicht entfernt und auch nicht durch Jungtriebe ersetzt.
> S. 148, Flieder blüht kaum noch ✻

Wird ein Pfeifenstrauch im Winter eingekürzt, gehen nicht nur die meisten Blüten verloren, sondern auch die harmonische Gehölzform.

B > Blüte bleibt aus

ZIERGEHÖLZE & IMMERGRÜNE

? Blüten zu schwer

Wie kann ich verhindern, dass die gefüllten Rosenblüten und die schweren Blüten meiner Strauchpäonie immer wieder abknicken?

Die Statik der Pflanzen stimmt nicht

Viele Pflanzen mit dicht gefüllten Blüten sind nicht sehr belastbar. Oft reicht schon eine Windböe oder ein kräftiger Schauer aus, damit sie zu schwer werden, sich nach unten biegen oder sogar brechen.

➜ Düngen Sie mit Kalium
Eine Extraportion Kalium (K) im Dünger festigt das Pflanzengewebe, denn Kalium stabilisiert die Wände der Pflanzenzellen. Ist die Pflanze von ihrer genetischen Anlage her in der Lage, die Blüten zu halten, kann dieser Trick hilfreich sein.

➜ Binden Sie die Pflanze an
Werden besonders schwere und große Blüten bei manchen Arten herausgezüchtet, kann es vorkommen, dass der Blütenstiel nicht in der Lage ist, diese zu tragen. Bei diesen Sorten sollte man die Triebe an Zäunen, Klettergerüsten oder Stäben aufbinden oder sie mit einem Staudenring umgeben. Gerade für Rosen gibt es sehr schöne Stützen, Obelisken und andere Rankhilfen im Handel.

➜ Pflanzen Sie ungefüllte Sorten
Alternativ können Sie sich auch nach weniger dicht gefüllten Sorten umsehen. Besonders in regenreichen Gebieten oder an windexponierten Standorten sind weniger anfällige Blüten meist die beste Lösung.

? Blütezeit verlängern

Sommerflieder und Hibiskus blühen bei mir nur bis Anfang September, in anderen Gärten aber oft bis Oktober. Liegt das vielleicht an der Sorte?

Man kann die Vitalität und Blühfreudigkeit dieser sommerblühenden Gehölze mit dem richtigen Schnitt deutlich erhöhen. Sie wachsen und blühen an diesjährigen Trieben (➜ Glossar, S. 222), deshalb schneidet man sie jährlich im Frühjahr vor der Blüte. Da viele ihren Ursprung im Mittelmeerraum haben und frostempfindlich sind, wartet man damit am besten bis kurz vor dem Austrieb.

➜ Schneiden Sie Sommerflieder zurück
Sommerflieder blüht ebenso wie Perovskie, Fünffingerstrauch, Heiligenkraut, Johanniskraut, Lavendel und Säckelblume an den Triebenden und bei kräftigen Trieben auch an den Enden der Seitentriebe. Schneiden Sie ihn im März auf die Hälfte, mindestens aber auf 1 m Höhe zurück. Überalterte Triebe schneiden Sie auf 10 cm lange Zapfen über dem Boden zurück – aus ihnen bilden sich ebenfalls neue Triebe. Der Strauch sieht durch diese Maßnahmen zwar bis zum Frühsommer wenig attraktiv aus, wird aber aus den Schnittstellen schließlich kräftig austreiben, sich reich verzweigen und immer wieder neue Blütenkerzen bilden.

➜ Vorjahrestriebe bei Hibiskus kürzen
Hibiskus bildet seine Blüten fortlaufend in den Blattachseln des wachsenden Triebes. Er hat ein dauerhaftes Gerüst, aus dem er im

Sommerblüher richtig schneiden

(1) Sommerflieder bleibt buschig und blühfreudig, wenn man die Pflanze im März bis 1 m über dem Boden zurückschneidet.

(2) Hibiskus treibt kräftig Blüten, wenn man alte Triebe auslichtet und den Vorjahreszuwachs auf kurze Zapfen einkürzt.

Frühjahr neu austreibt. Belassen Sie vier bis sieben vitale Gerüsttriebe (➜ Glossar, S. 223) und schneiden deren letztjährige Spitzen auf die Hälfte, mindestens aber um ein Drittel zurück. Die Seitentriebe dieser Gerüsttriebe kürzen Sie im oberen Bereich auf 5 cm lange, im unteren auf 10 cm lange Zapfen ein. Schneiden Sie alte und abgestorbene Triebe heraus, damit das Geäst mit der Zeit nicht zu dicht wird. So ausgelichtet und gestärkt, kann der Strauch kräftig austreiben und immer neue Blüten an lang wachsenden Trieben bilden – eine gute Voraussetzung für eine ausdauernde Blütezeit.

B > Buchs: Schnittzeitpunkt

? Braune Blätter bei Immergrünen

Die Blätter meines Kirschlorbeers werden braun, und die Pflanze wirkt insgesamt irgendwie schütter. Woran kann das liegen?

Das ist eine Folge des Winters

Viele immergrüne Pflanzen haben im Winter doppelt Stress. Frost und kalter Wind setzen ihnen ebenso zu wie die teilweise beträchtlichen Temperaturschwankungen. Diese treten besonders im Vorfrühling auf, wenn die Sonne wieder an Kraft gewinnt und es tagsüber schon recht warm werden kann, während die Nächte noch bitterkalt sind.
Da Immergrüne im Gegensatz zu den laubabwerfenden Gehölzen auch im Winter Stoffwechsel betreiben, sind sie auf die ständige Versorgung mit Wasser angewiesen. Wenn der Nachschub aus dem gefrorenen Boden ausbleibt, weisen die Pflanzen nach einem harten Winter oft Trockenschäden in Form brauner Blätter auf oder werfen ihre Blätter ab – ein Zeichen der sogenannten Frosttrocknis (> Glossar, S. 223).

→ **Schilfmatten bieten Schutz**
In unseren Gefilden reicht bei winterharten Immergrünen ein Schutz aus Schilfmatten gegen frostigen und austrocknenden Wind. Gleichzeitig bieten die Matten Schutz gegen die im Vorfrühling oft schon intensive Sonnenstrahlung, die zu Sonnenbrand auf der Blattfläche führen kann.
› S. 147, Eingerollte Blätter bei Immergrünen

→ **Halten Sie die Pflanzen feucht**
Um eine ausreichende Bodenfeuchte zu gewährleisten, bedeckt man den Wurzelraum mit einer schützenden Mulchschicht (> Glossar, S. 224) aus Moos oder Laub. So gefriert die oberste Bodenschicht bei schwachem Frost nicht gleich, und die Wasserversorgung ist dann länger gewährleistet. Solange es frostfrei ist, sollten Sie die Pflanzen bei trockenem Boden unbedingt regelmäßig wässern.

? Buchs: Schnittzeitpunkt

Ich habe einen Bauerngarten mit einer Buchseinfassung und einige in Form geschnittene Buchskugeln. Wie oft und wann sollte ich sie schneiden?

Bei Buchs ist regelmäßiger Schnitt nötig, damit man die Form immer klar erkennen kann. Wie oft Sie ihn schneiden sollten, ist abhängig vom Alter der Pflanzen, von der Wuchsstärke der einzelnen Sorte und von der Schnittform.

→ **Erziehen Sie in Stufen**
Bauen Sie das Gehölz in der Erziehungsphase zunächst stufenweise auf, damit es sich gleich zu Beginn vom Gehölzinnern dicht verzweigt. Dazu benötigt Buchs in den ersten zwei bis drei Jahren bis zu vier Schnitte in einer Wachstumsperiode.

→ **Halten Sie die Pflanzen in Form**
Ist die Form bereits aufgebaut, reicht bei Einfassungsbuchs in der Regel ein Schnitt pro Jahr. Starkwüchsige Sorten schneidet man zweimal im Jahr.

→ **Schneiden Sie im Frühsommer**
Der beste Zeitpunkt ist zwischen Mai, wenn keine Spätfröste mehr drohen, bis ca. Ende Juli. Neu gebildete Triebe können dann noch vor dem Winter ausreifen. Schneiden Sie an einem bewölkten Tag, damit sich die nach dem Schnitt außen stehenden Blätter an die stärkere Sonnenstrahlung gewöhnen.

Spätestens im Juli sollte der letzte Formschnitt erfolgen. So kann Buchsbaum noch vor dem Winter kräftige neue Triebe bilden.

145

ZIERGEHÖLZE & IMMERGRÜNE

? Clematis verkahlt

Meine fünfjährige Clematis ist fast vier Meter hoch, blüht aber nur noch an den obersten zwei Metern. Wie kann ich verhindern, dass sie unten völlig kahl wird?

Die drei Schnittgruppen

Zeitgemäß: In Abhängigkeit von der Blütezeit unterscheidet man bei Clematis drei verschiedene Gruppen, die unterschiedlich geschnitten werden.

(1) Blüte im Frühjahr
Schneiden Sie nach der Blüte um die Hälfte zurück, wenn die Pflanze verkahlt.

(2) Blüte im Frühsommer
An einjährigen Trieben blühende Hybriden schneidet man jährlich vor dem Austrieb.

(3) Blüte im Sommer
Diese Gruppe blüht an diesjährigen Trieben, die man vor dem Austrieb einkürzt.

Richtiger Schnitt ist entscheidend

Das Problem tritt häufig auf, wenn man Waldreben nicht regelmäßig schneidet. Ohne Schnitt verkahlen sie von unten, je älter sie werden. Die verschiedenen Sorten teilt man in drei Gruppen ein, bei denen der Schnitt in Abhängigkeit von der Blütezeit erfolgt. Informieren Sie sich zunächst, zu welcher Gruppe ihre Clematis gehört, denn danach richtet sich, wie man sie schneidet.

➔ **Schneiden Sie nach der Pflanzung**
Setzen Sie die Clematis bei der Pflanzung bis über das erste Knospenpaar in die Erde. Sie bildet dann im Boden geschützte Reserveknospen, falls der Trieb über der Erde abknickt oder erfriert. Lassen Sie oberirdisch ebenfalls ein Knospenpaar pro Trieb stehen, den Rest entfernen Sie. Nur so verzweigt sich die Clematis schon an der Basis und verkahlt später nicht. Wenn Pflanzen beim Kauf schon blühen, unterbleibt dieser Schnitt oft. Er sollte aber spätestens im folgenden Jahr nachgeholt werden.

➔ **Verjüngen Sie Bergwaldrebe und Co**
Berg-Waldrebe (*Clematis montana*) und Alpen-Waldreben (*C. alpina*, *C. macropetala*) blühen ab Mai an einjährigen Trieben (❯ Glossar, S. 222). Sie wachsen jahrelang auch ohne Schnitt mit ungebrochener Blühfreude. Nur ältere oder zu große Pflanzen schneidet man unmittelbar nach der Blüte bis auf die Hälfte zurück (❯ Abb. 1). Auch ein radikaler Verjüngungsschnitt bis auf 1 m über dem Boden ist möglich. Die alten Triebe sterben dann meist bis zur Erde ab, es entwickeln sich aber im selben oder im nächsten Jahr neue Bodentriebe. Der Schnittrhythmus gilt auch für die wintergrünen, nur bedingt frostharten *C. armandii* und *C. cirrhosa*.

➔ **Kürzen Sie Frühsommerblüher vor dem Austrieb ein**
Diese Gruppe, zu der *Clematis tangutica* und die meisten großblumigen Hybriden wie 'Dr. Ruppel', 'Königskind', 'Lasurstern', 'Mme Le Coultre', 'Multi Blue' und 'Vyvyan Penell' gehören, blüht ab Juni an diesjährigen Kurztrieben einjähriger Langtriebe (❯ Glossar, S. 222). Eine schwächere Nachblüte erfolgt im Hochsommer an diesjährigen Langtrieben. Ein Schnitt nach der Blüte ist möglich, aber nicht sinnvoll, da sich mit den ersten Blüten schon neue Triebe bilden. Besser entfernen Sie im Frühjahr abgestorbene Triebe und schneiden starke Pflanzen um ein Viertel, schwache um ein Drittel zurück (❯ Abb. 2).

➔ **Schneiden Sie Sommerblüher vor dem Austrieb zurück**
Arten und Sorten der *Clematis-viticella*- und *C.-jackmanii*-Gruppe blühen nur an diesjährigen Trieben (❯ Glossar, S. 222). Schneiden Sie die ganze Pflanze im Frühjahr auf 20–50 cm zurück (❯ Abb. 3). Sie treibt dann kräftig aus und blüht an den neuen Trieben. Zu dieser Gruppe gehören 'Ernest Markham', 'Etoile Violette', 'Hagley Hybrid', 'Huldine', 'Madame Julia Correvon', 'Niobe', 'Perle d'Azur', 'Rouge Cardinal' und 'Ville de Lyon'. ❄

E › Einmalblühende Rosen schneiden

? Eingerollte Blätter bei Immergrünen

Ich beobachte immer wieder, dass sich bei meinen Rhododendren die Blätter im Winter schmal zusammenrollen. Was hat es damit auf sich?

Das ist ein natürlicher Frostschutz

Mutter Natur hat den Rhododendren diesen natürlichen Frostschutz mitgegeben. Als wintergrünes Gehölz betreibt die Pflanze ja auch in der kalten Jahreszeit Stoffwechsel, d. h. sie verdunstet während der Photosynthese Wasser über Poren auf der Blattfläche. Rollt sich das Blatt zusammen, ist das eine Art Sparmaßnahme: Die Photosynthese wird eingeschränkt, und es verdunstet automatisch auch weniger Wasser. An frostigen Tagen wird so der fehlende Nachschub aus dem gefrorenen Boden kompensiert. Damit kann die Pflanze kurzfristig Schäden durch Frosttrocknis (› Glossar, S. 223) vermeiden. Hält der Zustand länger an, sollte man Schutzmaßnahmen ergreifen.

› S. 145, Braune Blätter bei Immergrünen

➔ **Schattieren Sie die Pflanze**
Damit eisiger Wind und ungefiltertes Sonnenlicht bei der Pflanze im Winter nicht zu Trockenschäden führen, können Sie sie während längerer Kälteperioden durch Strohmatten, ein spezielles Frostschutzvlies (› Glossar, S. 223) oder mit aufgelegten Fichtenzweigen schützen.

➔ **Halten Sie Pflanzen feucht**
Ebenso wie andere Immergrüne sollte man auch Rhododendren bei trockenem Boden an frostfreien Wintertagen vorsorglich wässern, damit es nicht zu Schäden durch Austrocknung kommt.

➔ **Schützen Sie eingetopfte Pflanzen**
Stellen Sie Rhododendren und andere Immergrüne in Gefäßen an einen windgeschützten Platz und schützen Sie den Wurzelballen im Topf durch Isoliermaterial (z. B. Noppenfolie oder Strohmatten) vor Frost.

? Einmalblühende Rosen schneiden

Ich schneide jedes Frühjahr meine einmalblühenden Strauch- und Kletterrosen zurück. Meine Freundin sagt nun, dass das gar nicht nötig ist. Stimmt das?

Die Rosen verkahlen ohne Schnitt

Gänzlich ohne Schnitt bilden einmalblühende Strauch- und Kletterrosen an der Basis kein Blattwerk mehr und auch kein vitales Blütenholz. Sie entwickeln dann nur ein dichtes Gewirr von Trieben, die zum Teil sogar absterben. Mit geeigneten Schnittmaßnahmen verjüngen Sie die Pflanze und bringen Sie regelmäßig in Form.

➔ **Verjüngen Sie Ihre Rosen**
Entfernen Sie im Frühjahr abgestorbene und kranke Triebe von Ihren Strauchrosen. Jährlich nach der Blüte schneiden Sie alle Triebe, die älter als vier bis fünf Jahre sind, bodeneben aus. Die Verzweigungen im oberen Bereich der restlichen Triebe lichten Sie aus (› Glossar, S. 222). Kürzen Sie dabei aber die diesjährigen Triebverlängerungen und die Bodentriebe nie ein (› Abb.).
Bei einmalblühenden Kletterrosen schneiden Sie nach genau demselben Prinzip. Starkwüchsige Rambler (› Glossar, S. 225) verjüngen Sie alle fünf Jahre, indem Sie ältere und vergreiste Triebe am Boden entfernen. Die wüchsigen Jungtriebe bleiben stehen und blühen dann ab dem nächsten Jahr.

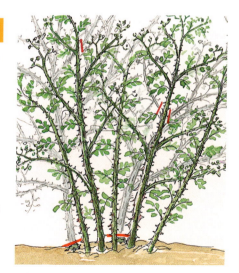

Schneiden Sie die vergreisten Triebe einmalblühender Rosen nach der Blüte zurück und lichten Sie die übrigen aus.

ZIERGEHÖLZE & IMMERGRÜNE

? Felsenbirne verkahlt

Meine Felsenbirne wird unten ganz kahl, entwickelt oben aber ein immer dichteres Geäst. Wie erreiche ich, dass sie auch unten noch Triebe hat?

An die Basis kommt kein Licht

Triebe, die sich gegenseitig beschatten, verkahlen in Bodennähe. Oben, wo der Trieb genügend Licht erhält, verzweigt er sich zu „Besen" – und schattiert die Basis noch stärker. Solche Köpfe bilden sich auch durch das regelmäßige Einkürzen einjähriger Triebe und stören den harmonischen Aufbau.

→ **Lichten Sie den Strauch aus**

Entfernen Sie bis zu 3/4 der älteren Triebe am Boden und die äußeren dichten Verzweigungen (Besen) und Kopfbildungen. Lenken Sie sie auf einen tieferen, jungen Seitentrieb um (› Glossar, S. 226), der in die Wuchsrichtung des Haupttriebes zeigt und diesen locker auslaufen lässt.
Schneiden Sie in den Folgejahren so, dass die Pflanze jeweils 1/5 der älteren Bodentriebe durch die gleiche Anzahl an Jungtrieben ersetzt. Der Strauch sollte dann insgesamt etwa 10–12 unterschiedlich alte Bodentriebe haben. Überzählige Jungtriebe entfernt man direkt am Boden.

→ **Schneiden Sie nach der Blüte**

Schneiden Sie immer nach der Blüte und kürzen Sie nie die einjährigen Langtriebe (› Glossar, S. 222) ein, denn Felsenbirnen bilden ihre Blütenknospen im Vorjahr und blühen an 2–4 Jahre alten Trieben.

? Flieder blüht kaum noch

Es ist zum Verzweifeln: Schneide ich meinen Flieder zurück, bleibt im Folgejahr die Blüte aus. Unterlasse ich den Schnitt, entwickeln sich aber auch nur wenige Blütenstände. Wie pflege ich ihn denn nun richtig?

Die Samenstände rauben Kraft

Flieder setzt nach der Blüte Samen an, die nicht abfallen und zu den im Sommer neu gebildeten Blütenknospen für das nächste Jahr in Konkurrenz stehen. Das raubt Kraft.

→ **Schneiden Sie Verblühtes aus**

Schneiden Sie die Blütenstände direkt nach Ende der Blütezeit bis zum ersten grünen Blattpaar zurück. Sehr schwache Triebe, die nur wenig oder gar nicht geblüht haben, schneiden Sie bis zum nächsten kräftigen diesjährigen Trieb (› Glossar, S. 222) zurück.

Veredelten Flieder schneiden Sie nur bis über die Veredlungsstelle zurück. Für eine harmonische Form bleibt der Mitteltrieb am höchsten.

Die Triebe verkahlen

Flieder besitzt jahrelang vitales Blütenholz. Ältere Gehölze verlieren jedoch zunehmend ihre Vitalität, d. h. sie vergreisen (› Glossar, S. 227) und verkahlen an der Basis.

→ **Verjüngen Sie den Baum**

Um das Gehölz zu kräftigem Wuchs anzuregen, schneiden Sie Flieder am besten vor der Blüte im Frühjahr. Sie verzichten damit zwar im selben Jahr auf Blüten, im nächsten Jahr blüht er aber umso schöner. Bei Sträuchern entfernen Sie ein Drittel der vergreisten Triebe direkt am Boden, bei veredeltem Flieder oberhalb der Veredlungsstelle. Bei Hochstämmen entfernen Sie Besen, indem Sie sie auf einen tiefer stehenden und nach außen weisenden Trieb umlenken (› Glossar, S. 226). Zu steil oder nach innen wachsende Triebe entfernen Sie vollständig. Neben dem Mitteltrieb sollten möglichst nur vier Seitentriebe das Gerüst bilden, sonst verkahlt der Baum.

› S. 143, Blüte bleibt aus

→ **Entfernen Sie Wildtriebe**

Wilde Bodentriebe der Unterlage reißen Sie im Sommer direkt an der Wurzel aus. Bei Bedarf graben Sie dazu die Ansatzstelle frei. Wenn Sie solche Triebe lediglich am Boden abschneiden, regen Sie deren Wachstum nur zusätzlich an.

F › Forsythie schneiden

? Formschnitt bei altem Strauch

Ich habe eine zwei Meter hohe Eibe, die keine ansprechende Form mehr hat. Kann ich eine so alte Pflanze noch zu einer Pyramide schneiden?

Beim Formschnitt erfolgt ein stufenweiser Aufbau von innen, damit sich das Gehölz im Außenbereich gut verzweigt. Je konsequenter er schon im Jugendstadium vorgenommen wurde, desto besser bleibt das Gehölz in Form und auch nach Jahren stabil gegen Schneedruck oder Wind.

Alte, frei gewachsene Gehölze lassen sich nur dann nachträglich in Form schneiden, wenn sie sich gut verjüngen lassen. Bei Thuja oder Scheinzypresse z. B. ist das nicht möglich, während die meisten Laubgehölze und die Eibe auch aus altem Holz noch austreiben. Es ist aber nur bei mehrstämmigen, größeren Sträuchern sinnvoll, bei denen die Endgröße des Formschnittes im Verhältnis zur vorherigen Höhe bleibt. Eine 4 m hohe, frei gewachsene Eibe z. B. sollte formiert mindestens 2 m hoch sein.

➔ **Geben Sie die Form vor**
Schneiden Sie den Baum nach dem erfolgten Neuaustrieb zunächst in die gewünschte Form. Diese sollte noch deutlich kleiner sein als die spätere, endgültige Höhe. So erreichen Sie, dass später nicht etwa dicke Aststummel, sondern nur fein verzweigte Triebe an der Peripherie wachsen, die sich gut mit der Heckenschere schneiden lassen. In den Folgejahren vergrößern Sie die Form Stück für Stück, jedoch um höchstens 10 cm pro Jahr. Sie wird umso dichter, je öfter Sie schneiden.

Auch ältere Formschnitte bei Eibe lassen sich verjüngen. Schneiden Sie die Seitentriebe im späten Frühjahr bis fast an den Stamm zurück.

Am Anfang sind bis zu drei Schnitte pro Jahr sinnvoll, später können Sie auf ein bis zwei Schnitte reduzieren.
› S. 145, Buchs: Schnittzeitpunkt

➔ **Formieren Sie junge Pflanzen**
Es ist immer leichter, eine junge Pflanze in die gewünschte Form zu schneiden. Dabei helfen Schablonen aus Draht, Holz oder Pappe, die Sie selber basteln oder im Fachhandel kaufen können. Später benötigen Sie keine Schablone mehr, solange die alten Schnittkonturen sichtbar sind. ❋

? Forsythie schneiden

Meine Forsythie treibt jeden Sommer überlange Triebe, die dann nicht besonders attraktiv aussehen. Wie halte ich sie am besten in Form?

Der richtige Schnitt fehlt

Forsythien blühen an einjährigen Langtrieben (› Glossar, S. 222) und an den Seitentrieben zweijähriger Langtriebe. Haben Sie bei einer Forsythie mehrere Triebe bodeneben entfernt, reagiert die Pflanze mit sehr starkem Wachstum. Zu wüchsige oder stark ausgelichtete Forsythien können dann bis zu drei Meter lange Jahrestriebe entwickeln. Meist bleiben diese Triebe instabil, hängen in langem Bogen über und beeinträchtigen auf unschöne Weise das Gesamtbild.
› S. 143, Blüte bleibt aus

➔ **Fehlerkorrektur im Sommer**
Kürzen Sie überlange Jungtriebe mit einem Sommerschnitt bis Ende Juli auf mindestens die Hälfte ein. Sie bilden dann noch im selben Sommer Seitentriebe, die aber nicht so lang werden wie die vorher entfernten Äste.

➔ **Lichten Sie innen aus**
Kürzen Sie das Gehölz nicht außen ein, sondern im Innern. Dann bleiben die neu gebildeten Sommertriebe in einem ansprechenden Längenverhältnis zur Gesamthöhe.

➔ **Schneiden Sie nach der Blüte**
Schneidet man direkt nach der Blüte, bleibt den neuen Trieben mehr Zeit, auszureifen und Knospen für das nächste Frühjahr anzulegen, als beim Schnitt im Spätsommer. ❋

ZIERGEHÖLZE & IMMERGRÜNE

Buchsbaum *Buxus sempervirens*
Der immergrüne Buchsbaum hat's in sich – den Wirkstoff Cyclobuxin in allen Teilen, besonders aber in den **Blüten** und der jungen **Rinde**. Er ist stark giftig, auch für Tiere.

Efeu *Hedera helix*
Blätter und **Früchte** des immergrünen Efeus sind in starker Dosierung giftig, wirken aber in geringer Konzentration als schleim- und krampflösender Extrakt gegen Husten.

Eibe *Taxus baccata*
Alle Pflanzenteile, auch die kleinen **Samen** des immergrünen Nadelbaums, enthalten den stark giftigen Wirkstoff Taxin, nur das orangerote Fruchtfleisch nicht.

Lebensbaum *Thuja spec.*
Alle Teile, besonders die **Zweigspitzen** des immergrünen Gehölzes, sind giftig – und können schon bei Berührung Hautreizungen auslösen. Achtung beim Heckenschnitt!

Pfaffenhütchen *Euonymus europaeus*
Die auffällige Farbe der attraktiven **Früchte** und **Samen** des sommergrünen Strauchs sollte Warnung genug sein – sie sind sehr giftig, wie auch alle anderen Pflanzenteile.

Robinie *Robinia pseudoacacia*
Sowohl in den **Samen** als auch in der verlockend süßlich riechenden **Rinde** befinden sich giftige Eiweißstoffe. Vorsicht: Kinder sammeln gern die bohnenähnlichen Früchte.

G > Giftige Gehölze

Ginster *Cytisus spec.*
Wie viele Schmetterlingsblütler ist Ginster in allen Teilen stark giftig. Besondere Vorsicht ist bei den **Blättern** und den in den langen Schoten befindlichen **Samen** geboten.

Goldregen *Laburnum × watereri*
Neben anderen Teilen haben die bohnenförmigen **Samen** in den Schoten den höchsten Anteil des giftigen Wirkstoffs Cytisin. Insbesondere für Kinder gilt: Finger weg!

Kirschlorbeer *Prunus laurocerasus*
Die glänzenden, immergrünen **Blätter** und die **Samen** der dunklen Beeren des immergrünen Strauchs enthalten stark giftige, blausäurehaltige Glykoside.

Seidelbast *Daphne mezereum*
Der kleine Strauch enthält sogar zwei verschiedene giftige Alkaloide, die in allen Teilen Wirkung zeigen – besonders aber in den roten, fleischigen **Beeren** und der **Rinde**.

Stechpalme *Ilex aquifolium*
Die im Winter häufig zur Dekoration verwendeten, prachtvollen **Beeren** des immergrünen Strauchs sind giftig. Auch die **Blätter** enthalten Giftstoffe, aber weniger stark.

Wilder Wein *Parthenocissus spec.*
Das Laub ist gefahrlos, aber hüten Sie sich vor den giftigen blauschwarzen **Beeren**. Dabei handelt es sich definitiv nicht um Weintrauben, auch wenn die Pflanze so heißt.

151

ZIERGEHÖLZE & IMMERGRÜNE

? Glyzine blüht nicht

Seit neun Jahren habe ich einen Blauregen im Garten, der zwar kräftig wächst, aber nur sehr spärlich blüht. Wie kann ich die Blüte anregen?

Die Pflanze braucht einen Schnitt

Nur mit einem regelmäßigen Schnitt lenken Sie Ihren Blauregen von der Wachstums- in die Blühphase. Dabei kommt dem Sommerschnitt als beruhigende Maßnahme besondere Bedeutung zu.

→ **Kürzen Sie die Seitentriebe ein**
Blauregen erzieht man mit wenigen Haupttrieben, die das lebenslange Gerüst bilden. Verlängern Sie diese jedes Jahr um 1 m. Davon abzweigende Seitentriebe kürzen Sie im Sommer auf höchstens 30 cm ein. Erneuten Austrieb bricht man in noch grünem Zustand vollständig aus. Damit schaffen Sie Ordnung, beruhigen das Wachstum und fördern die Bildung von Blütenknospen. Kürzen Sie im folgenden Frühjahr den einjährigen, 30 cm langen Zuwachs der Seitentriebe auf höchstens 10 cm ein. Im Laufe der Jahre entwickeln sich Köpfe, an deren Kurztrieben das meiste Blütenholz sitzt. Vergreisen die Köpfe nach 10–15 Jahren, schneiden Sie deren älteste Verzweigungen heraus. Wenn dies nicht hilft, warten Sie in hartnäckigen Fällen mit dem Frühjahrsschnitt, bis die Pflanze ausgetrieben und bereits Jungtriebe entwickelt hat. Entfernen Sie nicht nur die Jungtriebe, sondern auch etwa die Hälfte der bereits ausgebildeten Blätter. Dieser „Schock" führt zur Bildung von Kurztrieben und meist auch Blütenknospen. Im Sommer schneiden Sie wie oben beschrieben.

Es ist eine blühfaule Sorte

Wenn Blauregen nicht blüht, handelt es sich oft um Sämlingspflanzen, die erst nach Jahren zur Blüte kommen. Achten Sie deshalb beim Kauf auf veredelte oder aus Stecklingen vermehrte Pflanzen. Am besten kaufen Sie solche, die bereits Blüten tragen.

→ **Wählen Sie veredelte Pflanzen**
Gute Sortenwahl ist oft der Schlüssel zum Erfolg. Achten Sie bei veredelten Sorten darauf, Wildtriebe zu entfernen. Die linkswindende Art *Wisteria sinensis* mit ihren Sorten hat 20–30 cm lange Blütentrauben, die im April–Mai deutlich vor dem Blattaustrieb erscheinen. *Wisteria floribunda* ist rechtswindend. Sehr verbreitet ist deren spät blühende Züchtung 'Macrobotrys' mit bis zu 1 m langen lila Blütentrauben. Sie blüht erst, wenn sich schon die Blätter entwickeln.

→ **Düngen Sie mäßig**
Übermäßige Düngung regt das Triebwachstum nur unnötig an und schränkt die Blütenentwicklung ein. ✱

TIPP!
Neue Triebe rechtzeitig ablösen

Wenn Blauregen sein Stützgerüst fest im Griff hat, ist es schwierig, ihn bei einem nötigen Neuanstrich der Fassade oder Reparaturarbeiten abzulösen. Das können Sie verhindern, wenn Sie die neuen Seitentriebe im Frühjahr regelmäßig vor dem Austrieb von der Rankhilfe abwickeln und anschließend wieder daran festbinden.

Schnitt bei Glyzinen

(1) Erziehungsschnitt
Erziehen Sie Jungpflanzen mit maximal drei Gerüsttrieben und behalten Sie diesen Aufbau bei.

(2) Sommerschnitt
Kürzen Sie Gerüsttriebe auf 1 m und Seitentriebe auf 30 cm ein. Brechen Sie den Neuaustrieb aus.

(3) Frühjahrsschnitt
Verkürzen Sie den einjährigen, 30 cm langen Zuwachs der Seitentriebe im Frühjahr auf 10 cm.

? Hausbaum auswählen

Mir gefällt der alte Brauch, einen Schutzbaum an ein Haus zu pflanzen. Welche Arten eignen sich dafür?

Ein Hausbaum verleiht einem Haus einen unverwechselbaren Charakter und vermittelt Geborgenheit. Seine prägende Gestalt kann aber den begrenzten Rahmen eines Vorgartens mit zunehmendem Alter sprengen. Wichtig ist, sich seine Dimension in etwa 20 oder 30 Jahren vorzustellen. Hochwüchsige Arten wie Walnuss, Eiche oder Linde werden oft zu mächtig.

→ **Pflanzen Sie einen Hochstamm**
Stammbildende Laubbäume mit schlanker Krone sind als Hausbaum ideal. Man kann unter ihrer hoch ansetzenden Krone hindurchschauen, und im Winter fällt noch genügend Licht ins Haus.

→ **Kleinwüchsige Arten wählen**
Es gibt auch weniger hohe Bäume (› Tab.), die eine markante Wuchsform, schöne Blüten, auffällige Früchte oder eine interessante Herbstfärbung aufweisen. Da der Baum einen exponierten Platz hat, sollte er besonders vital sein. Krankheits- oder schädlingsanfällige Arten wie Gold-Ulme oder Eberesche sind weniger geeignet.

→ **Bedenken Sie die Folgen**
Achten Sie darauf, dass das sich ausbreitende Wurzelwerk nicht zu Schäden an Grundmauern oder Kanalrohren führen kann und dass Falllaub nicht zum Problem wird.
› S. 211, Falllaub

? Hecke wird lückig

Ich schneide meine acht Jahre alte Ligusterhecke regelmäßig. Seit zwei Jahren hängen aber immer wieder Triebbüschel nach außen über, und im Innern wird sie lückig. Wie bleibt sie am besten in Form?

Die Hecke ist instabil
Durch fehlenden stufigen Aufbau sind Hecken im Innenbereich kaum verzweigt und weniger dicht wie außen. Dort wird das Wachstum durch stetiges Einkürzen gefördert, während im Gehölzinnern keine Anregung stattfindet. Mit zunehmendem Alter werden die Köpfe der einzelnen Triebe dann immer schwerer und hängen über, ohne dass die Haupttriebe merklich stabiler werden.

→ **Bauen Sie die Hecke stufig auf**
Kürzen Sie die mittleren Haupttriebe und die Seitentriebe in den ersten drei Jahren nach der Pflanzung mehrmals pro Sommer radikal ein, indem sie sogenannte Saftstaustufen (› Glossar, S. 225) bis zur Endgröße erzeugen. Das fördert die Verzweigung im Innern, und das Gehölz bleibt in sich stabil.
› S. 154, Hecke zu hoch

Die inneren Triebe benötigen Licht
Die oberen Triebe sind immer lichtbegünstigt. Je höher und schmaler eine Hecke ist, umso weniger Licht bekommen die unteren Bereiche und verkahlen. Das gilt auch für Hecken, die oben breiter sind als unten.

→ **Schneiden Sie in Trapezform**
Um den unteren Bereich zusätzlich zu fördern, schneiden Sie eine leichte Trapezform, bei der die Hecke unten breiter ist als oben. Derart geschnittene Hecken werden aufgrund ihrer schmalen Oberseite auch nach Jahren nicht kopflastig und bleiben von unten bis oben gleichmäßig dicht. Zudem wirken sie eleganter als rechteckige Formen.

Geeignete Hausbäume

Name	Merkmale
Apfel *Malus domestica*	Hochstämme; schmackhafte Frucht
Blutpflaume *Prunus cerasifera* 'Nigra'	schwarzrot belaubt mit rosa Blüten im Frühling
Chinesische Linde *Tilia henryana*	schönes Laub, ca. 10–15 m hoch
Chinesische Ulme *Ulmus parvifolia*	resistent gegen die Ulmenkrankheit
Hahnendorn *Crataegus crus-galli*	großblättrige, gesunde Weißdornart
Kugel-Ahorn *Acer platanoides* 'Globosum'	von Natur aus mit kugelförmiger Krone
Platane *Platanus acerifolia*	Sorten mit interessanter Kugelform
Zierkirsche *Prunus serrulata*	üppige Blüte, markante Wuchsform

ZIERGEHÖLZE & IMMERGRÜNE

? Hecke zu hoch

Meine formal geschnittene Hecke ist inzwischen drei Meter hoch gewachsen. Ich hätte sie aber gerne etwas weniger hoch und möchte sie auf zwei Meter Höhe zurückschneiden. Kann ich eine alte Hecke noch so weit kürzen?

Formale Hecken „wachsen" trotz des regelmäßigen Schnitts Jahr für Jahr immer ein Stück höher. Denn jede Schnittstelle liegt ein klein wenig über der vorherigen oder weiter außen als die letzte. Nach 15 oder 20 Jahren wird es oft notwendig, die Hecke zu verjüngen, um sie wieder in die gewünschte Größe zu bringen. Allerdings lässt sich nicht jede Hecke beliebig verjüngen, denn nicht jede Baum- oder Strauchart treibt aus altem Holz wieder aus – das aber ist die Voraussetzung. Man muss also zwischen den verschiedenen Gehölzarten unterscheiden: Thuja- und Scheinzypressenarten z. B. können sich nicht aus altem Holz regenerieren. Eine Eibenhecke können Sie aber, genauso wie eine Laubgehölzhecke, problemlos verjüngen. Sie treibt auch aus altem Holz bereitwillig wieder aus. Soll eine Thujahecke aus optischen Gründen stark gekürzt werden, ist ein Schnitt in das alte Holz unvermeidlich. Allerdings wird sie anschließend obenauf kahl bleiben.

› S. 149, Formschnitt bei altem Strauch

→ Verjüngen Sie Laubhecken und Eiben schrittweise

Eine ältere Hecke sollte man schonend in einzelnen Stufen über mehrere Jahre verjüngen. Verzichten Sie dabei auf Schnitte in sehr starke Gerüsttriebe oder den Stamm. Der günstigste Schnitttermin liegt kurz vor dem Austrieb. Schneiden Sie im ersten Jahr nur eine Seite der Hecke bis fast an die senkrechten Gerüsttriebe zurück. Im zweiten Jahr verfahren Sie ebenso mit der Rückseite, im dritten Jahr kürzen Sie die Oberseite bis unter die dichten besenartigen Verzweigungen ein.

→ Bremsen Sie den Höhenwuchs durch stufigen Aufbau

Durch stufenweisen Neuaufbau über vier bis fünf Jahre fördern Sie die Bildung neuer Verzweigungen. Kürzen Sie dazu Mittel- und Seitentriebe in den ersten zwei Jahren etwa dreimal pro Jahr um 20–30 cm ein, sodass es zu einem Saftstau (› Glossar, S. 225) an den Schnittstellen kommt, der die seitliche Verzweigung anregt. Bei einem 3 m hohen Gehölz bauen Sie etwa sechs solcher Saftstaustufen ein. An den Außenkanten entstehen infolgedessen nur feine Triebe, die sich gut mit der Heckenschere schneiden lassen. Die Verjüngung ist von außen schließlich nicht mehr zu sehen.

› S. 153, Hecke wird lückig

→ Kürzen Sie Thuja rechtzeitig

Wollen Sie eine Thujahecke zufriedenstellend verjüngen, dann muss der Schnitt immer im benadelten Bereich erfolgen. Ein tieferer Schnitt in das unbenadelte Holz hat das Eintrocknen ganzer Triebe zur Folge. Um zu vermeiden, dass sie nach einem radikalen Schnitt oben kahl bleibt, kann man von den grünen Seitentrieben her ein neues „Dach" über den kahlen Kern wachsen lassen. Dies können Sie unterstützen, indem Sie längere Seitentriebe von beiden Seiten über der Schnittfläche zusammenbinden. Nach einigen Jahren ist die Hecke dann oben wieder dicht. Um genügend Spielraum für eine dichte, benadelte Heckenkrone zu haben, schneiden Sie die Hecke mindestens 30 cm tiefer zurück als die gewünschte Endhöhe, die Sie erreichen möchten.

Heckenschnitt in Stufen

Schritt für Schritt: Um eine Hecke zu verjüngen, schneiden Sie zunächst tiefer als auf das gewünschte Maß zurück und bauen sie dann stufenweise neu auf.

(1) Aufbau in Etappen
Stabilität erreicht man durch gleichmäßigen Aufbau der Hecke in Höhe und Breite.

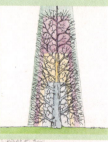

(2) Einkürzen
Schneiden Sie die Hecke jährlich an wechselnden Seiten bis fast an die senkrechten Gerüsttriebe zurück.

? Hochstammrose ohne Neuaustrieb

Meine schöne Hochstammrose hat nach dem Winter plötzlich ganz trockene Äste, die vermutlich Frost bekommen haben. Nun ist es schon April, und sie treibt nicht neu aus. Kann ich sie noch retten?

Frostharte Hochstammrosen

Name	Merkmale
'Bonica'	zartrosa; kleinblumig
'Ferdiand Pichard'	weiß-purpurn gestreift; duftend
'Ghislaine de Feligonde'	apricot; kleinblumig
'Jaques Cartier'	zartrosa; duftend
'Little White Pet'	weiß; kleinblumig
'Madame Boll'	reinrosa; stark duftend
'Rose de Resht'	purpurn; stark duftend
'Rose du Roi'	dunkelrot; duftend

Die Rose ist nicht winterhart

Bei Rosenbäumchen handelt es sich eigentlich um Beetrosensorten, die auf einen längeren Wildrosentrieb veredelt wurden. Leider sind sie nicht alle winterhart genug, um strenge Fröste ohne Schutz zu überstehen. Sie brauchen daher besonders in Gegenden mit strengen Frösten einen zuverlässigen Winterschutz.

→ **Schneiden Sie erfrorene Triebe zurück**
Wenn sich bis Mitte/Ende Mai beim Austrieb nichts regt, sind die Triebe erfroren und müssen entfernt werden.

Achten Sie beim Rückschnitt darauf, die Triebe nicht zu nah am Kronenansatz abzuschneiden, da sie sonst zu weit in die Veredlungsstelle eintrocknen. Keinesfalls darf tiefer geschnitten werden als bis auf zwei Knospen vor der Veredlungsstelle.

→ **Schützen Sie die Krone**
Um im Folgejahr Frostschäden zu vermeiden, entblättern Sie die Krone der Hochstammrose im November, spätestens aber im Dezember. Polstern Sie sie zunächst mit Holzwolle oder Stroh aus. Besonders die Basis der Krone, dort, wo sich die Veredlungsstelle befindet, wird damit geschützt. Ist alles verpackt, stülpt man einen Jutesack oder ein wasserdurchlässiges Vlies aus dem Fachhandel darüber und bindet das Ganze am Stützpfahl fest. Auf diese Weise biegen sich die Stämme nicht unter der Schneelast oder durch langen Regen.

→ **Biegen Sie die Krone um**
Exemplare mit hohem, flexiblem Stamm kann man zur Erde biegen und die Krone in einer Erdmulde eingraben. Dazu entblättern Sie die Krone im November/Dezember und biegen sie vorsichtig bis zum Boden um. Der umgebogene Stamm wird dann mit stabilen Haken oder Holzpflöcken am Boden fixiert und mit Fichtenreisig bedeckt. Das schützt ihn vor der Wintersonne und verhindert, dass die Rinde aufplatzt. Den Bereich um die eingegrabene Krone und den Wurzelraum bedeckt man ebenfalls mit Fichtenreisig oder einer Schicht Mulch (› Glossar, S. 224) aus Laub. Im Frühjahr richten Sie den Stamm behutsam wieder auf.

→ **Errichten Sie einen Drahtkäfig**
Ideal ist es, im Winter zum Schutz einen schmalen Maschendrahtkäfig um den Rosenstamm herum zu errichten, den man bis in die Krone mit Stroh oder Laub auffüllt.

→ **Pflanzen Sie robuste Sorten**
Achten Sie bei der Auswahl darauf, möglichst frostharte Sorten zu kaufen (› Tab.). Bei den immer beliebter werdenden Historischen Rosen gibt es eine Reihe von Sorten, die Frost gegenüber besonders tolerant sind.
› S. 167, Populäre Gartenirrtümer ❋

Dunkle, eingetrocknete Stellen am Trieb sind durch Frost geschädigt. Man schneidet sie im Frühjahr bis ins grüne Holz zurück.

ZIERGEHÖLZE & IMMERGRÜNE

? Hortensie blüht kaum

Meine Bauern-Hortensien werden zwar immer größer und entwickeln sich prächtig, bilden aber kaum Blüten. Was mache ich falsch?

So fördern Sie die Blütenbildung

Je nach Alter: Bauern-Hortensien und Rispen-Hortensien bilden ihre Blütenanlagen an unterschiedlich alten Trieben. Danach richtet sich, wo und wann geschnitten wird.

(1) Bauern-Hortensie
Schneiden Sie die Blüten über den neuen Knospen ab. Lichten Sie am Boden aus.

(2) Rispen-Hortensie
Lichten Sie alte Gerüsttriebe aus. Kürzen Sie einjährige Triebe auf 4 Knospen ein.

Die Knospen sind erfroren

Schädigt Frost die empfindlichen Blütenanlagen, fällt die Blüte aus oder ist deutlich dezimiert. Aus dem Topf ausgepflanzte Exemplare sind leider nicht besonders winterhart, weil die vorher stark mit Stickstoff gedüngten Pflanzen weiche Triebe aufweisen.

➜ **Sorgen Sie für Winterschutz**
Lassen Sie die alten Blütenstände über den neuen Knospen als Winterschutz stehen. Pflanzen Sie Hortensien an einen frostgeschützten Platz und schützen Sie sie im Winter mit Laub oder Frostschutzvlies.

➜ **Wählen Sie winterharte Sorten**
Bewährt haben sich 'Bouquet Rose' und die Neuzüchtung 'Endless Summer', die sogar an einjährigen und diesjährigen Trieben blüht und deshalb den ganzen Sommer immer wieder neue Blütenbälle bildet.
❯ S. 133, Topf-Hortensien im Garten

Der Schnitt ist falsch

Bauern-Hortensien bilden ihre Blütenanlagen schon im Vorjahr. Einjährige Langtriebe (❯ Glossar, S. 222) dürfen im Frühjahr nicht eingekürzt werden, sonst blühen sie nicht.

➜ **Lichten Sie Bauern-Hortensien aus**
Bei Bauern-Hortensien (❯ Abb. 1) entfernt man im Frühjahr nur die alten Blütendolden etwas oberhalb der neuen Knospen und lichtet ein Viertel der älteren Triebe am Boden zugunsten von kräftigen Jungtrieben aus.

➜ **Pflanzen Sie andere Arten**
Die Wald-Hortensie (*Hydrangea arborescens*) und die Rispen-Hortensie (*Hydrangea paniculata*) bilden ihre Blüten an diesjährigen Trieben und vertragen deshalb einen Frühjahrsrückschnitt (❯ Abb. 2). ❋

? Hortensie: Farbwechsel

Meine beim Kauf blau blühende Hortensie blüht nun plötzlich rosa. Woran liegt das, und wie bringe ich sie dazu, wieder blau zu blühen?

Das liegt am pH-Wert des Bodens

Je tiefer der pH-Wert des Bodens ist, je saurer also die Bodenreaktion ist, desto mehr schwenkt die Blütenfarbe bei Hortensien nach Blau. Ideal ist ein pH-Wert von 5–5,5. Normale Gartenerde hat meist einen pH-Wert von 6,5–7. Man kann die Blütenfarbe durch Wahl eines bodensauren Substrats oder durch einen speziellen Mineraldünger beeinflussen.
❯ S. 30/31, Testverfahren für Ihren Boden

➜ **Pflanzen Sie in Moorbeeterde**
Schaffen Sie mit einem speziellen Pflanzsubstrat die richtige Grundlage. Ebenso wie Rhododendron oder Azaleen gedeihen auch Hortensien in Moorbeeterde (❯ Glossar, S. 224), die man im Gartencenter als Rhododendronerde kaufen kann. Entweder Sie halten Sie dann als Topfpflanze darin, oder Sie sorgen in ihrem Wurzelraum im Boden damit für ein entsprechend saures Milieu.
❯ S. 25, Kalkarmer Boden

➜ **Verwenden Sie speziellen Dünger**
Rufen Sie eine saure Bodenreaktion mit einem im Fachhandel erhältlichen aluminiumsulfathaltigen Spezialdünger hervor. Auch ein phosphorarmer Dünger mit hohem Kaliumanteil unterstützt die Bildung blauer Blüten bei Hortensien. ❋

K › Kopfweide erziehen

? Kletterpflanze wuchert

Meine Kletterpflanze ist so stark gewachsen, dass das Gerüst unter ihrer Last zusammenzubrechen droht. Lässt sich das durch Rückschnitt wieder korrigieren?

Das Verhältnis stimmt nicht

Schnittmaßnahmen helfen hier nur kurzfristig. Zwar haben die Pflanzen in den ein, zwei folgenden Jahren weniger Gewicht. Auch Kletterpflanzen sind aber genetisch auf eine gewisse Wuchsleistung gepolt und werden immer wieder versuchen, sie zu erreichen. Ständiger Rückschnitt würde sie auf Dauer nur schwächen. Stimmen Sie Pflanze und Stütze besser genau aufeinander ab.

→ **Beachten Sie den Wuchs**
Auf dem Etikett stehen genaue Angaben zu Wuchsform und -höhe der Pflanze. Sorgen Sie dafür, dass Sie ihr eine geeignete Unterlage bieten können: Einjährige Winder schlingen ihre dünnen Triebe spiralförmig an senkrecht gespannten Seilen oder dünnen Stäben empor. Auch Rankern, die sich mit speziellen Rankorganen an Triebenden und Blättern festhalten, reicht dafür eine einfache Gitterkonstruktion. Efeu, Trompetenwinde und Wilder Wein halten sich mit Haftwurzeln an der Unterlage fest. Üppig wachsende Kletterrosen oder Blauregen benötigen ein stabiles Gerüst, das das zunehmende Gewicht auch nach Jahren noch trägt und stärkeren Stürmen widersteht (› Kasten).
› S. 203, Hausfassade begrünen

→ **Bringen Sie das Gerüst rechtzeitig an**
Schon vor dem Einpflanzen sollten Sie das Gerüst gut an der Wand oder im Boden verankern. Nachträglich lässt sich das kaum noch korrigieren.

→ **Spannen Sie Seilkonstruktionen nach**
Sorgen Sie dafür, dass an einer Hauswand befestigte Seilsysteme immer ausreichend stark gespannt sind und das Mauerwerk der Belastung standhält.

Platz für Höhenflüge

Feiner Maschendrahtzaun und Seile: Blattstielranker (Clematis) und einjährige Schlingpflanzen (z. B. Wicken oder Schwarzäugige Susanne)

Gerüste mit Querlatten: Kletterrosen mit waagerecht gezogenen Trieben (z. B. 'Awakening', 'Guirlande d'Amour', 'Ghislaine de Feligonde')

Obelisken: Rosen mit schweren Blüten und weichen Trieben wie 'Eden Rose', 'Elfe' oder 'Aloha'

Bögen und Laubengänge: langtriebige Rosen, Clematis, Geißblatt, Glockenrebe oder Wicken

Stabile Pergolen: Blauregen, Schlingknöterich und mittelhohe Rambler-Rosen ('Veilchenblau', 'Maria Lisa', 'Goldfinch')

? Kopfweide erziehen

Ich möchte eine Kopfweide an meinen Teich pflanzen, finde jedoch keine in der Baumschule. Handelt es sich dabei um eine spezielle Sorte?

Kopfweiden sind keine eigene Gattung oder Sorte, sondern eine spezielle Erziehungsform von strauchartig wachsenden Weidenarten. Die Ausbildung von Kopftrieben bei Weiden hat ihren Ursprung in der Verwendung von Weidenruten für die Korbflechterei. Dazu sind lange, einjährige Triebe am besten geeignet, die man jährlich im Frühjahr an ihrer Austriebsstelle entfernt. Im Laufe der Zeit bilden sich durch diese Schnittform dann regelrechte „Köpfe".
Im Prinzip können Sie fast jede Weidenart als Kopfweide erziehen. Sie blühen an den einjährigen Langtrieben. Bei Weiden, die Kätzchen bilden sollen, erfolgt der Schnitt immer direkt nach der Blüte. Dagegen schneidet man die Triebe zum Flechten schon vorher im Februar.

→ **Erziehen Sie die Weide**
Der Erziehungsschnitt einer Kopfweide dauert mehrere Jahre. Der junge Stammtrieb wird zunächst auf die beabsichtigte Stammhöhe eingekürzt. In den folgenden Jahren schneiden Sie die neuen einjährigen Triebe jedes Frühjahr knapp über der Austriebsstelle zurück, bis sich ein Kopf bildet, der mit zunehmendem Alter immer dicker wird. Verletzen Sie ihn möglichst nicht, sonst kann sich Fäulnis bilden.

157

ZIERGEHÖLZE & IMMERGRÜNE

? Magnolie schneiden

Ich habe schon lange eine schöne Magnolie vor dem Haus, die aber allmählich zu hoch und zu ausladend wird. Darf ich sie zurückschneiden?

Die Erziehung wurde versäumt

Oft wachsen Magnolien mit mehreren Gerüsttrieben. Stehen diese eng beisammen oder sind es zu viele, schattieren sie sich gegenseitig und „drücken" sich in die Höhe, bis jeder genug Platz zur Entfaltung hat.

→ **Bremsen Sie die Wuchskraft**
Um eine starkwüchsige Magnolie im Wuchs zu beruhigen, sollten Sie sie im Juli schneiden, wenn kein Saftdruck besteht. Allerdings müssen Sie dann im kommenden Frühjahr auf die Bildung von Blüten verzichten.

→ **Beschränken Sie die Gerüsttriebe**
Erziehen Sie den Baum mit drei bis fünf Gerüsttrieben (› Glossar, S. 223). Handelt es sich um eine veredelte Sorte, reißen Sie in den ersten Jahren Wildtriebe aus dem Boden. Gut erzogen, benötigt der Strauch in den ersten zehn Jahren keinen Schnitt.

→ **Lenken Sie das Wachstum**
Wird das Gehölz mit zunehmendem Alter zu groß oder bilden sich lang überhängende Schleppen, lenken Sie die längsten Gerüsttriebe auf tiefer stehende Seitentriebe um.

Dadurch gelangt wieder Licht ins Gehölzinnere, und es bilden sich neue Blütentriebe. Alte Magnolien bekommen gerade durch die „Schleppen" ihren skurrilen Charakter. Belassen Sie daher einige überhängende Triebe.

Die Sorte ist ungeeignet

Magnolien sind charaktervolle, mehrstämmige Bäume oder Sträucher. Sie benötigen einen entsprechend großen Standraum, um sich entfalten zu können. Schon vor der Pflanzung sollten Sie überlegen, ob der ihr zugedachte Platz langfristig ausreicht.

→ **Pflanzen Sie kleinwüchsige Sorten**
Für kleine Gärten kommt v. a. die weniger ausladend wachsende, früh blühende Stern-Magnolie in diversen Sorten infrage. ❀

TIPP!
Robuste Strauchpäonien

Hart im Nehmen: Immer beliebter werden Strauchpäonien, besonders die robusten *Paeonia × rockii* mit exotisch anmutenden, duftenden Blüten. Gerade Abkömmlinge dieser Art gelten als frosthart und deutlich vitaler als chinesische Traditionssorten.

Klein, aber oho: Die Pflanzen sind mit maximal 3 m Höhe auch deutlich kleiner als Magnolien. Von Staudenpfingstrosen unterscheiden sie sich durch strauchartig verholzenden Wuchs. Die Züchtung von Strauchpäonien ist derzeit in vollem Gange. Auskunft über die besten Sorten erteilen spezialisierte Baumschulen.

? Magnolienblüten erfroren

Zuerst bildet unsere Magnolie schöne Knospen. Doch an frostigen Tagen erfrieren die Blütenansätze regelmäßig. Was können wir tun, um das zu verhindern?

Magnolien entwickeln ihre Blütenknospen an einjährigen Langtrieben im Vorjahr, sodass sich die Frostgefährdung leider gar nicht beeinflussen lässt. Die großen, imposanten Bäume kann man in Frostnächten nicht einpacken. Auch wenn sich erwachsene Exemplare als winterhart erweisen: Ihre Blüten sind es nicht. Gerade die früh blühenden Magnolien (*Magnolia stellata, Magnolia × loeneri, Magnolia kobus* und *Magnolia × soulangiana*) unterliegen diesem Wetterroulette – mal geht es gut, mal nicht. Freunde exotischer Blütenpracht können auf spät blühende Sorten oder niedriger wachsende Strauchpäonien zurückgreifen (› Tipp).

→ **Pflanzen Sie spät blühende Sorten**
Besonders in spätfrostgefährdeten Regionen sollten Sie Sorten wählen, die nicht so früh blühen. In die neuen, bewährten spät blühenden Magnoliensorten wurden *Magnolia liliiflora* oder *Magnolia curcumiflora* eingekreuzt. Dazu gehört z. B. die purpurfarbene Sorte 'Nigra'. Schön blühen auch 'Elizabeth' (aprikosengelb) und 'Susan' (purpurn). ❀

158

? Öfterblühende Rosen verkahlen

Obwohl ich meine öfterblühenden Strauchrosen jedes Jahr um ein Drittel zurückschneide, verkahlen sie von unten her und treiben keine neuen Triebe aus dem Boden. Mache ich beim Schnitt etwas falsch?

Die nötige Vitalität fehlt

Moderne Rosen bilden in unserem Klima zwar ein mehrjähriges Gerüst, aber leider kein langlebiges Holz aus. Triebe, die älter als vier bis sieben Jahre sind, vergreisen und werden frostanfällig. Deshalb ist es wichtig, dass Sie die Vitalität durch einen jährlichen Schnitt erhalten und immer wieder junge Bodentriebe nachziehen. Werden die Triebe regelmäßig nur von oben her eingekürzt, wird das Wachstum aus der Strauchbasis nicht genug angeregt.

→ **Kürzen Sie das einjährige Holz**

Der erste Blütenflor erscheint bei öfterblühenden Rosen im Frühsommer aus einjährigen Knospen. Die nachfolgenden Sommerblüten bilden sich an diesjährigen Trieben (› Glossar, S. 222). Bei einem starken Frühjahrsschnitt schneidet man zwangsläufig die Triebe mit den Blütenanlagen für die Erstblüte ab, sodass diese gering ausfällt. Man fördert aber die Bildung neuer Triebe, die eine reiche Nachblüte im Sommer bringen.

→ **Fördern Sie den Neuaustrieb an der Basis**

Lichten Sie vergreiste Triebe bodennah aus und lassen Sie fünf bis acht kräftige Gerüsttriebe (› Glossar, S. 223) stehen. Schneiden Sie diese etwa auf die Hälfte, schwache Triebe auf ein Drittel zurück. Durch den dabei entstehenden Saftstau (› Glossar, S. 225) bremsen Sie den Wuchs in die Höhe und fördern den Austrieb aus der Wurzel.

→ **Schneiden Sie Seitentriebe zurück**

Die seitlichen Gerüsttriebe schneiden Sie etwas kürzer als die Mitte, damit der Strauch an der Basis nicht verkahlt. Die Seitenverzweigungen der Gerüsttriebe kürzen Sie auf Zapfen ein – im oberen Bereich auf kurze, im unteren Bereich auf bis zu 10 cm lange Zapfen. Sie treiben seitlich aus und sorgen für buschigen Wuchs von Grund auf.

→ **Verjüngen Sie Zwergstrauchrosen mit einem Rückschnitt**

Bei Zwergstrauchrosen ist ein systematischer Schnitt der einzelnen Triebe oft nicht möglich, da sie ein einziges dichtes Gewirr bilden. Schneiden Sie solche Rosen mit einer Garten- oder Heckenschere in eine halbkugelige Form, bei der die mittleren Triebe länger sind als die seitlichen, und entfernen Sie anschließend alte Triebe bodennah.

Es handelt sich um Englische Rosen

Auch manche Englische Rosen treiben nach einem Rückschnitt nur wenige lange Triebe aus dem Boden nach und verkahlen zusehends. Sie verhalten sich also eher wie öfterblühende Kletterrosen. Sorten wie 'Gertrude Jekyll', 'Graham Thomas' oder 'Crown Princess Margaret' bilden oft überlange Triebe, die die Form des Strauchaufbaus zerstören. Man behandelt sie in diesem Fall wie Kletterrosen und erzieht sie an Rankhilfen.

→ **Biegen Sie die Triebe**

Binden Sie die langen Triebe der Englischen Rosen waagerecht an die Rankhilfe an. Sie können sie auch, wie an Obelisken, spiralig um sie herumwickeln. Durch das waagerechte Anbinden wird der nach oben gerichtete Saftstau umgelenkt und auf den ganzen Trieb verteilt. So erhalten Sie dann auf ganzer Trieblänge neue Blütenknospen und vermehren die Blütenfülle um ein Vielfaches.

› S. 157, Kletterpflanze wuchert

› S. 161, Rose: Herbstschnitt

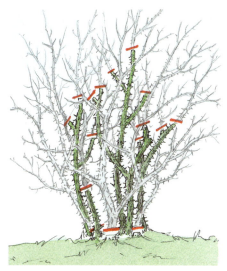

Lichten Sie vergreiste Gerüsttriebe öfterblühender Rosen bodennah aus. Kürzen Sie die verbleibenden um die Hälfte bis zwei Drittel ein.

ZIERGEHÖLZE & IMMERGRÜNE

? Rhododendron: Knospen vertrocknen

Unsere Rhododendren bilden jedes Jahr sehr viele Blütenknospen aus. Doch dann vertrocknet mindestens die Hälfte von ihnen und wird schwarz. Müssen wir die Pflanzen vielleicht noch häufiger gießen?

Durch Zikadenbefall vertrocknete Rhododendron-Knospen zeigen einen dunklen Belag.

Die Rhododendron-Zikade ist schuld
Rhododendron-Zikaden legen im Sommer ihre Eier in die Knospenschuppen und übertragen dabei einen Schadpilz, *Pycnostysanus azaleae* – das ist der eigentliche Verursacher des Knospensterbens. Seine Fruchtkörper erkennt man an einem dunklen Belag, der sich auf den Knospen bildet.

→ **Bekämpfen Sie die Zikade**
Der Pilz selbst lässt sich nicht bekämpfen – wohl aber die Zikade. Von April bis Juni zeigen sich an den Blattunterseiten die mückenähnlichen Larven. Besprühen Sie sie mit einem Insektizid auf Pyrethrumbasis und wiederholen Sie die Behandlung alle 10 Tage bis Mitte August. So lange dauert die Flugzeit der Zikade, in der sie die Eier auf den Rhododendron-Knospen ablegt. Damit die Lösung nicht gleich wieder von den wachsartigen Blättern abperlt, sollte man ein paar Spritzer Spülmittel zugeben. Damit verringert man die Oberflächenspannung des ölhaltigen Mittels.

→ **Wählen Sie resistente Sorten**
Sorten der kompakten Art *Rhododendron yakushimanum* scheinen aufgrund von Beobachtungen recht immun gegen den Befall zu sein. Man vermutet, dass ihr natürlicher, pelziger Knospenbelag den Zikaden die Eiablage erschwert.

? Rinde beschädigt

An unserem im letzten Jahr gepflanzten Baum ist die Rinde in der Nähe des Stützpfahles aufgescheuert. Wie können wir das verhindern?

Der Stamm hat zu viel Spielraum
Wenn der Baum nicht richtig angebunden ist, reibt der Stamm am Stützpfahl und die Rinde wird verletzt.

→ **Befestigen Sie ihn mit Achterschleife**
Schlingen Sie das Bindematerial so um den Stamm und den Stützpfahl, dass es sich in der Mitte wie bei einer liegenden Acht kreuzt. Knoten Sie die Enden zusammen und achten Sie darauf, dass der Knoten nicht am Stamm aufliegt. Durch die zur Mitte hin tropfenförmig spitz zulaufende Schlaufenform kann sich das Bindematerial nicht ganz um den Stamm zuziehen.

→ **Nutzen Sie flexibles Bindematerial**
Schnüre und Drähte müssen gleichermaßen flexibel wie fest sein. Das Material soll dem Baum Halt geben, das Wachstum des Stammes aber nicht behindern. Für dünne Stämme reicht ein papierummantelter Draht, den man auch als Rebdraht kaufen kann. Stärkerer Draht sollte von Kunststoff umgeben sein. Ein Seil aus Kokosfasern, Naturbast oder Sisal leistet ebenfalls gute Dienste.

Der Stamm hat zu wenig Spielraum
→ **Schnüren Sie nicht zu eng**
Binden Sie den Baum nicht zu fest an. Sonst wird der Dickenzuwachs des Stammes beeinträchtigt, und das Band schnürt sich mit der Zeit in den Stamm ein. Kontrollieren Sie jedes Jahr die Bindestellen und lockern oder erneuern Sie sie bei Bedarf.

→ **Fixieren Sie den Stützpfahl**
Bei größeren Bäumen empfiehlt es sich, den Stützpfahl für besonders festen Halt zusätzlich mit Seilen zu drei Seiten hin an Pflöcken im Boden zu verankern.

R › Rose kümmert

? Rose: Herbstschnitt

Meine Englische Strauchrose hat überlange Triebe entwickelt. Darf ich sie im Herbst kürzen, damit sie unter der Schneelast im Winter nicht abbrechen?

Im Herbst geschnittene Rosen sind gegenüber Frost empfindlicher als ungeschnittene und trocknen oft weit zurück. Da Rosen ihren Stoffwechsel im Winter nicht ganz einstellen, reichen schon geringe Tagestemperaturen mit Sonnenschein aus, damit im Trieb ein Saftdruck (› Glossar, S. 225) entsteht. Oft sinkt das Thermometer an solchen Tagen in der Nacht weit unter 0 °C, und die im Saft stehenden Triebe sind dem Frost schutzlos ausgesetzt. Im Frühjahr findet man daher immer wieder durch Frostschäden vertrocknete Zweige. Zum Teil handelt es sich um ältere Triebe, deren Holz mit zunehmendem Alter an Vitalität verliert. Oft sind es aber auch Jungtriebe, die vor dem Winter nicht mehr ausreifen konnten.

→ Nur das Nötigste schneiden
Rosen im Herbst einzukürzen kann unumgänglich sein, etwa weil mit Hagebutten besetzte oder überlange Rosentriebe durch Schneebruch Schaden nehmen könnten. Oder Kletterrosen behindern an einem Rosenbogen den Durchgang in den Garten. In solchen Fällen schneiden Sie die Triebe zurück – aber nur so weit wie nötig. Im folgenden Frühjahr werden Sie feststellen, dass die geschnittenen Triebe etwas eingetrocknet sind. Diese Stellen müssen Sie dann noch mal bis in das helle, vitale Holz einkürzen.

→ Schützen Sie die Triebe
In Regionen mit besonders strengen Wintern oder in windexponierten Lagen bedecken Sie die Rosentriebe mit Tannenreisig vor dem Eintrocknen. So sind sie gleichzeitig vor Kälte, Sonnenlicht und kaltem Wind geschützt, der die gefürchtete Frosttrocknis (› Glossar, S. 223) hervorruft. Häufeln Sie zusätzlich die Strauchbasis mit Laub oder Erde an. Bedenken Sie jedoch, dass Mäuse solche Mulchhügel gerne als Unterschlupf nutzen.

Kletterrosen blühen besonders reich, wenn sie nicht zu viel und nicht zu wenig geschnitten werden. Bewährt haben sich frostharte Sorten.

? Rose kümmert

Ich habe einen alten Rosenstock durch einen neuen ersetzt, der nun an der gleichen sonnigen Stelle in gutem Gartenboden steht. Doch diese Rose will einfach nicht anwachsen. Woran liegt das?

Es liegt Bodenmüdigkeit vor
Rosen gedeihen schlecht auf Stellen, auf denen bereits vorher Rosengewächse standen. Dieses Phänomen tritt auch bei Apfelbäumen, Kirschen, Cotoneaster, Himbeere u. a. auf. Die Ursache ist nicht genau geklärt. Man vermutet, dass unverträgliche Wurzelausscheidungen oder eine Ansammlung von Wurzelälchen (› Glossar, S. 227) dazu führen. Fest steht nur, dass sich die auch als Rosenmüdigkeit bezeichnete Erscheinung selbst nach 10 Jahren trotz Zwischenpflanzungen nicht vollständig verliert.

› S. 184, Obstbaum kümmert

→ Wählen Sie einen anderen Standort
Setzen Sie die neue Rose an einen Platz um, an dem noch kein Rosengewächs stand.

→ Tauschen Sie den Boden aus
Soll die Rose am gleichen Platz stehen und gut gedeihen, sollten Sie den Boden bis in eine Tiefe von 80–100 cm gegen neues Pflanzsubstrat austauschen.

ZIERGEHÖLZE & IMMERGRÜNE

? Rosentriebe stören

Die Triebe meiner eigentlich sehr schön blühenden Kletterrose hängen immer im Weg. Kann ich sie durch Rückschnitt bändigen?

Ein Rückschnitt ist keine gute Lösung, denn der würde nur den sommerlichen Blütenreichtum schmälern. Besser ist es, die Rose nachträglich aufzubinden. Handelt es sich um eine Rambler-Rose (> Glossar, S. 225), lassen sich deren weiche Triebe auch noch während des Sommers gut biegen und befestigen. Die steifen, sparrigen Triebe von Climber-Rosen (> Glossar, S. 222) brechen leichter. Sie lassen sich nicht so gut in Form biegen und eignen sich weniger für Plätze, an denen ein Weg vorbeiführt.

→ **Binden Sie die Triebe rechtzeitig auf**
Befestigen Sie wachsende Triebe fortlaufend und stabil an der Unterlage. Sowie das Holz fest genug ist, also etwa zur Zeit der ersten Blüte, kann der Trieb vorsichtig gebogen werden, ohne dass Gefahr besteht, dass er gleich bricht. Durch waagerechtes Anbinden fördert man die Blütenentwicklung.
> S. 159, Öfterblühende Rosen verkahlen

→ **Wählen Sie geeignete Sorten**
Gerade entlang von Wegen sind Kletterrosen mit flexiblen Trieben ideal, die möglichst wenig Stacheln ausbilden. Infrage kommen dafür z. B. die Rambler-Rosen 'Veilchenblau' (violett) und 'Ghislaine de Feligonde' (zartapricot) sowie die kletternde Noisette-Rose 'Madame Alfred Carrière' (weiß). ✽

? Säulenformen schneiden

Mein Säulenwacholder gerät infolge der Schneelast im Winter etwas aus der Form. Kann ich einzeln nach außen überhängende Triebe einfach abschneiden?

Das kommt auf die Verteilung an. Säulenförmig wachsende Sorten von Eibe, Wacholder, Thuja oder Zypresse wachsen vor allem als junge Gehölze straff aufrecht. Meist besitzen Sie eine ganze Reihe aufrechter Gerüsttriebe, an denen die Seitentriebe jeweils nur einseitig zum Gehölzrand ausgerichtet sind. Je mehr Gerüsttriebe vorhanden sind, umso schmaler ist das Band mit den Seitentrieben. Durch die ungleichmäßige Gewichtsverteilung der zunehmend schwerer werdenden Seitentriebe fallen die Gerüsttriebe dann im Alter oder unter der Schneelast im Winter oft auseinander.

→ **Sorgen Sie für Stabilität**
Um eine lang anhaltende Stabilität zu gewährleisten, stufen Sie bei jungen Säulengehölzen einen Teil der Gerüsttriebe ab, indem Sie sie auf senkrechte, möglichst nach innen ausgerichtete Seitentriebe umlenken (> Glossar, S. 226). Die Gerüsttriebe nehmen wegen des Saftstaus (> Glossar, S. 225) an Umfang zu und werden dadurch stabiler. Gleichzeitig erhalten die ungeschnittenen übrigen Gerüsttriebe mehr Licht, werden kräftiger und bestocken sich gleichmäßiger.
Lenken Sie waagerecht überhängende Triebe ebenfalls auf darunterstehende, aufrecht wachsende Seitentriebe um. So bleibt die Form auch bei zunehmendem Gewicht oder anderen Belastungen stabil, und Sie erhalten die typische Figur auch bei älteren Säulen.

→ **Halten Sie die Gehölzspitze schlank**
Schneiden Sie an der Spitze die äußeren Gerüsttriebe kürzer als die mittleren. Dadurch erreichen Sie zum einen eine schöne, schmale Säulenform, zum anderen kräftigen Sie die äußeren Triebe. Außerdem sorgen Sie dafür, dass die inneren Gerüsttriebe genug Halt haben und nicht nach außen kippen. Stufig auf verschiedene Höhen geschnitten, wirkt der Wuchs natürlicher. ✽

Nach außen überhängende Triebe bei Säulenformen lenken Sie durch Schnitt auf aufrecht wachsende Seitentriebe im Gehölzinnern um.

S › Schnittzeitpunkt

? Schnittstellen versorgen

Immer wieder höre ich, dass man Wunden an Gehölzen nicht verschließen soll. Dann sehe ich wieder Gärtner, die alle Wunden nach Schnittmaßnahmen mit einer Paste bestreichen. Was ist denn nun richtig?

Das hängt von Gehölz und Zeitpunkt ab. Wunden, die bei einem Sommerschnitt entstanden sind, benötigen in der Regel überhaupt keinen Wundverschluss. Nach einem Sommerschnitt kann das im Saft stehende Gehölz schnell neues Gewebe bilden und die Wunde verschließen. Schneiden Sie im Frühjahr vor dem Austrieb, können die Wunden bei empfindlichen Gehölzen wie Ahorn, Birke, Kirsche oder Pflaume und ihren Ziersorten leicht eintrocknen. Um das zu verhindern, kann eine Wundbehandlung zu dieser Zeit durchaus Sinn machen. Grundsätzlich gilt: Vermeiden Sie, wenn es geht, durch Schnittmaßnahmen große Wunden zu hinterlassen, denn sie verwachsen nur sehr langsam. Entfernen Sie stattdessen lieber mehrere kleine Triebe.

➜ **Glätten Sie die Wundränder**
Ausgefranste Wundränder bieten immer eine Angriffsfläche für Krankheiten. Glätten Sie sie immer mit einem Messer nach. Je glatter der Wundrand, umso schneller kann das Gehölz die Wunde verschließen.

➜ **Verwenden Sie im Frühjahr ein Wundverschlussmittel**
Verstreichen Sie die Wundränder bei empfindlichen Gehölzen mit einem Wundverschlussmittel. Der innere Holzkern sollte dabei immer frei bleiben, damit er jederzeit

Ein glatter Wundrand fördert die Bildung von Wundverschlussgewebe. Jungtriebe unterhalb der Schnittstelle beschleunigen den Prozess.

abtrocknen und atmen kann. So verhindert man mögliche Fäulnisbildung.

➜ **Kontrollieren Sie den Heilungsverlauf**
Schauen Sie sich die mit Wundverschlussmittel behandelten Wundränder regelmäßig an und säubern Sie sie bei Bedarf. Kratzen Sie mit einem Holzspatel lose Teile ab. Nur wenn sich nach ein paar Wochen noch kein deutlicher Wulst aus Wundgewebe an der betroffenen Stelle gebildet hat, bestreichen Sie die Wunde erneut. ❋

? Schnittzeitpunkt

Ich habe gehört, dass man im Frühling keine Gehölze schneiden darf, da man die brütenden Vögel stört. Wann ist denn der richtige Zeitpunkt?

Es gibt keinen einheitlich idealen Schnittzeitpunkt. Gehölze haben einen unterschiedlichen Rhythmus von Blütenbildung und Wachstum. Sommerblüher wie *Buddleja* schneiden Sie im Frühjahr vor dem Wachstum. Zu dieser Zeit brüten Vögel noch nicht. Frühjahrsblüher wie Forsythien aber werden nach der Blüte geschnitten. Zu dieser Zeit können Vögel bereits brüten.

› S. 143, Blüte bleibt aus
› S. 165, Vögel im Garten

➜ **Achten Sie auf Vogelbrut**
Wenn es nötig ist, dass Sie die Gehölze ab Anfang März schneiden, sollten Sie sie vorher auf mögliche Vogelnester untersuchen. Schneiden Sie nur so viel wie notwendig heraus und umgehen Sie den Brutbereich.

➜ **Halten Sie sich an die gesetzlichen Bestimmungen**
Das Naturschutzgesetz untersagt, Gehölze innerhalb bestimmter Fristen zu schneiden oder zu roden (z. B. zwischen Anfang März und Ende September). Pflegeschnitte sind, bei entsprechender Sorgfalt, erlaubt. Größere Schnittmaßnahmen sollten Sie deshalb vor dieser Zeit durchführen. Stehen Baumaßnahmen an, so erhalten Sie auf Antrag eine Ausnahmegenehmigung bei Ihrer zuständigen Naturschutzbehörde. ❋

163

ZIERGEHÖLZE & IMMERGRÜNE

? Sträucher wachsen ineinander

In unserem Garten bedrängen sich die Sträucher gegenseitig stark, bilden ein Gewirr und wachsen schief. Wie kommt wieder Ordnung in den Bestand?

Es fehlt Platz

Gehölze brauchen Raum für optimale Entfaltung. Oft wird bei der Pflanzung nicht genug Abstand (> Tab.) gehalten, weil man die Wuchskraft nicht berücksichtigt.

→ **Lichten Sie Triebe aus**

Entfernen Sie bodennah alte und abgestorbene Zweige und reduzieren Sie die Zahl der Gerüsttriebe (> Glossar, S. 223). Reißen Sie bei veredelten Gehölzen Wildtriebe an der Basis aus. Setzen Sie zu große Sträucher, die auch aus altem Holz wieder austreiben, wie Hasel, Weide, Spiräe oder Forsythie, im Vorfrühling „auf den Stock", d. h., schneiden Sie sie kniehoch zurück. Mit den neu austreibenden Ruten formen Sie das Gehölz dann wieder zu einer ansprechenden Silhouette.

> S. 166, Wildtriebe

→ **Entfernen Sie überzählige Gehölze**

Sortieren Sie Gehölze aus und entfernen Sie sie, sodass genug Abstand zwischen den verbleibenden besteht. Graben Sie auch den Wurzelstock aus, damit die übrigen mehr Wurzelraum haben (> Tab.). ✱

Gehölze wie die Forsythie, die sich auch aus altem Holz regenerieren, kann man weit zurückschneiden und dann wieder aufbauen.

Gehölze brauchen Abstand

Deutscher und botanischer Name	Pflanzabstand
Duftjasmin (*Philadelphus*)	2 m
Flieder (*Syringa*)	2 m
Forsythie (*Forsythia*)	1,5 m
Gewöhnlicher Schneeball (*Viburnum opulus*)	1,5 m
Haselnuss (*Corylus*)	2 m
Ranunkelstrauch (*Kerria*)	2 m
Rhododendron (*Rhododendron*)	1,5 m
Roseneibisch (*Hibiscus*)	1 m
Sommerflieder (*Buddleja*)	1,5 m
Zierjohannisbeere (*Ribes*)	1,5 m

? Vertrocknete Äste

Einige Äste meines Nadelbaums werden von unten gelb und sterben ab. Dabei macht er gar keinen kranken Eindruck. Was kann das für einen Grund haben?

Dem Baum fehlt Licht

Prüfen Sie, ob die entsprechenden Zweigpartien zu stark beschattet werden. Viele Nadelgehölze verkahlen von unten und innen auf natürliche Weise, weil die neuen, an den Triebspitzen gebildeten Nadeln die älteren beschatten.

→ **Schaffen Sie Licht**

Sorgen Sie für ausreichenden Abstand zu Nachbarpflanzen und entfernen Sie diese, falls nötig. Lichten Sie außerdem zu dicht stehende Triebe im Nadelbaum aus.

Die Triebe sind beschädigt

Zweige oder Wurzeln wurden verletzt, oder es liegt ein Schädlingsbefall vor.

→ **Entfernen Sie beschädigte Triebe**

Schneiden Sie betroffene Zweige oder abgeknickte Triebe an der Basis heraus.

→ **Überprüfen Sie auf Schädlinge**

Bei einem Befall mit der Sitkafichtenlaus färben sich ältere Nadeln durch Saugschäden im unteren Bereich von Blau- und Sitka-Fichten gelb. Hier wirken Präparate auf Rapsölbasis oder Kaliseife. ✱

W › Wachstum stockt

? Vögel im Garten

In unserem Garten wachsen zwar viele Sträucher, aber es gibt nur wenige Vögel. Gibt es eine gute Möglichkeit, um sie anzulocken?

Es fehlen attraktive Nahrungs- und Nistplätze

Vögel halten sich gerne dort auf, wo es reichlich Futter und gute Nistmöglichkeiten gibt. Heimische Gehölze, die Deckung, Schutz und Nahrung bieten, sind für sie besonders anziehend. Abwechslungsreiche Gartenstrukturen mit nektarreichen Futterpflanzen oder Eiablageplätzen für Schmetterlinge und andere Insekten locken Vögel ebenfalls an. Sie sind ja eine ihrer Nahrungsquellen.
› S. 63, Schnittgut entsorgen › S. 65, Vögel anlocken

→ **Pflanzen Sie Brut- und Nährgehölze**
Bäume und Sträucher, die wenig Schnitt brauchen und sich trotzdem dicht belauben, bieten Vögeln Schutz und Deckung. Obstgehölze und Beeren tragende Wildsträucher bieten sich als Nährgehölze an (› Kasten).

→ **Schützen Sie den Nistplatz**
Beachten Sie, dass Vögel von März bis Ende Juni im Brutgeschäft tätig sind und die Gehölze dann nicht geschnitten werden sollten. Erschweren Sie möglichst auch Katzen und Mardern durch spezielle Abwehrgürtel (aus dem Fachhandel) den Zugang und sorgen Sie dafür, dass nicht zu viel Lärm und Unruhe im Umfeld des Nistplatzes herrscht.

→ **Locken Sie Insekten an**
Um Insekten im Garten anzusiedeln, eignen sich Pflanzen wie Blut-Weiderich, Disteln, Fetthenne, Oregano, Phlox und Sommerflieder. Ihre nicht oder kaum gefüllten Blüten liefern viel Nektar und Pollen oder eignen sich, wie Brennnessel und Sal-Weide, als Eiablageplatz. Ersatzweise kann man auch gebündelte Strohhalme oder Holzscheiben mit Bohrlöchern zur Eiablage anbieten.
› S. 114, Bienenpflanzen

→ **Stellen Sie Futter bereit**
Locken Sie Vögel mit Früchten an oder in frostigen Wintern mit Trockenfutter.

? Wachstum stockt

In den ersten Jahren wuchsen unsere Büsche auf dem Neubaugrundstück gut. Nun aber stockt das Wachstum plötzlich. Woran kann das liegen?

Der Boden ist verdichtet

Der Untergrund wird beim Hausbau oft durch schwere Baufahrzeuge stark verdichtet. Tief wurzelnde Gehölze stoßen dann nach der Pflanzung auf undurchdringliche, womöglich Wasser stauende Bodenschichten und kümmern im Wuchs.
› S. 33, Verdichteter Boden

→ **Eine Tiefenlockerung ist nötig**
Einfach ist es, wenn es sich nur um eine kleine Fläche handelt und man die verdichtete Erdschicht an der Oberfläche durch Graben mit einem Spaten erreichen kann. Dann lockert man den freigelegten Verdichtungshorizont mit einer Spitzhacke auf. In der Regel aber liegt der Horizont tiefer, und eine Baufirma muss mit schwerem Gerät eine Tiefenlockerung in ca. 80 cm Tiefe durchführen.

→ **Legen Sie eine Dränage**
Es empfiehlt sich, bei verdichtetem Boden eine Dränage zu legen, bei der Stauwasser in nicht verfestigte Bodenschichten oder am Hang schräg zur Oberfläche abgeleitet wird.
› S. 32, Staunässe

Verlockende Brut- und Nährgehölze für Vögel

Brutgehölze: Ahorn (*Acer* spec.), Hainbuche (*Carpinus betulus*), Kletter-Hortensie (*Hydrangea anomala*), Rambler-Rosen (*Rosa*-Sorten), Schlingknöterich (*Fallopia aubertii*), Waldrebe (*Clematis vitalba*)

Nährgehölze: Beerenobststräucher (*Rubus* spec.), Berberitze (*Berberis* spec.), Feuerdorn (*Pyracantha coccinea*), Holunder (*Sambucus nigra*), Schlehe (*Prunus spinosa*), Vogelbeere (*Sorbus aucuparia*), Wacholder (*Juniperus communis*), Weißdorn (*Crataegus* spec.), Wilder Wein (*Parthenocissus* spec.), Wildrose (*Rosa* spec.), (Zier)Kirsche (*Prunus* spec.) und (Zier)Apfel (*Malus* spec.)

165

ZIERGEHÖLZE & IMMERGRÜNE

? Wandbegrünung

Die Kletterrose an meiner südexponierten Hauswand wird immer wieder krank und von Schädlingen befallen. Was kann ich dagegen tun?

Der Standort ist extrem
An einer exponierten Südwand stauen sich Luft und Hitze, und der Boden ist fast immer zu trocken. Viele Kletterrosen, besonders Rambler, aber auch Geißblatt, Trompetenwinde und Wilder Wein gedeihen weitaus besser in Ost- oder Westlagen. Die schlechten Wuchsbedingungen machen Kletterpflanzen anfällig für Krankheiten und Schädlinge.
› S. 203, Hausfassade begrünen

→ **Sorgen Sie für Abstand**
Zwischen Pflanze und Wand sind ca. 30–40 cm Abstand nötig, damit die Luft ausreichend zirkulieren kann.

→ **Verbessern Sie den Boden**
Tauschen Sie den Boden im Durchmesser von 1 m um den Wurzelbereich der Kletterrose gegen ein hochwertiges Pflanzsubstrat aus. Dann kann die vorher ausgepflanzte und zurückgeschnittene Kletterpflanze wieder an derselben Stelle eingesetzt werden. Düngen Sie sie in den Folgejahren regelmäßig zu Saisonbeginn mit einem Langzeitdünger.

→ **Wässern Sie ausreichend**
Achten Sie darauf, dass der Boden feucht bleibt. Im Regenschatten unter einer Dachtraufe ist die Erde oft zu trocken.
› S. 117, Dachvorsprung

Geeignete Kletterrosen

Name	Merkmale
'Belkanto'	3–4 m hoher Climber; gefüllte, warm dunkelrote Blüten
'Goldfassade'	ca. 4 m hoch; gut zu leiten; elegante, stark duftende, gelbe, rot getuschte Blüten
'Laguna'	ca. 3 m hoch; straffer Climber; große, gefüllte und stark duftende, tiefrosa Blüten
'Madame Alfred Carrière'	ca. 4 m hoch; reich blühende Historische Rose mit sahneweißen, duftenden Blüten
'New Dawn'	3–4 m hoch; kräftiger Wuchs; duftende, zartrosa Blüten

Wildtriebe treiben direkt aus dem Boden, sind meist absolut glatt und peitschenförmig. Sie unterscheiden sich stark von der Edelsorte.

? Wildtriebe

An meiner schön verdreht wachsenden Korkenzieherhasel treiben aus der Basis plötzlich lange, straffe, gerade Triebe aus. Wie kommt das?

Wildtriebe schießen durch
Viele Ziergehölze (z. B. auch Zierkirschen, Rosen oder Flieder) bestehen aus einer attraktiven Edelform, die auf eine Wildlingsunterlage veredelt wurde (› Glossar, S. 226). Die Wildform hat das kräftigere Wurzelwerk, die Edelform die schönere Gestalt. Manchmal treiben die Wurzeln aber auch ursprüngliche Wildtriebe, die mit der Zeit die Edelform überwuchern können.

→ **Entfernen Sie die Wildtriebe**
Reißen Sie den Wildtrieb an der Basis vollständig aus, indem Sie ihn aus der Wurzel auskugeln. Schneidet man ihn ab, kann ein verbleibender Rest wieder austreiben.

→ **Pflanzen Sie wurzelechte Sorten**
Ziersorten, die auf eigenen Wurzeln stehen, also wurzelechte Pflanzen, wachsen zuerst schwächer als veredelte. Sie holen aber bald auf und bilden keine Wildtriebe.

166

? Wurzelraum freihalten

Ich habe einen jungen Apfelbaum in eine Rasenfläche gepflanzt, aber er kommt nicht so recht in Schwung. Was hat das für eine Ursache?

Konkurrenz durch Gras

Neu gepflanzte Bäume sind noch nicht sehr tief verwurzelt und brauchen zum Anwachsen besonders viel Wasser und Nährstoffe. Rasch wachsendes Gras ist der reinste Nährstoffzehrer. Wenn es in engem Umfeld des Wurzelraums bis an den Stamm reicht, steht es im Kampf um die verfügbaren Nährstoffe in Konkurrenz zu dem jungen, noch nicht verwurzelten Baum. Wenn das Gehölz nach einigen Jahren gut und solide eingewachsen ist und seine Wurzeln in tiefere Bodenschichten ausgebreitet hat, ist es nicht mehr abhängig vom Nährstoffangebot an der Oberfläche. Dann kann das Gras ihm verfügbare Nährstoffe nicht mehr streitig machen.

→ Legen Sie eine Baumscheibe an

Am besten hält man im Umkreis des Stammes eine kreisförmige Fläche von etwa 50–70 cm frei von jedem Bewuchs. So gelangen Wasser und alle nötigen Nährstoffe direkt an die Baumwurzeln und werden nicht schon vorher von Gräsern aufgenommen. Günstig ist es auch, wenn Sie die Baumscheibe randlich durch einen kleinen Erdwall begrenzen, bis der Baum fest eingewurzelt ist. So kann das Gießwasser nicht seitlich abfließen und sammelt sich im unmittelbaren Wurzelbereich.

Populäre Gartenirrtümer

Wenn man nicht möchte, dass Fliedertriebe in der Vase vertrocknen, muss man sie am Strauch abbrechen.

Das würde dem Strauch nicht besonders guttun. Immer, wenn man von einem Gehölz etwas abbricht, verletzt man seine Rinde. Glatte Schnitte hingegen schonen die Pflanze. Es stimmt aber, dass Flieder mit aufgespaltenem Stielende in der Vase länger hält, weil der Trieb dann mehr Wasser aufnehmen kann. Es reicht aber schon, den Stiel mit einem scharfen Messer anzuschneiden und ihn 8–10 cm tief aufzuspalten. Oder tauchen Sie ihn kurz in heißes Wasser – das öffnet die Poren.

Kletterpflanzen können an einem Baum starken Schaden verursachen, wenn sie in ihn hineinwachsen.

Das hängt von der Art ab. Maßvoll wachsende Kletterer wie Geißblatt, viele Clematis oder Kletterrosen halten sich lediglich am Gehölz fest und konkurrieren nur wenig um Licht und Luft. Sehr stark wachsende Schlinger wie Knöterich, Glyzine oder Klimmer wie Rambler-Rosen können ein schwaches Gehölz aber rasch überwuchern und in seiner Wuchskraft und Stabilität beeinträchtigen. Efeu oder Baumwürger können mit der Zeit sogar größere Bäume schädigen.

Alle Gehölze müssen hin und wieder geschnitten werden, damit sie dauerhaft vital und blühfreudig bleiben.

Das ist nicht wahr. Es gibt zwar viele Gehölze, die man durch strengen Schnitt und stetes Erneuern des Holzes verjüngen kann. Andere Gehölze aber wachsen und blühen auch ganz ohne Schnitt. Bei Fächer-Ahorn, Magnolie, Mispel, Rhododendron und Zaubernuss bleibt die Schere in der Regel im Schrank.

Historische Rosen duften nicht nur viel intensiver, sie sind auch widerstandsfähiger gegen Krankheiten als moderne Rosen.

Das lässt sich pauschal nicht sagen. Hinreichend bekannt als nicht duftende Historische Rose ist z. B. 'Frau Karl Druschki'. Viele Moosrosen sind anfällig für Mehltau, etliche Remontant-Rosen bekommen Pilzkrankheiten, und selbst die oft gerühmte kirschrote 'Zephirine Drouhin' hat jedes Jahr Sternrußtau. Bei den Neuzüchtungen moderner Rosen gibt es extrem resistente Sorten. Einige von ihnen duften recht intensiv, wie etwa 'Grande Classe', eine vorzügliche rote Edelrose.

167

Obst, Gemüse & Kräuter

Wie erziehe ich meine Beerensträucher, wann ernte ich Kräuter, und wie lagere ich Obst, ohne dass es verschrumpelt? Das nötige Know-how über den Anbau von Obst, Gemüse und Küchenkräutern fängt mit geeigneter Sortenwahl an und hört mit fachgerechter Lagerung auf – damit Sie lange etwas von Ihrer Ernte haben. Mit erprobten Ratschlägen und wertvollen Tipps gelingt die Kultur auf jeden Fall.

OBST, GEMÜSE & KRÄUTER

? Äpfel schrumpeln

Meine eingelagerten Äpfel verschrumpeln immer sehr schnell. Gibt es irgendeine Möglichkeit, diesen Prozess zu verlangsamen?

Der Erntezeitpunkt war ungünstig

Es ist ein Jammer – sofort nach der Ernte beginnen chemische Abbauprozesse, die den Vitamingehalt von Obst senken und die Haltbarkeit verringern. An sehr warmen Tagen ist zum einen der Wassergehalt im Obst geringer, was das Obst nach der Ernte schneller welken lässt, zum anderen sind die Abbauprozesse unter diesen Bedingungen noch zusätzlich beschleunigt.

Bei lagerfähigen Kern-, aber auch einigen Steinobstsorten (Pfirsiche) entwickeln sich Geschmack und Farbe erst nach der Ernte. Das bedeutet, dass das Obst zwar reif zum Pflücken, aber noch nicht genussreif ist. Erst im Lager wird Stärke in Zucker umgewandelt, sodass sich nach und nach der volle Geschmack entfaltet. Bleiben z. B. Lageräpfel so lange auf dem Baum, bis sie genussreif sind, sind sie anschließend nicht mehr lange haltbar. Es ist also gar nicht leicht, den richtigen Zeitpunkt zu finden, aber es gibt durchaus Richtwerte, an die man sich halten kann.

→ **Ernten Sie an kühlen Tagen**
Grundsätzlich sind für die Ernte die Morgen- oder Abendstunden am günstigsten. Um das Erntegut zusätzlich zu kühlen, tauchen Sie es anschließend am besten kurzzeitig in sehr kaltes Wasser.

→ **Machen Sie den Pflücktest**
Drücken Sie leicht gegen die Verbindungsstelle, wo der Stiel am Frucht tragenden Ast sitzt. Löst sich der Stiel z. B. bei Äpfeln leicht ab, ist die Frucht reif zum Pflücken.

Wurzelgemüse hält sich sehr lange in Kisten mit feuchtem Sand. Die Temperatur sollte optimalerweise nahe am Gefrierpunkt liegen.

Die Äpfel werden falsch gelagert

Bei zu hohen Temperaturen und niedriger Luftfeuchte verlieren die Früchte Wasser und schrumpfen. Keller in zentralbeheizten Häusern sind zur Lagerung deshalb meist ungeeignet, ebenso Garagen, da auch Spuren von Auspuffgasen das Altern der Früchte fördern.

→ **Lagern Sie Kernobst feucht und kühl**
Im Lichtschacht von Kellerfenstern herrschen gute Lagerbedingungen für Kernobst. Decken Sie den Schacht mit einer Styroporplatte gegen zu tiefe Temperaturen ab und schützen Sie den Platz vor Mäusen. Auch ein Gartenhaus oder ein Holzschuppen ist gut geeignet. Ein Vlies schützt das Obst vor Feuchtigkeitsverlust, der den Wassergehalt mindern würde. Erst wenn die Temperaturen unter -5 °C fallen, bringen Sie das Obst in Kisten ins Haus.

So bleibt Gemüse frisch

Vor der Zubereitung ernten: Direkt aus dem Beet schmeckt Gemüse einfach am besten – das ist der Vorteil eines eigenen Gartens. Geschmack und Inhaltsstoffe bleiben vollständig erhalten, wenn es nicht erst lange gelagert werden muss. Sonst bewahren Sie es im Kühlschrank im untersten Fach auf. Das ist der kälteste Bereich. Gefrieren sollte es aber nicht. Nur Tomaten und Gurken sollte man besser über 10 °C lagern, damit sich ihr Geschmack voll entfalten kann.

Wintergemüse feucht und kühl lagern: Karotten, Winterrettich, Rote Bete und Schwarzwurzeln bleiben bis zu den ersten Frösten auf dem Beet. Eingeschlagen in Holzkisten mit feuchtem Sand, halten sie an einem kühlen, frostfreien Platz bis in den nächsten Frühling.

Obst und Gemüse trennen: Obst erzeugt, ebenso wie Blumen, Ethylen. Das ist ein Reifegas, das Gemüse schneller altern und welken lässt. Stellen Sie deshalb nie Obst oder Blumensträuße in die Nähe von Gemüse und möglichst auch nicht in den gleichen Raum.

A › Apfelbaum zu groß

? Apfelbaum zu groß

Unser Apfelbaum wächst sehr stark und wird zu groß. Jedes Frühjahr schneide ich die jungen Triebe um fast drei Viertel zurück. Trotzdem treibt er sehr stark aus. Wie kann ich das in Zukunft verhindern?

Der Schnitt regt den Wuchs an

Mit dem Zurückschneiden, also Einkürzen einjähriger Triebe (› Glossar, S. 222), regen Sie das Wachstum immens an. Diese Schnittform dient nur dazu, die Gerüsttriebe (› Glossar, S. 223) eines Obstbaumes in der Jugendphase zu kräftigen (› Abb. 1). Bei älteren Bäumen bilden sich dagegen an den Schnittstellen ganze Quirle von Jungtrieben, bis hin zu dichten „Besen". Reiche Ernte bleibt dann aus, die Fehler lassen sich aber korrigieren.

→ **Definieren Sie das Gerüst**
Ein rundkroniger Obstbaum sollte als Gerüst einen Mitteltrieb und drei bis vier Seitentriebe besitzen. Vom Gerüst gehen flache, Früchte tragende Triebe ab. Diese kürzen Sie nie ein. Wenn sie nach einigen Jahren vergreisen (› Glossar, S. 227), schneidet man sie nahe am Gerüst auf einen jüngeren, mindestens zweijährigen Seitentrieb zurück.

→ **Entfernen Sie zu dichte Triebe**
Entfernen Sie im Sommer zunächst die Quirle und Besen, indem Sie auf nur einen, nach außen weisenden Seitentrieb zurückschneiden. Das bezeichnet man als Umlenken. Dieser Trieb muss mindestens zweijährig sein (› Glossar, S. 227) und Blütenknospen aufweisen. An den Schnittstellen bilden sich im folgenden Jahr neue Triebe. Steile, nach innen weisende und zu dichte Triebe entfernen Sie ebenfalls (› Abb. 2). Flach wachsende Triebe lassen Sie stehen, denn sie bilden im nächsten Jahr Blütenknospen. Fruchttriebe dürfen nie eingekürzt werden! Entweder lenken Sie sie auch auf einen Seitentrieb um oder Sie entfernen sie. Wiederholen Sie diese Maßnahmen jährlich (› Abb. 3).

→ **Beruhigen Sie das Wachstum**
Im Sommer geschnittene Gehölze lagern weniger Reservestoffe ein, denn mit dem Schnitt entfernt man auch Blätter, die dann keine Photosynthese und somit keinen Stoffwechsel mehr betreiben. Der Austrieb im folgenden Frühjahr bleibt dadurch schwächer. Sehr wüchsige Bäume, die Sie im Wachstum beruhigen wollen, schneiden Sie deshalb zwischen Juli und September. Dieser Schnitt ist für den Baum sehr verträglich, da Wunden unverzüglich verschlossen werden.

› S. 181, Kirschernte lässt nach
› S. 191, Walnussbaum zu hoch
› S. 163, Schnittstellen versorgen ❋

TIPP!
Überschaubar im Wuchs

Eine gute Alternative für kleine Gärten sind **Säulenobstbäume**, sogenannte Ballerina-Bäume. Sie bilden einen kräftigen Mitteltrieb mit kurzen Seitentrieben und benötigen nur wenig Schnitt. Säulenbäume tragen schnell Früchte und erreichen schon nach 4–6 Jahren ihre endgültige Höhe. Man schneidet sie ebenfalls im Sommer.

› S. 185, Obstgehölze für kleine Gärten

Eine Rundkrone erziehen

(1) Pflanzschnitt
Legen Sie die Gerüsttriebe fest und kürzen Sie diese um ein Drittel ein. Steile Konkurrenztriebe entfernen Sie.

(2) Erziehungsschnitt
Entfernen Sie steile und nach innen wachsende Triebe und lassen nur flache Seitentriebe stehen.

(3) Erhaltungsschnitt
Lenken Sie ältere Fruchttriebe wie beim Erziehungsschnitt auf zweijährige Seitentriebe um.

OBST, GEMÜSE & KRÄUTER

? Bärlauch selber anbauen

Bärlauch auf dem Markt zu kaufen ist mir zu teuer. Kann ich die Pflanze auch in meinem eigenen Garten als Gewürz kultivieren?

Der Bärlauch gedeiht in jedem Garten. Die Blätter sorgen für schmackhaftes Grün und die Blüten bieten einen zauberhaften Anblick.

Im Hausgarten findet sich eigentlich immer eine schattige Stelle, die sich für den Anbau dieser aromatischen Zwiebelpflanze eignet. Bärlauch ist ein Frühjahrsblüher, der sich noch vor dem Gehölzlaub entfaltet und humosen, eher feuchten Boden mag, wie er im Unterwuchs von Gehölzen anzutreffen ist.

→ **Pflanzen Sie Topfware**
Kaufen Sie im Frühling Bärlauchpflanzen aus der Gärtnerei, die in Töpfen gezogen wurden. Nach wenigen Jahren entwickeln sich die Stauden schnell zu ansehnlichen Beständen.

Noch ein Tipp: Pflanzen Sie Bärlauch nicht neben Maiglöckchen. Diese sind giftig und sehen ihm zum Verwechseln ähnlich.

→ **Setzen Sie Zwiebeln**
Neuerdings gibt es im Herbst zu pflanzende Bärlauchzwiebeln auch im Saatguthandel. Diese brauchen keine Kälte wie die Samen, um im Frühjahr auszutreiben.
› S. 36, Blumenzwiebeln pflanzen

→ **Auch Aussaat ist möglich**
Sie können Bärlauchsamen auch im Herbst direkt ins Beet aussäen. Er ist ein sogenannter Kaltkeimer (› Glossar, S. 223), braucht also eine Kälteperiode, damit er keimt. Im zeitigen Frühjahr treibt er dann aus.
› S. 118, Fingerhut blüht nicht
› S. 39, Direktsaat geht nicht auf ✱

? Basilikum geht ein

Ich habe schon so oft Basilikum im Topf gekauft. Warum geht es eigentlich als Topfpflanze auf der Fensterbank schon nach kurzer Zeit ein?

Es handelt sich um einen Pilzbefall am Stängel

Basilikum wächst überwiegend einjährig und sollte den ganzen Sommer über grün bleiben. Oft befällt aber Grauschimmel die weichen Stängel und zerstört die Wasserleitungsbahnen. Vor allem, wenn Sie von oben durch das Laub gießen, trocknen die Stiele nicht genug ab, und der Pilz breitet sich aus.

→ **Teilen Sie die Pflanze**
Wenn Sie ein Basilikumtöpfchen kaufen, entfernen Sie den Topf und teilen Sie den Ballen in drei oder vier Teile. Diese pflanzen Sie in neue Töpfe und ergänzen noch etwas hochwertige Blumenerde. So stehen die Pflänzchen luftig, trocknen schneller ab und werden nicht so schnell krank. Außerdem können sie sich besser entwickeln, da die Triebe mehr Platz haben.

→ **Gießen Sie von unten**
Gießen Sie die Pflanzen maßvoll, aber regelmäßig über den Untersetzer. So bleibt die Bodenoberfläche trocken, die Blätter werden nicht benetzt und die Pflanze bleibt gesund.

Die Ware ist nicht sehr robust

Insbesondere Pflanzen aus dem Supermarkt verlieren nach einiger Zeit an Kraft. Das liegt daran, dass die Nährstoffe in den stark vorgedüngten Exemplaren nachlassen. Oft stehen die Triebe auch zu dicht nebeneinander und machen sich gegenseitig Konkurrenz.

→ **Säen Sie Basilikum selbst**
Saatgut aus dem Gartenfachhandel bringt robustere Pflanzen hervor als die hochgezüchteten Supermarktexemplare. Praktisch sind spezielle Saatscheiben, in welche die Samen im richtigen Abstand eingebettet sind. Sie brauchen sie im Frühjahr nur noch auf das Substrat zu legen und anzugießen. Schon nach wenigen Tagen zeigen sich die ersten Keimlinge. ✱

? Beerensträucher schneiden

Wir haben einige Johannis- und Stachelbeersträucher, die leider von Jahr zu Jahr weniger Früchte tragen. Was ist der Grund dafür?

Sie schneiden zu selten
Die Bodentriebe und damit das Fruchtholz von Johannis- und Stachelbeeren sind jeweils nur einige Jahre vital. Dann vergreisen sie, tragen keine Früchte mehr und sollten durch Jungtriebe ersetzt werden. Die besten Fruchttriebe sind ein- oder zweijährige Triebe, die Sie nie einkürzen sollten. Rote Johannisbeeren und Stachelbeeren tragen vor allem an einjährigen, bis zu 20 cm langen Kurztrieben (› Glossar, S. 224), die von zweijährigen Seitentrieben abgehen. Schwarze Johannisbeere und Jostabeere fruchten an einjährigen, über 20 cm langen Langtrieben (› Glossar, S. 224).

→ **Erziehen Sie die Sträucher**
Johannis- und Stachelbeeren entwickeln regelmäßig neue Triebe aus dem Boden. Etwa 10–12 solcher Triebe bilden das sogenannte Gerüst. Der einzelne Bodentrieb ist etwa vier Jahre vital, dann sollten Sie ihn im Frühjahr bodennah entfernen und durch einen kräftigen Jungtrieb aus der Basis ersetzen. Wechseln Sie jedes Jahr drei Triebe aus.

→ **Pflegen Sie die Fruchttriebe**
Fördern Sie bei Roten Johannisbeeren und Stachelbeeren einjährige 10–15 cm lange Seitentriebe. An den Gerüsttrieben belassen Sie beim Frühjahrsschnitt alle 10 cm einen Trieb, der im nächsten Jahr Blüten und Früchte trägt (› Abb.). Überzählige und ältere Seitentriebe reduzieren Sie auf 2 cm lange Zapfen. Daraus wachsen Jungtriebe, die im Folgejahr tragen. Starke Verzweigungen im oberen Bereich der Gerüsttriebe lenken Sie auf einen tiefer stehenden Seitentrieb um. Schwarze Johannisbeeren und Jostabeeren brauchen einen stärkeren Schnitt, damit sie viele einjährige Langtriebe bilden. Nur einjährige Triebe, die kürzer als 20 cm sind, schneiden Sie auf kleine Zapfen zurück.

› S. 174, Brombeeren wuchern › S. 179, Heidelbeeren kümmern › S. 180, Himbeerernte verlängern ✻

Lichten Sie bei Roten Johannisbeeren zuerst alte Triebe am Boden aus. Lenken Sie die restlichen Triebe auf einjährige Seitentriebe um.

B › Birnbaum zu hoch

? Birnbaum zu hoch

Mein 8-jähriger Birnbaum wächst nur nach oben, aber kaum zur Seite. Wird die Form insgesamt runder, wenn ich den Mitteltrieb herausnehme?

Die Wuchskraft drängt nach oben
Der Saftdruck (› Glossar, S. 225) ist bei Gehölzen in der Spitze am stärksten, besonders beim Birnbaum. Deshalb neigt der Baum zu aufstrebendem Wuchs. Da der Mitteltrieb ein wichtiger „Blitzableiter" für den Saftdruck ist, sollten Sie ihn nie ganz entfernen.
› S. 171, Apfelbaum zu groß

→ **Lenken Sie die Mitte um**
Lenken Sie den hohen Mitteltrieb im Sommer auf einen tiefer stehenden, steil aufrecht wachsenden Seitentrieb um (› Glossar, S. 225), indem Sie ihn bis dorthin zurückschneiden. An der Schnittstelle entwickeln sich im folgenden Frühjahr neue Triebe, die Sie, bis auf einen flachen, vollständig entfernen.

→ **Schneiden Sie zur richtigen Zeit**
Bei Schnittmaßnahmen im Sommer verliert der Baum Blätter, bildet durch die geringere Photosyntheseleistung weniger Reserven und wächst weniger stark. Wenn Sie den Mitteltrieb über mehrere Jahre im Sommer zurückschneiden, nehmen Sie ihm damit also Wuchskraft. Die Seitengerüsttriebe schneiden Sie hingegen im Februar. Im Frühjahr fördert der höhere Saftdruck an der Schnittstelle kräftigen Austrieb. Wenn Sie so mehrere Jahre verfahren, bringen Sie das Wachstum allmählich auf ein Niveau. ✻

173

OBST, GEMÜSE & KRÄUTER

? Bohnen kümmern

Letztes Jahr war meine Bohnenernte hervorragend. In diesem Jahr stehen sie am gleichen Platz, entwickeln sich aber kaum. Woran kann das liegen?

Der Boden ist ausgelaugt

Wenn Sie die gleichen Pflanzen mehrmals hintereinander im selben Beet anbauen, kann es zur sogenannten Bodenmüdigkeit (> Glossar, S. 222) kommen. Die Pflanzen brauchen wieder die gleichen Nährstoffe, die dann im Boden oft fehlen. Besonders Starkzehrer wie Weiß- und Rotkohl, Blumenkohl, Tomaten und Zuckermais brauchen sehr viele Nährstoffe und laugen den Boden aus. Sehr empfindlich reagieren Doldenblütler wie Petersilie, Dill, Möhre und Sellerie, wenn sie nacheinander angebaut werden. Oft werden dann schon die Keimlinge gelb und kümmern vor sich hin, ohne dass eine genaue Krankheitsursache zu erkennen ist.

> S. 86, Petersilie geht ein > S. 175, Erdbeeren tragen immer weniger > S. 178, Fruchtwechsel einhalten

→ Führen Sie einen Fruchtwechsel ein

Für das Gedeihen von Gemüsepflanzen und insbesondere Bohnen ist es sehr förderlich, die Bepflanzung der Beete jedes Jahr zu ändern. Das bezeichnet man als Fruchtwechsel (> Glossar, S. 223). Bei einem weiten Fruchtwechsel wird die gleiche Art nur etwa alle 4–5 Jahre angebaut. Pflanzen Sie in dieser Zeit als Nachfolgekulturen am besten sogenannte Schwachzehrer, die mit weniger Nährstoffen auskommen, beispielsweise Feldsalat, Radieschen oder Salatrauke.

> S. 178, Fruchtwechsel einhalten

ACHTUNG!
Rohe Bohnen sind giftig

Bohnen enthalten Phasein, einen Wirkstoff, der die roten Blutkörperchen verklumpt. Für Kinder können schon wenige Bohnen gefährlich sein. Beim Kochen wird die Substanz zerstört. Machen Sie Kinder auf die Gefahr durch rohe Bohnen aufmerksam.

Es liegt Selbstunverträglichkeit vor

Manche Gemüsearten (besonders Kohl) reagieren geradezu „allergisch" auf sich selbst. Dieses Phänomen bezeichnet man als Selbstunverträglichkeit (> Glossar, S. 225). Die Ursachen dafür können verschieden sein. Mal bilden sich bei der Verrottung der Wurzeln Substanzen, die die gleiche Pflanzenart im nächsten Sommer erheblich stören. Oder es reichern sich wurzelzerstörende Pilze wie *Phytium* in der Erde an. Infolge des Befalls verbräunen die Wurzeln, und der Wurzelhals ist eingeschnürt.

> S. 175, Dill stirbt ab > S. 176, Erdbeeren welken

→ Wechseln Sie den Standort

Auch in diesem Fall führt eine Anbaupause zum Erfolg. 3–4 Jahre lang sollte die betroffene Gemüseart nicht mehr auf demselben Beet angebaut werden. Erst dann sind die schädlichen Stoffe und Pilze abgestorben. ✳

? Brombeeren wuchern

Wie kann ich das undurchdringliche Gestrüpp meiner Brombeeren am besten lichten, ohne die fruchttragenden Triebe zu schädigen?

Brombeeren fruchten nur an einjährigen Trieben, d. h. an den Trieben, die sich im Vorjahr neu gebildet haben. Man hält sie daher am besten im zweijährigen Umtrieb (> Glossar, S. 227), wobei die abgeernteten Ruten regelmäßig komplett entfernt werden.

→ Lassen Sie Fruchttriebe stehen

Im ersten Jahr lassen Sie vier Triebe wachsen und kürzen sie auf 2,5 m ein. Im zweiten Jahr blühen und fruchten diese vier Triebe. Von den Trieben, die neu aus dem Boden treiben, lassen Sie wieder vier stehen. Insgesamt haben Sie nun acht Triebe. Wenn die Beeren geerntet sind, schneiden Sie die abgetragenen alten Ruten heraus. Nun stehen nur noch die vier neu ausgetriebenen Ruten. Im nächsten Jahr wiederholen Sie den Ablauf. Versuche in frostgefährdeten Regionen haben ergeben, dass der Ertrag steigt, wenn die abgetragenen Ruten erst im Frühjahr entfernt werden. Wahrscheinlich ist es für die jungen Triebe günstig, wenn sie etwas Schutz vor der Wintersonne haben. Schneiden Sie aber in jedem Fall vor dem Austrieb, da in den vorjährigen Trieben Schädlinge (Brombeergallmilbe) überwintern können. Das Schnittmaterial sollten Sie entsorgen.

> S. 76, Brombeeren reifen nicht
> S. 190, Stachellose Beerensträucher ✳

174

E › Erdbeeren tragen immer weniger

? Dill stirbt ab

In meinem Garten hat sich Dill selber ausgesät. Nach dem Verpflanzen in eine Reihe sind aber alle Sämlinge abgestorben. Wie kommt das?

Der Pflanzzeitpunkt war zu spät
Dill hat ein besonders feines und empfindliches Wurzelwerk, das leicht abreißt, wenn man die Pflanze aus der Erde nimmt. Die Pflanze kann dann nur schlecht am neuen Platz anwachsen.

→ **Handeln Sie früh**
Wenn Sie Dill umsetzen möchten, sollten Sie das so früh wie möglich machen. Sobald sich nach den Keimblättern das erste Laubblattpaar gebildet hat, können Sie ihn an seinen endgültigen Platz verpflanzen.

Bodenpilze sind schuld
Doldenblütler wie Dill, zu denen auch Sellerie, Möhren oder Petersilie gehören, haben die Eigenschaft, an ihrem Platz schädliche Bodenpilze anzureichern, die bei der Folgekultur die Wurzeln abtöten. Leider gibt es kein Mittel, das dagegen hilft.
› S. 174, Bohnen kümmern
› S. 176, Erdbeeren welken

→ **Führen Sie einen Fruchtwechsel ein**
Achten Sie darauf, dass an dem Platz, an den Sie den Dill jetzt pflanzen möchten, in den drei vergangenen Jahren weder Sellerie, Möhren, Petersilie noch andere Doldenblütler angebaut worden sind.
› S. 178, Fruchtwechsel einhalten

? Erdbeeren tragen immer weniger

Ich habe schon seit Jahren mehrere Reihen mit Erdbeeren im Garten. Nun wird der Fruchtertrag aber von Jahr zu Jahr kleiner. Gibt es dafür einen Grund?

Die Pflanzen sind zu alt
Erdbeeren sind keine Stauden, die langjährig hohe Erträge liefern.

→ **Verjüngen Sie das Beet**
Legen Sie alle zwei Jahre aus Ausläufern ein neues Beet an. Dazu trennen Sie sie von der Mutterpflanze ab und pflanzen sie an anderer Stelle ein. Die jungen Pflanzen wachsen dann kräftig und sorgen für reiche Ernte.

Bodenmüdigkeit tritt auf
Wenn die Pflanzen über viele Jahre am gleichen Standort wachsen, kommt es zu Bodenmüdigkeit (› Glossar, S. 222). Viele Rosengewächse, zu denen auch Erdbeeren gehören, sind davon betroffen. In der Folge treten auch Bodenpilze auf. Dadurch kränkeln die Pflanzen, und der Ertrag wird geringer.
› S. 161, Rose kümmert › S. 176, Erdbeeren welken

→ **Lösen Sie das Beet auf**
Roden Sie das Beet und wechseln Sie für eine Neuanlage mit frischen Pflanzen den Standort. Darauf sollten in den letzten fünf, besser zehn Jahren keine Erdbeeren gestanden haben. Erst dann hat sich der Boden erholt.

Erdbeeren lassen sich leicht vermehren, wenn man die Ausläufer abschneidet und in feuchter Erde bewurzeln lässt.

TIPP!
Erdbeerwiese anlegen

Natürlicher Wuchs: Eine Erdbeerwiese ist ein kleines Feld aus Monatserdbeeren, das sich durch Ausläuferbildung quasi von selbst entwickelt. Hacken oder andere Pflegearbeiten entfallen. Die Wiese kann 10 Jahre und länger am gleichen Platz bleiben, da es resistente Sorten wie 'Florika' oder 'Spadeka' gibt. In beide Sorten ist die Wald-Erdbeere eingekreuzt. Die Früchte sind nicht übermäßig groß, der Geschmack ist dafür aber umso aromatischer.

Geschmack ohne Grenzen: Pflanzen Sie die Monatserdbeeren mitten in ein freies Beet und lassen sie nach Belieben wachsen, bis sie ein dichtes Areal bilden. Die Ausläufer werden erst abgeschnitten, wenn sie aus dem für sie vorgesehenen Beet herauswachsen.

OBST, GEMÜSE & KRÄUTER

? Erdbeeren welken

Meine Erdbeerpflanzen welken und erholen sich trotz Gießen nicht. Was kann ich dagegen tun?

Die Wurzeln sind von Pilzen befallen

Welke Blätter und schrumpelnde, nicht ausreifende Beeren sind meist ein Zeichen für den Befall durch Bodenpilze wie *Verticillium* oder *Phytophthora*, die in die Wurzeln eindringen und sie zerstören. Die Sporen überleben im Boden bis zu 15 Jahre und sind mit chemischen Mitteln nicht zu bekämpfen.

→ **Legen Sie ein neues Beet an**
Es gibt keine andere Möglichkeit, als das Beet mit Jungpflanzen neu anzulegen. Achten Sie auf möglichst großen Sicherheitsabstand (ca. 5 m) zum alten Beet. Bei zu kurzer Distanz werden die Pilze wieder eingeschleppt.

→ **Achten Sie auf Sauberkeit**
Werfen Sie kranke Pflanzen nie auf den Kompost. Achten Sie bei der Bodenbearbeitung auch darauf, nicht gerade dort zu beginnen, wo der Befall aufgetreten ist, sondern diese Stelle zuletzt zu bearbeiten. Reinigen Sie die benutzten Geräte. So wird die Ausbreitung infizierter Erde verhindert.

→ **Kaufen Sie gesunde Jungpflanzen**
Nehmen Sie keine eigenen Ableger oder Pflanzen vom Nachbarn, die sind möglicherweise schon infiziert. Robuste Sorten sind z. B. 'Tenira' und 'Thuriga'. Setzen Sie die Pflanzen auf flache Dämme, damit die Wurzeln nicht zu feucht werden.

❯ S. 175, Erdbeeren tragen immer weniger ✳

176

? Ernte von Südgemüse

Meine Tomaten werden in diesem Sommer einfach nicht rot. Was kann ich tun, damit sie ausreifen? Kann ich die Reife beeinflussen?

Die Vegetationszeit ist zu kurz

Wärme liebende Gemüsepflanzen wie Tomaten, Zucchini, Auberginen und Paprika reifen nicht optimal heran, wenn sie zu wenig Sonne und Wärme bekommen.

→ **Betreiben Sie Vorkultur**
Viele Gemüsearten, z. B. Gurken, Kohlrabi, Kürbis, Paprika und Tomaten, können Sie im zeitigen Frühjahr schon auf der Fensterbank vorkultivieren, um die Vegetationszeit zu verlängern. Zur Vorzucht eignet sich auch ein Frühbeet (❯ Glossar, S. 223) oder ein Gewächshaus (❯ Kasten). Im Mai, wenn die Nachtfrostgefahr gebannt ist, pflanzen Sie das Gemüse dann in den Garten.
Mit speziellen Schutzfolien und -hauben (aus dem Fachhandel) kann man Vorkultur auch schon ab Anfang März draußen im Beet betreiben. So können die Pflanzen schon die erste Frühlingssonne nutzen und haben bald einen Entwicklungsvorsprung.

Unter der Folie sind die jungen Pflanzen ebenfalls vor Frost, eisigem Wind und starkem Niederschlag ausreichend geschützt.
❯ S. 186, Paprika bildet kaum Früchte

→ **Sorgen Sie für einen hellen Standort**
Bei der Gemüse-Vorzucht im Haus ist es entscheidend, dass die Pflanzen möglichst hell stehen. Stellen Sie die Sämlinge an ein Südfenster und rücken Sie die Töpfe nahe an die Scheibe. Schon bei 20 cm Entfernung nimmt das pflanzenverfügbare Licht stark ab. Die Folge sind lange und dünne Stängel, sogenannte Geiltriebe (❯ Glossar, S. 223).

→ **Düngen Sie genug**
Auch die Jungpflanzen benötigen immer ausreichend Nährstoffnachschub, damit sie sich gut entwickeln. Sie können hier ohne weiteres einen flüssigen Blumendünger verwenden oder einen Langzeitdünger, den sie nach Gebrauchsempfehlung dosieren.
❯ S. 54, Dünger ✳

Prima Klima im Gewächshaus

Genug Wärme: Wenn Sie einen sonnigen Garten haben und sich als Hobbygärtner gern selbst mit Gemüse versorgen, ist die Anschaffung eines Gewächshauses sicher lohnenswert. Selbst für kleine Gärten bietet der Fachhandel passende Modelle an. Im Gewächshaus ist es hell und warm, was insbesondere die „Südländer" unter den Gemüsepflanzen zu schätzen wissen.

Schutz vor Regen: Die Pflanzen entwickeln sich gut, ohne durch Braunfäule oder Falschen Mehltau gefährdet zu sein. In der kalten Jahreszeit ernten Sie bequem Feldsalat und Portulak, während Wintergemüse und -kräuter draußen unter einer Schneedecke liegen.

? Erntezeit von Kräutern

Ich habe gehört, dass Kräuter nach der Blüte nicht mehr genießbar sind. Stimmt das wirklich? Wann erntet man sie denn eigentlich am besten?

Grundsätzlich kann man alle Küchenkräuter die ganze Vegetationszeit über ernten. Kurz vor der Blüte besitzen sie jedoch die größte Würzkraft. Der Erntezeitpunkt ist also wichtig – nicht nur für die Blätter, auch für die Früchte und Wurzeln. Nach der Blüte werden manche Kräuter bitter im Geschmack, verlieren Aroma und bekommen zähe Blätter. Die Ursache dafür sind zusätzliche Kraftstoffe aus der Wurzel, die in oberirdischen Pflanzenteilen eingelagert werden. Sie bleiben dann genießbar, aber bei Schnittlauch z. B. werden die Blütenstängel hart. Minze verliert den mild-fruchtigen Geschmack, und Basilikum-Blätter können ledrig werden.

Vor der Blüte sind Thymianzweige besonders aromatisch. Mit regelmäßiger Ernte junger, zarter Triebe fördern Sie auch buschigen Buchs.

→ **Pflücken Sie Blätter vor der Blüte**
Wenn die Pflanze ihr Blattwerk vollständig entwickelt hat und noch keine Kraft in Blüten- oder Fruchtentwicklung investieren musste, ist das Aroma der Blätter am stärksten. Bis die Pflanze blüht, bleiben die Blätter weich. Für Blattsalate sollten Sie die Blätter bereits pflücken, wenn sie noch ganz jung und damit besonders zart sind.

→ **Zögern Sie die Blüte hinaus**
Damit sich nach der Blüte keine harten Stängel bilden oder Bitterstoffe in den Blättern anreichern, schneiden Sie die alten Triebe bei wuchsstarken Kräutern ohne verholzende Triebe schon vorher komplett dicht über dem Boden ab. Damit verlagern Sie die Blüte auf einen späteren Zeitpunkt, denn die Pflanze muss ja nun erst wieder neue Triebe bilden. Nutzen Sie die Schnittmaßnahmen auch, um zu dicht stehende Triebe auszulichten oder buschigen Wuchs zu fördern.

→ **Nutzen Sie die Blüten**
Sie können die hübschen Blüten von Borretsch, Schnittlauch oder Kapuzinerkresse auch als Schnittblumen stehen lassen oder als essbare Blüten verwenden (> Tipp). Der beste Erntezeitpunkt, die Blüten abzutrennen, ist, wenn sie gerade voll geöffnet sind.

→ **Prüfen Sie den Reifegrad der Früchte**
Früchte sollten bei der Ernte voll ausgereift sein. Meist ist das dann der Fall, wenn sie

TIPP!
Das Auge isst mit

Salate oder Nachspeisen werden mit essbaren Blüten zum Hingucker. Kapuzinerkresseblüten z. B. leuchten im Salat nicht nur farbenfroh, sondern verleihen ihm auch kräftige Würze. Auch viele andere Kräuterblüten wie von Borretsch, Bärlauch, Gänseblümchen, Kürbis, Lavendel, Löwenzahn, Ringelblume, Salbei, Schnittlauch, Thymian oder Veilchen sind essbar. In sommerlichen Drinks genießt man sie „on the rocks". Sie werden einfach im wassergefüllten Fach des Eiswürfelbehälters eingefroren.

dunkelbraun sind und sich kaum noch zusammendrücken lassen (z. B. Kümmel).

→ **Wurzelstücke erntet man im Herbst**
Nutzbare Rhizome, Zwiebeln oder Knollen sollte man erst ausgraben, wenn die oberirdischen Teile der Pflanze abgestorben sind.

→ **Ernten Sie nach Wetterlage**
Richten Sie sich bei der Ernte nach der Wetterlage. Droht eine Phase mit schlechtem Wetter, ist es besser, die Kräuter vorher zu ernten. Ist es dagegen länger trocken und warm, warten Sie lieber noch ein Weilchen. In dieser Zeit wachsen die Pflanzen stärker und entwickeln ein besonders intensives Aroma. Am besten erntet man vormittags an einem warmen, trockenen Tag. In feuchtem Zustand wären die Kräuter weniger aromatisch. In der heißen Mittagshitze sollte man sie auch nicht pflücken. Ideal ist also auch ein bewölkter Himmel.

OBST, GEMÜSE & KRÄUTER

? Fruchtbildung bei Obstgehölz bleibt aus

Mein Kirschbaum ist jetzt 5 Jahre alt, aber er entwickelt immer noch kaum Früchte. Wie kann ich ihn dazu bringen, dass er besser trägt?

Auch wenn Obstbäume reich blühen, tragen sie nicht immer Früchte, da manchmal die geeignete Befruchtersorte fehlt.

Die Befruchtersorte fehlt
Viele Obstbäume wie Apfel, Birne oder Kirsche sind selbststeril, d. h. sie brauchen fremden Pollen zur Befruchtung, um Inzucht zu vermeiden. Die Pollen können dann andere Blüten der gleichen Sorte nicht befruchten.

→ **Ein Fachmann veredelt den Baum**
Man kann auch eine Befruchtersorte in den Baum veredeln (❯ Glossar, S. 226). Bei diesem als „Pfropfung" bezeichneten Vorgang wird eine weitere Sorte mit der Unterlage „verbunden", sodass darauf zwei Sorten wachsen.

→ **Pflanzen Sie selbstfruchtbare Sorten**
Bei manchen Zuchtsorten (❯ Glossar, S. 227) der Süßkirsche wie 'Stella', 'Summit' und 'Sunburst', wird ein Hemm-Mechanismus in der Blüte außer Kraft gesetzt, der sonst die Selbstbefruchtung verhindert.

Der Obstbaum braucht einen Schnitt
Einem wuchsfreudigen Baum mit vielen Blättern und Trieben fehlt oft die Kraft zur Blüten- und Fruchtbildung.

→ **Ein Erziehungsschnitt ist nötig**
Entfernen Sie steil aufragende Äste und Triebe, die in Konkurrenz zu den Gerüstästen stehen. Damit lenken Sie das Wachstum in flache, fruchttragende zweijährige Triebe.
❯ S. 181, Kirschernte lässt nach ✽

? Fruchtwechsel einhalten

Ist es eigentlich schlimm, wenn ich den Fruchtwechsel in meinem kleinen Gemüsegarten nicht streng einhalten kann?

Gut wäre es schon! Ein Fruchtwechsel verhindert, dass der Boden bei einseitiger Kultur auslaugt und nötige Nährstoffe nicht mehr nachliefern kann. Bodenmüdigkeit (❯ Glossar, S. 222) tritt oft z. B. beim Anbau von Kohlsorten auf. Sie benötigen als Starkzehrer viele Nährstoffe (❯ Kasten). Manche Pflanzen reichern langfristig über ihre Wurzeln auch Substanzen im Boden ab, die zu Selbstunverträglichkeit (❯ Glossar, S. 225) führen können.
❯ S. 174, Bohnen kümmern ❯ S. 175, Dill stirbt ab
❯ S. 175, Erdbeeren tragen immer weniger

→ **Die Mischung macht's**
Um den Boden nicht einseitig zu belasten, sorgt man in kleinen Gärten auch durch Mischkultur (❯ Glossar, S. 224) für Abwechslung. Dabei baut man Gemüse und Kräuter eng nebeneinander an, sodass der Nährstoffhaushalt im Boden ausgewogen bleibt.

→ **Starkzehrer brauchen Abwechslung**
Bei Gemüse, das viele Nährstoffe benötigt, wie Kopfkohl, Tomaten oder Gemüsemais (❯ Kasten), sollten Sie in jedem Fall eine Fruchtfolge einhalten. ✽

Verbrauch im Vergleich

Schwachzehrer:
Bohnen, Erbsen, Erdbeeren, Feldsalat, Kresse, Möhren, Radicchio, Radieschen, Rosmarin, Thymian, Zwiebeln

Mittelzehrer:
Bohnenkraut, Borretsch, Busch- und Stangenbohnen, Dill, Endivien, Gurken, Kerbel, Knoblauch, Kohlrabi, Lauch, Paprika, Petersilie, Rettich, Salat, Schnittlauch, Spinat

Starkzehrer:
Blumenkohl, Brokkoli, Chinakohl, Kürbis, Liebstöckel, Mais, Rettich, Rhabarber, Rosenkohl, Rote Bete, Rotkohl, Sellerie, Tomate, Weißkohl, Zucchini

H › Heidelbeeren kümmern

? Gurken welken

Meine Gewächshaus-Gurken wurden plötzlich welk und sind nach wenigen Tagen abgestorben. Habe ich beim Gießen etwas falsch gemacht?

Die Gurken haben eine Pilzkrankheit

Nein, der Grund ist nicht, dass die Pflanzen zu wenig Wasser bekommen haben. Vielmehr liegt hier wahrscheinlich die Gurkenwelke vor, eine Wurzelkrankheit, die bei Gewächshaus-Gurken häufig auftritt. Der Pilz verstopft die Leitungsbahnen der Wurzeln, sodass die Pflanze kein Wasser mehr aufnimmt und dann vertrocknet. Ein wirksames Mittel dagegen gibt es leider nicht.

→ Pflanzen Sie veredelte Sorten
Besorgen Sie sich Jungpflanzen, die auf Kürbis veredelt sind. Man kann Sie im Gartenfachhandel kaufen. Diese haben ein kräftigeres Wachstum und sind gegen eine Reihe von Krankheiten wie die Gurkenwelke widerstandsfähig. Saatgutzüchter bieten neuerdings auch Sets an, mit denen man die Sämlinge selber veredeln kann.
› S. 49, Veredeltes Gemüse

Das Substrat ist zu kalt

Gurkenpflanzen schätzen einen warmen Boden. Zu kaltes Gießwasser kann der Pflanze im Extremfall einen so großen Schock versetzen, dass sie abstirbt.

→ Häufeln Sie die Pflanze an
Wenn die Gurke gut eingewachsen ist, können Sie den Stammfuß 10 cm hoch mit Erde anhäufeln. Dadurch bilden sich zusätzlich Wurzeln an der Basis, die das Wachstum för-

> **TIPP!**
> ### Den Ertrag steigern
>
> **Früchte entfernen:** Bei der ersten Fruchtbildung ist die Pflanze noch nicht kräftig genug, um nachfolgende Früchte auch noch zu versorgen: Sie vertrocknen. Wenn Sie die Blüten auf dem ersten Meter ausbrechen, kann die Pflanze aber genug Blätter für kräftigen Wuchs und Fruchtbildung entwickeln.
>
> **Parthenogene Sorten pflanzen:** Sogenannte jungfernfrüchtige Zuchtsorten (› Glossar, S. 227) haben nur weibliche Blüten. Aus jeder Blüte entwickelt sich eine Frucht – und zwar ohne die oft störenden Samenanlagen.

dern, und der kleine Erdhügel erwärmt sich auch schneller.

→ Kultivieren Sie die Pflanze im Erdsack
In einem Sack mit guter Blumenerde bleibt das Substrat warm und locker. Legen Sie dazu einen 80-Liter-Sack flach auf den Boden und schneiden Sie ihn kreuzweise mit einem Messer ein. Stechen Sie am Boden mehrere Wasserabzugslöcher in die Tüte und pflanzen Sie die Gurken in die Öffnungen.

→ Temperieren Sie das Gießwasser
Gießen Sie die Pflanzen am besten mit abgestandenem Wasser und nicht mit kaltem und kalkreichem Leitungswasser. ❄

? Heidelbeeren kümmern

Meine Heidelbeeren lassen seit dem letzten Jahr im Wachstum nach. Wie kann ich es wieder fördern?

Die Triebe sind vergreist

Mit einem Rückschnitt regen Sie die Fruchtbildung wieder an. Heidelbeeren entwickeln ein Gerüst aus bis zu zehn unterschiedlich alten Bodentrieben, die bis zu zehn Jahre vital bleiben. Früchte bilden sie an der Spitze einjähriger Langtriebe (› Glossar, S. 222).
› S. 173, Beerensträucher schneiden

→ Nehmen Sie ältere Triebe heraus
Entfernen Sie jährlich einen älteren Gerüsttrieb an der Basis und belassen dafür einen kräftigen Jungtrieb als Ersatz. Überzählige einjährige Bodentriebe schneiden Sie heraus.

→ Fördern Sie einjährige Triebe
Schneiden Sie starke seitliche Verzweigungen, die nur wenig Früchte tragen, heraus. Fördern Sie dafür einjährige Seitentriebe, die nahe am oder direkt aus dem Gerüst wachsen. So kommt Licht in den Strauch, und er verkahlt innen nicht.

Der Standort stimmt nicht

Damit Heidelbeeren wüchsig bleiben, benötigen sie einen lockeren, gleichmäßig feuchten, luftigen und sauren Boden.

→ Mulchen und gießen Sie ausreichend
Verbessern Sie den Boden mit einer Lage Rindenmulch. Bei längerer Trockenheit gießen Sie so viel, dass das Wasser durch die Mulchschicht bis zu den Wurzeln dringt. ❄

OBST, GEMÜSE & KRÄUTER

? Himbeerernte verlängern

Meine Himbeeren sind schon längst abgeerntet. Bei meinem Nachbarn tragen sie aber auch jetzt im Herbst noch Früchte. Wie ist das möglich?

Es muss sich um remontierende (> Glossar, S. 225), spät fruchtende Himbeersträucher handeln. Diese bezeichnet man als herbsttragende Himbeeren. Sie fruchten ab August und bilden bis in den Spätherbst ununterbrochen weiter Blüten und Früchte. Das hat den Vorteil, dass es bei diesen spät tragenden Sträuchern keine Probleme mit Himbeerkäferlarven gibt. Das sind die kleinen weißen Maden, die zuweilen in den Früchten der Sommerhimbeeren zu finden sind. Die Käfer fliegen nur von April bis August und infizieren dann die Blüten. Außerdem sind Herbsthimbeeren leicht zu schneiden sowie wenig empfindlich gegen die Rutenkrankheit und die Wurzelfäule *Phytophthora*.
› S. 82, Himbeeren madig

TIPP!
Mulchen hält gesund

Himbeeren sind Waldpflanzen, deren Wurzeln dicht unter der Bodenoberfläche wachsen. Deshalb beschädigt man sie im Garten beim Hacken leicht. Mit einer Mulchschicht aus Grasschnitt oder Laub bleibt die Erde auch ohne Hacken feucht und locker, und die Pflanzen wüchsig und gesund. So schaffen Sie natürliche Wuchsbedingungen, die mit denen im Wald vergleichbar sind.

→ **Pflanzen Sie herbsttragende Sorten**
Für eine reiche Ernte bis in den Herbst hinein gibt es herbsttragende Himbeersorten, die eine ausgedehnte Reifezeit haben. Die Standardsorte 'Autumn Bliss' bzw. 'Blissy' hat große, ovale und gut pflückbare Früchte, die zudem auch sehr haltbar sind. Die Jahresruten sind bestachelt, wachsen aufrecht und benötigen ein leichtes Stützgerüst. 'Blissy' hat eine sehr hohe Widerstandskraft gegen virusübertragende Blattläuse und auch gegen Wurzelfäulen, die vor allem auf schweren Böden oft einen Himbeeranbau vereiteln. Von 'Blissy' gibt es auch eine gelbfrüchtige Varietät.
Eine neue polnische Sorte ist 'Polka'. Sie besitzt zwar etwas größere Früchte als 'Blissy' und ist besonders ertragreich, möglicherweise ist sie aber nicht so widerstandsfähig gegen Krankheiten.
Ebenfalls neu ist die Sorte 'Himbo Top'. Sie übertrifft 'Blissy' im Ertrag und hat eine ähnlich gute Widerstandsfähigkeit gegen Krankheiten. Die Früchte sind bis in den Herbst hinein groß mit exzellentem Himbeergeschmack und von hoher Festigkeit.
Im Versandhandel wird zuweilen auch die Sorte 'Heritage' angeboten. Diese stellt hohe Anforderungen an das Klima. Ohne Winterschutz kann sie erfrieren. Für den Hausgarten ist sie weniger geeignet.

Himbeeren schneiden

(1) Am Pfahl
Entfernen Sie abgetragene Ruten und lassen Sie die 5 kräftigsten neuen Triebe stehen. Sie tragen im Folgejahr Früchte.

(2) Am Draht
Entfernen Sie abgetragene Ruten und binden Sie kräftige Neutriebe am Draht fest. Überzählige entfernen Sie.

(3) Herbsttragende Himbeeren
Abgetragene Ruten schneidet man im Frühjahr am Boden zurück. Die neuen Triebe tragen Früchte.

Herbsttragende Sorten sind sehr einfach zu pflegen. Schneiden Sie im Herbst nach der Ernte einfach alle Triebe etwa 5 cm über dem Boden ab. Im Frühjahr treiben die Pflanzen dann neu aus und fruchten von August bis zum Frosteintritt.

K › Kiwi schneiden

? Kirschernte lässt nach

Mein Süßkirschbaum bildet im unteren Bereich keine Früchte mehr. Wie kann ich erreichen, dass er auch an den unteren Trieben noch fruchtet?

Die Triebe sind zu stark beschattet

Die unteren Äste liegen bei älteren Bäumen im Schatten und verkahlen, wenn die Krone im oberen Bereich schirmförmig wächst. Mit einem Verjüngungsschnitt bringt man wieder Licht in den Bestand und aktiviert so das auch bei ausgewachsenen Süßkirschbäumen über Jahre vital bleibende Fruchtholz. Um zu verhindern, dass dabei große Wunden entstehen, die bis in die Gerüsttriebe eintrocknen und zu Pilzinfektionen führen, schneidet man im Sommer. In der Wachstumsperiode kann der Baum die Wunde besser abschotten und Wundgewebe bilden.

Der in den ersten 5–7 Jahren erforderliche Erziehungsschnitt (› Glossar, S. 223) erfolgt dagegen im Frühjahr, um das Wachstum anzuregen. Die kleinen Schnittstellen sind weniger empfindlich gegenüber Pilzinfektionen als größere Wunden.

→ **Verjüngen Sie den Baum**
Lenken Sie die vergreisten Enden der Gerüsttriebe auf weiter innen stehende Jungtriebe um. Entfernen Sie an diesen die Konkurrenztriebe, sodass der Trieb schlank ausläuft. Dadurch gelangt wieder Licht in das Bauminnere. Überhängende und vergreiste Seitentriebe lenken Sie nahe am Gerüst auf nach außen wachsende Triebe um. ❈

? Kiwi schneiden

Wir haben letztes Jahr zwei Kiwi gepflanzt – ein männliches und ein weibliches Exemplar. Die jungen Triebe vom letzten Sommer bilden jetzt schon ein undurchdringliches Gewirr. Kann ich diese stutzen?

Kiwi brauchen Erziehung und Schnitt

Sie können Sie nicht nur stutzen, sie sollten es sogar unbedingt tun. Kiwi sind Schlingpflanzen. Ohne regelmäßigen Schnitt wachsen ihre Triebe wild durcheinander. Um sie übersichtlich und vital zu halten, schneidet man sie zweimal im Jahr: im Frühjahr und im Sommer.

→ **Erziehen Sie die Pflanze am Gerüst**
Da Kiwi, wie viele Kletterpflanzen, von selber keinen Halt finden, benötigen sie eine Kletterhilfe aus Metall oder Holz. Daran lenken Sie den Mitteltrieb senkrecht nach oben. Von ihm zweigen waagerecht die Seitengerüsttriebe ab. Die Gerüsttriebe lassen Sie jedes Jahr höchstens 1 m wachsen. So wird gewährleistet, dass auf der ganzen Länge Fruchttriebe mit Knospen austreiben. Bei den diesjährigen fruchttragenden Trieben erscheinen im unteren Bereich die Blütenknospen. Kürzen Sie diese fruchtenden Triebe im Sommer auf 1 m ein und entfernen Sie neu daran austreibende Seitentriebe vollständig. So bleibt der Aufbau der Pflanze überschaubar.

→ **Verjüngen Sie die Pflanze**
Im Laufe der Jahre verzweigen sich die Fruchttriebe immer mehr. Schneiden Sie sie im späten Frühjahr, wenn die Frostgefahr vorüber ist, auf 5 cm kurze Zapfen zurück (› Abb.), auch wenn die Wunden in dieser

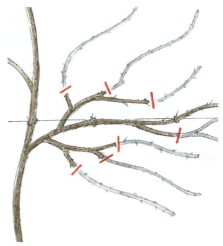

Kürzen Sie abgetragene Fruchttriebe bei der Kiwi auf etwa 5 cm lange Zapfen ein.

Zeit stark bluten. Erst wenn diese in ihrer Vitalität nach 6–8 Jahren nachlassen, lenken Sie ältere Fruchttriebe nahe am Seitengerüsttrieb auf einen jüngeren Trieb um und kürzen diesen auf 5 cm ein. Dann beginnt der Rhythmus erneut.

→ **Lenken Sie kümmernde Triebe um**
Abgestorbene, frostgeschädigte oder kümmernde Seitentriebe lenken Sie auf einen jungen, nahe am Mitteltrieb wachsenden Trieb um (› Glossar, S. 226). Kürzen Sie diesen auf 1 m ein und binden Sie ihn flach an. ❈

181

OBST, GEMÜSE & KRÄUTER

? Knoblauch ernten

Ich habe zum ersten Mal Knoblauch gepflanzt, der inzwischen schon eingetrocknete Triebe hat. Woran erkenne ich eigentlich, wann ich ihn ernten kann?

Abhängig davon, wann die Zehen gepflanzt werden, reift Knoblauch unterschiedlich schnell heran. In Regionen mit mildem Klima kann man die Wärme liebende Zwiebelpflanze bereits im Herbst pflanzen. Dann ist der Knoblauch unter Umständen schon im Frühsommer reif. Werden die Zehen erst nach dem Winter im Frühjahr gepflanzt, können Sie die reifen Zwiebeln ungefähr ab Juli/August ernten.

› S. 95, Zwiebellaub stirbt ab

→ **Das abgestorbene Laub ist ein guter Indikator**
Am besten ernten Sie Knoblauch, ähnlich wie bei Kulturzwiebeln, wenn das obere Drittel des Laubes abgestorben ist. Mit einer Grabegabel lockern Sie dann das Erdreich unter den Zehen, sodass Sie diese leicht aus der Erde nehmen können. Nun binden Sie die Pflanzen zu Büscheln zusammen oder sammeln sie in einer flachen Kiste und trocknen sie an einem luftigen Ort. Wenn Sie zu spät ernten, löst sich der Stängel vom Zwiebelboden und die Zwiebel zerfällt in einzelne Zehen. Sie sind dann nicht mehr lange haltbar.

→ **Nutzen Sie die Brutzwiebeln**
Bei der Knoblauchernte sammeln Sie am besten auch gleich die Brutzwiebeln ein, die sich am Stängel anstatt einer Blüte gebildet haben. Diese können Sie noch im Sommer

Knoblauch ist dann reif, wenn das Laub im oberen Drittel abgestorben ist. Lockern Sie erst die Erde, bevor Sie die Pflanzen herausziehen.

auf ein vorbereitetes Beet säen, sodass sich bis zum Herbst schon kleine Knoblauchpflänzchen entwickelt haben. Sie können problemlos bis zu 40 Stück pro m² pflanzen. Im nächsten Jahr bilden sich dann zunächst einfache, runde Zwiebeln, die sogenannten Rundlinge. Diese sind noch nicht verwertbar, sondern werden vereinzelt und erneut ausgepflanzt – entweder noch im Herbst, spätestens aber im Frühjahr, so wie normalerweise die Knoblauchzehen. Erst im zweiten Jahr bilden sich dann die bekannten, aus einzelnen Zehen zusammengesetzten Zwiebeln. ✽

? Kräuter konservieren

Die Spitzwegerichblätter, die ich zum Konservieren trocknen wollte, sind ganz schwarz geworden. Was habe ich falsch gemacht?

→ **Die Blätter sind zu feucht**
Je schneller man den Pflanzen beim Trocknen das Wasser ohne starke Hitzeeinwirkung entziehen kann, desto besser ist das Ergebnis. Schwarze, eventuell sogar verschimmelte Pflanzenteile sind immer ein Zeichen dafür, dass die Feuchtigkeit beim Trocknen nicht schnell genug entweichen konnte.

→ **Der Erntezeitpunkt ist wichtig**
Am besten ernten Sie die Kräuter mittags oder nachmittags während einer heißen Wetterperiode. Die Blätter haben dann einen geringen Wassergehalt, und die Inhaltsstoffe sind höher konzentriert. Ernten Sie nicht an Regentagen. Waschen Sie die Kräuter nicht, auch das könnte später zu Fäulnis führen.

› S. 177, Erntezeit von Kräutern

→ **Wählen Sie einen luftigen Platz**
Hängen Sie die Kräuterbüschel an einen warmen, luftigen Platz, z. B. auf den Dachboden. Oder breiten Sie sie auf einer Lage Zeitungspapier aus. Wichtig ist, dass die Kräuter nicht direkter Sonnenstrahlung ausgesetzt sind und nicht zu heiß getrocknet werden, denn das führt zu Farb- und Aromaverlusten. Im zeitigen Herbst entfernen Sie die Blätter von den Stielen und zerreiben sie. Nun können Sie das Erntegut in dunklen, verschließbaren Gläsern etwa ein Jahr lagern. ✽

M › Minze wuchert

? Kürbispflanze blüht nicht

Ich versuche nun schon im zweiten Jahr Kürbisse anzubauen. Aber sie kümmern nur vor sich hin und blühen auch nicht. Was kann ich dagegen tun?

Der Standort ist nicht optimal

Kürbispflanzen sind immer hungrige und durstige Sonnenkinder. Kennt man ihre Bedürfnisse und kann ihnen einen geeigneten Standort bieten, gedeihen sie gut und sind kaum noch zu bremsen.

→ Sorgen Sie für Wärme

Säen oder pflanzen Sie Kürbisgewächse nie vor Mitte Mai ins Freie. Vorher drohen immer noch Spätfröste oder doch recht niedere Temperaturen, die den kleinen Pflanzen einen nachhaltigen Wachstumsschock versetzen können. Es ist daher sinnvoll, dass Sie die Pflanzen bis zu den Eisheiligen mit einem Vlies überdecken. Die höheren Temperaturen darunter machen sich in der Entwicklung deutlich bemerkbar. Sie können sie ab März aber auch im Haus vorziehen.

→ Düngen Sie ausreichend

Kürbispflanzen sind Starkzehrer (› Glossar, S. 226) und brauchen viel Stickstoffdünger. Wenn Sie mit organischen Düngern wie Kompost, Hornspänen oder Mist düngen, wird der Stickstoff durch die Tätigkeit der Mikroorganismen im Boden erst pflanzenverfügbar, wenn sich die Erde erwärmt hat. Die Bodenbakterien werden erst ab ca. 10 °C aktiv, und im Frühling kann es etwas dauern, bis dieser Wert erreicht ist. Sie können dem entgegenwirken, indem Sie den Pflanzen eine kleine Startdüngung mit mineralischem Flüssigdünger mitgeben, der die Nährstoffe sofort an die Gewächse weitergibt, oder eine Mulchfolie (› Glossar, S. 224) auslegen, unter der der Boden sich schneller erwärmt.

› S. 178, Fruchtwechsel einhalten ✳

Schmackhafte Riesen

Genießbar oder nicht? Die verschiedenen Kürbissorten teilt man oft in ungenießbare Zier- und essbare Speisekürbisse ein. Diese Unterscheidung ist allerdings ziemlich willkürlich, da auch fast alle Zierkürbisse sehr gut schmecken. Nur wenige Sorten sind so bitter, dass sie zum Verzehr nicht geeignet sind. Wenn Sie wissen wollen, ob Sie Ihren Zierkürbis essen können, brauchen Sie nur ein Stückchen der rohen Frucht zu probieren. Schmeckt er nicht bitter, können Sie ihn ohne weiteres in der Küche verarbeiten.

Nicht zu überbieten: Einer der besten Speisekürbisse ist 'Uchiki Kuri', der einzige, den Sie mit Schale verzehren können. Sein tief orangefarbenes Fruchtfleisch verdankt er einem sehr hohen Gehalt an Carotinoiden, insbesondere dem Provitamin A, das auch in der Möhre vorkommt. In Hokkaido-Kürbissen ist der Provitamin-A-Gehalt aber mehr als 10-mal so hoch.

? Minze wuchert

Meine Pfefferminze wuchert extrem und verdrängt mittlerweile alle anderen Arten im Kräuterbeet. Wie kann ich das verhindern?

Minze bildet Ausläufer

Manche Minzesorten bilden im Boden lange Rhizome und breiten sich am geeigneten Standort ungehindert aus. So werden sie schnell zum lästigen Unkraut und müssen im Wachstum gebremst werden.

→ Bauen Sie eine Wurzelsperre

Sägen Sie aus einem 10-Liter-Plastikeimer den Boden heraus. Nun graben Sie den Eimer im Gartenbeet ein, lassen aber 5 cm über der Erde herausschauen, damit Triebe an der Bodenoberfläche nicht darüberwachsen können. In den Kübel pflanzen Sie dann die Pfefferminze. Da die Wurzeln seitlich durch den Behälter behindert werden, kann sich die Pflanze auch nicht mehr ausbreiten. Den gleichen Effekt erzielt man auch mit einem speziellen luft- und wasserdurchlässigen Wurzelvlies aus dem Fachhandel, das man wie eine Tasche unter dem Wurzelballen im Boden ausbreitet.

› S. 141, Bambus wuchert

→ Halten Sie Minze in Topfkultur

Sie können die Pfefferminze auch gleich in einem Pflanzgefäß kultivieren. Es sollte mindestens 10 l Erde fassen, da die Erde sonst zu schnell austrocknet. An einem halbschattigen Standort wird die Pfefferminze auch darin sehr gut gedeihen. ✳

183

OBST, GEMÜSE & KRÄUTER

? Obstbaum kümmert

Ich habe meinen alten Obstbaum durch einen neuen an derselben Stelle ersetzt. Aber er kümmert und bildet kaum neue Triebe. Woran liegt das?

Selbstunverträglichkeit liegt vor

Grundsätzlich sollten Sie einen neuen Baum nicht an die gleiche Stelle pflanzen. Viele Pflanzen reagieren am gleichen Standort auf die Rückstände verwandter Arten im Boden empfindlich. So kommt es vor, dass sich über die Wurzeln Stoffwechselprodukte anreichern, die sie nicht vertragen. Dann kommt es leicht zu Kümmerwuchs.

> S. 174, Bohnen kümmern

> S. 175, Erdbeeren tragen immer weniger

→ **Warten Sie nicht zu lange**
Wenn aus Platzmangel kein anderer Standort infrage kommt, sollten Sie das neue Gehölz sofort nach Entfernen des alten Baumes pflanzen und nicht erst Monate später. So gewöhnt sich der neue Baum daran, dass die alten Wurzeln darunter allmählich verrotten. Um ihm zu einem guten Start zu verhelfen, können Sie vor dem Einsetzen einen Eimer voll Kompost in das Pflanzloch geben.

Die Unterlage ist ungeeignet

Möglicherweise hat Ihr Baum eine schwach wachsende, wenig resistente Wurzel, die man bei veredelten Bäumen auch als Unterlage bezeichnet (> Glossar, S. 226).

→ **Pflanzen Sie veredelte Sorten**
Mittlerweile gibt es im Obstbau eine Reihe von Sorten, die auf eine robuste Unterlage veredelt wurden (> Tab.).

Die Baumscheibe ist versiegelt

Wenn der Rasen bis an den Stamm reicht, bekommt die Wurzel nicht genug Wasser und Nährstoffe.

→ **Halten Sie die Baumscheibe frei**
Entfernen Sie das Gras im Umkreis von einem Meter um den Stamm und mulchen (> Glossar, S. 224) Sie den Boden.

> S. 167, Wurzelraum freihalten

Der Boden ist verdichtet

Ist der Boden verdichtet, sind Wasser- und Nährstoffaufnahme gestört, und es kommt nicht genug Luft an die Wurzeln.

→ **Bohren Sie Löcher**
Stechen Sie im Wurzelraum des Baumes z. B. mit einer langen, dünnen Eisenstange bis zu 1 m tiefe Löcher in den Boden und verfüllen Sie diese mit Sand. Das lockert den Boden und führt Luft und Wasser an die Wurzeln.

> S. 32, Staunässe

Es liegt Rindenbrand vor

Fallen Ihnen am Stamm auffällige Veränderungen auf? Dann könnte ein bakterieller Befall vorliegen, der verhindert, dass die Baumsäfte ungehindert fließen. Langfristig geht der Baum ein. Eine erfolgreiche Behandlung ist nicht möglich.

→ **Untersuchen Sie die Rinde**
Sieht die Rinde auf irgendeine Weise verändert oder eingesunken aus, machen Sie mit einem Messer einen kleinen Schnitt bis unter die Rinde. Ist das Gewebe dort hell, ist die Rinde gesund. Ist sie dunkel oder schwarz, leidet sie unter Rindenbrand.

→ **Roden Sie den Baum**
Ist der Baum tatsächlich befallen, können Sie ihn nicht mehr retten. Sie können ihn nur ersetzen. Wählen Sie eine Sorte mit möglichst robuster Unterlage (> Tab.). ❁

Robuste Unterlagen für Obstbäume

Obstart	Unterlage	Baumhöhe	Lebensalter	Fruchtbeginn nach
Apfel	M9	3 m	20 Jahre	2–3 Jahren
	MM 106	4 m	30 Jahre	4–6 Jahren
	Sämling	8 m	80 Jahre	6–8 Jahren
Birne	Quitte A	4 m	30 Jahre	3 Jahren
	Sämling	10 m	80 Jahre	6–8 Jahren
Kirsche	GiSeLA 5	4 m	25 Jahre	2–3 Jahren
	F/12/1	10 m	70 Jahre	6–8 Jahren

O › Obstgehölze für kleine Gärten

? Obstbaum: Steiltriebe

Mein 5-jähriger Obstbaum hat sehr steile Triebe, von denen zwei unter der Fruchtlast abgebrochen sind. Wie kann ich das verhindern?

Steile Triebe sind instabil

Steiltriebe oder Schlitzäste (› Glossar, S. 225) wachsen in einem spitzen Winkel zum Gerüstast oder zum Stamm. Sie sind an zwei Wülsten auf der Oberseite am Astansatz zu erkennen, die nicht miteinander verbunden sind. An dieser Stelle sind Haupt- und Nebenast nicht stabil miteinander verwachsen. Unter der Fruchtlast brechen sie daher oft ab und hinterlassen eine Lücke in der Krone. Mit Steiltrieben, wie sie z. B. Kirschen und Zwetschgen oft aufweisen, lässt sich kein tragfähiges Astgerüst im Baum aufbauen.

→ **Kaufen Sie Bäume mit stabilem Gerüst**
Wählen Sie beim Kauf immer Bäume mit einem stabilen Mitteltrieb und 3–4 seitlichen Gerüsttrieben aus, die in einem Winkel von 45–60 ° zum Mitteltrieb abzweigen. An einem rundum laufenden Wulstring am Astansatz erkennen Sie, dass die Triebe fest mit dem Stamm verwachsen sind.

→ **Korrigieren Sie das Gerüst**
Bei einem 5-jährigen Obstbaum mit einer Rundkrone ist eine Korrektur noch ohne weiteres möglich. Entfernen Sie dazu alle überzähligen und steilen Triebe aus dem Gerüst. Bei Zwetschgen und Kirschen sollten Sie die Korrektur im Sommer bis ca. Mitte September vornehmen. ❋

? Obstgehölze für kleine Gärten

Wir haben nur wenig Platz in unserem kleinen Reihenhausgarten, möchten aber auf Obstgehölze nicht verzichten. Welche können Sie empfehlen?

Am besten eignen sich schwachwüchsige Sorten für kleine Gärten. In Baumschulen gibt es inzwischen eine große Auswahl. Kern- und Steinobst mit geringen Wuchshöhen gibt es auch im Gartencenter. Wählen Sie einen möglichst sonnigen Standort für Ihr Obstgehölz. Im Schatten reifen die Früchte sonst nicht richtig aus, und das Aroma lässt zu wünschen übrig. Zudem trocknen nasse Blätter nach Regenfällen nur langsam ab. Das wiederum fördert eine ganze Reihe von Pilzerkrankungen wie Schorf, Fruchtfäulen und Spitzendürre.

› S. 83, Kirschtriebe vertrocknen

→ **Wählen Sie eine schwachwüchsige Unterlage**
Wenn Obstbäume auf schwach wachsende Unterlagen veredelt (› Glossar, S. 226) werden, bleiben sie recht klein und sind auch für Reihenhausgärten geeignet. Als Unterlage bezeichnet man bei veredelten Bäumen den Abschnitt von der Wurzel bis zur Veredlungsstelle. Ihre Eigenschaften beeinflussen u. a. auch die Wuchskraft und die Lebensdauer. Schwach wachsende Apfelbaum-Unterlagen haben z. B. die Bezeichnung „M 9" oder „M 27", bei Birne „Quitte A" oder bei Süßkirschen „GiSeLA" (› S. 184, Tab.).

→ **Pflanzen Sie Säulenbäume**
Kleinwüchsige Spindel- oder Säulenbäume werden inzwischen häufig in Baumschulen

Das ist die Höhe

Obstgehölze werden als **Busch, Halb- und Hochstamm** verkauft. Damit bezeichnet man die Stammhöhe, die bei veredelten Sorten abhängig ist von der Unterlage (› S. 184, Tab.). Sie beträgt bei einem Busch bis zu 0,5 m, bei einem Halbstamm bis 1,5 m und bei einem Hochstamm ca. 1,8–2 m.

Büsche tragen schon nach wenigen Jahren, werden aber nur ca. 30 Jahre alt.

Halbstämme sind sehr wüchsig und tragen erstmals nach ca. 6 Jahren.

Hochstämme sind standfest und langlebig. Sie brauchen viel Platz und tragen erstmals nach ca. 8 Jahren.

und Katalogen angeboten. Sie bleiben sehr schlank und bekommen keine langen Seitenäste. Sie können damit viel Obst auf kleinstem Raum ernten, ohne dass Sie umfangreiche Schnitt- und Erziehungsarbeiten durchführen müssen. Es gibt inzwischen schon ein recht gutes Sortiment an schorffreien Äpfeln, aber auch an Kirschen und Pflaumen. Wichtig ist ein sonniger Standplatz. Wenn Sie nur einen Balkon oder eine Terrasse haben, dann können Sie solche Bäumchen sogar in einem Kübel mit ca. 10 l Erdreich halten.

› S. 171, Tipp: Überschaubar im Wuchs ❋

OBST, GEMÜSE & KRÄUTER

? Paprika bildet kaum Früchte

Warum bildet sich bei meinen Paprikapflanzen meist nur zu Beginn eine große Frucht, während die restlichen kümmerlich bleiben?

Die Kraft reicht noch nicht

Wenn sich die erste Frucht ausbildet, sind z. B. bei Gurken oder Paprika meist erst wenige Blätter an der Pflanze vorhanden. Die geringe Blattfläche reicht dann gerade dafür aus, die einzelne Frucht zu ernähren. Für weitere Früchte oder Blattzuwachs hat die Pflanze noch nicht genug Energie.

→ **Brechen Sie die erste Blüte aus**
Um der Pflanze Kraft für die Blütenproduktion zu geben, entfernen Sie die erste Blüte, die sich bildet – die sogenannte Königsblüte. Bis sich die nächste Blüte entwickelt, hat die Pflanze schon genug Blätter hervorgebracht und über Photosynthese Energie gespeichert, sodass sie mehrere Früchte ernähren kann.
› S. 179, Tipp: Den Ertrag steigern

→ **Pflanzen Sie stark fruchtende Sorten**
Länglich-spitze Sorten wie 'Pinokkio' oder 'Toscana' haben einen anderen Wuchscharakter. Bei ihnen ist es nicht nötig, die Königsblüte auszubrechen. Sie haben trotzdem einen überreichen Fruchtbehang.

Der Standort ist ungeeignet

Paprika gehören wie Tomaten oder Zucchini zu den „Südländern" unter den Fruchtgemüsesorten. Das bedeutet, dass sie viel Licht und Wärme brauchen, um optimal zu gedeihen und Früchte auszubilden. Ist der Standort zu kühl und schattig, verzögert sich die Fruchtreife oder es bilden sich gar keine Früchte. Oft reichen auch die Sonnentage in unserem eher kühlen Klima dafür nicht aus.

→ **Ziehen Sie die Pflanze in Vorkultur**
Um den Pflanzen einen guten Start zu geben, können Sie die Reifezeit durch Vorkultur im Haus verlängern. Ende Februar, wenn es draußen noch winterlich kalt ist, können Sie sie bereits an der warmen und hellen Fensterbank aus Samen heranziehen (› Abb. 1) und so lange dort belassen, bis draußen die Frostgefahr nach den Eisheiligen gebannt ist.
› S. 176, Ernte von Südgemüse

→ **Sorgen Sie für geschützten Standort**
Ein warmer Platz an einer südexponierten Hauswand ist für Fruchtgemüse ideal. Man kann es sehr gut in Topfkultur halten, wenn die Pflanzen ausreichend mit Langzeitdünger versorgt sind und immer ausreichend feucht gehalten werden. Für Topfpflanzen gibt es sogenannte Pflanzhütchen oder Glasglocken, die man bei Spätfrostgefahr überstülpt. Geschützt unter einem Folientunnel oder im Frühbeet kann man die Pflanzen ab März sogar im Freiland aussäen (› Abb. 2–3).

Frühkultur macht´s möglich

Eine Nasenlänge voraus: Für Samenkörner und Jungpflanzen Wärme liebender Gemüsesorten gibt es nichts Besseres, als einen warmen, vor Wind und Wetter geschützten Platz, wo sie sich ungestört entwickeln können – je früher, desto besser. So wachsen sie nicht nur zu kräftigen Pflanzen heran, sie können auch ab Ende Februar die ersten warmen Sonnenstrahlen nutzen, um im Laufe des Jahres genug Energie für die kraftraubende Fruchtausbildung zu speichern.

(1) Vorkultur in Töpfen
Ein heller und warmer Standort am Fenster eignet sich bestens für die Vorkultur in Töpfen.

(2) Folientunnel
Unter dem schützenden Foliendach wächst das Gemüse in Frühkultur schneller heran.

(3) Frühbeet
Das Frühbeet erwärmt sich schnell und bietet gleichzeitig Schutz vor Nachtfrösten.

? Radieschen pelzig

Meine Radieschen werden innen oft pelzig und hohl. Mache ich beim Anbau etwas falsch?

Das liegt am Wassermangel
Vor allem im Sommer ist bei Wurzelgemüse wie Radieschen eine gleichmäßige Wasserversorgung wichtig. Bei Trockenheit werden sie schnell pelzig, d. h. die Knolle fühlt sich weich an. Das passiert, wenn die Zwischenräume der Zellwände in der Wurzel nicht mehr prall mit Wasser gefüllt sind.

→ **Halten Sie die Erde feucht**
Gießen Sie die Pflanzen regelmäßig, am besten morgens, sodass die Erde immer gleichmäßig feucht bleibt.

Das ist ein Entwicklungsstadium
Das Wachstum erstreckt sich bei Radieschen in den ersten Wochen nur auf die Knolle. Hat diese eine gewisse Stärke erreicht, wächst die Pflanze aus, und es bildet sich ein Blütenstiel. Die Knolle wird dann hohl und faserig.

→ **Ernten Sie rechtzeitig**
Der beste Zeitpunkt, Radieschen zu ernten, ist ca. 20–30 Tage nach der Aussaat.

→ **Verwenden Sie geeignete Sorten**
Bis Mai und ab September sollten Sie nur Treib- oder Frühsorten (z. B. 'Lucia') nehmen, im Sommer nur Sommersorten (z. B. 'Goliath'). Diese sind für heiße Sommermonate besser geeignet. Hinweise zur besten Kulturzeit der verschiedenen Sorten finden Sie auf der Saatgutpackung.

? Rinde rissig

Nach dem langen Winter ist die Rinde an meinen Apfelbäumen an mehreren Stellen aufgeplatzt. Woran liegt das, und was kann ich dagegen tun?

Eine Weißfärbung des Stammes verhindert bei Obstbäumen größere Temperaturunterschiede und Spannungsrisse bei Sonneneinstrahlung.

Temperaturunterschiede sorgen für Spannung
Obstbäume haben im Winter oft das Nachsehen. Eisiger Wind, frostige Temperaturen und die grelle Wintersonne ohne schützendes Blätterdach setzen besonders Jungbäumen schwer zu. Manche veredelten Sorten zeigen zudem nur eine geringe Resistenz gegen extreme Witterungseinflüsse. Wenn die Sonne bei sehr kalter Witterung auf den Stamm scheint, entstehen hohe Temperaturunterschiede zwischen Baumsüd- und nordseite. Dabei baut sich im Holz eine starke Spannung auf, und die Rinde platzt. Das schadet dem Baum erheblich.

→ **Ein Stammanstrich hilft**
Mit einem Schutzanstrich, der im Herbst aufgetragen wird und im Übrigen auch übermäßiges Flechten- und Mooswachstum eindämmt, können Sie die Schäden wirksam verhindern. Schädliches Sonnenlicht wird durch die weiße Farbe reflektiert und damit der Aufbau der Spannung sowie ein zu früher Austrieb verhindert. Mischen Sie den Schutzanstrich aus Hydratweißkalk oder Branntkalk und Wasser zu einer gut streichfähigen Flüssigkeit. Entfernen Sie lose Rindenstücke vorher mit einer Drahtbürste und tragen Sie dann die Farbe gut deckend auf. Behandeln Sie sämtliche Äste, möglichst auch die kleineren (aber nicht die Knospen). Sie können die Farbe auch mit einer Sprühpistole auftragen. In diesem Fall sollten Sie die Kalklösung vorher etwas dünnflüssiger mischen, in einem Verhältnis von 700 g Kalk auf 10 l Wasser. Bereits vorgemischte Baumanstrich-Farbe gibt es auch im Fachhandel. Zum Weißeln können Sie übrigens auch eine handelsübliche Dispersionsfarbe für Innenräume verwenden. Diese hält sogar besser als Kalk und hilft dem Baum genauso wie der oben beschriebene Kalkanstrich.

OBST, GEMÜSE & KRÄUTER

? Salat schießt

Ich habe im Frühjahr Salat in Reihen gepflanzt. Woran kann es liegen, wenn der grüne Blattsalat nun schießt, bevor er einen Kopf gebildet hat?

Die Pflanzen stehen unter Stress

Salatpflanzen bilden natürlicherweise zwischen Juni und August Blütentriebe, d. h., sie wachsen aus, sobald die Grundblattrosette fertig ausgebildet ist. Diesen Vorgang bezeichnet man als Schossen. Dabei lagert die Pflanze in den Grundblättern verstärkt Bitterstoffe ein, die den Geschmack beeinträchtigen. Deshalb erntet man die Blattrosette auch vor dem Schossen. Vorzeitiges Schossen ist eine Stressreaktion, die durch ungünstige Wachstumsbedingungen, z. B. zu kühle Witterung, Licht- und Platzmangel oder unzureichende Wasserversorgung, ausgelöst wird.

➜ **Halten Sie genug Abstand ein**
Pflanzen Sie die Sämlinge im Abstand von ca. 30 cm, sodass sich die einzelnen Pflanzen später nicht bedrängen.

➜ **Gießen Sie bei Trockenheit**
Insbesondere bei Trockenheit sollten Sie die Pflanzen regelmäßig gießen, sodass die Erde nicht austrocknet.

➜ **Verwenden Sie ein Schutzvlies**
Gewöhnen Sie vorgezogene Pflanzen erst ein paar Tage an die Witterungsverhältnisse im Freien, indem Sie sie über Nacht mit einem Schutzvlies abdecken (➤ Kasten).

➜ **Pflanzen Sie schossfeste Sorten**
Kopfsalatsorten wie 'Estelle', Lollo Rosso 'Concorde' oder der Eissalat 'Fortunas' zeigen keine Neigung zu vorzeitigem Schossen.

Das liegt an der Sorte

Bei einigen Gemüsesorten verwendet man je nach Jahreszeit unterschiedliche Sorten. Im zeitigen Frühjahr und im Herbst sät man sogenannte Treibsorten mit kurzer Entwicklungszeit, die auch unter ungünstigen Witterungsbedingungen sehr rasch wachsen. Für die Aussaat im Sommer verwenden Sie besser spezielle Sommer- oder Ganzjahressorten, die mehr Blattmasse bilden und erst dann schossen, wenn es draußen sehr lange hell ist. Angaben dazu finden Sie auf der Saatgutverpackung.

➜ **Wählen Sie die richtige Sorte**
Säen Sie im Sommer eine Sommersorte, im Frühling und Herbst aber lieber eine schnelle Treibsorte wie 'Casanova', 'Einstein' oder 'Fortunas'. Inzwischen gibt es auch schon eine Vielzahl von Ganzjahressorten wie 'Estelle', 'Ovation' oder 'Nobellan'.

Werden Frühlings- oder Herbstsorten im Sommer angebaut, schossen sie schnell. Besser geeignet sind hier Ganzjahressorten.

Vitamine im Winter

Aussaat im Spätsommer: Auch im Winter kann man frischen Blattsalat ernten. Dazu eignen sich besonders gut Feldsalat und Winterpostelein. Damit die Saat rechtzeitig aufgeht, säen Sie diese im Freiland in der ersten Augusthälfte aus, im Gewächshaus bis Mitte September. Wenn Sie das Saatbeet schattieren, vertrocknen die Keimlinge bei großer Hitze nicht so leicht.

Pflanzen vorziehen: Eine lückenhafte und ungleichmäßige Keimung bei Direktsaat im Beet verhindern Sie, wenn Sie dichte Saatreihen mit 5 cm Abstand in einer Aussaatschale vorziehen. Sobald nach den Keimblättern das erste Laubblatt erscheint, pflanzen Sie den Salat ins Freiland oder in das Gewächshaus. Setzen Sie jeweils ca. 5–8 Pflänzchen aus der Saatreihe im Abstand von 10 x 10 cm. Bedecken Sie Freilandpflanzen bei starkem Frost mit Reisig oder Vlies, um sie vor Austrocknung zu schützen. Nach der Frostperiode geht die Ernte weiter.

S › Spalierbaum erziehen

? Spalierbaum erziehen

Wir haben einen Apfel als Spalierbaum geschenkt bekommen, den wir an die Hauswand pflanzen wollen. Wie müssen wir ihn schneiden?

Überlegen Sie zuerst, welche Form Sie bevorzugen. Sie können solche Bäume in einer U- oder V-Form oder auch als Fächer erziehen. Die verschiedenen Formen werden als Palmetten bezeichnet. Zieht man ein Spalier nur mit einem Gerüststrang, so heißt es Kordon. In jedem Fall macht der strenge Aufbau des Gerüstes den besonderen optischen Reiz bei diesen an einem Gestell oder Drahtrahmen formal erzogenen Obstgehölzen aus. Spalierbäume benötigen einen speziellen Schnitt, um das seitliche Fruchtholz kurz zu halten. Dies erreichen Sie durch einen mehrmaligen Schnitt im Sommer.

→ **Formen Sie das Gerüst**
Wenn Sie sich für die Form entschieden haben, mit der die Haupttriebe am Rahmen erzogen werden sollen, schneiden Sie zuerst alle flachen Triebe, die nicht als Haupttriebe dienen sollen, vor dem Austrieb auf kleine Zapfen zurück. Steil wachsende Triebe entfernen Sie ganz. Die Triebe der seitlichen Hauptäste ordnet man in den folgenden Jahren etagenweise an (› Abb. 1). Der Abstand dazwischen beträgt mindestens 60 cm.

→ **Kürzen Sie die Fruchttriebe ein**
Im darauffolgenden Sommer entfernen Sie Anfang Juli am Mitteltrieb alle überflüssigen Triebe (› Abb. 2). Nur die Spitze sowie zwei Triebe auf Höhe der zweiten Etage bleiben stehen. Diese befestigt man im 60°-Winkel zur Mitte an einem Bambusstab, um den Saftdruck gleichmäßig auf alle Knospen zu verteilen. Auch die Verlängerungen der Haupttriebe der ersten Etage erzieht man auf diese Weise.
Sobald die zwischen den Etagen und an den Seitenästen wachsenden Jungtriebe 10 Blätter haben, kürzen Sie sie auf 4–6 Blätter ein. Die obersten Knospen dieser Fruchttriebe treiben im Sommer noch mal aus. Wenn sie wieder 10 Blätter aufweisen, schneidet man sie auf 2 Blätter zurück.

→ **Schneiden Sie vor dem Austrieb**
Der nächste Schnitt erfolgt kurz vor dem Blattaustrieb im Frühjahr (› Abb. 3). Vorher binden Sie die Haupttriebe der zweiten Etage und die Verlängerungen der ersten Etage waagerecht an das Gerüst an. Soll es bei zwei Etagen bleiben, entfernt man den Mitteltrieb oberhalb der Haupttriebe und kürzt die neu austreibenden Triebe wie Fruchttriebe zweimal jährlich ein. Für weitere Etagen schneiden Sie den Mitteltrieb auf 5 Knospen oberhalb der nächsten Etage zurück und kürzen die seitlichen Fruchttriebe ein (s. o.).

→ **Wiederholen Sie den Ablauf jährlich**
Verlängern Sie die Haupttriebe, bis die gewünschte Größe erreicht ist. Wiederholen Sie den zweimaligen Sommerschnitt und das Nachschneiden vor dem Austrieb jährlich. Zur Wand wachsende Seitentriebe entfernen Sie. Lichten Sie Verzweigungen bei nach unten weisenden, vergreisenden Fruchttrieben aus. Bei älteren Gehölzen regt ein Schnitt im Frühjahr das Wachstum an. Bei jüngeren beruhigt man es durch den Schnitt im Sommer und fördert die Bildung kurzer Triebe. ✽

Ein Spalier erziehen

(1) Das Gerüst formen
Binden Sie die Seitenäste flach an und kürzen Sie sie. Den Mitteltrieb kürzen Sie über der 1. Etage.

(2) Der Sommerschnitt
Steiltriebe entfernt man und befestigt Triebe der 2. Etage. Jungtriebe werden eingekürzt.

(3) Der Frühjahrsschnitt
Schneiden Sie den Zuwachs des Vorjahres auf 60 cm und die Fruchttriebe auf 4 Knospen zurück.

OBST, GEMÜSE & KRÄUTER

? Stachellose Beerensträucher

Wir haben drei kleine Kinder, die für ihr Leben gern Obst im Garten naschen. Gibt es eigentlich auch Beerenobst ohne Stacheln?

Aber ja – neben den ohnehin stachellosen Johannisbeeren finden Sie in Baumschulen und in Gartencentern ein breites Angebot an anderen stachellosen, wohlschmeckenden Beerensträuchern. Bei Johannisbeeren bevorzugen Kinder meist rotfrüchtige Sorten. Schwarze Johannisbeeren haben einen besonders hohen Anteil wertvoller, gesundheitsfördernder Inhaltsstoffe und eignen sich besonders gut zur Saftherstellung. Nicht so bekannt sind die weißfrüchtigen Sorten, die etwas milder schmecken als die roten.

> **TIPP!**
> **Sie lebe hoch!**
>
> **Machen Sie es sich bequem:** Noch einfacher ist die Ernte, wenn Sie ein Beeren-Hochstämmchen pflanzen. Sie brauchen sich dann nämlich nicht mehr zu bücken.
>
> **Aber bitte mit Stütze:** Es ist unbedingt erforderlich, dass Sie das Hochstämmchen mit einem Pfahl daneben abstützen. Sonst kann das Beerenbäumchen unter der Last der Früchte sehr leicht umknicken. Befestigen Sie Stamm und Krone mit nicht scheuerndem Bindematerial in Form einer die Rinde schonenden Achterschleife (❯ Glossar, S. 222) an dem Stützpfahl.
>
> ❯ S. 160, Rinde beschädigt

Leider gibt es kaum stachellose Himbeersorten. Im Handel ist eine schwach bewehrte, herbsttragende Himbeere unter dem Sortennamen 'Korbfüller' sowie die im Juli reifende, robuste Sorte 'Glen Ample' mit großen Früchten, gutem Geschmack und auch recht langer Haltbarkeit.

❯ S. 180, Himbeerernte verlängern

→ **Kaufen Sie neue Brombeersorten**
Stachellose Brombeeren gibt es zwar schon eine Weile, aber erst die neueren Züchtungen weisen alle hervorragenden Eigenschaften auf, die ihre stacheligen Verwandten zu bieten haben. Einige Sorten wie 'Nessy' sollen die stacheltragenden Sorten geschmacklich sogar übertrumpfen. 'Jumbo' schont ebenfalls die Hände beim Pflücken, ist ertragreich und wuchskräftig. Erst im September, und damit spät reifend ist 'Chester Thornless'. Mit dieser Sorte kann man wunderbar die Beerensaison verlängern.
Nicht nur besonders schmackhaft, sondern auch praktisch sind z. B. die Brombeersorten 'Navaho' und 'Choctaw'. Diese wachsen nicht mehr in langen Ranken, die ein Gerüst erfordern, sondern mit straff aufrechten Trieben, die frei stehen.

❯ S. 174, Brombeeren wuchern

→ **Stachelbeeren ohne Stacheln**
Auch wenn es komisch klingt: Es gibt sogar (fast) stachellose Stachelbeeren, die Sorten 'Pax' und 'Invicta'. Beide sind dunkel gefärbt. Da sie auch resistent gegen den Amerikanischen Stachelbeermehltau sind, garantieren sie puren Genuss – ohne jegliche Pflanzenschutzmaßnahmen. 'Invicta' gibt es auch als Hochstämmchen (❯ Tipp).

→ **Robuste Jostabeere**
Auch die Jostabeere hat keine Stacheln. Jostabeeren sind eine Mischung aus Schwarzer Johannisbeere und Stachelbeere. Sie bilden Trauben aus 3–5 Beeren und schmecken sehr mild, ohne den etwas herben Geschmack der Schwarzen Johannisbeeren. Die Sträucher sind wüchsig und robust. Schon im zweiten Jahr können Sie mit gutem Ertrag der vitaminreichen Früchte rechnen.

Bei Tomatenpflanzen müssen alle Achseltriebe entfernt werden. Sie kosten nur unnötige Kraft, die der Pflanze zur Fruchtbildung fehlt.

W › Walnussbaum zu hoch

? Tomaten bilden kaum Früchte

Meine Tomate hat sich zwar prächtig entwickelt und wächst recht buschig, trägt aber kaum Früchte. Wie kann ich die Fruchtbildung fördern?

Seitentriebe kosten Kraft

Buschiges Wachstum produziert viele Blätter und kostet die Pflanze viel Kraft. Deshalb sind z. B. die Nebentriebe, die sich in den Blattachseln entwickeln, für die Fruchtbildung störend. Das Wachstum sollte lieber in die Fruchtansätze gelenkt werden.

→ **Entfernen Sie die Nebentriebe**
Damit Ihre Tomate mehr Früchte ansetzt, sollten Sie sie regelmäßig ausgeizen (› Glossar,

S. 222). Dabei brechen Sie alle Seitentriebe aus, die sich in den Blattachseln am Stamm entwickeln (› Abb.). Warten Sie damit nicht allzu lange: Je kleiner die Seitentriebe, desto geringer ist die Verletzungsgefahr am Stängel. Bei der Tomate bleibt somit nur der Hauptstamm stehen. Wenn Sie bereits kräftig entwickelte Seitentriebe ausgeizen, kann es vorkommen, dass sich die übrigen Blätter an der Tomate einrollen. Das ist vermutlich eine

Schutzmaßnahme bei großen Temperaturschwankungen, jedoch kein Grund zur Besorgnis. Es schadet der Pflanze nicht, und der Ertrag leidet nicht darunter.

→ **Kappen Sie größere Pflanzen**
Nach dem siebten oder achten Fruchtstand können Sie die Spitze der Pflanze abschneiden. Das bezeichnet man als Entspitzen. Die Früchte, die sich dort entwickeln, reifen bis zum Ende des Sommers sowieso nicht mehr aus. Stattdessen kommt nun alle Kraft den verbliebenen Früchten zugute, die dann an Größe und Geschmack gewinnen. Grün bleibende Tomaten können Sie im Haus noch nachreifen lassen (› Tipp). ✳

? Walnussbaum zu hoch

Mein Walnussbaum wird immer größer und wirft zu viel Schatten. Ich möchte ihn gerne einkürzen, bin mir aber nicht sicher, ob Walnussbäume das vertragen. Was kann ich tun?

Walnussbäume entwickeln sehr große, stabile Kronen und sollten tatsächlich nur im Notfall geschnitten werden. Verteilen Sie die Eingriffe am besten auf mehrere Sommer.

→ **Bremsen Sie den Wuchs**
Um das Wachstum einzudämmen, lenken Sie die längsten Triebe auf weiter innen stehende Seitentriebe (› Glossar, S. 225) um, die beim Mitteltrieb nach oben und an den seitlichen Gerüsttrieben nach außen weisen. Starke, konkurrierende Seitentriebe entfernen Sie. Bei jungen Walnussbäumen bauen Sie die Kronen mit einem Mitteltrieb und drei Sei-

tentrieben als Gerüst auf. Lichten Sie dabei überzählige, sehr steil stehende oder nach innen wachsende Triebe Anfang Juni aus.

→ **Schneiden Sie nur im Sommer**
Um das Eintrocknen an den Schnittstellen zu verhindern, schneidet man nur, wenn der Baum Laub trägt: bei jungen Bäumen im Juni und bei älteren Bäumen zwischen Juni und Anfang September. Tragen Sie zum Schutz etwas Baumwachs an den Rändern großer Wunden auf. Der Holzkern sollte aber frei bleiben, damit er abtrocknen kann.

› S. 163, Schnittstellen versorgen ✳

TIPP!

So reifen Tomaten nach

Dunkel und warm stellen: Wenn die Sonnenwärme im Herbst nicht mehr ausreicht, um die letzten noch grünen Früchte ausreifen zu lassen, können Sie die Tomaten im Haus an einem dunklen und warmen Platz nachreifen lassen. Dazu eignet sich z. B. ein Karton auf dem Küchenschrank.

Aroma fördern: Nach und nach färben sich die Früchte rot. Je weiter die Früchte bei der Ernte waren, desto besser das Aroma. In einem warmen Heizungskeller können Sie auch die gesamte Pflanze mit Wurzel und Früchten aus dem Boden nehmen und kopfüber aufhängen. Die Tomaten profitieren dann länger von den pflanzlichen Inhaltsstoffen und schmecken noch besser.

OBST, GEMÜSE & KRÄUTER

? Weinreben erziehen

Die Triebe unserer 6-jährigen Weinrebe, die wir am Haus entlang ziehen, bilden ein wirres Durcheinander. In Weinbaugemeinden sieht man immer in einer Linie gezogene Rebstöcke an den Häusern. Können wir das auch erreichen?

Mit der richtigen Schnitttechnik ist das gar nicht so schwer. Um eine Weinrebe an der Hauswand oder an einem frei stehenden Spalier zu erziehen, muss man sie nur regelmäßig und konsequent schneiden.
Dabei bilden einer oder mehrere Haupttriebe das sogenannte Gerüst des Weinstocks – je nach Anzahl der gewünschten Etagen. An den Gerüsttrieben wachsen die Fruchttriebe, an denen sich die Trauben bilden. Diese Fruchttriebe kürzt man in jedem Frühjahr und zusätzlich noch mal im Sommer ein. Nur so behält die Rebe eine klare Struktur und jahrelang ein vitales Fruchtholz.

➜ **Erziehen Sie die Reben**
Die über Jahrzehnte vital bleibenden Haupttriebe jeder Etage verlängert man jedes Jahr um 1 m. Davon abzweigende Seitentriebe kürzen Sie regelmäßig im Frühjahr auf zwei Knospen ein. Aus ihnen bilden sich zwei fruchttragende Neutriebe. Diese schneidet man im Sommer auf drei bis vier Blätter über der letzten Traube zurück. Nach diesem Zeitpunkt entstehende Seitentriebe bricht man aus. Im nächsten Frühjahr entfernen Sie den äußeren der beiden Fruchttriebe und kürzen den am nächsten am Gerüst stehenden wieder auf zwei Knospen ein.

Weinreben schneiden

(1) Sommerschnitt
Kürzen Sie den 10–15-blättrigen Seitentrieb auf 3–4 Blätter ein. Brechen Sie Folgetriebe aus.

(2) Frühjahrsschnitt
Entfernen Sie von 2 Seitentrieben den äußeren ganz. Kürzen Sie den anderen auf 2 Knospen ein.

Robuste Rebsorten

Sorte	Eigenschaften
'Birstaler Muscat'	Traube gelb, mittelgroß, feiner Muscatgeschmack; eher schwacher Wuchs
'Muscat bleu'	Traube blau, groß, knackig; wächst bis zu 4 m/Jahr
'New York'	Traube gelbgrün, eher klein, kernlos; kräftiger Wuchs
'Palatina'	Traube goldgelb, groß, fruchtig; starker Wuchs

? Weinstöcke erfrieren

Ich hätte so gern einen Weinstock im Garten, wohne aber nicht in einer Weinbaugegend. Gibt es auch Traubensorten, die in rauerem Klima gedeihen?

In den letzten Jahren wurden große Fortschritte in der Züchtung von Tafeltrauben gemacht. Dabei entstanden sehr frühzeitig reifende Sorten, die auch in einem rauen, ungünstigen Klima sicher ausreifen und hervorragend schmecken (➤ Tab.). Besonders wichtig ist die Resistenz gegen die häufigsten Rebenkrankheiten, den Echten und den Falschen Mehltau sowie Grauschimmel.

➜ **Bieten Sie Schutz**
Wählen Sie für Ihren Weinstock einen geschützten Standort im Garten oder am Haus, vorzugsweise eine süd- oder westexponierte Mauer. Diese heizt sich tagsüber durch das Sonnenlicht auf und gibt die Wärme in der Nacht wieder an die Pflanzen ab. Der Weinstock wächst dann besonders gut, und die Trauben bilden viel Fruchtzucker.

? Wurzelgemüse geplatzt

Meine Möhren sind geplatzt, obwohl ich reichlich gegossen habe. Wie ist das passiert?

Die Wasserversorgung war zu ungleichmäßig

Möhren platzen dann auf, wenn sie nach längerer Trockenheit in kurzer Zeit mit einer größeren Wassermenge versorgt werden. Das kann bei ausgiebigem Regen ebenso der Fall sein wie bei kräftigem Gießen. Der Grund liegt darin, dass die durstige Pflanze ihr Wasserdefizit schnell ausgleichen möchte und sehr viel Wasser aufnimmt. Der Rübenkörper dehnt sich aus, die Außenhaut wird dabei überdehnt und platzt. Das passiert übrigens auch bei anderen Gemüsesorten. Besonders gefährdet sind Tomaten und Kohlrabi. Aber auch bei Rot- oder Weißkohl kann es vorkommen, dass ganze Köpfe aufreißen, wenn sie nach längerer Trockenheit plötzlich viel Wasser auf einmal aufnehmen.

→ **Gießen Sie regelmäßig**

Warten Sie mit dem Gießen nicht zu lange ab. Regelmäßige Wassergaben sind für ausgewogenes Wachstum bei Gemüse ganz entscheidend. 10 l – eine Gießkannenfüllung pro m² – dürfen es ruhig sein, damit das Wasser bis zu den Möhrenwurzeln vordringt. Wichtig ist, dass der Boden gleichbleibend feucht ist und dass durchdringend gewässert wird. Benetzt man nur die Bodenoberfläche, nützt das den Pflanzen wenig.

❯ S. 66, Wasserbedarf ✳

Populäre Gartenirrtümer

Gemüse sollte man in Mischkultur pflanzen, weil es sich gegenseitig beeinflusst. Das wirkt sich positiv auf den Wuchs und die Schädlingsabwehr aus.

Verlassen Sie sich besser nicht darauf. Gute und schlechte Partner mag es geben, wissenschaftlich erwiesen ist die Wirksamkeit allerdings nicht. Vermutlich ist der Zeitraum während der Gemüsekultur auch viel zu kurz. Viel wichtiger sind eine ausgewogene Düngung und ausreichende Bewässerung.

Mit einer Kapuzinerkresse-Pflanze unter einem Apfelbaum lockt man Läuse von den Obstblättern am Baum weg.

Das ist leider nur ein Gerücht. Die Mehlige Apfellaus oder die Apfelfaltenlaus z. B. sind allein auf Apfelbäume spezialisiert; die Kapuzinerkresse schmeckt ihnen gar nicht. Zudem schlüpfen die Läuse bereits im April und vermehren sich im zeitigen Frühjahr schlagartig. Zu diesem Zeitpunkt hat es die Kapuzinerkresse noch nicht so weit gebracht, dass sie Läuse auf sich aufmerksam machen könnte.

Immer wieder ist zu lesen, dass viele alte Obst- und Gemüsesorten nicht mehr erhältlich sind, obwohl sie doch angeblich unübertroffen waren.

Das Gegenteil ist der Fall. Es gibt sie nicht mehr, weil moderne Sorten bedeutend leistungsfähiger sind. Gute neue Apfelsorten z. B. sind nicht nur besonders schmackhaft, sondern auch resistent gegen Schorf, Feuerbrand und Mehltau. Viele neu gezüchtete Salatsorten sind inzwischen blattlausresistent. Es werden auch robuste Möhrensorten entwickelt, die nicht mehr von der Möhrenfliege befallen werden, und die Lycopintomate enthält besonders viel gesundheitsfördernden roten Farbstoff.

Wenn man Wunden am Baum mit speziellem Baumwachs bestreicht, fördert man die Wundheilung.

Das stimmt leider nur zum Teil. Selbst Pilzbefall verhindert man damit nicht. Im Gegenteil: Die Feuchtigkeit wird unter der Wachsschicht konserviert, und es herrschen ideale Bedingungen für holzzerstörende Pilze und Insekten. Besser schneiden Sie die Wundränder mit einem glatten Messer nach und lassen die Baumwunde austrocknen. Wenn Sie Baumwachs verwenden, sollten Sie nur die Wundränder damit behandeln (❯ S. 163, Schnittstellen versorgen).

Zäune, Wege & Co

Rund um Haus und Hof erweitern Wege, Innenhöfe und Terrassen den Freiraum im Grünen. Mauern und Zäune bilden Grenzen, und geschickte Beleuchtung gibt dem Garten auch im Dunkeln Struktur. Gute Planung und Ausführung bilden die Basis für langjährige Nutzung, aber auch das Material sowie regelmäßige Kontrolle und Pflege sind wichtig. Dann können Wind und Wetter dem Garteninventar nicht viel anhaben.

ZÄUNE, WEGE & CO

? Belag auf Mauern

Unsere Gartenmauer aus Naturstein hat im Laufe der Jahre unansehnliche Flecken bekommen. Woran liegt das, und wie können wir die Flecken beseitigen?

Das sind Kalkausblühungen

Die Oberfläche von Natursteinmauern verändert mit der Zeit ihr Aussehen. Was manche als interessante Patina empfinden, wirkt auf andere störend und unattraktiv. Diese fleckigen Ausblühungen entstehen bei Steinen, die viel Kalk enthalten. Ähnlich wie bei Terrakottatöpfen löst eindringendes Wasser den Kalk heraus. Das Wasser verdunstet, der Kalk bleibt an der Oberfläche zurück und erscheint als weißer Belag auf dem Stein.
› S. 196, Belag auf Töpfen

→ Verwenden Sie Mauerabdeckplatten
Stoß an Stoß mit Trasszement (› Glossar, S. 226) verlegte Mauerabdeckplatten aus dem Baufachhandel verhindern von oben das Eindringen von Feuchtigkeit.

→ Ein Schutzanstrich hilft
Versehen Sie die Mauer nachträglich mit einem Wasser abweisenden Anstrich. Regen löst die Ablagerungen darauf im Lauf der Zeit, man kann sie dann leicht abbürsten. Erdzugewandte Mauerrückseiten behandeln Sie mit einem speziellen Schutzanstrich.

Damit Terrakottatöpfe ihr südländisches Flair lange erhalten bleibt, brauchen Sie regelmäßige Pflege gegen die weißen Kalkränder.

? Belag auf Töpfen

Meine Terrakottatöpfe auf der Terrasse werden mit der Zeit außen ganz weiß. Woher kommt das, und was kann ich dagegen tun?

Das kommt von Kalkablagerungen

Diese sogenannten Ausblühungen bilden sich an porösen Tontöpfen beim Gießen mit kalkhaltigem Wasser. Wenn das Wasser an der Außenseite des Gefäßes verdunstet, bleibt der Kalk an der Oberfläche zurück und wird als weißer Belag sichtbar. Das kann auch bei Gefäßen aus kalkhaltigem Material vorkommen. Besonders bei Töpfen minderwertiger Qualität werden die Kalkbestandteile beim Gießen leicht herausgelöst.
› S. 196, Belag auf Mauern

→ Stellen Sie den Topf in Regenwasser
Weiches Regenwasser vollbringt wahre Wunder. Wenn Sie den Topf mehrere Tage in eine Regentonne stellen, können Sie die Ausblühungen danach ohne „chemische Keule" mühelos abbürsten.

→ Reinigen Sie mit Essigwasser
Stellen Sie das Gefäß einige Tage in Essigwasser. Geben Sie dafür 300 ml einer 25%-igen Essigessenz in einen Eimer mit 10 l Wasser. Die Säure löst die Kalkschicht auf, sodass man sie mit einem Schwamm wegputzen kann. Anschließend spülen Sie das Gefäß, bevor Sie es neu bepflanzen.

→ Gießen Sie mit Regenwasser
Am einfachsten vermeidet man Ausblühungen an der Gefäßoberfläche, wenn man weiches Regenwasser zum Gießen verwendet.

→ Imprägnieren Sie den Topf
Reinigen Sie den Terrakottatopf zunächst gründlich unter klarem Wasser und reiben Sie ihn dann mit Speiseöl ein. Dabei werden die Poren nicht verschlossen, und der Topf kann weiter „atmen". Kalkränder können damit zwar nicht vermieden, aber vermindert werden. Alternativ können Sie den Topf auch mit einem Schmutz und Wasser abweisenden Imprägniermittel für Steingutgefäße aus dem Gartenfachhandel behandeln.

B › Bodenbelag ist rutschig

? Beleuchtung

Mit welchen Mitteln können wir unseren Garten stimmungsvoll und zugleich zweckmäßig ausleuchten?

Mit gezielter Beleuchtung bringen Sie im Garten nicht nur Licht ins Dunkel, Sie setzen Pflanzen, dekorative Elemente und Wegverläufe auch gekonnt in Szene.

→ Planen Sie sorgfältig
Überlegen Sie, wo Beleuchtung im Garten nötig ist. Frei stehende Sockel- oder Pollerleuchten markieren z. B. den Wegeverlauf und Stufen und ermöglichen die Orientierung im Dunkeln. Eine beleuchtete Wasserfläche ist rechtzeitig zu erkennen und wird zugleich stimmungsvoll ausgeleuchtet. Und auch auf der Terrasse oder am Hauseingang sorgen Lampen für die nötige Helligkeit.

→ Mobile Beleuchtung
Gezielte und leistungsstarke Beleuchtung bieten mit Netzspannung oder Solarenergie betriebene Lampen. Es gibt mobile und sogar unter Wasser einsetzbare Modelle. Strom sparende Niedervoltsysteme bekommen Sie als Set mit Trafo, Kabel und mehreren Strahlern im Fachhandel.

→ Dauerhafte Lösung
Für den Dauerbetrieb sollten Anschlüsse und Leerrohre frost- und „spatensicher" 80 cm tief im Boden verlegt werden. Achten Sie darauf, dass die Leuchten und auch andere elektrische Geräte für die Verwendung im Freien zugelassen sind.
› S. 218, Lichtquelle stört ✻

? Bodenbelag ist rutschig

Der Plattenbelag in unserem Innenhof ist besonders nach Regenfällen und im Winter sehr glatt und rutschig. Wie kann man das am besten verhindern?

Der Belag ist veralgt
In einem schattigen Innenhof herrscht ständig ein feuchtes Kleinklima, bei dem sich schon nach kurzer Zeit Algen und Moose auf dem Plattenbelag ansiedeln. Um die Fläche dauerhaft davon frei zu halten, ist regelmäßige Pflege notwendig.

→ Reinigen Sie den Belag
Auf kleinen Flächen kann man den rutschigen Belag mit klarem Wasser und Schrubber entfernen. Sie können auch einen biologisch abbaubaren Spezialreiniger verwenden, der ins Erdreich versickern darf. Bei größeren Flächen ist ein Hochdruckreiniger praktisch.

Üppige Bepflanzung schafft in schattigen Innenhöfen eine erhöhte Luftfeuchtigkeit, die die Moos- und Algenbildung verstärkt.

→ Streuen Sie Sand und Splitt
Im Winter hat sich das Streuen von Sand oder Splitt bewährt. Er wird im Frühjahr zusammengefegt und kann beim nächsten Frost wiederverwendet werden.

Das Gefälle ist zu gering
Ohne ausreichendes Gefälle kann das Oberflächenwasser nicht rasch genug abfließen und bleibt auf der Fläche stehen.

→ Legen Sie Pflanz- oder Kiesinseln an
Wenn Sie Teile des Belags in Pflanz- oder Kiesbeete umwandeln, kann Wasser dort versickern. In die „Inseln" füllen Sie Erde oder Kies und bepflanzen sie nach Wunsch, z. B. mit schattenliebenden Bodendeckern. Das ist nicht nur praktisch, sondern auch dekorativ.
› S. 115, Blütenarmer Garten

→ Schaffen Sie Gefälle
Achten Sie beim Erneuern der Beläge immer auf ein Gefälle von ca. 2 % (d. h. 2 cm Höhenunterschied auf einer Länge von 1 m), sodass das Wasser abfließen kann.

→ Verlegen Sie raue Beläge
Raue Oberflächen sind selbst bei Nässe noch griffig. Gut bewährt hat sich das sogenannte Dränpflaster (› Glossar, S. 222). Hier versickert das Wasser nicht nur in den Fugen, sondern auch auf der Belagsfläche. So trocknet sie schneller ab und ist selbst bei Reif und leichter Eisglätte noch rutschsicherer. ✻

197

ZÄUNE, WEGE & CO

Bodenbeläge für den Garten

Bei der Anlage von Wegen und Plätzen steht Ihnen eine Vielfalt an Materialien zur Verfügung. Vom Natursteinpflaster bis zur Rindenmulchdecke bieten sich verschiedene Lösungen an.

→ **Holz:** Holz wirkt natürlich, verwittert aber und ist nicht sehr belastbar. Meist verwendet man Lärchen-, Robinien-, Douglasien- oder Tropenholz. Achten Sie auf ein FSC-Zertifikat. Beläge aus eingefärbtem Rindenmulch setzen schöne Akzente.

↓ **Beton:** Betonplatten sind günstig, sehr haltbar und in vielen Farben, Formen und Oberflächenstrukturen erhältlich. Stärker belastbar und auch als Fahrbahnbelag geeignet sind frostharte Betonpflastersteine.

→ **Naturstein:** Egal ob rechteckig gesägt oder polygonal behauen, ob als Platten oder Pflaster – echte Steine wirken natürlich, haben aber auch ihren Preis. Granit ist hart und sehr frostbeständig, ebenso wie Porphyr und Basalt. Sandstein ist weicher und nur bedingt frostsicher.

B › Bodenbeläge für den Garten

↓ **Materialmix:** Mit der Verwendung von unterschiedlichen Materialien und Steingrößen (z. B. aus Restposten) lassen sich Belagsflächen ganz individuell gestalten. Die unterschiedlichen Oberflächenstrukturen und Farben werden zum attraktiven Blickfang.

↑ **Klinker:** Die ungelochten Vollziegel aus Ton werden bei so hohen Temperaturen gebrannt, dass sie anschließend kaum noch Wasser aufnehmen. Sie sind sehr widerstandsfähig und frostfest. Durch den Sinterprozess beim Brennen erhalten sie eine glasartige Oberfläche.

Passende Beläge für jede Nutzung

Rund ums Haus: Häufig begangene und intensiv genutzte Bereiche und Wege sowie geneigte Flächen sollten gut befestigt, rutschfest, dauerhaft und pflegeleicht sein. Hier kommen vorzugsweise Platten und Pflaster aus Natur- oder Betonstein infrage.

Zufahrten oder Stellplätze: Um eine vollständige Versiegelung der Fläche zu verhindern, verwendet man am besten Rasengittersteine oder Lochklinker. Dazwischen kann Wasser versickern, und der Belag ist ausreichend befahrbar.

Einfache Gartenwege: Eine warme, natürliche Wirkung haben Wege aus Holzschnitzeln und Rindenmulch oder Rasenwege. Sie eignen sich für mäßige Belastung und sind wasserdurchlässig.

Behelfswege: Trockenen Fußes zum Kompost, zum Gemüsebeet oder zur Wäscheleine gelangt man auf Trittplatten im Rasen oder über Holzfliesen. Letztere werden aber bei Regen leicht rutschig.

Terrassen und Sitzplätze: Platten oder Pflaster aus Naturstein oder Beton sind ausreichend belastbar und pflegeleicht.

ZÄUNE, WEGE & CO

? Böschungssicherung

Unsere geplante Terrasse soll ca. 80 cm höher als das restliche Grundstück liegen. Wie können wir die Böschung so sichern, dass sie nicht abrutscht?

Je nach Höhenunterschied und Größe des Gartens kann man die Böschung unterschiedlich sichern. Bis zu einer Höhe von ca. 80 cm können Sie eine Stützmauer in Eigenarbeit und ohne großen Maschinenaufwand selbst bauen. Bei genügend Platz kann man auch einen flachen Hang formen und als Steingarten anlegen.

→ **Verdichten Sie den Boden**
Der Rohboden muss in jedem Fall zunächst ausreichend verdichtet werden, um spätere Setzungen im Terrassenbelag zu vermeiden.
› S. 202, Gartenweg ist uneben

→ **Errichten Sie eine Natursteinmauer**
Für eine Trockenmauer aus Naturstein werden die Steine „trocken" aufeinander gesetzt, d. h., es wird keinerlei Bindemittel verwendet. Die Mauer ist wasserdurchlässig und bietet Wärme liebenden Pflanzen und Tieren die Möglichkeit, sich in den Mauerritzen anzusiedeln. Verwenden Sie nach Möglichkeit ein regionaltypisches, frost- und witterungsbeständiges Gestein.
Schichten Sie die Steine mit engen Fugen neben- und aufeinander, wobei die größte Seite der Steine als Auflagefläche dient. Um ausreichend Stabilität zu bekommen, sollte die Mauer etwas zum Hang geneigt sein (› Abb.). Ein Fundament ist nicht erforderlich, wenn Sie die ersten ein bis zwei Steinreihen unter die Geländeoberkante setzen.

→ **Nutzen Sie Pflanzelemente**
Sind Natursteine zu teuer, bietet sich eine Vielzahl verschiedener Pflanzelemente aus dem Baufachhandel an. Dabei handelt es sich um meist runde oder eckige Betonfertigteile ohne Boden, die ebenfalls nach dem Prinzip der Trockenbauweise errichtet werden. Die Elemente lassen sich terrassenförmig aufeinanderstapeln. Das gewährleistet eine ausreichende Wasserversorgung der Pflanzen.

→ **Bauen Sie mit Palisaden**
Mit Rundpalisaden aus Beton oder Holz lässt sich der Hang senkrecht und damit platzsparend abstützen. Für eine Böschungshöhe von 80 cm sind 1,20 m lange Elemente erforderlich. Diese versenkt man auf einem Drittel ihrer Höhe senkrecht dicht nebeneinander in ein ca. 80 cm tiefes Betonfundament. Mit Rundpalisaden kann man Mauern mit geschwungenen Formen errichten. Holzpalisaden aus kesseldruckimprägniertem Holz sind allerdings nur maximal 10–15 Jahre haltbar und müssen dann erneuert werden.

→ **Setzen Sie L-Steine**
Mit Betonfertigelementen in L-Form kann man Höhenunterschiede von 0,5–2,5 m abfangen. Man stellt sie wie ein aufrechtes „L" nebeneinander an den Hangfuß, wobei der kurze Schenkel den in die Böschung reichenden Fuß bildet. Mit kleinen L-Steinen kann man den Hang auch gut terrassieren.

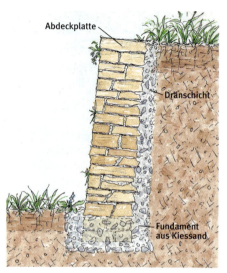

Ab einer Höhe von 1 m muss das Fundament ca. 40 cm in den Hang eingebunden werden.

→ **Legen Sie einen Steingarten an**
Bei größeren Grundstücken kann man den Höhenunterschied auch durch einfache Modellierung des Bodens überwinden. Dafür verteilt man unterschiedlich große Steine locker in der Fläche und baut sie an Ort und Stelle so ein, dass sie nicht verrutschen können. Die sanfte Stufung, die dabei entsteht, fügt sich harmonisch in den Garten. Die Steine dienen nicht nur als Sicherung für den Hang, sondern auch als praktische Trittsteine bei Pflegemaßnahmen. Je nach Himmelsrichtung mit sonnen- oder schattenliebenden Stauden bepflanzt, zeigt sich der Hang das ganze Jahr über in wechselnder Pracht.
› S. 115, Blütenarmer Garten › S. 127, Schattiger Vorgarten › S. 134, Trockene Beete ❋

G › Gartenmöbel pflegen

? Einfassung von Wegen

Ich habe einen Gartenweg mit Pflastersteinen eingefasst. Woran liegt es, dass sich einzelne Steine lockern und zur Seite wegkippen?

Der Gegendruck ist zu gering
Kleine Steine bieten dem angrenzenden Erdreich durch geringe Auflagefläche zu wenig Gegendruck, werden instabil und verschieben sich. Dadurch wird die Linienführung unsauber und der Rand zur Stolperfalle.

→ **Besserer Halt durch Mörtelkeil**
Stabilisieren Sie die äußeren Pflastersteine, indem Sie sie in Mörtel setzen. An der Außenkante wird hierfür bis auf 2/3 der Steinhöhe Mörtel angefüllt und festgedrückt.

→ **Verwenden Sie größere Randsteine**
Großformatige Pflastersteine und Platten bleiben dank ihrer größeren Auflagefläche auch ohne Mörtel stabil.

TIPP!
Haltung, bitte!

Randeinfassungen bilden eine präzise geführte Wegkante, die bei bündigem Verlauf mit dem Belag den oberflächigen Ablauf des Niederschlagswassers ermöglicht.

Eine gerade Kantenführung ist an Kies- und anderen sogenannten wassergebundenen Wegen als Randeinfassung erforderlich. Ideal ist dafür ein (fast) unsichtbares, in Beton verankertes Stahlband im Boden.

? Gartenmöbel pflegen

Letztes Jahr habe ich mir neue Gartenmöbel aus Teakholz gekauft. Haben Sie einen Tipp, wie ich sie am besten pflege und überwintere?

Wenn Sie von Ihren Holz-Gartenmöbeln lange etwas haben möchten, sollten Sie sie regelmäßig pflegen und auch für ein adäquates Winterquartier sorgen, damit Sie im Frühjahr keine böse Überraschung erleben.

→ **Ein sanftes Seifenbad für Ihre Möbel**
Unterziehen Sie die Gartenmöbel im Herbst einer gründlichen Reinigung. Für Holzmöbel eignet sich z. B. ein Reinigungsmittel auf Seifenbasis. Stoffbezüge werden gewaschen und gesondert aufbewahrt.

→ **Lagern Sie trocken und luftig**
Stellen Sie die Möbel an einen Platz, an dem sie vor kühler und feuchter Witterung geschützt sind. Wenn Sie sie in einem Schuppen mit einer Plane abdecken, sollten Sie darauf achten, dass darunter genug Luft zirkulieren kann. Sonst bildet sich durch Schwitzwasser leicht Schimmel unter der Abdeckhaube.

→ **Machen Sie einen Frühjahrsputz**
Holzmöbel werden im Winterquartier oft klamm und etwas muffig. Lüften Sie sie zu Saisonbeginn im Freien aus und reinigen Sie sie mit lauwarmem, klarem Wasser.

→ **Überprüfen Sie die Scharniere**
Bei Klappstühlen und -tischen sollten Sie im Frühjahr die Scharniere überprüfen. Ziehen Sie alle gelockerten Schrauben nach und machen Sie die Gelenke mit einem Tropfen Öl wieder gängig.

Auf Hochglanz gebracht

Rostschutz: Nostalgie ist in! Schmiedeeiserne Gartenmöbel liegen voll im Trend, rosten aber leicht. Behandeln Sie sie vor Saisonbeginn mit einem Korrosionsschutzmittel. Bereits betroffene Stellen schleifen Sie ab und lackieren sie neu.

Gute Alternative: Aluminium- oder Edelstahlmöbel haben ihren Preis, sind aber auch sehr haltbar und brauchen keinen Korrosionsschutz. Es gibt spezielle Pflegemittel und einen Speziallack zum Ausbessern. Flecken reiben Sie einfach mit Essig ab.

→ **Schleifen Sie die Oberfläche an**
Wenn sich die Holzfasern über Winter aufstellen, fühlt sich die Oberfläche rau an. Mit feinem Schleifpapier (100er- oder 120er-Körnung) wird sie wieder glatt.

→ **Ölen Sie die Möbel ein**
Ohne regelmäßige Pflege ergrauen Gartenmöbel aus Holz im Laufe der Zeit. Sie können die Oberfläche im Frühjahr durch Abschleifen aber leicht wieder aufhellen und anschließend mit einem Holzöl auf Naturbasis behandeln. Es dringt tief ins Holz ein, reguliert die Feuchtigkeit und wirkt imprägnierend. Das Holz vergraut nicht und bewahrt sein Aussehen.

ZÄUNE, WEGE & CO

? Gartenweg ist uneben

Bei unserem in die Jahre gekommenen Gartenweg sind einzelne Platten gebrochen und ungleich abgesunken. Können wir ihn ohne viel Aufwand reparieren?

Die Tragschicht weist Mängel auf

Ein unebener Weg birgt nicht nur gefährliche Stolperfallen, er sieht auch nicht schön aus. Das ist eine Folge davon, dass das Material ungeeignet und die Tragschicht aus Schotter nicht stark genug ist oder nicht ausreichend verdichtet wurde.

→ **Bessern Sie die Tragschicht aus**
Heben Sie das Material im Bereich der abgesunkenen Platten so tief aus, dass Sie die Tragschicht an der Stelle komplett erneuern können. Die nötige Aushubtiefe berechnet sich aus der Belagsstärke (bei Betonplatten ca. 6 cm), der darunterliegenden Ausgleichsschicht aus Splitt (ca. 4 cm) und der ca. 15 cm hohen Tragschicht aus Schotter. Das ergibt eine Aushubtiefe von ca. 25 cm (› Abb.). Der Schotter muss beim Einfüllen lagenweise mit einer Rüttelplatte verdichtet werden. Eine ausreichend starke Tragschicht verhindert, dass von unten Erde eindringt.
› S. 207, Wege anlegen

Die Tragschicht hat zu wenig Gefälle

Durch die Fugen eines Belags dringt Wasser in die Tragschicht ein, das bei zu geringem Gefälle nicht abfließen kann. Wenn es dann bei Frost gefriert und sich ausdehnt, heben sich die Platten und senken sich beim Auftauen meist nicht wieder gleichmäßig ab. So kommt es zu Unebenheiten.

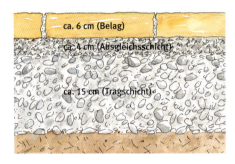

Dieser Aufbau eignet sich für nicht befahrene Gartenwege, Terrassen und Sitzplätze.

→ **Die Tragschicht braucht Gefälle**
Bauen Sie den Plattenbelag aus und geben Sie der darunter liegenden Tragschicht (› Abb.) ein Gefälle von ca. 2 % ein, d. h. 2 cm Höhenunterschied auf einer Länge von 1 m. Darauf kann durch den Plattenbelag eingedrungenes Wasser besser in die angrenzende Fläche abfließen.

→ **Ersetzen Sie die Platten**
Nachdem Sie über der Tragschicht die Ausgleichsschicht aus Splitt eingebracht haben, verlegen Sie die neuen Platten. Wenn Sie kein identisches Material mehr bekommen oder keine Ersatzplatten mehr haben, können Sie die Lücken auch mit Pflaster- oder bunten Keramiksteinen füllen. So bekommt der Weg zusätzlich noch eine persönliche Note. ❋

? Größe von Sitzplätzen

Wie müssen wir die Größe der Terrasse berechnen, wenn darauf eine Sitzgruppe für unsere 6-köpfige Familie Platz finden soll?

Der Platzbedarf errechnet sich daraus, ob die Terrasse nur mit Tisch und Stühlen oder mit weiteren Einrichtungsgegenständen ausgestattet werden soll.

→ **So berechnen Sie den Platzbedarf**
Eine Terrasse für 6 Personen sollte mindestens eine Größe von 4 × 3 m haben. Als Faustregel für den Platzbedarf einer Sitzgruppe gilt: Tischbreite bzw. -länge zuzüglich ca. 1,20 m für die Stuhlreihen ergibt die Mindestgröße. Das heißt auf dieser Fläche von 4 × 3 m hat ein 1,60 m langer und 0,60 m breiter Tisch mit sechs Stühlen ausreichend Platz. Grundsätzlich sollte ein bequemes Aufstehen und Zurückschieben aller Stühle möglich sein. Möchten Sie außerdem einen Sonnenschirm aufstellen und Liegestühle oder große Pflanzkübel platzieren, sollte die Fläche entsprechend großzügiger bemessen werden. Sinnvoll ist in jedem Fall eine angrenzende Rasenfläche auf gleichem Niveau der Terrasse, die man bei größerem Platzbedarf mit einbeziehen kann.

→ **Legen Sie die Form fest**
Die Form der Terrasse sollte sich stets am Gebäude ausrichten und die Größe in einem geeigneten Verhältnis zum Grundstück stehen. In der Regel werden Terrassen rechteckig oder quadratisch angelegt. ❋

H › Holzdeck ist glatt

? Hausfassade begrünen

Ich plane, meine Hausfassade zu begrünen. Wie kann man das bei einer verputzten Hauswand machen?

Solange der Putz keine schadhaften Stellen aufweist, kann man Selbstklimmer wie Efeu als direkte Fassadenbegrünung verwenden. Er schützt die Hauswand und bietet Vögeln und Insekten Lebensraum.

→ Die Einweglösung
Pflanzen mit Haftwurzeln (› Kasten) klettern selbsttätig, müssen aber für Fassadenarbeiten entfernt und danach neu gepflanzt werden.

→ Rankgitter sind praktisch
Mit abnehmbaren Rankhilfen kann man Fassadenarbeiten problemlos durchführen, und die Pflanzen bleiben erhalten.

→ Wählen Sie geeignete Pflanzen aus
Richten Sie sich bei der Wahl der Rankhilfe nach der Rankart, der genetisch festgelegten Wuchshöhe und dem mit zunehmendem Alter höheren Gewicht der Pflanze.

› S. 157, Kletterpflanze wuchert ❊

Immer an der Wand lang

Selbstklimmer wie Efeu oder Wilder Wein benötigen keine Kletterhilfe. Sie erobern die Fassade mit Haftwurzeln und -scheiben.

Spreizklimmer halten sich an waagerechten Kletterhilfen mit Stacheln und Dornen fest. Typische Vertreter sind Kletterrosen und Winter-Jasmin.

Ranker benötigen ein an der Wand montiertes Gittergerüst, an dem sich bestimmte Pflanzenteile, bei Waldreben z. B. die Blattstiele, um das Gerüst winden.

Schlinger wie Pfeifenwinde oder Blauregen schrauben sich z. B. an Stangen in die Höhe.

? Holzdeck ist glatt

Bei Nässe wird unser Holzdeck sehr glatt und rutschig. Gibt es eine Möglichkeit, das zu verhindern, und wie vermeidet man Schäden am Holz?

Moos und Algen bilden Belag
Im Schatten siedeln sich schnell Moose und Algen auf Holzoberflächen an. Das verringert die Lebensdauer des Holzbelags und erhöht die Rutschgefahr.

→ Reinigen Sie die Fläche
Regelmäßiges Abschrubben mit Wasser und einer harten Bürste beseitigt Beläge. Auch ein Hochdruckreiniger wird mit Moosen und Algen spielend fertig.

Wasserabfluss ist nicht möglich
Bei mangelndem Gefälle kann das Wasser auf dem Holzbelag nicht rasch genug abfließen. Das macht ihn rutschig und führt zu Fäulnisbildung und Pilzbefall.

→ Planen Sie beim Bau ein Gefälle ein
Verlegen Sie den Holzbelag noch mal neu, und zwar so, dass das Wasser schnell abfließen kann (ca. 2 %). Verwenden Sie längs geriffelte Deckbretter, die bei Nässe besseren Halt bieten. Achten Sie beim Verlegen darauf, dass zwischen den Hölzern ausreichend Abstand bleibt und dass das Holz nicht in direkter Verbindung mit dem Erdreich steht. Verwenden Sie dabei rostfreie Verbindungsteile sowie Edelstahlnägel und -schrauben.

› S. 197, Bodenbelag ist rutschig
› S. 204, Holzzaun verrottet

→ Streichen Sie mit rutschfester Farbe
Rutschfeste Farbe (im Fachhandel) gibt die nötige Sicherheit – allerdings auf Kosten der Holzoptik.

→ Ein Drahtgitter schützt
Effektiv, aber optisch nicht sehr ansprechend ist die Verlegung eines feinen, verzinkten Drahtgitters, das man an rutschgefährdeten Stellen auf die Holzoberfläche nagelt. ❊

Robust und haltbar

Natürlicher Schutz: Heimische Hölzer wie Lärche und Douglasie schwitzen Harz aus, das vor Witterungseinflüssen schützt und sie sehr haltbar macht. Auch Robinie hat eine lange Lebensdauer.

Dauerhafte Lösung: Kiefernholz ist nur kesseldruckimprägniert länger haltbar. Langlebiges Tropenholz (z. B. Bangkirai) sollte aus ökologischer Waldwirtschaft stammen.

ZÄUNE, WEGE & CO

? Holzzaun verrottet

Einzelne Holzpfosten unseres alten Staketenzauns verrotten allmählich. Kann man sie einzeln auswechseln, oder müssen wir den Zaun ganz neu errichten?

Direkter Bodenkontakt schadet

Es reicht, wenn Sie nur die vermutlich nicht imprägnierten Holzpfosten ersetzen. Wenn Holz direkt in Kontakt mit Erde steht, beginnt es im Laufe der Zeit durch Bodenfeuchtigkeit zu faulen und gefährdet dann die Stabilität des ganzen Zauns.

→ **Ersetzen Sie die Pfosten**
Um die Stabilität des Zaunes auf Dauer zu gewährleisten, sollten Sie alle Holzpfosten durch neue ersetzen. Dazu müssen Sie die Zaunfelder zwischen den Pfosten abmontieren. Verwenden Sie für die neuen Pfosten am besten Lärche oder Douglasie bzw. kesseldruckimprägniertes Holz mit einem entsprechenden Prüfzeichen.

→ **Montieren Sie Pfostenschuhe**
Um direkten Bodenkontakt des Holzpfostens zu vermeiden, verankern Sie zunächst einen feuerverzinkten Pfostenschuh (Gartenfachhandel) in einem Betonfundament. Sobald der Beton ausgehärtet ist, befestigt man darin die neuen Holzpfosten mit rostfreien Edelstahlschrauben. Ist die Pfostenkonstruktion stabil, werden die Zaunfelder wieder angeschraubt. ✤

Ein Pfostenschutz im Fundament verhindert, dass der Zaunpfosten Bodenkontakt bekommt. Befestigen Sie ihn mit rostfreien Stahlwinkeln.

? Mülltonnen verstecken

Der Anblick von mittlerweile drei verschiedenen Mülltonnen in unserem Vorgarten stört uns zunehmend. Kann man diese nicht geschickt verbergen?

Mülltonnen sollen vom Haus aus gut zu erreichen sein und sich für die Leerung leicht auf die Straße bringen lassen. Aber wie machen sie sich dabei möglichst unsichtbar? Zumindest zwei Fliegen kann man mit einer Klappe schlagen: Wegen unangenehmer Geruchsbildung sollten Mülltonnen nicht ungeschützt in der prallen Sonne stehen. Unter einem Dach sind sie einerseits geschützt, andererseits aber auch nicht mehr im unmittelbaren Blickfeld.

→ **Stellen Sie eine Müllbox auf**
Sogenannte Mülleinhausungen oder Müllboxen kann man fix und fertig im Baumarkt oder Fachhandel kaufen. Es gibt eine Vielzahl von Angeboten für jeden Geschmack und jeden Geldbeutel. Im Vergleich zu massiven Elementen aus Waschbeton wirken praktische Fertigsysteme aus Holz mit individuell gestalteten Türen weniger massiv. Achten Sie darauf, dass die Müllbox optisch zum Gesamtbild des Gartens passt.

→ **Versenken Sie die Mülltonnen**
Eine optisch perfekte, aber kostspielige Lösung sind Mülltonnen, die man per Fernbedienung in einem Schacht versenkt und bei Bedarf ans Tageslicht befördert. So gewinnen Sie noch mehr Platz im Vorgarten.

→ **Kaschieren Sie mit Pflanzen**
Unter einer Holzkonstruktion mit integrierter Rankhilfe sind nicht nur die Mülltonnen verborgen. Die ganze Konstruktion wird mit der Zeit von Kletterpflanzen kaschiert. Eine immergrüne Hecke, ein (begrünter) Holzzaun, Flechtzaun oder Sichtschutz eignen sich ebenfalls als Versteck. Es gibt auch Fertigmodelle, bei denen eine bepflanzbare Edelstahlwanne als Dach dient. ✤

204

S › Spielgeräte neu nutzen

? Sicht- und Windschutz

Wir fühlen uns in unserem Reihenhausgarten auf der Terrasse immer von den Nachbarn beobachtet. Gibt es auf die Schnelle eine Lösung dafür?

Sichtschutzelemente kann man in jedem Gartenfachmarkt kaufen, aber auch selber bauen. Es gibt ebenso preiswerte, weniger langlebige Lösungen wie teure, dafür aber stabile Konstruktionen. Stimmen Sie sich vorher am besten mit Ihrem Nachbarn ab.

→ **Verwenden Sie Fertigelemente**
Eine Holz-Stellwand aus dem Baumarkt befestigen Sie stabil an Pfosten, die an Metallfüßen im Fundament verankert sind. Nach Belieben kann man sie z. B. mit einjährigen Dauerblühern wie Schwarzäugige Susanne oder Prunkwinde schnell begrünen.
› S. 204, Holzzaun verrottet

→ **Flechten Sie einen Weidenzaun**
Aus Weiden- oder Haselruten entstehen lebendige, fantasievolle Gerüste, die Sie günstig selber bauen oder fertig kaufen können. Frische Weidenruten schlagen in die Erde gesteckt Wurzeln, treiben aus und werden bald zum grünen Sichtschutz.

→ **Bleiben Sie mobil**
Mit einem Paravent sind Sie an jeder Stelle im Garten bei Bedarf sowohl sicht- als auch windgeschützt. Er besteht aus beweglichen, ca. 1,8 m hohen Segmenten aus verschiedenen Materialien wie Holz, Metall oder Bambus, ist aber natürlich nicht so stabil wie ein fest installierter Zaun. ❋

? Spielgeräte neu nutzen

Für unsere Kinder wollen wir im Garten ein Klettergerüst aufstellen. Gibt es noch eine Verwendung dafür, wenn die Kinder größer sind?

Ein Familiengarten erfüllt viele Funktionen. So wie der Rasen nicht nur als Liegewiese und als Trockenplatz für die Wäsche dient, sondern auch als Platz zum Spielen und Toben, lassen sich auch Freiflächen und Spielgeräte neu nutzen – vorausgesetzt, es handelt sich nicht um Fertigprodukte, sondern um mitwachsende Kombigeräte, die nach Bedarf um- und anbaufähig sind.

→ **Aus alt mach neu**
Eine Holzkonstruktion mit integrierter Rutsche, Schaukel und Klettermöglichkeiten kann bei vorausschauender Konzeption später zu einer Pergola umgebaut oder sogar zu einem Gartenhaus für die ganze Familie werden. Dabei verwendet man nicht nur das Material, sondern die ganze Konstruktion.

→ **Ein neues Gesicht für den Sandkasten**
Für die Fläche des ehemaligen Sandkastens gibt es eine Reihe von Möglichkeiten. Am einfachsten lässt er sich zu einer Rasenfläche umgestalten. Wer´s bunter mag, legt sich einen Steingarten oder ein Heidebeet an. Der sandige Boden ist ideal für trockenheitsliebende Pflanzen. Mischt man den Sand mit humusreicher Gartenerde, wird daraus ein Gemüsebeet.
Auch die Anlage eines kleinen Gartenteichs kommt infrage. Entweder legt man die Vertiefung dazu mit Teichfolie aus oder setzt ein Fertigteichbecken aus Kunststoff ein, bevor man Wasser einfüllt und Pflanzen einsetzt.
› S. 29, Sandboden › S. 104, Kahlstellen
› S. 119, Heidebeet ❋

Sicherheit geht vor

Man kann Kinder nicht vor jeder Gefahr bewahren, aber sie darauf vorbereiten. Wichtig ist, dass sie den richtigen Umgang mit Gefahren lernen.

Aufklären: Es gibt geteilte Ansichten darüber, ob man giftige Pflanzen im Garten halten sollte. Giftpflanzen gibt es in der Natur überall, selbst Tomaten oder Kartoffeln enthalten an grünen Stellen giftige Bestandteile. Bringen Sie Kindern früh bei, was genießbar ist und was nicht.

Abschirmen: Wasser ist anziehend und faszinierend, besonders für Kinder. Lassen Sie sie nie unbeaufsichtigt an ungesicherten Teichen spielen. Installieren Sie einen ca. 1 m hohen, mobilen Zaun um das Gewässer oder legen Sie ein rostfreies Baustahlgitter über die Wasserfläche.

Absperren: Scharfes, spitzes Werkzeug, Elektrogeräte oder Chemikalien dürfen nicht in die Hände von kleinen Kindern gelangen. Sichern Sie sie in einem verschlossenen Schrank.

ZÄUNE, WEGE & CO

? Stauraum

Wir suchen eine Möglichkeit, Gartengeräte und Spielsachen in unserem kleinen Garten aufzubewahren. Gibt es auch platzsparenden Stauraum?

In kleinen Gärten sind multifunktionale Elemente wichtig. So verschwenden Sie keinen Platz und können trotzdem Ordnung halten. Mit etwas Fantasie und Geschick ergeben sich hübsche und praktische Lösungen.

→ **Platz für kleine Dinge**
Gartenbänke mit Stauraum unter der Sitzfläche bieten Platz für Werkzeuge und Spielsachen. Auch in Holzkisten, die gleichzeitig als Hocker dienen, bringt man allerhand unter. Eine antike Eisenetagere oder ein bunt bemalter Schrank können das Dekorative mit dem Nützlichen verbinden. Sie müssen sich nicht verstecken, sondern geben dem Garten eine persönliche Note und bieten auch eine ganze Menge Platz.
Alles, was man nicht täglich benötigt, schafft man in luftiger Höhe aus dem Blickfeld, z. B. in einem Regal über dem Türstock.

→ **Platz für große Dinge**
Ein bunt bemaltes Gartenhäuschen ist mit einer kleinen Veranda davor kein Fremdkörper im Garten. An praktischen Halterungen sind Werkzeuge übersichtlich aufgeräumt und platzsparend untergebracht. Klappbare Gartenmöbel sind dort nicht nur geschützt, sondern auch schnell aufgebaut, wenn Kinder darin an einem verregneten Nachmittag spielen möchten.

? Unkraut in Plattenfugen

In unserem Garten siedelt sich immer wieder Unkraut zwischen den Platten der Natursteinterrasse an, das zeitraubend entfernt werden muss. Gibt es eine patente Lösung, mit der wir es in Schach halten können?

Unkraut vergeht nicht. Man muss also durch Jäten immer am Ball bleiben, um den Störenfrieden beizukommen und den natürlichen Charakter der Fläche zu bewahren. Sie können sich die Arbeit aber durch Hilfsmittel erleichtern und die Flächen dauerhaft versiegeln. Möglich ist auch, die Pflanzen mit ihren eigenen Mitteln zu schlagen.

→ **Pflanzen Sie Trittstauden**
Eine natürliche und sehr dekorative Lösung bieten trittfeste, polsterartig wachsende Stauden in Plattenfugen. Sind die Fugen ein paar Zentimeter breit, können Sie sie als Konkurrenz zu unliebsamen Unkräutern pflanzen, die sich dann nicht mehr behaupten können. Gut geeignet sind Thymian, Römische Kamille oder Kriechender Günsel, die teilweise beim Darüberlaufen auch intensiv duften.

→ **Flammen Sie Unkraut ab**
Mit einem Abflammgerät, das man im Fachhandel auch ausleihen kann, verbrennt man die Pflanzen oberflächlich und zerstört ihr Gewebe dauerhaft. Die Methode ist allerdings sehr zeitaufwändig, da jede Pflanze gezielt behandelt werden muss. Außerdem ist es nötig, sie von Zeit zu Zeit zu wiederholen.

→ **Gießen Sie mit Mörtel aus**
Entfernen Sie das Unkraut durch manuelles Auskratzen der Plattenfugen mit einem Fugenkratzer oder einem alten Küchenmesser. Die sauberen Fugen gießen Sie mit Mörtel aus und haben so dauerhaft Ruhe.

→ **Chemie nur im Notfall**
Es gibt viele chemische Unkrautvernichtungsmittel, die nicht nur teuer und umweltschädlich sein können, sondern unter Umständen auch den Plattenbelag angreifen. Lassen Sie sich daher unbedingt im qualifizierten Fachhandel beraten, wenn Sie eine Anwendung in Erwägung ziehen, und bedenken Sie, dass der Einsatz von Chemie Auswirkungen auf das Grundwasser hat.

› S. 94, Kasten: Wie gut sind Stärkungsmittel?

Einfach und durchaus effektiv ist das manuelle Auskratzen mit einem Fugenkratzer.

? Wasserversorgung

Es ärgert mich, dass in unserem großen Garten der Wasserschlauch immer im Weg liegt. Kann man den auch so verlegen, dass er nicht stört?

In einem großen Garten mit hohem Pflegeaufwand sollte man sich die Bewässerung so einfach wie möglich machen. Es ist aber eine Frage des Preises und des Aufwands, den man dafür betreiben möchte.

→ **Verwenden Sie einen Schlauchwagen**
Mit einer fahrbaren Schlauchtrommel kommen Sie bequem in alle Gartenecken. Es gibt sogar Ausführungen, bei denen sich der Schlauch beim Ziehen bzw. Schieben selbsttätig ab- und wieder aufrollt.

→ **Installieren Sie eine Schlauchbox mit Rückholautomatik**
Bei dieser Variante ist die Schlauchbox an der Hauswand befestigt. Man zieht den Schlauch zum Bewässern nach Bedarf aus, und nach getaner Arbeit rollt eine Rückholautomatik den Schlauch automatisch wieder ein.

→ **Verlegen Sie den Schlauch**
Ein in den Sommermonaten fest installierter Schlauch wird nicht so schnell zur Stolperfalle und stört auch optisch kaum. Sie können ihn z. B. mithilfe von Rohrhaltern am Beetrand oder an Wegen entlang führen. Verwenden Sie einen witterungsstabilen und abriebfesten Schlauch. Die eleganteste, aber auch teuerste Lösung ist sicher ein unterirdisch vom Fachmann verlegtes Rohrsystem mit mehreren Schlauchanschlüssen.

? Wege anlegen

Bei uns führt der Weg zur Wäschespinne und zum Kompost mitten über die Rasenfläche. Bei Regenwetter bekommt man immer ganz nasse Füße im Gras. Gibt es eine gute Lösung, um das zu vermeiden?

> **So breit wie nötig**
>
> **Richtwert einhalten:** Für Wege gibt es festgelegte Mindestbreiten. Damit eine Person bequem gehen kann, sollte eine Breite von ca. 40–60 cm nicht unterschritten werden.
>
> **Unauffällig bleiben:** Für kleine Gärten empfiehlt es sich aus optischen Gründen, die Wege nach Möglichkeit schmaler anzulegen.
>
> **Bewegungsfreiheit nötig:** Entlang einer Hecke, eines Zaunes oder einer Mauer sollte man Wege etwas breiter anlegen, damit das Gehen nicht zu stark eingeengt wird.

Für einfache Wege gibt es auch einfache Lösungen. Die Distanz zur Wäschespinne und zum Kompost kann man mit wenig Aufwand z. B. durch einzelne Schrittplatten oder Wege aus Rindenmulch, Holzhäcksel und Kies überbrücken.

→ **Verlegen Sie Schrittplatten**
Auf einzelnen Schrittplatten, die in ca. 65 cm Abstand durch den Rasen führen, erreichen Sie das Ziel trockenen Fußes. Verwenden Sie einfache, eventuell gebrauchte Betonplatten im Format 40 × 60 cm. Verlegen Sie sie höhengleich mit dem Rasen in ein ca. 5 cm tiefes Sand- oder Splittbett, um das Rasenmähen nicht unnötig zu erschweren.

→ **Legen Sie einen Mulchweg an**
Wege aus Rindenmulch oder Holzhäcksel sind zwar nicht unbegrenzt haltbar, da sich das Material im Lauf der Zeit zersetzt, Sie können den Belag jedoch einfach und kostengünstig ergänzen. Material bekommen Sie außer im Gartenfachhandel auch beim Gartenbauamt Ihrer Gemeinde. Wenn sich die Anschaffung eines Häckslers für Sie lohnt, können Sie auch Ihr eigenes Schnittgut auf dem Weg verteilen.
Mulchwege benötigen eine ca. 15 cm hohe Tragschicht aus Schotter, auf die man das Material in 10–15 cm Höhe aufbringt. Solche durchlässigen Beläge sind umweltfreundlich, da sie Regenwasser versickern lassen und so den natürlichen Kreislauf erhalten.
› S. 61, Rindenmulch im Beet
› S. 63, Schnittgut entsorgen

→ **Bauen Sie einen Kiesweg**
Kies- oder Splittwege erfordern ebenfalls einen Unterbau und sind dauerhafter als Mulchwege. Damit man bequem gehen kann, sollte der Untergrund möglichst fest sein. Auf eine ca. 15 cm hohe Tragschicht aus Schotter trägt man Kies oder Splitt in einer Stärke von ca. 5 cm auf. Stabilisieren Sie die Randbereiche z. B. mit einem senkrecht eingebauten Stahlband.
› S. 201, Tipp: Haltung, bitte!

207

Alles, was Recht ist

Dass die persönliche Freiheit nicht immer grenzenlos ist, erfahren viele bereits am eigenen Gartenzaun. Darüber, wie man Lärm definiert oder wann Grillgeruch zur Last wird, scheiden sich die Geister überall dort, wo das Zusammenleben auf engstem Raum auch Rücksicht fordert. Wenn man mit guten Worten nicht weiterkommt, helfen Regeln und Gesetze vom Zaun brechenden Streit schon im Vorfeld zu vermeiden.

ALLES, WAS RECHT IST

§ Baumwurzeln

Auf dem Grundstück meines Nachbarn wächst ein stattlicher Baum, dessen Wurzeln die Platten von unserem Gehweg anheben. Darf ich sie kappen?

Grundsätzlich sind die Wurzeln das Eigentum Ihres Nachbarn. Hier dürfen Sie nicht einfach zur Axt greifen und vollendete Tatsachen schaffen. Wenn Sie nur leichte Nachteile durch die Wurzeln in Kauf nehmen müssen, z. B. weil Ihr Salat nicht mehr so gut wächst oder das Gras lückig wird, haben Sie deshalb noch keinen Anspruch, auf Beseitigung der Ursache zu drängen oder gar selbst tätig zu werden.

Sie können aber eine Entfernung der Wurzeln verlangen, wenn diese eine erhebliche Beeinträchtigung hervorrufen, z. B. wenn die Wurzeln Gehwegplatten anheben, die dann eine Unfallgefahr darstellen. Sie müssen auch nicht hinnehmen, dass Baumwurzeln Rohrleitungen verstopfen oder Steine im Mauergefüge sprengen.
Räumen Sie dem Nachbarn aber eine angemessene Frist zum Handeln ein, z. B. um die

Vegetationsruhe im Winter abzuwarten, damit dem Gehölz nicht unnötig geschadet wird. Wenn er nicht reagiert und untätig bleibt, dürfen Sie die Wurzeln selbst beseitigen. Sie gehen dann in Ihren Besitz über, d. h., Sie sind für die Entsorgung zuständig oder können sie als Brennholz nutzen.
Sie haben nach Auftreten des Schadens drei Jahre Zeit, um auf Entfernung der Wurzeln zu bestehen, später verjährt Ihr Anspruch, auch bei großen Beeinträchtigungen. Anspruch auf Schadensersatz haben Sie generell nicht, auch nicht, wenn die Wurzeln in Ihrem Garten Sachschaden anrichten, z. B. ein Abwasserrohr verstopfen. ❊

TIPP!
Rhizomsperre bei Bambus

Viele Bambusarten, aber auch andere Pflanzen bilden Rhizome oder Ausläufer, d. h. unterirdisch wuchernde Triebe. Das hat zur Folge, dass nach einiger Zeit überall im Umkreis der Pflanze Bambusschösslinge aus der Erde sprießen. Diese machen natürlich auch vor dem Nachbargrundstück nicht halt. Um das zu vermeiden, sollten Sie schon beim Einpflanzen sogenannte Rhizomsperren mit einbauen. Das sind stabile Kunststoffbahnen aus dem Gartenfachhandel, die man ca. 70 cm tief um den Wurzelballen in den Boden eingräbt. Sie sollten 5 cm über die Oberfläche hinausragen, damit die Wurzeln sie nicht oberirdisch überwinden.

❯ S. 141, Bambus wuchert

---

§ Betreten des Nachbargrundstücks

Darf ich das Grundstück meines Nachbarn betreten, wenn ich meine genau auf der Grenze stehende Garage streichen möchte?

Ja, das ist erlaubt. Berechtigte Ansprüche wie diese regelt das sogenannte Hammerschlags- und Leiterrecht. Es besagt, dass Sie für Reparatur- und sonstige Arbeiten das Nachbarschaftsgrundstück betreten dürfen, wenn Sie die Arbeiten sonst nicht durchführen können.
Das gilt allerdings nur, wenn Sie den Nachbarn vorher von Ihrer Absicht unterrichtet haben. Außerdem sind Sie verpflichtet, die Belästigung auf ein Mindestmaß zu reduzieren und die Arbeiten zu einer vertretbaren Zeit durchzuführen. Sie dürfen das Grundstück dann nur für die ordnungsgemäße

Ausführung der Arbeit betreten. Ein Gerüst aufzustellen ist nicht grundsätzlich möglich, sondern nur, wenn es sich zur Ausführung der Arbeiten nicht vermeiden lässt.
Gehen Sie bei der Durchführung so schonend wie möglich vor, denn für möglicherweise auftretenden Schaden können Sie haftbar gemacht werden.
Wenn der Nachbar Ihnen das Betreten trotzdem partout nicht erlauben will, dürfen Sie aber nicht einfach zur Selbsthilfe greifen – auch wenn Sie im Recht sind. Es bleibt Ihnen dann nichts anderes übrig, als Ihren Anspruch vor Gericht durchzusetzen. ❊

§ Bienenhaltung

Bei uns nebenan wohnt ein Imker, der auch Bienenstöcke in seinem Garten hat. Darf man in einem Wohngebiet überhaupt Bienen halten?

Ja, das ist erlaubt. Geregelt ist dies im BGB § 906. Dieser erlaubt die Aufstellung von Dingen, sofern von ihnen keine Gefährdung oder erhebliche Beeinträchtigung ausgeht. Zudem sind blütenbesuchende Bienen ortsüblich und Teil der Natur, sodass nichts gegen sie einzuwenden ist. In einem aktuellen Urteil werden fünf Bienenstöcke als durchaus tolerabel angesehen.
Eine Haltung von Bienen ist erst dann nicht mehr zulässig, wenn diese das Nachbargrundstück erheblich beeinträchtigt. Das ist der Fall, wenn Sie aufgrund des Bienenfluges nicht mehr ungestört auf der Terrasse sitzen können. Das Grundstück, auf dem die Bienen stehen, muss also eine gewisse Größe haben, die aber gesetzlich nicht geregelt ist. Notfalls muss der Bienenhalter die Flugrichtung der Bienen durch Anpflanzen von hohen Bäumen oder Büschen beeinflussen. Wenn die Bienen schwärmen und sich ein Schwarm in Ihrem Garten niederlässt, darf der Imker sogar ohne Sie zu fragen Ihren Garten oder Ihre Wohnung betreten, um den Schwarm dort zu fangen. Für angerichtete Schäden muss er aber aufkommen.

§ Falllaub

Muss ich dulden, dass der Wind ständig Laub von den Nachbarbäumen zu mir herüberweht?

Laub und Nadeln von Nachbarbäumen können lästig sein, müssen aber hingenommen werden.

Es bleibt Ihnen nichts anderes übrig, als zu dulden, dass Pflanzenteile zu Ihnen herüberwehen. Sie können gegen Laub, Nadeln, Samen und Pollen nur dann vorgehen, wenn die Benutzung Ihres Grundstücks dadurch wesentlich beeinträchtigt wird. Während eine verstopfte Dachrinne in ländlichem Umfeld mit vielen Bäumen durchaus ortsüblich ist, kann das ein Richter in der Stadt anders sehen. Hier muss der Baumbesitzer meist die Reinigung bezahlen.
Auch wenn von einem verwilderten Nachbargrundstück ständig Unkrautsamen zu Ihnen herüberfliegen, kann man dem Nachbarn zumuten, das Grundstück ein- bis zweimal jährlich zu mähen.

§ Borkenkäfer

Mein Nachbar sagt, ich muss meine vom Borkenkäfer befallene Blau-Fichte fällen, damit seine Bäume nicht auch krank werden. Stimmt das?

Sie müssen nicht, aber Sie sollten es tun. Die sogenannte Borkenkäfer-Verordnung regelt den Umgang mit befallenen Bäumen auf Forstflächen. Danach müssen kranke Bäume umgehend gefällt und 500 m vom Wald entfernt gestapelt werden. Man kann sie auch an Ort und Stelle belassen, muss sie dann aber dort sofort entrinden. Damit wird sichergestellt, dass sich der Borkenkäfer nicht unkontrolliert vermehrt und ganze Waldgebiete zum Absterben bringt.
Auf Gemeindegebiet gilt diese Verordnung nicht, da sie dem Wohl des ganzen Waldes dient und nicht den Schutz einzelner Gartenbäume gewährleisten soll.
Sie sind also nicht gezwungen, den Baum zu fällen. Wollen Sie dem Schädling Einhalt gebieten, sollten Sie handeln und die Fichte abholzen. Da der Borkenkäfer in totem Holz weiterlebt, sollten Sie den Stamm auch entrinden. Erst dann sterben die Tiere ab.
> S. 75, Blau-Fichte mit braunen Zweigen

ALLES, WAS RECHT IST

§ Froschlärm

Die Frösche im Teich meines Nachbarn machen einen unglaublichen Lärm. Kann ich verlangen, dass er den Teich trockenlegt?

Froschlärm kann tatsächlich so laut werden, dass er die zulässigen Grenzwerte der Lärmschutzverordnung übersteigt (> S. 216, Kasten). Immer wieder ist das oft stundenlange Gequake Anlass für Streitigkeiten unter Nachbarn. Gerade im Sommer, wenn die Fenster wegen der Hitze ohnehin Tag und Nacht weit offen stehen, liegen die Nerven der betroffenen Anwohner oft blank.
Gegen die Plagegeister einzuschreiten ist aber nicht so einfach. Wildtiere unterliegen nämlich nicht den gesetzlichen Lärmschutz-Auflagen, sie dürfen also schon von Gesetz wegen beliebig laut quaken.
Nun kann man aber den Teich auch nicht einfach so zuschütten. Vorrang vor den Interessen der Anwohner hat nämlich der ausdrückliche Schutz der Frösche durch die Artenschutzverordnung und das Bundesnaturschutzgesetz. Durch Zuschütten ginge ja der natürliche Lebensraum der Frösche verloren, was das Artenschutzgesetz ausdrücklich verbietet. Sie dürfen deshalb auch nicht gefangen werden, ganz gleich zu welchem Zweck. Und wenn man sie nicht fangen darf, können Frösche auch nicht an einen anderen Ort umgesiedelt werden.
Nach dem Bundesnaturschutzgesetz ist zwar prinzipiell eine Ausnahmegenehmigung zur Lärmabwehr möglich, die von einem Zivilgericht erteilt werden kann. In der Regel entscheiden die Gerichte bei Antragstellung jedoch zugunsten der Frösche.
So reichte im Jahr 2005 eine Seniorin in einem Berliner Altenheim vor dem Verwaltungsgericht Klage ein, da in unmittelbarer Nähe ihrer Wohnung in einem Becken Nacht für Nacht über 1000 Frösche lärmten. Da die Frösche zugewandert seien, könnte man auch verlangen, dass sie wieder abwandern, argumentierte sie. Vergeblich: Das Gericht stellte sich auf die Seite der Frösche, sie durften bleiben.

Gegen Froschlärm ist juristisch kaum etwas auszurichten. Auch wenn sie noch so laut sind, müssen Sie das Gequake ertragen.

§ Früchte von nebenan

Wem gehören eigentlich die Äpfel, die vom Nachbarbaum auf mein Grundstück herunterfallen?

Da gibt es einen feinen Unterschied. Solange Obst am Baum hängt, gehört es dem Baumbesitzer. Nur ihm steht es zu, Früchte vom Baum zu ernten und dabei für zum Nachbarn herüberhängende Zweige auch z. B. einen Apfelpflücker oder andere Hilfsmittel zu benutzen. Herabgefallenes Obst dagegen gehört dem Eigentümer des Grundstücks, auf dem die Früchte liegen, in diesem Fall also Ihnen.
Solange die Früchte am Baum hängen, darf der Baumbesitzer allerdings Ihr Grundstück zur Obsternte nicht ohne Ihr Einverständnis betreten. Würden Sie ihm die Erlaubnis verweigern, könnten Sie in aller Ruhe abwarten, bis die Früchte heruntergefallen sind. Erst dann wären Sie rechtmäßiger Besitzer. Sie dürfen aber keinesfalls nachhelfen, indem Sie die Zweige schütteln oder gar die Früchte selber abpflücken.
Auch das Abschneiden herüberhängender Fruchtzweige ist nicht ohne weiteres gestattet. Das dürften Sie nur, wenn nachweislich eine erhebliche Störung von ihnen ausginge. Das ist z. B. der Fall, wenn über einen längeren Zeitraum reife Pflaumen herunterfallen, die viele Wespen anlocken. Wenn Sie unter einer Wespenallergie leiden, würde Sie das in der Nutzung Ihres Grundstücks ganz erheblich beeinträchtigen.

212

G › Gartenteich sichern

§ Gartenhaus errichten

Brauche ich eigentlich eine besondere Genehmigung, wenn ich ein Gartenhaus errichten möchte?

Sie benötigen grundsätzlich eine Baugenehmigung, wenn Sie ein gewisses „umbautes Raumvolumen" überschreiten oder das Haus auf einer betonierten Bodenplatte steht. Die Größe des zulässigen Raumvolumens ist in jedem Bundesland unterschiedlich festgelegt. In Bayern beträgt sie z. B. 75 m², in anderen Bundesländern nur 20 m². Es ist deshalb auf jeden Fall ratsam, sich im Gemeindeamt nach der geltenden Regelung zu erkundigen.

Auch wenn Sie keinen Bauantrag benötigen, müssen Sie sich dennoch nach bestimmten Vorschriften richten. So sind Sie verpflichtet, einen Abstand von drei Metern bis zur Grundstücksgrenze einzuhalten oder direkt auf die Grenze zu bauen. Im letzten Fall darf das Haus aber nur maximal drei Meter hoch sein. Übrigens: In manchen Bundesländern darf nur dann auf die Grenze gebaut werden, wenn die Grenze des Nachbargrundstücks ebenfalls bebaut ist.

Bei einem Verstoß gegen die Gemeindeordnung kann der Nachbar auf einen Zwangsabriss des Gartenhäuschens bestehen. Um mögliche Streitigkeiten von vornherein zu vermeiden, ist es auf jeden Fall ratsam, vor dem Bau das zuständige Bauamt zu konsultieren und die betroffenen Nachbarn über Ihr Vorhaben zu informieren.

§ Gartenteich sichern

Ich habe einen Gartenteich, der auf einem durch einen Zaun gesicherten Grundstück liegt. Muss ich ihn trotzdem noch durch zusätzliche Maßnahmen vor spielenden Kindern aus der Nachbarschaft sichern?

Im Rahmen der Verkehrssicherungspflicht sind Sie für die Sicherheit Ihres Teiches verantwortlich. Vor allem, wenn Kinder in der Nachbarschaft wohnen, müssen Sie aktiv werden. Ein Gartenzaun und eine geschlossene Gartentüre reichen möglicherweise nicht aus. Der Forschungsdrang von Kindern macht vor dem Gartenzaun nicht halt. Empfehlenswert ist hier eine ausreichend hohe, separate Einzäunung des Gartenteiches mit einer verschließbaren Tür (› Kasten).

Die Sicherungspflicht gilt übrigens auch für flache Teiche. Schon Wassertiefen von 10 cm können für Kleinkinder lebensgefährlich sein. Die Hälfte aller tödlichen Unfälle bei Kindern unter sechs Jahren ist auf Ertrinken zurückzuführen. Genauso gefährlich sind Regentonnen. Es kommt immer wieder vor, dass Kinder dort beim Spielen und Wasserholen kopfüber hineinstürzen. Auch ältere Kinder können sich dann aus eigener Kraft nicht mehr befreien, da in der Tonne der Platz zum Umdrehen fehlt.

Ein unter der Wasseroberfläche installiertes Teichgitter sorgt für erhöhte Sicherheit gegen Wasserunfälle, wenn Kinder am Ufer spielen.

So sichern Sie den Gartenteich

Teichgitter: Spezielle verzinkte und TÜV-geprüfte Metallgitter oder stabile Kunststoff-Netze aus dem Gartenfachhandel werden knapp unter der Wasseroberfläche installiert und bieten maximalen Schutz, ohne optisch zu stören.

Einzäunung: Kleinkinder kann man gut mit einem mindestens 1 m hohen Drahtzaun vom Wasser fernhalten. Achten Sie darauf, dass das eingebaute Tor immer geschlossen ist.

Bewegungsmelder: Auch ein akustischer Alarm kann Leben retten. Er wird durch einen Bewegungsmelder im Wasser ausgelöst.

ALLES, WAS RECHT IST

§ Gartenzwerge

Mein Nachbar hat seine hässlichen Gartenzwerge direkt an der Grundstücksgrenze aufgestellt. Kann ich verlangen, dass er sie wieder entfernt?

Nein, grundsätzlich darf der Nachbar auf seinem Grundstück aufstellen, was er will – die Geschmäcker sind ja bekanntlich verschieden. Was das eigene ästhetische Empfinden stört, empfinden andere als witziges Accessoire. Damit müssen Sie sich abfinden. Ihr Nachbar braucht mit seinen Gartenzwergen auch keinen Grenzabstand einzuhalten oder sich in der Zahl der Zwerge zu beschränken. Solange er Platz für seine Sammlung findet, darf er sie aufstellen.

Anders sieht die Situation bei sogenannten „Frustzwergen" aus. Das sind Figuren, die durch unanständige Gesten die Grenzen des guten Geschmacks verletzen, das sittliche Empfinden stören und damit anstößig sein können. Sie brauchen z. B. nicht zu dulden, dass Ihnen ein Gartenzwerg ein entblößtes Hinterteil entgegenstreckt oder Ihnen den Vogel zeigt.

In gemeinschaftlich genutzten Gärten kann das Aufstellen von Zwergen auch per Satzung untersagt werden. Auch öffentlich-rechtliche Bestimmungen können das Aufstellen untersagen. In diesem Fall wäre das eine „übermäßige Nutzung" sowie eine „Störung des optischen Gesamteindruckes". Ein entsprechender Passus sollte dann am besten im Mietvertrag vermerkt sein. ❊

§ Gifteinsatz im Garten

Mein Nachbar versprüht in seinem Garten Unkrautvernichtungsmittel, auch sehr nahe an der Grundstücksgrenze. Ist das überhaupt erlaubt?

Solange Ihr Nachbar ein für den Hausgarten zugelassenes Mittel verwendet, verstößt er nicht gegen geltendes Recht. Mit Ausnahme von selbst hergestellten pflanzlichen Präparaten, z. B. Brennnesselsud, ist der Einsatz von Pflanzenschutzmitteln im Hausgarten aber gesetzlich sehr streng geregelt, wobei die Bundesländer eigene Verordnungen beschließen können. Generell dürfen Sie nur Präparate mit dem Vermerk „Zugelassen in Haus- und Kleingarten" anwenden.

Darüber hinaus gilt in Deutschland die sogenannte Indikationszulassung. Das heißt, dass Sie ein Präparat nur für ganz bestimmte Schädlinge in genau festgelegten Kulturen anwenden dürfen, und zwar unabhängig davon, ob es sich um ein konventionelles oder biologisch wirkendes Mittel handelt. Schneckenkorn beispielsweise ist zugelassen gegen Nacktschnecken in Salat, Kohlsorten, Erdbeeren und Zierpflanzen. Sie dürfen es also weder gegen Gehäuseschnecken anwenden noch in Kräuterbeeten oder in einer Spinatkultur.

Das Gleiche gilt für Herbizide, also Unkrautvernichtungsmittel. Unter Obstbäumen und im Rasen sind sie erlaubt, auf Wegen und Terrassen aber verboten. Bei vielen Mitteln ist ein Abstand zu Gewässern (auch dem Gartenteich) einzuhalten, der bis zu 50 m betragen kann.

Lesen Sie beim Kauf eines Mittels die Angaben auf der Verpackung genau durch. Dort sind alle Vorschriften und Angaben zu Dosierung und Haltbarkeit vermerkt. Nach Ende der Zulassung dürfen Sie das Mittel noch 2 Jahre verwenden, dann gehört es in den Sondermüll. Die Anwendung früher gebräuchlicher Präparate wie Unden, E 605, Lebaycid oder Metasystox R ist inzwischen gesetzlich untersagt.

> S. 90, Schneckenplage
> S. 206, Unkraut in Plattenfugen
> S. 95, Kasten: Populäre Gartenirrtümer ❊

Regelungen im Nachbarschaftsrecht

Gesetz ist Gesetz: Für nachbarschaftliche Streitigkeiten gibt es eine ganze Reihe von Vorschriften, die in den Bestimmungen der §§ 903–924 des BGB geregelt sind.

Ausnahmen bestätigen die Regel: Außer Bremen, Hamburg, Mecklenburg-Vorpommern und Bayern haben alle Bundesländer ein eigenes Nachbarschaftsrecht mit z. T. abweichenden Bestimmungen. Jeder Fall wird dort vor Gericht unabhängig vom BGB individuell bewertet.

G > Grillgeruch ist lästig

§ Grenzabstand bei Gehölzen

Ich plane, an der Grundstücksgrenze eine Hecke zu pflanzen. Welchen Abstand muss ich denn bei Ziergehölzen zum Nachbargrundstück einhalten?

Die Abstandsregelung ist von Bundesland zu Bundesland verschieden. Es gibt jedoch einheitliche Mindestabstände: Sind die Gehölze unter 2 m hoch, müssen Sie 0,5 m, bei Gehölzen über 2 m Größe mindestens 2 m Grenzabstand einhalten. Gemessen wird der Abstand von der Grenze bis zur Mitte des Stammes oder der Hecke. Mit einem ausreichenden Sicherheitsabstand von mindestens 0,5 m stellen Sie sicher, dass Sie die Hecke schneiden können, ohne dass Sie das Nachbargrundstück betreten müssen. Genaue Auskünfte zu den jeweiligen Vorschriften in Ihrem Bundesland erfragen Sie am besten bei Ihrer Gemeindeverwaltung.
Wenn Sie bei Ihrem Nachbarn eine Verletzung der Abstandsregelung feststellen und nicht geltend machen, verjährt sie. Nach bayrischem Recht beispielsweise haben Sie 5 Jahre Zeit, vom Nachbarn das Stutzen der Hecke zu verlangen, nachdem diese die 2-Meter-Marke überschritten hat. Die Frist beginnt, sobald die Verletzung des Abstands oder der Höhe erkennbar wird. ❋

Vor allem bei beengten Grundstücksverhältnissen führt Grillgeruch häufig zu nachbarschaftlichen Spannungen.

§ Grillgeruch ist lästig

Wir grillen im Sommer gerne im Garten. Sind wir gezwungen, dabei Rücksicht auf unseren Nachbarn zu nehmen?

Ja, das müssen Sie unbedingt. Das Grillen über offenem Feuer war schon häufig Anlass für Rechtsstreitigkeiten. Eine gesetzliche Grundlage dazu gibt es nur in Brandenburg und Nordrhein-Westfalen. Hier dürfen Sie grundsätzlich nicht grillen, wenn dadurch Rauch in die Nachbarwohnungen dringt und die Bewohner erheblich belästigt.
In anderen Bundesländern sind die Vorschriften weniger eindeutig. Erst bei einer erheblichen Beeinträchtigung des Nachbarn ist das Grillen zu unterbinden. Wann dieser Tatbestand vorliegt, darüber gehen die Meinungen allerdings weit auseinander. Rauchentwicklung und Geruchsbelästigung sind eben schlecht messbar und werden auch unterschiedlich empfunden. Die Rechtsprechung ist dementsprechend uneinheitlich. In Bayern haben Gerichte entschieden, dass der Nachbar bis zu fünf Grillaktionen im Sommer dulden muss. Urteile in anderen Bundesländern erlauben deutlich mehr. Es macht natürlich einen großen Unterschied, ob Sie auf dem Balkon grillen oder auf einem Grundstück mit 2000 m^2 Fläche. Je näher das Nachbargrundstück liegt, desto mehr Rücksicht ist angebracht. Wenn Sie auf einem Balkon immer wieder dichte Rauchschwaden erzeugen, brauchen Sie sich über nachbarliche Beschwerden nicht zu wundern – besonders im Sommer, wenn überall die Fenster offen sind.
Wenn Sie sich nicht auf Gerichtsurteile stützen möchten, sollten Sie einfach mal mit dem Nachbarn reden und ihn fragen, ob er sich belästigt fühlt. Dann können Sie in Zukunft darauf Rücksicht nehmen und auf die Windrichtung achten. Stellen Sie beispielsweise den Grill einfach so auf, dass der Rauch nicht zu ihm hinüberzieht, oder weichen Sie auf einen Elektrogrill aus. ❋

ALLES, WAS RECHT IST

§ Haustiere

Mein Nachbar hält zahlreiche Katzen, die Lärm und Gestank verursachen. Kann man ihm die Haltung so vieler Tiere nicht verbieten?

Das ist so ohne weiteres nicht möglich. Solange die Katzen im Haus bleiben und sich nicht störend bemerkbar machen, darf der Nachbar beliebig viele Katzen halten. Vorausgesetzt, er ist Eigentümer der Wohnung, braucht er keine Genehmigung dafür. Als Mieter benötigt man allenfalls das Einverständnis des Vermieters.
Laufen die Katzen jedoch frei herum, ist nur eine ortsübliche Anzahl Haustiere erlaubt. Bei Katzen sind das zwei Tiere pro Haushalt. Gelegentlicher Katzenbesuch lässt sich nicht vermeiden und ist hinzunehmen.
Bei Hunden verhält sich die Sache anders. Sie brauchen nicht zu billigen, dass ein Hund auf Ihrem Rasen sein Revier markiert oder seine Notdurft verrichtet. Fremde Tiere in Ihrem Garten dürfen Sie zwar vertreiben, aber nicht fangen oder verletzen. ✳

§ Hundegebell

Der Hund unseres Nachbarn fängt bei jeder Kleinigkeit an zu bellen. Gibt es keine Regelung, mit der man das unterbinden kann?

Wie lange ein Hund bellen darf, ist genau festgelegt. Die Zeiträume zwischen 13 und 15 Uhr sowie zwischen 22 und 6 Uhr sind Ruhezeiten, in der Hundegebell untersagt ist. In der übrigen Zeit darf er zwar bellen, aber nicht länger als 10 Minuten am Stück. Insgesamt darf er am Tag auch nicht länger als 30 Minuten bellen.
Die Lautstärke spielt beim Gebell keine Rolle. Die Rechtsprechung geht davon aus, dass selbst leises Jaulen oder Winseln für die Anwohner auf Dauer sehr lästig sein kann. Wenn der Hundehalter sich nicht gesprächsbereit und einsichtig zeigt, kann man verlangen, dass der Hund so im Haus untergebracht wird, dass sein Gebell nicht stören kann. Oder Sie empfehlen dem Nachbarn, mit dem Tier eine Hundeschule zu besuchen. Hier lernt es, sich ruhig zu verhalten. ✳

§ Kinderlärm

In unserem Mietshaus spielen Kinder im gemeinschaftlich genutzten Garten immer sehr laut. Dürfen sie wirklich so viel lärmen, wie sie wollen?

Ja, das dürfen sie. Kinderlärm wird von Gesetz wegen nicht als Lärm definiert. Er verursacht bestenfalls Geräusche. Kinder dürfen auch in der Mittagspause laut sein und in Hofeinfahrten und auf Garagenplätzen spielen, solange sie keine Spielgeräte aufstellen oder liegen lassen. Die Anwohner müssen das im Interesse einer kinderfreundlichen Umgebung ebenso wie nächtliches Babygeschrei hinnehmen. Geräusche, die naturgemäß dem Bewegungs- und Spieldrang von Kindern entsprechen, sind als natürliches Verhalten einzustufen. Selbst wenn sie die Grenzwerte kommunaler Verordnungen überschreiten, kann den Kindern das Spielen und Herumtoben niemand verbieten. Kinderlärm ist auch kein Grund zur Kündigung oder Mietminderung. Von den Nachbarn fordert man in diesem Fall eine „erhöhte Toleranz".
Es gibt aber gewisse Einschränkungen. Die Regeln gelten nur für eigene Kinder, zuzüglich drei Besuchskindern. Der regelmäßige Besuch ganzer Schulklassen überschreitet die gesetzliche Toleranzschwelle erheblich. Eltern sollten Kinder, die Ermahnungen verstehen können, aber dazu anhalten, allgemeine Ruhezeiten von 13–15 Uhr und von 22–7 Uhr zu respektieren (❯ Kasten). ✳

Verordnungen für Lärmschutz

Alles ist geregelt: Es gibt detaillierte Verordnungen darüber, wann vermeidbarer Lärm wie Rasenmähen zu unterlassen ist, z. B. von 13–15 Uhr und 22–6 Uhr. Motorgeräte darf man meist nur von 7–20 Uhr betätigen. Ortsüblicher Lärm ist zu dulden, so z. B. durch Bahnverkehr oder einen krähenden Hahn. Kinder dürfen auch zur Mittagszeit laut sein.

Die Richtwerte: Der Lärmpegel sollte laut Technischer Anleitung in reinen Wohngebieten 50 dBA nicht überschreiten; das ist vergleichbar mit dem Geräusch, das Regen oder ein Kühlschrank verursacht. Nachts sowie an Sonn- und Feiertagen liegt der Wert bei 40 dBA.

K › Kompostgeruch stört

§ Kompost an Grundstücksgrenze

Mich ärgert es, dass mein Nachbar seinen Kompostplatz direkt an der Grenze zu meinem Garten errichtet hat. Kann ich die Verlegung beantragen?

Kinder dürfen nach Herzenslust beim Spielen schreien und toben. Rechtlich ist dies nicht als Lärm einzustufen.

Grundsätzlich ist die Kompostierung von Garten- und Küchenabfällen in allen Bundesländern erlaubt und sogar erwünscht. Der Nachbar kann seinen Kompost anlegen, wo er will. Sie können ihm den Standort nicht vorschreiben. Wenn Sie sich nur durch den Anblick des Kompostes gestört fühlen, müssen Sie ihn hinnehmen, da Sie ja der optische Eindruck nicht bei der Nutzung Ihres Grundstücks beeinträchtigt. Einen Anspruch auf Beseitigung haben sie nur dann, wenn der Nachbar den Komposthaufen in voller Absicht ungünstig platziert und genügend Ausweichmöglichkeiten vorhanden sind. Das ist jedoch nicht leicht nachzuweisen. In einem juristisch geregelten Fall befand sich der Kompost genau vor der Terrasse des Nachbarn, obwohl auf dem 1300 m^2 großen Grundstück genügend Platz an anderer Stelle dafür war. Daraufhin musste der Kompost versetzt werden.

› S. 26, Kompost stinkt ✽

§ Kompostgeruch stört

Der Kompost meines Nachbarn stinkt unerträglich, da er immer frisch gemähtes Gras kompostiert. Muss ich das so hinnehmen?

Leichte Kompostgerüche gelten als normal und sind deshalb zumutbar. Rechtlich können Sie dagegen nur bei einer erheblichen Geruchsbelästigung vorgehen, besonders, wenn der Gestank auf der Terrasse oder am Sitzplatz wahrgenommen wird.
Ab wann ein Geruch als störend empfunden wird, ist jedoch individuell sehr verschieden. Probleme treten z. B. auf, wenn frischer Grasschnitt in größeren Mengen anfällt. Solange es dem Gartenbesitzer wirtschaftlich zumutbar ist, können Sie die Verlegung oder Beseitigung des Komposthaufens verlangen. Oder Sie machen dem Nachbarn den Vorschlag, das Mähgut vor dem Kompostieren erst anwelken zu lassen, dann stinkt es nämlich nicht mehr.
Bei Ungeziefer am Kompostplatz, seien es Fliegen, Mäuse oder Ratten, ist der Fall hingegen klar. Diese Plage brauchen Sie nicht hinzunehmen. Tiere machen ja vor der Grundstücksgrenze nicht halt. Entweder stellt der Kompostbetreiber das Übel von selber ab, oder er muss seine Abfälle an einer anderen Stelle kompostieren.

› S. 26, Kompost stinkt ✽

Ein unsachgemäß aufgesetzter Kompost kann stinken und den Nachbarn beeinträchtigen. Er muss dann verlegt werden.

ALLES, WAS RECHT IST

§ Lichtquelle stört

Mein Nachbar hat seine Garagenzufahrt nachts mit einer ständig brennenden Beleuchtung ausgestattet. Muss ich die Lichtquelle dulden?

Diese Frage ist seit dem sogenannten Wiesbadener „Glühbirnenstreit" geklärt, der bundesweit Beachtung fand. Ein Hausbesitzer fühlte sich dabei von einer dauerhaft brennenden 40-Watt-Glühbirne gestört, deren Licht in sein Schlafzimmer fiel. Das Gericht gab ihm Recht, das Licht musste gelöscht werden. Eine dauerhaft störende Außenbeleuchtung brauchen Sie also nicht zu dulden. Niemand kann Sie zwingen, die Vorhänge oder den Rollladen zu schließen. Eine Lichtquelle mit Bewegungsmelder betrifft dies nicht, da diese ja nicht ständig strahlt. Auch Straßenbeleuchtung bleibt davon unberührt, da sie der öffentlichen Sicherheit dient. ✲

Auch schwache Lichtquellen braucht der Nachbar nicht zu dulden, wenn sie dauerhaft brennen und ihn z. B. im Schlaf stören.

§ Mieter und ihre Rechte

Ich bin Mieter in einem Einfamilienhaus und möchte den Garten gerne umgestalten. Muss ich den Vermieter vorher um Erlaubnis fragen?

Grundsätzlich nicht. Das hängt davon ab, welche Eingriffe Sie planen. Wenn im Mietvertrag keine spezielle Vereinbarung dazu getroffen wurde, dürfen Sie den Garten zwar nach freier Verfügung nutzen, insbesondere in einem Einfamilienhaus.

Das bedeutet, Sie können Wäsche aufhängen, Blumen säen, sogar Bäume pflanzen. Sie dürfen aber die ursprüngliche Gartenanlage ohne Erlaubnis des Vermieters nicht wesentlich verändern, beispielsweise durch das Fällen alter Obstbäume oder Entfernen einer Hecke. Für Ihre Kinder dürfen Sie Spielgeräte ohne das Einverständnis des Vermieters nur dann aufstellen, wenn diese nicht fest im Boden verankert sind. Das heißt z. B., Sie dürfen für die Pfosten der Schaukel keinen festen Betonsockel einbauen.

Langfristige Mieter möchten in der Regel den Garten nicht nur benutzen, sondern auch bearbeiten dürfen, d. h. zum Beispiel auch einen Teich oder eine Terrasse anlegen, Wege einbauen oder ein Gartenhäuschen aufstellen. Das alles ist möglich, wenn Sie immer mit einkalkulieren, dass Sie den Garten beim Auszug unter Umständen wieder in seinem ursprünglichen Zustand übergeben müssen. Kostspielige Baumaßnahmen sollten deshalb vorher auf jeden Fall mit dem Vermieter abgesprochen sein. Eventuell gibt er ja nicht nur seine Zustimmung, sondern ist auch zu einer Kostenübernahme bereit. Zur Sicherheit sollten Sie einen Vermerk im Mietvertrag mit aufnehmen, der vorsieht, dass der Vermieter abgesprochene Baumaßnahmen akzeptiert oder Sie beim Auszug für den Mehrwert entschädigt.

Bäume und Sträucher, die Sie selbst gepflanzt haben, dürfen Sie beim Auszug auch wieder mitnehmen. Dies gilt allerdings nicht mehr, wenn die Pflanzen ein wesentlicher Bestandteil des Gartens geworden sind. Das wäre beispielsweise der Fall, wenn Sie eine teure Eibenhecke gepflanzt haben, die nach einigen Jahren so groß ist, dass sie vor den neugierigen Blicken der Nachbarn schützt.

Die Pflege der Außenanlagen des Mietobjektes ist in der Regel Aufgabe des Vermieters. Wird sie im Mietvertrag nicht ausdrücklich auf den Mieter übertragen, ist der Vermieter für die Pflege des Vorgartens oder das Heckenschneiden ebenso zuständig wie für die Verkehrssicherungspflicht. Andernfalls muss der Mieter dafür sorgen, dass niemand durch morsche Äste, nasses Laub oder vereiste Wege gefährdet wird. Außerdem kann er per Mietvertrag auch für herkömmliche Arbeiten der Gartenpflege wie regelmäßiges Rasenmähen oder Unkrautjäten verpflichtet werden. Allerdings kann er dann auch die Früchte seiner Arbeit – z. B. die Obsternte – für sich beanspruchen. ✲

S › Schattenwurf durch Nachbarbäume

§ Mobilfunkantenne

In meiner Nachbarschaft ist auf einem mehrstöckigen Mietshaus eine Mobilfunkantenne errichtet worden. Kann ich dagegen vorgehen?

Die Errichtung von Mobilfunkantennen auf Gebäuden innerhalb geschlossener Ortschaften ist grundsätzlich legal. In der Regel braucht der Betreiber nicht einmal eine Baugenehmigung, sodass die Gemeindeverwaltung das Aufstellen nicht verhindern kann. Nach der Bundesimmissionsschutzverordnung gibt es Grenzwerte für hochfrequente magnetische Felder, die Antennenbetreiber einhalten müssen. Verhindern können Sie den Antennenbetrieb nur, wenn Sie nachweisen, dass die Strahlen schädlich sind, was nach derzeitigem Stand der Wissenschaft nicht möglich ist. Demnach stellt eine Mobilfunkantenne in der Nachbarschaft auch keinen Grund für eine Mietminderung dar. Es gibt aber inzwischen Gerichtsurteile, die bestätigen, dass bereits die Furcht vor einer schädlichen Strahlung zu einer Beeinträchtigung der Wohnqualität führt und dass bei älteren und kranken Menschen Strahlung auch dann zu einem erhöhten Risiko beiträgt, wenn die Strahlung innerhalb der gesetzlichen Grenzwerte liegt.

Bei hohen Bäumen kann rechtlich nur im Ausnahmefall eingeschritten werden. In der Regel ist der Schattenwurf hinzunehmen.

§ Schattenwurf durch Nachbarbäume

Durch die großen Bäume meines Nachbarn wird mein ganzer Garten beschattet. Nichts wächst befriedigend. Kann ich dagegen irgendetwas tun?

Hohe Bäume sind sehr häufig Ausgangspunkt von langjährigen Nachbarschaftsstreitigkeiten. Vor allem, wenn es sich um Nadelbäume handelt, die ganzjährig Schatten werfen. An eigenes Obst und Gemüse ist dann nicht mehr zu denken; sogar der Rasen kümmert vor sich hin.
Sind die Bäume erst einmal zu einer stattlichen Höhe herangewachsen, hat man in der Regel kaum eine Handhabe, da die Verjährungsfrist für einen möglicherweise nicht eingehaltenen Grenzabstand dann schon abgelaufen ist. Sobald der Grenzabstand erkennbar verletzt wurde, hat man z. B. in Bayern fünf Jahre Zeit, seine Ansprüche geltend zu machen. In vielen Bundesländern ist dies der Fall, wenn der Baum mehr als 2 m hoch gewachsen ist.
Prüfen Sie, ob der Nachbar den gesetzlichen Grenzabstand eingehalten hat. Dieser ist von Bundesland zu Bundesland unterschiedlich. Wurde er unterschritten und ist keine Verjährung eingetreten, kann der Nachbar gezwungen werden, seine Bäume zurückzuschneiden und sich an die geltenden Abstandsregeln zu halten.
Hat er den Grenzabstand jedoch eingehalten, müssen Sie mit dem Schattenwurf leben. Die Rechtsprechung begründet das so: Wenn Sie im Grünen wohnen und die Annehmlichkeiten kühler, reiner Luft genießen wollen, müssen Sie auch Nachteile wie Schattenwurf und Laubfall hinnehmen.
Vor allem in größeren Städten sind hohe Bäume auch durch eine Baumverordnung geschützt, d. h., ab einem bestimmten Stammumfang darf man sie ohne behördliche Genehmigung gar nicht mehr fällen. Auskunft hierüber erteilt das zuständige Gartenbauamt der Gemeinde.

› S. 215, Grenzabstand bei Gehölzen

219

ALLES, WAS RECHT IST

§ Sichtschutz stört

Mein Nachbar hat einen hässlichen Sichtschutz errichtet, um sein Grundstück von meinem abzuschirmen. Habe ich da kein Mitspracherecht?

Grundsätzlich darf man Grundstücke gegen unbefugtes Betreten und Einblicke schützen. Also ist auch ein Sichtschutz zulässig. Laut Gemeindeverordnung darf er aber nicht höher sein als 1,20 m, bei Reihenhausterrassen bis zu 2 m. Der ästhetische Eindruck spielt dabei keine Rolle. Sie dürfen also die Konstruktion nicht beseitigen, wenn Sie Ihnen nicht gefällt. Das wäre Sachbeschädigung, mit der Sie sich strafbar machen. Sind einheitliche Grundstücksabgrenzungen gefordert, sollte der Sichtschutz möglichst zum ortsüblichen Erscheinungsbild passen.

› S. 205, Sicht- und Windschutz ✻

Ob Ihnen der Sichtschutz gefällt oder nicht: Er ist Eigentum des Nachbarn und darf von Ihnen nicht entfernt werden.

§ Sturmgefährdete Bäume

Ich habe Angst, dass der alte und vielleicht morsche Nachbarbaum bei einem starken Sturm auf mein Haus fällt. Kann ich verlangen, dass er beseitigt wird?

Dass der Baum gefällt wird, können Sie nur verlangen, wenn seine Standsicherheit erkennbar nicht mehr ausreicht. Hinweise darauf sind z. B. die Fruchtkörper eines Baumpilzes oder größere abgestorbene Äste in der Krone. Ohne äußere Anzeichen braucht der Nachbar zwar nicht zu handeln. Jeder Baumbesitzer hat aber eine Verkehrssicherungspflicht für den Baum, d. h., er muss den Baum zweimal jährlich in Augenschein nehmen, um ihn auf Schäden zu kontrollieren. Bei Auffälligkeiten wie abgeplatzter Rinde oder abgebrochenen Ästen muss er einen Baumspezialisten damit beauftragen, ein Gutachten zu erstellen. Fällt dem Baumbesitzer nichts auf und der Baum stürzt um, so haftet er aber nicht für etwaige Schäden. Wann ein Gutachter vor einem möglichen Schaden hinzuzuziehen ist, wird von den Gerichten sehr unterschiedlich beurteilt. Es ist ratsam, den Zustand des Baumes regelmäßig mit einem Zeugen oder Fotoaufnahmen zu protokollieren. Sind untrügliche Anzeichen für eine Schädigung erkennbar, ist die Sanierung des Baumes unumgänglich, damit keine Gefahr von ihm ausgeht. ✻

§ Videokamera

Darf mein Nachbar einfach eine Videokamera in seinem Vorgarten installieren und so anbringen, dass sie auf mein Grundstück gerichtet ist?

Nein, das darf er nicht. Das würde in unzulässiger Weise in Ihr Persönlichkeitsrecht eingreifen. Videokameras dürfen nur auf das eigene Grundstück gerichtet sein. Man darf damit weder Teile des Nachbargrundstücks noch öffentliche Flächen filmen. Die Erfassung und Aufzeichnung ist für Sie ja nicht durchschaubar. Außerdem können Sie die durch fortschreitende Technik geschaffenen Bearbeitungs- und Verwendungsmöglichkeiten kaum abschätzen. Ihr Nachbar darf noch nicht mal die Attrappe einer Kamera anbringen. Man kann ja nicht wissen, ob sie funktionstüchtig ist oder nicht. Auch in Miethäusern ist das Anbringen einer Kontrollkamera im Treppenhaus untersagt. Es ist jedoch nichts dagegen einzuwenden, dass Sie der Nachbar fotografiert. Er darf Aufnahmen von Ihrem Grundstück und Ihnen machen, so viel er will, solange er diese für sich behält und nicht veröffentlicht und beispielsweise ins Internet stellt. ✻

Z › Zweige ragen über

§ Zaun errichten

Mein Nachbar möchte gegen meinen Willen einen Zaun an der Grundstücksgrenze bauen. Darf er das auch ohne meine Zustimmung?

Ohne Ihr Einverständnis darf der Nachbar den Zaun nicht ohne weiteres direkt auf die Grundstücksgrenze bauen. Wenn mit einer Mauer, einer Hecke oder einem Zaun eine Grundstücksgrenze markiert werden soll, muss diese direkt auf die Grenze gebaut werden, da sie ja beiden Grundstücken nutzt. Da auch die Fläche des Nachbargrundstücks betroffen ist, benötigt man in einem solchen Fall unbedingt die Zustimmung des dortigen Eigentümers. Wenn es keinen ersichtlichen Grund zur Errichtung eines Zauns gibt, brauchen Sie Ihre Zustimmung dazu nicht zu geben. Dann darf der Nachbar den Zaun nicht direkt auf der Grenze bauen, sondern nur auf seinem eigenen Grundstück.
Hat der Nachbar aber ein berechtigtes Interesse an der Einfriedung, müssen Sie dieser zustimmen und dürfen sie ohne dessen Einwilligung auch nicht entfernen oder verändern. Das ist z. B. der Fall, wenn Sie das Nachbargrundstück beeinträchtigen, da beispielsweise Ihr Hund oder Ihre Kinder immer auf das Nachbargrundstück laufen. Lässt sich das nicht anders verhindern, kann Ihr Nachbar auf der Errichtung eines Zauns bestehen. In diesem Fall müssen Sie auch die Hälfte der Bau- und der Unterhaltungskosten tragen. Erteilen Sie Ihre Zustimmung nicht innerhalb einer eingeräumten Frist von zwei Monaten, so kann der Eigentümer den

Herüberhängende Zweige dürfen Sie entfernen, wenn sie das Grundstück erheblich beeinträchtigen. Meist ist dies aber nicht der Fall.

Zaun auch allein errichten und von Ihnen die anteilige Kostenerstattung verlangen. Genauere Regelungen zu Einfriedungen stehen in den jeweiligen Verordnungen der einzelnen Bundesländer. Sie sind auch verpflichtet, sich nach den bestehenden Vorschriften in Ihrer Gemeinde zu richten. Darin wird meist eine sogenannte ortsübliche Eingrenzung verlangt. Bei Unklarheiten darüber ist es sinnvoll, sich im Vorfeld bei der Gemeindeverwaltung zu erkundigen.

› S. 220, Sichtschutz stört ✳

§ Zweige ragen über

Darf ich einfach die Zweige entfernen, die vom Nachbarbaum auf mein Grundstück ragen?

Sie dürfen die Zweige nur beseitigen, wenn von ihnen eine erhebliche Beeinträchtigung ausgeht, z. B. wenn Mauerwerk in Mitleidenschaft gezogen wird oder die Zweige in elektrische Leitungen ragen. Giftige Pflanzen, von denen ein Risiko für Kinder und Tiere ausgeht, brauchen Sie ebenfalls nicht zu dulden. Auch klebrige Ausscheidungen von Blattläusen oder größere Mengen an Fallobst gelten als Beeinträchtigung.
Wenn herüberhängende Zweige Ihr Grundstück stark beschatten, stellen sie nur dann eine Beeinträchtigung dar, wenn die Schattenwirkung mit ihrer Beseitigung verringert werden kann. Laubfall müssen Sie als unabänderbar hinnehmen. Gleiches gilt für Gehölze auf öffentlichem Grund entlang Ihres Grundstücks.
Wenn Sie eine Entfernung verlangen können, müssen Sie dem Nachbarn außerhalb der Vegetationszeit eine Frist von drei Wochen setzen. Reagiert er in diesem Zeitraum nicht, dürfen Sie selber tätig werden. Beauftragen Sie eine Fachfirma mit der Entfernung, entstehen Kosten, deren Übernahme juristisch nicht eindeutig geklärt ist. Gehen Sie besser davon aus, dass Sie keinen Anspruch auf Erstattung haben.

› S. 212, Früchte von nebenan
› S. 219, Schattenwurf durch Nachbarbäume ✳

GLOSSAR

Zum besseren Verständnis werden die im Praxisteil des Buches mit einem Verweis gekennzeichneten Fachbegriffe im Folgenden erläutert.

 Absenker

Vermehrungsmethode, bei der Seitentriebe zum Boden hinab gebogen und dort befestigt werden, damit sie Wurzeln schlagen. Den am Boden aufliegenden Triebabschnitt bedeckt man oberflächlich mit Erde, bis die Wurzelbildung erfolgt. Dann trennt man ihn von der Mutterpflanze ab.

Achterschleife

Stabile Bindetechnik, um ein junges Gehölz an einem Stützpfahl zu befestigen. Dazu führt man flexibles Bindematerial, z. B. Kokosstrick, wie eine liegende Acht mehrmals um Pfahl und Stamm.

Älchen **Nematoden**

Ausgeizen

Das Ausbrechen von Seitentrieben, die sich aus Blattachseln mancher Pflanzen wie Tomate oder Weinrebe bilden. Die Maßnahme fördert den Ertrag und die Wuchskraft des Haupttriebes.

Auslichten

Schnittmaßnahme, bei der einzelne Triebe im Gehölzinnern und an der Basis vollständig entfernt werden, um Belichtung und Abtrocknung zu verbessern, den Strauch zu verjüngen und die Bildung neuer Bodentriebe anzuregen.

 Bentonit

Natürlicherweise im Boden vorkommendes Tonmineralmehl, das durch sein Speichervermögen z. B. die Wasserhaltekapazität durchlässiger Sandböden verbessert. Bentonit ist als Zuschlagstoff für selbst gemischte Pflanzsubstrate erhältlich.

Bewurzelungspulver

Pulverförmiges Kräftigungsmittel für Pflanzen, in dem Pflanzenhormone konserviert sind, die das Wurzelwachstum z. B. bei der Stecklingsvermehrung beschleunigen.

Bodenmüdigkeit

Durch einseitigen Nährstoffentzug in Dauerkultur hervorgerufener Nährstoffmangel mit nachlassender Wuchs- und Ertragsleistung. Auch angereicherte Wuchshemmstoffe tragen vermutlich dazu bei. Bodenmüdigkeit tritt oft bei Rosengewächsen auf (› Fruchtwechsel, › Selbstunverträglichkeit).

 Climber-Rosen

Kletterrosen mit meist festen, aufrechten, starren Trieben, die man als vergrößerte Strauchrosen bezeichnen könnte. Sie erreichen eine sortentypische Höhe von 2–4 m, in Einzelfällen auch mehr. Climber-Rosen blühen mit nur wenigen Pausen den ganzen Sommer durch. Bekannte, schöne Sorten sind z. B. 'Goldfassade' oder 'Compassion' (› Rambler-Rosen).

 Diesjähriger Trieb

Nicht verholzter Gehölztrieb, der sich im Wachstum befindet (› Einjähriger Trieb).

Dränpflaster

Steinbodenbelag mit wasserdurchlässiger Materialzusammensetzung, der das Versickern von Wasser auf der Belagsfläche ermöglicht. Dränpflaster ist hoch belastbar und für alle befestigten Flächen wie Terrassen, Wege und Einfahrten geeignet.

E **Einheitserde**

Standardisierte, hochwertige, aufgedüngte Erdmischung aus ca. 70 % Torf und 30 % Ton zur Topfpflanzenkultur oder als Vermehrungssubstrat (Anzuchterde).

Einjähriger Langtrieb

Verholzter Langtrieb, der nach einem Sommer sein Wachstum abgeschlossen hat und meist länger als 20 cm ist (› Langtrieb).

Einjähriger Trieb

Gehölztrieb, der nach einem Sommer sein Längenwachstum abgeschlossen hat und verholzt ist (› Diesjähriger Trieb).

222

K > Kapillare

Erziehungsschnitt
Dient dem Aufbau des Gerüstes, bis ein Gehölz seine Endgröße erreicht hat. Er kann bei Obsthochstämmen über 10 Jahre dauern (> Gerüsttrieb).

Etiolieren > Vergeilen

Frostgare
Krümelige Bodenstruktur, die im Lauf des Winters durch die Sprengkraft gefrorenen Bodenwassers entsteht.

Frostkeimer > Kaltkeimer

Frostschutzvlies > Gartenvlies

Frosttrocknis
Fehlender Wassernachschub aus dem gefrorenen Boden, der bei Immergrünen im Winter zu Trockenschäden führt. Der Effekt wird durch austrocknende Winde und starke Sonneneinstrahlung verstärkt.

Fruchtwechsel
Wechsel der Anbaufolge in einem Beet. Durch Unterschiede im Nährstoffverbrauch bleibt die Bodenfruchtbarkeit erhalten (> Bodenmüdigkeit, > Selbstunverträglichkeit).

Frühbeet
Ein z. T. im Boden versenkter, flacher Kasten ohne Boden für die Frühkultur im Freiland. Ein nach Süden geneigtes Pultdach aus Glas oder Kunststoff sorgt dafür, dass sich die Luft darunter schnell erwärmt.

Gartenvlies
Luft- und wasserdurchlässiges Kunststoffgewebe für empfindliche Pflanzen, das im Winter als Frostschutz, bei der Frühkultur gegen Spätfröste und zur Insektenabwehr z. B. bei Kohlgemüse eingesetzt wird.

Geiltriebe
Dünne, lange, hellgrüne bis gelbe Pflanzentriebe, die sich bei mangelnder Helligkeit bilden. Zimmerwärme beschleunigt das Wachstum. Geiltriebe treten nicht auf, wenn Pflanzen kühl und hell überwintern.

Gelbtafeln
Mit Insekten-Fangleim bestrichene gelbe Fallen aus Pappe oder Kunststoff. Von der gelben Farbe angezogene fliegende Schadinsekten kleben darauf fest. Gelbtafeln dienen vor allem der Bestandskontrolle von fliegenden Schädlingen.

Gerüsttrieb
Kräftiger Trieb, der mehrere Jahre oder auch lebenslang in einem Gehölz verbleibt und davon abzweigende Blüten- oder Fruchttriebe trägt. Bei einem rundkronigen Obstbaum z. B. besteht das Gerüst aus einem mittleren Gerüsttrieb mit drei starken Seitentrieben.

Gründüngung
Einsaat von Brachflächen zur Bodenverbesserung, z. B. im Frühjahr als Vor- und Zwischensaat oder über Winter. Dabei sorgen tief reichende Wurzeln von Bienenfreund (*Phacelia*) oder einjähriger Kreuzblütler wie Raps für eine Lockerung des Bodens. Andere, wie Schmetterlingsblütler, reichern den Boden mit Stickstoff an. Die geschlossene Pflanzendecke schützt die Oberfläche vor Witterungseinflüssen. Nach einer Wachstumsperiode arbeitet man die Pflanzen zur Förderung der Humusbildung in den Boden ein.

Horstbildende Gräser
Gräser, deren Neuaustrieb an der Basis in einem dichten Büschel erfolgt.

Kaltkeimer
Pflanzen, deren Samen zum Abbau keimhemmender Substanzen eine Kühlperiode durchleben müssen. Nach der Samenquellung sind mehrere Wochen Temperaturen um den Gefrierpunkt nötig.

Kapillare
Zusammenhängende Porenräume im Boden, in denen Wasser zur Bodenoberfläche steigt und verdunstet. Durch flache Bodenbearbeitung oder Mulchen wird die Kapillarwirkung unterbrochen und die Feuchtigkeit bleibt im Boden.

223

GLOSSAR

Kurztrieb
Gehölztrieb, der in der Regel kürzer ist als 15 cm. Bei etlichen Sträuchern trägt er keine Blüten oder Früchte. Bei Gehölzen mit langlebigem Blüten- oder Fruchtholz hingegen sind die Kurztriebe meist mit Blütenknospen besetzt (› Langtrieb).

 ### Langtrieb
Lange, in der Regel einjährige Triebe, die bei vielen frühblühenden Sträuchern, einmalblühenden Rosen und Schwarzen Johannisbeeren die meisten Blüten tragen. Bei Bäumen sind sie oft unerwünscht, da sie Konkurrenztriebe zu den Gerüsttrieben bilden (› Kurztrieb).

Leimring
Mit einer klebenden Leimschicht versehene Manschette, die eng um den Baumstamm gelegt wird. Sie hält kriechende Schädlinge davon ab, über den Stamm in die Baumkrone zu gelangen.

 ### Mineralischer Dünger
Auch als „Kunstdünger" bezeichneter, synthetisch hergestellter Dünger, bei dem die düngenden Nährstoffe in Form von Salzen vorliegen. Da sie leicht löslich sind, stehen sie den Pflanzen sofort zur Verfügung und gleichen Nährstoffdefizite schnell aus (› Organischer Dünger).

Mischkultur
Der gleichzeitige Anbau verschiedener Kultur- und Zierpflanzen in einem Beet. Die einzelnen Pflanzen beanspruchen dabei unterschiedlich viel Platz und Nährstoffe, so dass eine ausgewogene Bewirtschaftung des Bodens möglich ist.

Mitteltrieb
Die Verlängerung des Baumstamms oberhalb der ersten Seitenäste. Der Mitteltrieb ist Teil des Gerüstes, das dem Baum ein Leben lang erhalten bleibt (› Kurztrieb).

Moorbeeterde
Spezialsubstrat für Moorbeetpflanzen wie Rhododendron oder Heidekraut, das aufgrund des hohen Torfanteils oder nachwachsender Rohstoffe wie Rindenkompost einen niedrigen pH-Wert aufweist.

Mulch
Vom englischen Wort „mulch" abgeleitete Bezeichnung für eine schützende Bodenbedeckung mit organischem Material. Eine Mulchschicht hält die Feuchtigkeit im Boden, schützt die Oberfläche vor Witterungseinflüssen und dämmt lästigen Unkrautaufwuchs ein.

Mulchfolie
Sie ist eine dünne, schwarze Polyäthylenfolie, die zur Frühkultur auf das Beet gelegt und an den Rändern eingegraben wird. Gepflanzt und gesät wird durch Schlitze in der Folie. Unter der Folie erwärmt sich der Boden schneller, Feuchtigkeit verdunstet langsamer und Unkrautaufwuchs wird verhindert.

 ### Nematoden
Farblose, glatte, 0,3 bis 5 mm große Fadenwürmer, die im Boden, im Wasser und in Pflanzen leben. Es gibt Arten, die das Pflanzengewebe schädigen, indem sie Stängel, Blätter oder Wurzeln zerstören. Manche Arten sind aber als natürliche Feinde von Pflanzenschädlingen nützlich bei deren Bekämpfung (› Nützlinge).

Nützlinge
Natürlicher Gegenspieler (Fressfeind) eines Schädlings. Igel und Marienkäfer z. B. sind Nützlinge, weil sie Schnecken oder Blattläuse vertilgen. Auch Raubmilben, Schlupfwespen und Nematoden gehören dazu (› Nematoden).

 ### Organischer Dünger
In pflanzlichen und tierischen Abfallprodukten wie Hornspänen oder Kompost gebundene Nährstoffe. Sie sind erst pflanzenverfügbar, nachdem sie von Bodenorganismen aufgeschlossen wurden, und wirken daher langsam über einen Zeitraum von bis zu mehreren Monaten (› Mineralischer Dünger).

S › Selbstunverträglichkeit

Pikieren
Vereinzeln kleiner, aus Samen gezogener Keimlinge. Sobald sich zwei Blätter über den Keimblättern entwickelt haben, hebt man die jungen Pflänzchen an der Wurzel vorsichtig aus der Erde und pflanzt sie in größeren Abständen in einen Topf oder ins Beet, wo ihnen mehr Platz für die weitere Entwicklung zur Verfügung steht.

Rambler-Rosen
Überwiegend einmalblühende Kletterrosen mit flexiblen Trieben, die je nach Sorte zwischen 4–10 m lang werden. Rambler-Rosen eignen sich ideal als Fassadengrün und zum Beranken von Bäumen. 'New Dawn', 'Ghislaine de Feligonde' oder 'Guirlande d'Amour' blühen auch mehrmals (› Climber-Rosen).

Remontieren
Die Fähigkeit von Pflanzen, mehrmals im Jahr zu blühen. Eine zweite Blüte erfolgt z. B., wenn Pflanzen wie Rittersporn oder Steppen-Salbei nach der Hauptblüte zurückgeschnitten werden. Auch viele Rosensorten remontieren.

Rhizomsperre
In den Boden eingebrachte Barriere, die Pflanzen mit starkem Ausbreitungsdrang wie Bambus daran hindert, weit reichende Ausläufer zu bilden. Rhizomsperren bestehen z. B. aus 2 mm starken Kunststoffbahnen, die ringförmig etwa 70 cm tief um den Wurzelballen ausgelegt werden und etwa 5 cm aus der Erde ragen, damit die Pflanzen sie nicht überwachsen können.

Rindenmulch
Grob zerkleinerte Baumrindenstücke, meist von Nadelhölzern, mit einem hohen Anteil an Gerbsäuren und Phenolen. Rindenmulch hat einen niedrigen pH-Wert und kaum Nährstoffe. Er entzieht dem Boden Stickstoff und eignet sich als Mulch z. B. unter Gehölzen, säureliebenden Moorbeetpflanzen und als Wegbelag.

Saftdruck
Druck, der im Frühjahr vor dem Austrieb den Saft aus den Wurzeln in die oberirdischen Pflanzenteile transportiert. Der Saftdruck strebt in der Pflanze – auch in den einzelnen Trieben – immer nach oben.

Saftstau
Erhöhter Saftdruck an der Schnittstelle eines im Frühjahr geschnittenen Gehölztriebes, der einen stärkeren Austrieb unterhalb der Schnittstelle bewirkt. Die Stauwirkung kann über mehrere Jahre bestehen, bis der neue Trieb den ursprünglichen Saftstrom vollständig aufnehmen kann.

Saftstaustufe
Austriebsstelle unterhalb der Schnittstelle an einem Gehölztrieb. Werden z. B. bei einer Hecke die Triebe Jahr für Jahr etwas höher und breiter eingekürzt, kommt es von innen nach außen durch Saftstau zu aufeinanderfolgenden Austriebsstellen. Das fördert buschigen und vitalen Wuchs.

Schlitzast
Von seiner Basis an sehr steil wachsender, bruchgefährdeter Gehölztrieb, der auf der Oberseite nicht stabil mit dem Hauptast verwachsen ist.

Schutzvlies › Gartenvlies

Schwachzehrer
Pflanzen mit geringem Nährstoffbedarf. In der Gemüsekultur gelten z. B. Radieschen oder Kräuter wie Basilikum und Rosmarin als Schwachzehrer (› Starkzehrer).

Seitentrieb
Untergeordneter Trieb, der seitlich von einem aufrechten Gerüsttrieb abzweigt.

Selbstunverträglichkeit
Durch Krankheitserreger, Schädlinge oder andere Pflanzenrückstände im Boden hervorgerufener Mangelwuchs und/oder Ertragsrückgang bei Pflanzen. Häufig bei Pflanzen der gleichen Familie, die ohne Anbaupause kultiviert werden (› Fruchtwechsel, › Bodenmüdigkeit).

225

GLOSSAR

Starkzehrer
Pflanzen mit hohem Nährstoffbedarf. Zu den Starkzehrern unter den Kulturpflanzen gehören Kohlgewächse, Tomaten und Gurken, aber auch Zitruspflanzen und Rosen (❯ Schwachzehrer).

Sukkulenten
Pflanzen in Trockengebieten, z. B. Kakteen, Agaven oder Wolfsmilchgewächse, deren Triebe oder Blätter in der Lage sind, Wasser zu speichern und die Verdunstung auf ein Minimum zu reduzieren.

 ### Ton-Humus-Komplexe
Organisch-mineralische Verbindung von Bodenteilchen, bei der Humus und Tonminerale im Boden verbunden werden. So bekommt der Boden die begehrte stabile Krümelstruktur. Besonders Regenwürmer, aber auch Asseln und Tausendfüßler sind an der Bildung der wertvollen Ton-Humus-Komplexe beteiligt.

Tonminerale
Bei der Verwitterung von Silikatgestein entstehende, feinkörnige, mehrschichtige Minerale mit hoher Wasser und Nährstoffspeicherfähigkeit.

Trasszement
Portland-Zement, der durch Zuschlag von Trass, einem Vulkangestein, wasserdicht wird und kaum zu Kalkausblühungen neigt. Trasszement ist bestens geeignet zum Verlegen von Natursteinplatten, zum Vermörteln von Natursteinen und für Restaurierungsarbeiten.

 ### Umlenken
Das Verkleinern langer, oft verzweigter Gehölztriebe durch Rückschnitt auf einen tiefer stehenden und nach außen weisenden Seitentrieb. In diesen wird dann der Saftdruck umgelenkt. Bei überalterten Gehölzen bezeichnet man damit den Rückschnitt zur Erde hängender, besenartig verzweigter und vergreister Triebe auf schräg nach oben wachsende Triebe.

Unterlage
Bezeichnung für die Wurzel veredelter Pflanzen. Voraussetzung für das Zusammenwachsen ist, dass die Unterlage mit der Edelsorte verwandt ist (❯ Veredeln).

 ### Vegetativ vermehren
Die Vermehrung einer Pflanze aus vitalen Pflanzenteilen z. B. über belaubte Stecklinge und unbelaubte Steckhölzer. Dazu trennt man die entsprechenden Pflanzenteile ab und steckt sie in feuchtes Substrat zum Bewurzeln. Auch Absenker oder Teilung des Wurzelstocks sind Arten vegetativer Vermehrung. Die neuen Pflanzen gleichen der Mutterpflanze in allen Teilen.

Veredeln
Das Aufsetzen (Pfropfen) des Triebstückes einer Edelsorte auf einen Wurzelstock der gleichen Gehölzart. Der Wurzelstock, die sogenannte Unterlage, reguliert nach dem Verwachsen die Wüchsigkeit und die Standfestigkeit der gesamten Pflanze. Die Verbindung der beiden Partner erfolgt am Sprossrand der Veredlungsstelle, wo sich teilungsfähiges Gewebe bildet. Die spezifischen Eigenschaften der Edelsorte bleiben vollständig erhalten und können durch die Unterlage in Bezug auf Frosthärte oder Resistenz gegen Krankheiten noch verbessert werden. Eine angewandte Veredlungstechnik ist die Okulation. Dabei schiebt man Triebanlagen, sogenannte Augen, in die Rinde des Wurzelhalses (u. a. bei Rosen).

Vereinzeln von Gehölztrieben
Das Entfernen sehr dicht stehender Triebe bis auf einen. Dieser erhält dann an der Basis mehr Licht und kann sich besser verzweigen (❯ Verschlanken).

Vergeilen
Die Bildung langer, dünner und bleicher Pflanzentriebe infolge von Lichtmangel. Bei zu geringer Photosyntheseleistung entwickeln sich chlorophyllarme Blätter und Triebe, und es kommt zu kümmerlichem Wuchs. Das Streben zur Lichtquelle fördert das Längenwachstum der Pflanze (❯ Geiltriebe).

Z › Zweijähriger Umtrieb

Vergreisen
Das Nachlassen von Wachstum und Blühwilligkeit bei älteren Pflanzen – ein Prozess, der genetisch festgelegt und von Art zu Art verschieden ist. Bei Gehölzen bilden sich im Alter sehr starke Verzweigungen und kaum noch Jungtriebe, später sterben einzelne Triebe ab. Entsprechende Schnittmaßnahmen können dieser Entwicklung entgegen wirken.

Vernalisation
In einer mehrwöchigen Kälteperiode ausgelöster physiologischer Vorgang, der bei Pflanzen zur Ausbildung von Blütenanlagen führt. Dieser ist u. a. bei Wintergetreide und manchen Zwiebelgewächsen für die Blüte im Frühjahr erforderlich.

Verschlanken
Das Vereinzeln von Triebspitzen verzweigter Triebe auf nur eine Fortsetzung. Das Verschlanken fördert eine ästhetische Gestalt und sorgt für besseren Lichteinfall in das Gehölzinnere. Der verbleibende Trieb ist im Gegensatz zum Umlenken meist die natürliche Fortsetzung des Haupttriebes. Bei dieser Methode handelt es sich um die sanfteste Art des Gehölzschnittes. Sie regt das Wachstum der Triebe am geringsten an.

Vertikutieren
Technik, bei der man den Rasen durch vertikale Schnitte auflockert sowie Verfilzungen und Verhärtungen der Grasnarbe löst. Gleichzeitig durchlüftet man dabei den Boden und ermöglicht vitales Gräserwachstum. Der Begriff leitet sich von dem englischen Begriff „vertical cutting" ab.

Vertikutierer
Ein meist motorbetriebenes Gerät für die Rasenpflege. An einer Walze befinden sich spitze Messer mit regulierbarer Schnitttiefe, die in die Grasnarbe schneiden, um sie zu lockern (› Vertikutieren).

Vlies › Gartenvlies

 Wurzelälchen › Nematoden

Wurzelnackt
Gehölze, die mit freiliegenden Wurzeln ohne Erdballen verpflanzt oder verkauft werden. Bei wurzelnackten Obstgehölzen, Rosen und Stauden ist die Sortenauswahl in der Regel größer als bei Topfware. Die Pflanzzeit beschränkt sich aber auf Herbst und Frühjahr, während Containerware, also Topfgehölze, fast das ganze Jahr über gepflanzt werden kann.

Wurzelunkräuter
Wildpflanzen, die sich meist durch unterirdische Ausläufer ausbreiten wie Quecke, Giersch, Schachtelhalm und Kriechender Hahnenfuß oder tiefreichende Pfahlwurzeln haben, z. B. Löwenzahn und Ampfer.

Z Zuchtsorte
Variante einer Kulturpflanzenart. Jede Zuchtsorte unterscheidet sich in mindestens einem Merkmal, z. B. in Farbe, Größe, Frosthärte oder Ertrag, von anderen Sorten der gleichen Art.

Zuschlagstoffe
Mineralische Bestandteile im Pflanzsubstrat, die Blumenerde locker und großporig machen. Dazu gehört z. B. das Tonmineral Bentonit, Blähton oder das Granulat Perlite. Zuschlagstoffe sind z. B. wichtig für mediterrane Kübelpflanzen.

Zweijähriger Langtrieb
Langer Gehölztrieb nach zwei Wachstumsperioden mit einjährigen, seitlichen Kurztrieben, die meistens zahlreiche Blütenknospen tragen (› Langtrieb).

Zweijähriger Trieb
Trieb nach zwei Wachstumsperioden. Bei Obst- und Ziergehölzen sitzt an diesen Trieben sehr schönes, vitales Blütenholz.

Zweijähriger Umtrieb
Kulturmethode z. B. für Beerensträucher in zweijährigem Turnus. Der sich im ersten Jahr entwickelnde Trieb trägt im 2. Jahr Früchte und wird dann durch einen neuen Jungtrieb ersetzt.

AUSSAATKALENDER

Legend: V = Vorkultur, A = Aussaat im Beet

NAME	JAN	FEB	MÄR	APR	MAI	JUN	JUL	AUG	SEP	OKT	NOV	DEZ
Blumenkohl			V	V/A	A	A						
Brokkoli			V	A	A	A						
Buschbohnen			V	V	A							
Chicorée					A							
Chinakohl							A	A				
Dicke Bohnen			A	A								
Einjährige Sommerblumen			V	A								
Endiviensalat						A	A					
Erbsen, Kaiserschoten				A	A							
Feldsalat			A	A	A	A	A	A	A			
Gräser				A	A							
Grünkohl						A	A					
Gurken		V	V		A							
Kaltkeimer	A									A	A	A
Kürbis			V	V	A							
Mais					A	A						
Mangold				A	A		A	A				
Möhren		V	A	A	A	A						
Paprika			V									
Pelargonien	V	V										
Porree			V	A	A	A						
Radieschen			A	A	A	A	A	A	A			
Salat			A	A	A	A	A	A	A			
Spinat			A	A	A				A	A		
Stiefmütterchen						A	A					
Tomaten		V	V									
Weiß-, Rotkohl, Wirsing			V	V	A			A				
Zucchini				V	A							
Zweijährige Sommerblumen					A	A						
Zwiebeln			A	A					A	A		

Vorkultur   Aussaat im Beet

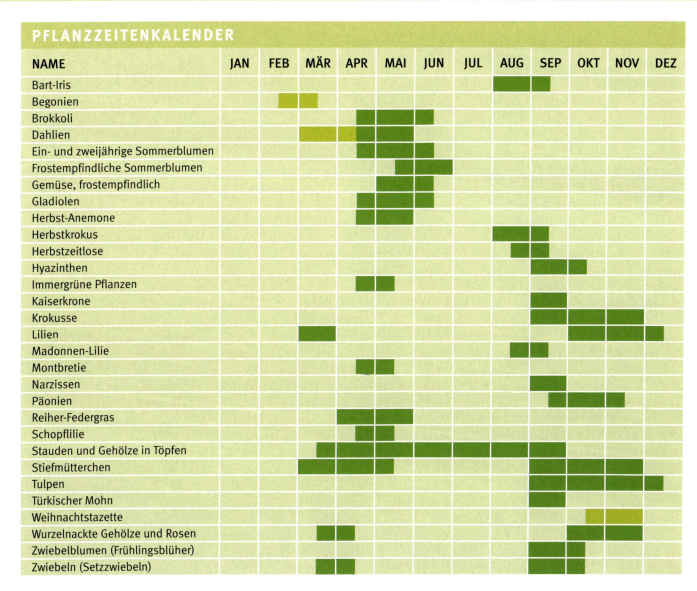

NÜTZLICHE ADRESSEN

Gärtnereien

→ **Baumschule Eberhardt**
(Englische Rosen, Weinreben Raritäten)
Krumme Gwand 52 a
86753 Möttingen
www.baumschule-eberhardt.de

→ **Staudengärtnerei Gerhild Diamant**
Mühlenweg 39
47239 Duisburg

→ **Staudengärtnerei Dieter Gaissmayer**
Jungviehweide 3
89257 Illertissen
www.gaissmayer.de

→ **Staudengärtnerei Gräfin von Zeppelin**
Weinstraße 2
79295 Sulzburg-Laufen / Baden
www.graefin-v-zeppelin.com

→ **Bernd Schober**
(Blumenzwiebel-Versand)
Stätzlinger Str. 94 a
86165 Augsburg
www.der-blumenzwiebelversand.de

→ **Rosenhof Schultheis**
Bad Nauheimer Straße 3–7
61231 Bad Nauheim-Steinfurt
www.rosenhof-schultheis.de

→ **Rosarot Pflanzenversand**
Gerd Hartung
Besenbek 4 B
25335 Raa-Besenbek
www.rosenversand24.de

→ **Raritätengärtnerei Treml**
Eckerstr. 32
93471 Arnbruck
www.pflanzen-treml.de

→ **Saaten Zeller** (Saatgut)
Erftalstr. 6
63928 Eichenbühl
www.saaten-zeller.de

Beratungsstellen

→ **Bayerische Landesanstalt für Weinbau und Gartenbau**
An der Steige 15
97209 Veitshöchheim
www.lwg.bayern.de

→ **Bund deutscher Baumschulen e. V.**
Bismarckstr. 49
25421 Pinneberg
www.bund-deutscher-baumschulen.de

→ **Staatsschule für Gartenbau und Landwirtschaft**
70593 Stuttgart
www.staatsschule.uni-hohenheim.de

→ **Informationsstelle der Staatlichen Forschungsanstalt für Gartenbau (FGW)**
FH Weihenstephan
Am Staudengarten 9
85350 Freising
www.fh-weihenstephan.de/fgw

→ **Bundesfachsektion Baumschulen und Staudengärtner**
im Bundesverband der Österreichischen Gärtner
Haidestraße 22
A–1110 Wien
www.baumschulinfo.at

Verbände

→ **Bundesverband Garten-, Landschafts- und Sportplatzbau e. V.**
Alexander v. Humboldtstraße 4
53604 Bad Honnef
www.galabau.de

→ **Zentralverband Gartenbau e. V.**
Godesberger Allee 142–148
53175 Bonn
www.g-net.de

→ **Verband schweizerischer Baumschulen**
Zürcherstr. 17
CH–5210 Windisch
www.vsb.ch

Arten- und Sachregister

Bodenproben

→ Verband Deutscher Landwirtschaftlicher Untersuchungs- und Forschungsanstalten (VDLUFA)
Geschäftsstelle c/o LUFA Speyer
Obere Langgasse 40
67346 Speyer
www.vdlufa.de

Zubehör

→ AURO Pflanzenchemie AG (Naturfarben)
Alte Frankfurter Straße 211
38122 Braunschweig
www.auro.de

→ GARDENA Manufacturing GmbH
(Gartengeräte und Bewässerungstechnik)
Central Service
Hans-Lorenser-Str. 40
89079 Ulm
www.gardena.com

→ Garpa (Gartenmöbel)
Kiehnwiese 1
21039 Escheburg bei Hamburg
www.garpa.de

→ Gärtner Pötschke
Beuthener Str. 4
41564 Kaarst
www.poetschke.de

Arten- und Sachregister

Halbfett gesetzte Seitenzahlen verweisen auf Abbildungen.

Absenker 35, 46 ff., **48**, 222
Achterschleife 142, 160, 190, 222
ADR-Rosen 89
Ahorn 73, 140, 153, 163, 165
Akelei 44 f., 47, 99, **112**, 115, 131
Algenkalk 25, 59
Alpenveilchen 37, 44, 99, 115, 133
Ameisen 72
Anemone 36 f., 43, 115
anhäufeln 41, 67 ff. **68**, 161, 179
Anzucht 24, 48 f.
Apfel 72, 79, 91, 94 f., 153, 161, 165, 167, 170 f., **171**, 173, 178, 184 f., 189, 193, 212
Apfelfaltenlaus 193
Apfellaus, Mehlige 193
Apfelsorten, schorfresistente 91
Apfelwickler 72, 95
Aster 29, 40, 42, 66, 68, 114, 119, 128, 131, 133 f.
Astilbe 115 f.
Astschere **56**, 57
Ausläufer 42 f., 64, 107, 111, 141, 175, **175**, 177, 183, 210
auslichten 41, 59, 74, 83, 87, 91, 94, 110, 115, 133, 143, 147 ff., 156, 159, 164, 173, 189, 191, 222
Aussaat 24, 35, 37, 39 f., 43 f., 46, 50, 64, 86, 98 f., 102, 104, 109 f., 119, 172, 187 f.
Austrieb 36 f., 76, 94, 118, 121, 126, 130, 137, 140, 144, 146, 152, 154 f., 159, 163, 171, 173 f., 187, 189
Azalee 24 f., 28, 51, 88, 115, 156

Balkenmäher 108, **108**
Bambus 42, 62, 69, 141, 183, 205, 210
Bärlauch 39, 118, 172, **172**, 177

Bartblume 68, 114, 117, 134
Basilikum 172, 177
Baum einpflanzen 35, 38, 40 f., 46, 51, 124, 131, 141, 157, 210
 – kappen 41, 107, 142, 191
 –, kleinwüchsig 37, 132, 153, 185
 -krone 41, 68, 79, 142, 153, 155, 181, 185, 190, 220
 -rinde rissig 187
 -scheibe 167, 184
 –, schiefer Wuchs 41, 142, 164
 –, Stabilität 142, 154, 162, 167, 200, 204
 –, sturmgefährdet 220
 – verjüngen 121, 146 ff., 154, 159, 175, 181
 – verpflanzen 141, **141**
 -wachs 191, 193
 -wurzeln 60, 98, 102, 105, 167, 210
Baumanstrich 69, 187, **187**, 196
Beerenobst 63, 76, 92, 165, 169, 173 f., 176, 179, 190
Beet, Neuanlage 33, 99, 175
 –, trockenes 66 f., 117, 127, 134, **134**, 200
Befruchtersorte 178
Beleuchtung 195, 197, 218, **218**
Bentonit 27, 29, 107, 117, 126, 132, 134, 222
Bepflanzung 32, 33, 116 ff., 125, 127, 135, 137, 174, 197
Berberitze 42, 117, 143, 165
beregnen 98, 101, 104, **104**, 107
Bergenie 106, 110, 117, 130
Besenheide 25, 29, 119
Betonfundament 200, 204
Betonplatten 198 f., **198 f.**, 202, 207
bewässern 38 f., 46, 53, 60, 66, 69, 98, 100 f., 103 f., **104**, 107, 109, 128, 131, 134, 137, 166
Bewurzelungshormon 46, 48, 222
Biene 114
Bienenfreund 24, 32, 33, 59, 114
Bienenhaltung 211

231

ARTEN- UND SACHREGISTER

Bienenpflanzen 63, 75, 114, 165
Bindematerial 49, 160, 190
Birne 73, 173, 178, 184 f.
Birnengitterrost 73, **73**
Blattbelag 92, 93, 94
Blätter, braune 93, 116 ff., 128, 130, 133, 135, 137
Blattflecken 58, 73 f., 86 f., 89, 91, 94
Blattfleckenpilze 87
Blattlaus, Grüne 85
Blattläuse 65, 74 f., 84 f., 91 f., 95, 120, 193
Blattrollwespe 89
Blaukorn 54, 68
Blauregen › Glyzine
Blausternchen 36 f., 50, 135 ff.
Blühpause 114 f.
Blumenerde 23 ff., 37, 118, 128, 172, 179
Blumenkohl 174, 178, 228
Blumenwiese 99
Blüten, essbare 177
  -bildung 156, 163, 178
  -holz 143, 147 f., 152
  -knospen 46, 117, 143, 148, 152, 158 ff., 171, 181
  -stände 46, 140, 148, 156
  -triebe 133, 143, 158, 188
Blütereiz 118
Blütezeit 119, 135, 144, 146, 148
Boden abmagern 119
  –, humoser 25, 31, **31**
  –, humusarmer 28, 54, 132
  –, krümeliger 23 ff., 28 f., 31, 58, 107
  –, lehmiger 25, 30 ff., **31**, 40, 59, 99, 116, 124, 131, 134, 136
  – lockern 24 f., 39, 41, 59, **59**, 67, 98, 101, 103 f., 106, 109, 116, 120, 131, 136, 182
  –, nährstoffarmer 24 f., 28 f., 32 f., 40, 54 f., 57, 59, 69, 88, 101, 119 f., 122 f., 132, 134 f., 180
  –, sandiger 25, 29 f., 31, **31**, 33, 39 f., 55, 107, 119 f., 135

  –, saurer 24 f., 58 f., 119, 156
  –, schwerer 32, 36, 49, 60, 86, 144, 187, 192
  -testverfahren 25, 30 f., **30 f.**, 40, 54, 63
  –, toniger 23 ff., 28 ff., **31**, 198
  -trockenheit 81
  – umgraben 33
  – verbessern 25, 28 f., 33, 39 f., 69, 94, 116, 137
  –, verdichtet 32, 165
  – walzen 111
  –, Wasserabzug 51, 69, 118, 120, 128, 132, 136
Bodenart 30, 31
Bodenbelag 197 ff., **197 ff.**, 203
Bodendecker 59, 60, 64, 106, 110, 116, **116**, 197
Bodenfeuchte 60, 98, 145
Bodenfrost 45, 109
Bodenleben 25, 27 ff., 32, 58, 61, 105, 183
Bodenmüdigkeit 131, 161, 174 f., 178, 222
Bodenpilze 43, 48, 81, 86, 92, 128, 131, 175, 176
Bodenschichten 61, 67, 165, 167
Bodentriebe 121, 143, 146 ff., 159, 173, 179
Bodentyp 30, 54
Bodenvorbereitung 51, 98, 102, 109, 134
Bohnen 28, 37, 39, 54, 63, 121, 174 f., 178, 184 f. 228
Borkenkäferbefall 75, **75**, 211
Böschung 42, 98, 132, 200, **200**
Braunfäule 93, **93**, 95, 176
Brennnessel 95, 165, 214
Brokkoli 178, 228 f.
Brombeere 42, 76, 173, 174, 190
Brombeer-Gallmilbe 76, 174
Brutzwiebeln 50, **50**, 182
Buchsbaum 62, 68, 90, 107, 116 ff., 127, 145, **145**, 149 f., **150**, 177
  -einfassung **60**, 90, 145
Buddleja davidii 29, 68, 134, 163 f.
Bypass-Scheren 57, **57**

Calendula officinalis 40, 47, 99
Canna 38
Chinakohl 39, 78, 178, 228
Chinaschilf 42, 62, 116, 131, 137
Chlorose 88
Christrose 45, 115, 117, 125
Chrysanthemen 42, 133
Clematis 40, 68, 114, 144, 146, **146**, 157, 163, 165, 167
Climber-Rosen 162, 222
Containerpflanzen 41, **41**, 46, 51, 81, 140

Dachrinne 69, 211
Dachvorsprung 117
Dahlien 37, 38, **38**, 42, 114, 229
Dickmaulrüssler 78, **78**, 129
Dill 75, 86, 114, 174 f., 178
Direktsaat 39, 40, 188
Distelstecher **56**, 57, 64, 111, 134
Doldenblütler 75, 77, 174 f.
Dränage 32, **32**, 51, 69, 101, 165
Dränpflaster 197, 222
Druckpumpen-Spritze **56**, 57
Duftsteinrich 40, 45, 47
Düngen 25, 28, 40, 43, 46, 53 f., 59, 61, 63, 68, 77, 88 f., 92, 100 ff., 104, 106, 120, 125, 128 f., 131 ff., 137, 144, 152, 156, 166, 176, 183, 193, 214
Dünger, mineralischer 24, 40, 54, 61, 68, 156, 183, 224
  –, organischer 40, 54, 224

Edelsorte 47, 49, **49**, 166
Efeu 110, 150, **150**, 157, 167, 203
Eiablage 72, 79, 82, 91, 165
Eibe 68, 78, 149 f., **149 f.**, 154, 162
Einfassungspflanzen 107
Einjährige 114, 115, 128, 137
einpflanzen 35, 38, 40 f., 46, 51, 124, 131, **131**, 141, 157, 210
Eisenhut 115, 125, 131
Eisenkraut 68, 114, 137
Eisenmangel 88, **88**

232

G › Gräser

Eisheilige 40, 183, 186
Elfenblume 115 f., 130
Endivie 39, 178, 228
Erbse 39, 54, 178, 228
Erdbeere 60 f., 76, **76,** 128, 174 ff., **175,**
178, 184, 214
Erdflöhe 87, **87**
Erhaltungsschnitt 73, 171, **171**
Erica tetralix 119
Ernte 24, 26, 49, 60, 76, 79, 83 f., 169, 170
f., 175 ff., 180, 182, 186, 188, 190
Erziehungsschnitt 152, **152,** 157, 158, 171,
171, 178, 181, 223

F1-Hybriden 45
Fächerahorn 25, 140, 167
Fächerbesen **56,** 57
Fadenwürmer › Nematoden
Falllaub 28, 48, 58, 63, 65, 72, 91, 103,
119, 153, 211
Fallobst 26, 27, 72, 221
Farne 115, 122, 127, 133
Fäulnisbildung 38, 72, 163, 203
Feldsalat 67, 174, 176, 178, 188, 228
Fetthenne 29, 114, 117 f., 122, 132, 134,
165
Feuchtigkeit 24, 27, 43 f., 60 f., 68, 74, 84,
86, 93, 98, 103, 109, 134, 182, 193, 196,
201
Feuerbrand 193
Fichte 75, 142, 164, 211
Fichtenreisig 48, 68, **68,** 133, 147, 155, 161
Flieder 143, 148, **148,** 164, 166 f.
Fliege, Weiße 92 f.
Florfliegen 74 f., 85, 95
Folientunnel 39, 67, 186, **186**
Formschnitt 127, 145, **145,** 149, **149,** 154
Forsythie 83, 143, 149, 163 f., **164**
Fraßschäden 37, 77 ff., **78,** 80, 87, **87**
Frauenmantel 125, 130, **130**
Froschlärm 212
Frost 24, 28, 32, 36, 45 ff., 58, 67 ff., 118,
120, 132, 143, 145, 147, 155 f., 158, 161,

176, 188, 197, 202
-gare 32, 223
-härte 140
-schäden 68 f., 100, 155, 161
-schutz 58 f., 62, 147
Frostschutzvlies 68, 133, 147, 156
› auch Gartenvlies
Frostspanner 79
Frosttrocknis 45, 68, 145, 147, 161, 223
Fruchtbildung 178 f., 191
Fruchtfäule 185
Fruchtfliege 82
Fruchtholz 173, 181, 189, 192
Fruchtmumie 83
Fruchttriebe 171, 173 f., 181, 189, 192
Fruchtwechsel 28, 54, 61, 63, 77, 84, 86 f.,
174 f., 178, 183, 223
Frühbeet 39 f., 63, 176, 186, **186,** 223
Frühjahrsblüher 36, 50, 62, 116, 143, 163,
172
Frühkultur 67, 186, **186**
Fuchsie 68, 73, 114
Fugenkratzer **56,** 57, 206, **206**
Fundament 200, 204 f.
Funkie 115 ff., 122, 125, 127, 131, 133

Gallmücken 74 f.
Gartenabfälle 26, 27 ff., 33, 58, 74, 81
Gartenelemente 115, 127
Gartenerde › Boden
Gartenhaus 170, 205, 213
Gartenmöbel 201, 206
Gartenschlauch **56,** 57, 207
Gartenteich › Teich
Gartenvlies 32, 223
› auch Frostschutzvlies
Gartenweg 200 ff., **202**
Gartenzaun 209, 213
Gartenzwerge 214
Gefälle 32, 42, 197, 202 f.
Gehölz **122,** 125 ff., 139 ff., 148 f., 151,
151, 162 ff., 171 ff. 219, **219,** 221
–, braune Blätter 45, 68, 145, 147

–, frostempfindliches 124, 140, 144
–, Herbstfärbung 116, 153
– kümmert 78, 184
–, Schnittstellen 41, 140, 142, 144, 154,
163, 171, 173, 181, 191
–, Schnittwunden 73, 140, 143, 163, 171,
181, 191, 193
–, Trockenschäden 45, **45,** 145, 147
–, wurzelnacktes 41, **41,** 46, 124, 140,
227, 229
– verkahlt 121, 130
Geiltrieb 44, 59, 120, 176, 223
Geißblatt 157, 166, 167
Gelbtafeln 82, 93, 223
Gemeindeverordnung 213, 220
Gemüsebeet 55, 61, 67, 199, 205
Gemüsefliegennetz 39, 77 ff.
› auch: Frostschutzvlies
Geophyten 123
Gerbsäure 58, 61
Gerüsttrieb 62, 143 f., 152, 154, 156,
158 f., 162, 164, 171, 173, 185, 189,
181, 191 f., 223
Gespinst 78, 80, 81
Gespinstmotte 80, **80**
Gestein 122, 200
Gesteinsmehl 25
Gewächshaus 37, 40, 81, 93 f., 176, 179,
188
Giersch 55, 64, 111, 134
Gießhilfen 55
Gießkanne **56,** 57, 67
Gießwasser 29, 66 f., 179
Gifteinsatz 72, 102, 214
Ginster 29, 68, 151, **151**
Glockenblume 45, 115, 133
Glyzine 152, **152,** 157, 167, 203
Goldregen 151, **151**
Grabegabel 33, 55 ff., **56,** 59, 101, 134, 182
Gräser 42, 62, 68, 98, 100 ff., 109 ff.,
115 f., 118 f., 122 f., 127, 130 f., 134 f.,
141, 167, 228
–, Ausbreitungsdrang 42, **42,** 107

233

ARTEN- UND SACHREGISTER

–, braune 100
–, gelbe 102, 103, 104, 106
–, horstbildende 101, 105
–, schattentolerante 110
–, trockene 100, **100**
Grasnarbe 98, 100 ff., 106, 109, **109**, 111
Grasschnitt 24, 26, 29, 48, 58, 60 f., 63 f.,
 180, 217
Grauschimmel 76, 84, 172, 192
Grillgeruch 209, 215, **215**
Grubber 57
Grünabfälle › Küchenabfälle
Grundstücksgrenze 213 ff., 217, 220 f.
Gründüngung 24 f., 32 f., 40, 59, 223
Grünkohl 39, 67, **67**, 228
Günsel 42, 59, 116, 206
Gurke 49, 54, 66, 74, 81, 92 ff., 129, 170,
 176, 178 f., 186, 228
Gurkenwelke 179

Hacke 24, 41, 67
Häcksler 63, 207
Haftwurzeln 157, 203
Halbschatten 25, 69, 114, 122, 140
Halbstamm 185
Halbsträucher 121, 130
Handfeger **56**, 57
Handharke **56**, 57
Handschere **56**, 57
Hanglage 42, 69, 132, 165
Hausbaum 60, 141, 153
Haustiere 75, 76, 85, 90, 216
Hauswand 45, 65, 127, 152, 157, 166, 186,
 189, 192, 203, 207
Hecke 29, 153 f., 204, 207, 215, 218, 221
 – einkürzen 121, 148, 153 f., **154**, 171
 –, formal 154, 189
 –, instabil 153
 –, kopflastig 153
 –, Neuaufbau 154, **154**
 –, Schnitttermin 154
 –, Trapezform 153, **154**
 – verjüngen 154, **154**

Heckenschere 149, 154, 159
Heide 88, 119, 123
Heidebeet 67, 119, 123, **123**, 205
Heidelbeere 28, 173, 179
Heidenelke 28, 59
Herbst-Anemone 43, 115, 229
Herbstchrysantheme 133
Herbstkrokus 43, 134, 229
Herz, Tränendes 133
Hexenring 101, **101**
Hibiskus 114, 140, 143 f., **144**
Himbeere 82, 161, 180, **180**, 190
Himbeerkäfer 82, 180
Hochbeet 63
Hochstamm 153, 148, 185
Holunder 27, 68, 143, 165
Holzbelag 198, **198**, 203
Holzhäcksel 26, 207
Holzkohlenpulver 38
Holzzaun 203 f., **204**
Hornmehl 40, 61, 68
Hornspäne 40, 54, 58, 63, 68, 128
Hortensie 28, 48, 51, 66, 114 f., 127, 133,
 156, **156**, 165
 –, Farbwechsel 156
Hosta spec. 115 ff., **115**, 125, 127
Huminsäure 120, 126, 129
Humus 27, 29 f., 32, 54, 58, 63
Hunde 101, 216
Hyazinthe 37, 229
Hybriden 25, 45, 50, 68, 117, 133, 146

Igel 58, 63, 65, **65**, 90
Ilex spec. 127, 151, **151**
Immergrün 64, 106, 110, 116, **116**
Immergrüne 29, 45, 62, 68 f., 116, 139 f.,
 142, 144 ff., 147, 150, **150**, 152, 154,
 156, 158, 160, 162, 164, 166, 204, 229
 –, Blätter eingerollt 145, 147
INKARHO-Rhododendren 88
Insekten 58, 63, 74, 78, 86, 92, 95, 114,
 130, 165, 193, 203
Insektizide 95

Iris spec. 37, 42 f., 99, 117, 147
Isoliermaterial 147

Jäten 47, 53, 57, 64, 110, 119, 125, 131,
 134, 206
Johannisbeere 73, 173, **173**, 190
Johannisbeerrost 73
Jostabeere 173, 190
Jungpflanzen 37, 40, 43, 47 ff., 54, 84 ff.,
 90, 128 ff., 140, 152, 176, 179, 186
Jungtriebe 143, 147 ff., 152, 161, 163, 173,
 179, 181, 189

Käfer 75, 78, 82, 86 f., 90, 101
Kahlfrost 67
Kaiserkrone 36 f., 50, 135, 229
Kaliseifenpräparat 75, 85, 92, 164
Kalium 28, 54, 89, 100 f., 111, 144
Kalk, kohlensaurer 25, 59, 88, 187, 196
Kalkammonsalpeter 54, 61
kalken 25, 103, 106
Kalkränder 196
Kältereiz 39, 50, 118
Kaltkeimer 39, 172, 223, 228
Kantenstecher 107
Kapillarkraft 31 f.
Kapuzinerkresse 40, 47, 177, 193
Karotte › Möhre
Katzen 65, 165, 216
Kehrschaufel **56**, 57
Keimblätter 44, 87, 175
Keimlinge 39 f., 43, 44, 47, 59, 86, 109,
 172, 174, 188
Keimtemperatur 43 f.
Keimung 39, 44, 50, 63, 104, 109, 119, 188
Kernobst 170
Kies 59, 60 f., 64, 67, 104, 107, 120, 127,
 134, 197, 201, 207
Kiesbelag 127, **127**
Kiesweg 110, 207
Kinderlärm 216, **217**
Kirsche 71, 82 f., 161, 163, 165, 171, 178,
 178, 181, 184 f.

234

N › Neuaustrieb

Kirschfruchtfliege 82, **82**
Kirschlorbeer 68 f., 78, 116 f., 145, 151,
   151
Kissen-Aster 29, 42
Kiwi 181, **181**
Kleintiere 58, 63, 65
Klettergerüst 205
Kletterpflanze 48, 128, **128**, 157, 159,
   166 f., 181, 204
Kletterrose 137, 147, 157, 159, 161 f.,
   161, 166 f., 203
Klinker 199, **199**
Knoblauch 77, 178, 182, **182**
Knolle 36 ff., 114, 117, 124, 177, 187
   –, Trockenschlaf 38
Kohl 63, 67, 75, 77 f., 84, 92, 174, 214
Kohlblattlaus, Mehlige 84
Kohlfliege 77, 93
Kohlrabi 176, 178, 193
Kohlweißlings-Raupen 78
Kompost 23 ff., **27**, 32 f., 54, 58 f., 61, 63 f.,
   67, 72, 74, 77, 81, 107, 126, 128, 132,
   176, 183 f., 199, 207, 217, **217**
   – aufschichten 26 f., **27**
   -gabe 28, 59, 133
   -geruch 217
   -material 27, 33
   -platz 26 f., 217
   -reife 28
   – umsetzen 27, **27**
Königsblüte 186
Königslilie 44 f., 50
Konkurrenztrieb 171, 181
Kopfweide 157
Korkenzieherhasel 166
Korngröße 31
Kräuter 28, 54, 69, 114, 177, **177**, 182 f.
Krokus 36 f., 50, 229
Kübelpflanzen 25, 55, 58 f., 67, 78, 93,
   118, 120, 132
Küchenabfälle 26 f., 29, 58, 63, 217
Kugel-Ahorn 153
Kultivator 24 f., 32, **56**, 57, 109, 116

Kürbis 49, 54, 176 ff., 183, 228
Kurztrieb 143, 146, 152, 173, 224

Lackmuspapier 30, **30**
Langtrieb 133, 143, 146, 148 f., 157, 158,
   173, 222, 224, 227
Langzeitdünger 54, 100, 102 f., 106, 166,
   176, 186
Lärmschutz 212, 216
Larven 72, 74 f., 78 ff., 82, 86, 89
   -fraß 37, 78, 101
Laub abrechen 99, 103
   –, gelbes 135
Laubkompost 28, 58
Lauch 67, 71, 77, 79, 117, 134 f., 178
Lauchminierfliege 79
Lauchmotte 79
Lavendel 28, 54, 66, 69, 107, 114, 117 f.,
   120 f., **120** f., 130, 132 f., 135, 144, 177
Lebensbereiche 122 f., 125
Leimring 79, **79**, 224
Lenzrose 117
Lichtmangel 115, 117, 123
Lichtquelle 218, **218**
Lilien 36 f., 44 f., 50, 59, 86, 135, 229
Lilienhähnchen 86, **86**
Lochfolie 39
Löwenzahn 64, 75, 77, 111, 177
Lupine 24, 32 f., 59

Magerrasen 28, 122
Magnolie 48, 143, 158, 167
Mais 174, 178, 228
Mangold 54, 228
Marder 65, 165
Marienkäfer 63, 74, 85, 90, 95
Mauer 192, 196, 200, 207, 221
Maulwurf 105
Mehltau 87, 89, 92, 94, 95, 129, 167, 176,
   192, 193
Messer **56**, 57
Mietrecht 218
Milben 76, 81

Mini-Zypressen 45
Minze 177, 183
Minzrost 87
Mischkultur 77, 178, 193, 224
Mobilfunkantenne 219
Möhre 39, 67, 77, 79 f., 86, 102, 170, 174
   f., 178, 183, 193, 228
Möhrenfliege 77, 193
Monilia 83
Moorbeetkultur 25, 28, 51, 58, 60, 78, 88
Moos 59, 102, 106, **106**, 116, 145, 197,
   203
mulchen 23 f., 28 f., 32, 53, 55, 58, 60 f.,
   63 f., 67, 76, **76**, 116, 120, 134, 145, 155,
   179, 180, 224
Mulchfolie 27, 28, 55, 60 f., 64, 76, 84, **84**,
   183, 224
Mulchweg 207
Mülltonnen 204
Mutterboden 31, 32, 33, 107
Mutterpflanze 45, 47 f., 50, 86, 175

Nachbarbaum 211 f., **211**, 219 f., 221
Nachbarschaftsrecht 210, 214
Nadelgehölz 45, **45**, 75, **75**, 123, 142, 150,
   150, 164, 219
Nährstoff 23 f., 28 f., 44, 54, 59, 61, 63, 77,
   120, 123, 134 f., 137, 167, 172, 174, 178,
   183 f.
   -ansprüche 54
   -gehalt 43
   -mangel 54, 103, 106
   -versorgung 28, 134
Narrentaschenkrankheit 94, **94**
Narzisse 36, 50 f., 99, 133, 135 ff., 229
Naturgarten 65
Naturstein 65, 107, 120, 147, 153, 196,
   198 ff., **198 f.**, 205 f., 211
   -mauern 42, 132, 196
Nelkenrost 73
Nematoden 78, 101, 129, 224
Neuaustrieb 41, 68, 80, 91, 102, 105 f.,
   130, 136 f., 140, 149, 152, 155, 159

235

ARTEN- UND SACHREGISTER

Neupflanzungen 40, 55, 60, 64, 67, 88
Nützlinge 58, 63, 65, 74 f., 78, 81, 85, 90,
  93, 95, 101, 114, 129, 224

Oberboden › Mutterboden
Obst
  –, Genussreife 170
  –, Lagerung 38, 44, 51, 63, 75, 109, 170
Obstgehölz 65, 74, 79, 98, 114 f., 161, 165,
  171, 178, **178**, 184 f., 187, 214, 218
Oleander 48, 86
Oleanderkrebs 86

Palisaden 200
Pampasgras 62, 68, 124, **124**
Päonie 29, 42 f., 124 f., 131, 137, 158, 129
Pappelrost 73
Paprika 39 f., 60, 74, 92, 176, 178, 186,
  228
Paravent 205
Pergola 205
Perovskie 117, 130, 144
Petersilie 43, 75, 86, 174 f., 178
Pfahlwurzel 64, 111, 134, 141
Pfeifengras 29, 32, 118 f., **119**, 165
Pfingstrose › Päonie
Pflanzen einsetzen 41, 184
  –, giftige 87, 150, **150**, 151, **151**, 172,
  174
  -reste 29, 80
  -schutzmittel 57, 65, 76, 85, 89 f., 92 ff.,
  206, 214
  –, Strategien 44, 111
  – stützen 129, 142
  – vorziehen 128
  –, Wachstumsstörungen 61, 165
  –, Wasserbedarf 46, 66, 124, 128, 193
Pflanzenkrankheiten 49, 54, 71 f., 74, 76,
  78, 80 ff., 86, 88, 90, 92, 94, 129, 137,
  143, 163, 166 f., 179, 180
Pflanzkelle **56**, 57
Pflanzschnitt 41, 46, 171, **171**
Pflanztiefe 36, 51

Pflanzung 33, 36 f., 40 f., 43, 46, 54, 60 f.,
  69, 74, 79, 84 f., 87, 99, 116, 120 f., 131,
  134, 136, 141, 146, 153, 158, 164 f., 184
Pflanzzeitpunkt 120, 132, 175
Pflaster 198, 199, 201 f.
Pfostenschuhe 204
Pfropfung 178
Phlox 122, 129, 133, 165
Phosphat 54, 90
Photosynthese 58, 73, 92 f., 103, 135, 137,
  147, 171, 173, 186
pH-Wert 25, 28, 30 f., 33, 69, 88, 103, 106,
  119, 156
pikieren 40, **40**, 44, 225
Pilzbefall 28, 48, 67, 69, 73, 76, 81, 83 f.,
  86 f., 89, 91 f., 94 f., **95**, 100 f., 103, 120,
  124, 129, 140, 167, 172, 174, 185, 193,
  203
Plattenbelag 197, 202, 206
Plattenfugen 64, 111, 206, 214
Prachtstaude 115, 122 f., **122**, 125, 137
Pusteln, rote 73, 87
Pyrethrum 95, 160
Pythium-Fäule 103

Radieschen 39, 87, 92, 174, 178, 187, 228
Rambler-Rosen 147, 157, 162, 165, 167
Rankhilfe 128, 144, 152, 157, 159, 203 f.
Rapsölpräparate 76, 84, 90, 92 f., 94, 164
Rasen 25, 58, 60, 69, 72, 97 ff., 110 f., 137,
  184, 199, 205, 207, 214, 216, 219
  – abharken 106
  –, braune Stellen 101
  – düngen 100, 103
  -gittersteine 104, 199
  –, graue Flecken 103
  –, Kahlstellen 98, 102, 104, 106, 109 f.
  -kanten 107, **107**
  -kantenschere **56**, 57
  – lüften 100
  -mähen 103, 108, 110 f., **110**, 137, 207,
  216, 218
  -mäher 58, 100 f.

  -mischungen 105, 110
  –, Neuanlage 104, **104**
  -saatgut 98 f., 102, 104, 109
  –, Schnitthöhe 106 f., 111
  –, uneben 102
Rasenfläche schattig 101, 105 ff., 110 f.
Raubmilben 81
Raupen 71, 78 f., 80
Rechen **56**, 57, 98 f., 103 f., **104**, 106
Regentonne 66, 196, 213
Regenwurm 24, 28, 90
remontieren 180, 225
Rettich 37, 77, 87, 178
Rhizom › Ausläufer
Rhizomsperre 39, 42, 141, 210, 225
Rhododendron 24 f., 28, 48, 51, 58, 69, 78,
  88, **88**, 115, 147, 156, 160, **160**, 164, 167
Rindenbrand 184
Rindenhumus 33, 61, 133
Rindenmulch 25, 28, 55, 60 f., **60**, 63, 68,
  104, 107, 119 f. 126 f., **127**, 129, 179,
  198 f., 207, 225
Ringelblume 40, 47, 99, 177
Rittersporn 44, 54, 63, 114, 126, **126**, 130,
  137
Robinie 150, **150**, 203
Rollrasen 98, 102, 109
Rosen 40, 42, 46 ff., 48, 51, 54, 58, 65, 68
  f., **68**, 73 f., 89 f., 94, 140, 144, 147 ff.,
  155 ff., 161 f., 165 ff., 175, 179
  –, frostharte 155, 161, 198
  -müdigkeit 161
  –, Rückschnitt 46, 108, 133, 143 f., 147,
  147, 155, **155**, 157, 159, **159**, 161, 171,
  180 f., **180 f.**, 189, 191 f.
Roseneibisch 140, 164
Rosenkohl 67, 93, 178
Rosmarin 28, 66, 132, 178
Rostpilze 73, 89
Rote Bete 54, 67, 170, 178
Rotkohl 174, 178, 193, 228
Rotpustelkrankheit 73, 140
Rotspitzigkeit 103

236

S › Strauchpäonie

Rückschnitt 59, 92, 114, 118, 121, 130, **130**, 133, 137, 155, 157, 159, 162, 171, 179
Rundkrone 141, 142, 171, 185
Rutenkrankheit 180

Saatgut 39, 44 f., 85, 98, 104 f., 109, 111, 128, 172
Saatscheiben 172
Saatzeitpunkt 39, 109
Saftdruck 140, 158, 161, 173, 189, 225
Saftstau 142, 153 f., 159, 225
Salat 28, 39, 54 f., 61, 63, 71, 75, 84 f., 90, 92, 177 f., 188, **188**, 193, 210, 214, 228
–, schossfester 188
Salbei 47, 66, **66**, 114, 117, 121, 123, 125, 130, 134 f., 177
Samenunkräuter 64, 110
Sämlinge 40, 44, 47, 49, 86, 128, 175, 176, 179, 188
Säulenform 62, 162, **162**
Säulenobstbaum 171, 185
Sauzahn 24, **24**
Schädlinge 33, 65, 71, 72, 74, 78 f., 85, 87, 90, 92, 94, 164, 166, 174, 214
Schadstoffe 66, 101
Schattenbereiche 24, 43, 58 f., 69, 83, 87 f., 106, 113, 115, 119 f., 122, 124, 126 f., 132, 135, 181, 185, 191, 203, **219**, 221
Schattenrasen 105 f., 110
Schattenstauden 106, 110, 115, **115**, 200
Scheinzypresse 81, 149, 154
Schildlaus 90, 92 f.
Schimmel 36, 61, 84, 201
Schlingpflanzen 157, 165, 167, 181, 203
Schlitzäste 185, 225
Schlupfwespe 63, 93
Schmetterling 65, 114, 165
Schnecken 39, 47, 61, 90 f., **91**, 95, 126
Schneedecke 62, 103, 176
Schneeglöckchen 37, 51, 136
Schneelast 62, **62**, 67, 140, 149, 155, 161 f.

Schneeschimmel 103, **103**
Schnittgut 26, 63, 65, 75, 103, 106, 114, 165, 207
Schnittlauch 79, 177 f.
Schnittzeitpunkt 145, 149, 163
Schotter 32, 61, 69, 120, 134, 202, 207
Schutzvlies 37, 67, 82, 85, 176, 188
› auch Frostschutzvlies
Schwachzehrer 28, 54, 63, 174, 178, 225
Schwärzepilze 92 f.
Schwebfliege 74 f., 85, 90, 95
Seitentrieb 41, 62, 130, 142 ff., 148 f., 152 ff., 158 f., 162, 171, 173, 179, 181, 189, 191 f., 225
Selbstaussaat 47, 49, 64, 99, 110, 131, 172
Selbstbefruchtung 178
Selbstunverträglichkeit 174, 178, 184, 225
Sellerie 54, 80, 86, 174 f., 178
Sichelmäher 100, 108, **108**
Sichtschutz 128, 204 f., 220 f., **220**
Sitzplatz 199, 202
Sommerblumen 40, 42, 47, 49, 110, 113, 115, 134, 137, 171 f., 228 f.
Sommerflieder 29, 68, 134, 143 f., **144**, 164 f.
Sonnenbrand 58, 145
Sorten 45, 135, 178, 179, 227
–, alte 137
–, gefüllte 144
–, jungfernfrüchtige 179
–, mehltaufeste 92
–, selbstfruchtbare 178
–, stachellose 92
–, wurzelechte 166
Spalierbaum 189, **189**
Spaten 32, 42, **56**, 57, 59, **59**, 98, 102, 107, 109, 130 ff., 141, 165
Spätfrost 37, 39, 186
Spielgeräte 205, 216, 218
Spindelmäher 100, 108, **108**, **110**
Spinnmilben 81, **81**, 90
Spiräe 125, 143, 164

Spitzendürre 83, **83**, 185
Splitt 60 f., 64, 67, 120, 132, 134, 136, 197, 202, 207
Spritzmittel 75, 79 f., 84, 89 f., 95
Stachelbeere 92, 173, 190
Stachelbeermehltau 92, 190
Stallmist 54, 63, 77
Stammhöhe 157, 185
Stammumfang 219
Starkzehrer 28, 54, 61, 63, 174, 178, 183, 226
Stauden 68, 114, 116 ff., 120 ff., 125 f., 129 ff., 136 f., 229
-beet 28, 60, 69, 125, **125**, 131, 137
– kümmern 129
–, Lebensdauer 131
–, Platzbedarf 131, 132
–, remontierende 114
–, Schnitt 26, 58, 130
– umpflanzen 131 f.
– verkahlen 119, 121, 130 ff.
– wuchern 132
Staunässe 32, 51, 55, 69, 87, 92, 101, 103, 111, 120, 124, 128, 134, 136 f., 165, 184
Stauraum 206
Steckhölzer 46, **46**
Stecklinge 35, 46 ff., 152
Steiltriebe 185, 189
Steine 39, 69, 107, 109, 141, 198, 200 f., 210
Steingarten 28, 54, 60 f., 62 ff., 67, 69, 122 f., **122**, 132 f., 200, 205
Steppenpflanzen 61, 114, 117, 123, **123**, 134
Sternrußtau 89, **89**, 167
Stickstoff 28, 54, 61, 68, 76, 99, 101, 129, 133, 156, 183
Stipa spec. 29, 43, 117, 134
Stoffwechsel 44, 62, 110, 120, 131, 145, 147, 161, 171
Storchschnabel 42, 99, 125, 130
Straßenbesen **56**, 57
Strauchpäonie 144, 158

237

ARTEN- UND SACHREGISTER

Streuwagen 98, 104, **104**
Strukturmaterial 26 f., 63
Stützpfahl 41, 49, 79, 142, **142**, 155, 160, 190
Substrat 24 f., 28, 37, 43 f., 48, 55, 59, 67, 88, 104, 118 f., 132, 172, 179
Südgemüse 176, 186
Sukkulenten 66, 117, 120, 134, 226
Sumpfbeet 32

Taglilie 42, 125, 131 f.
Teich 32, 123, **123**, 157, 205, 212 f., **213**, 218
Teilung 38, 42, 55, 131 f., **132**
Terrasse 45, 58, 86, 128, 185, 196 f., 199 f., 202, 205, 211, 217 f.
Thuja 29, 65, 81, 149, 150, **150**, 154, 162
Thymian 29, 69, 107, 114, 118, 121, 132, 177 f., **177**, 206
Tochterzwiebeln 50, 99, 137
Tomate 39, 49, 63, 66, 74, 92 f., 95, 170, 174, 176, 178, 186, **190**, 191, 193, 205, 228
Tonminerale 29, 30, 32, 100, 117, 226
Töpfe 37, 46, 51, 172, 186, 196, **196**
Topfpflanze 25, 49 f., 140, 156, 172, 186
Torf 24 f., 33, 38, 50 f., 68 f., 84, 119, 132
Trieb
 –, Augen 41, 47, 90, 114, 124, 126, 177
 – ausgeizen 191, **191**, 222
 –, Besenbildung 121, 143, 148, 171
 –, diesjähriger 144, 146, 156, 159, 222
 –, einjähriger 222
 –, instabiler 149
 – verjüngen 147, 149, 154, 167
 – verschlanken 142, 227
 –, zweijähriger 227
Trittbelastung 104, 111
Trittplatten 104, 110, 116, 127, 199 f., 207
Trittstauden 206
Trogbepflanzung 118, 132
Tropenholz 198, 203
Tulpen 36, 50, 133, 135 f., 229

Überdüngung 28, 54, 92
Ulmenkrankheit 153
Umfallkrankheit 43
umgraben 24, 33, 57, 104, **104**
umlenken 62, 142 f., 148, 162, 171, 226
Umtrieb, zweijähriger 174, 227
Unkraut 29, 47, 57, 60 f., 64, 110 f., 120, 134, 183, 206, 211, 214, 218
Unterlage 38, 49, **49**, 63, 66, 128, 148, 157, 162, 166, 178, 184, 185, 226

Veredeln 46 f., 49, **49**, 105, 155, 166, 178 f., 184 f., 226
Veredlungsstelle 46 f., 49, 51, 68 f., **68**, 143, 148, 155, 185
vereinzeln 40, 44, 125, 226
vergeilen 44, 226
vermehren 35, 38, 46, 48, 50, 74, 81, 84 f., 135 f., 159, 175, 193, 226
vertikutieren 100, 102 ff., 106, 227
Vertikutierer 102, **102**, 106, 227
Vögel 39, 63, 65, **65**, 82, 98, 109, 130, 163, 165
Vogelscheuchen 39, 109
Vorgarten 127, **127**
Vorkultur 37, 39, 40, 49, 86, 176, 186, **186**

Wacholder 73, 119, 162, 165
Waldrebe 146, **146**, 165
 › auch *Clematis*
Walnuss 29, 58, 153, 171, 191
Wandbegrünung 166, 203
Wasserpflanzen 123, **123**
Wasserqualität 66
Wasserverbrauch 66 f.
Wasserversorgung 207
Wege 102, 104, 110, 127, 195 f., 198 ff., 202, 204, 206 f., 218
Weide 105, 128, 157, 205
Wein, Wilder 151, **151**, 157, 165 f., 203
Weinrebe 192, **192**
Weißkohl 174, 193, 228
Wildblumen 114, 123, 125, 137

Wildtriebe 148, 152, 158, 164, 166, **166**
Windschutz 128, 205, 220
Wintergemüse 67, **67**, 80, 170, 176
Winterling 36, 50, 135, 136
Winterschutz 68, **68**, 124, **124**, 140, 155 f., 180
Wolfsmilch 42, 44, 73, 134, 135
Wollaus 90, 92
Wuchs
 – bremsen 142, 159, 183
 – form 62, 121, 142, 153, 157
 –, kompakter 121
 –, kümmerlicher 104 f., 107, 110
 – rhythmus 43, 47
Wühlmaus 80, 102, 105, 136
Wundgewebe 91, 94, 140, 163, **163**, 181, 185, 193
Wurzel 41 f., 46, 48 f., 51, 60, 64, 67, 78, 80, 86 ff., 92, 95, 100, 106, 128 f., 131, **131**, 141, **141**, 147 f., 153, 159, 166 f., 175, 177, 183 ff., 187, 210
 – druck 115, 126
 – fäule 103, 120, 179 f.
 – gemüse 92, 170, **170**, 187, 193
 – reste 39, 42, 64
 – sperre 42, 107, 141, 183
 – unkraut 64, 110 f., 125, 131, 134, 227
Wurzelälchen 161

Zaun 198. 204 f., **204**, 205, 209, 213, 221
Zucchini 39, 60, 74, 176, 186, 228
Zuschlagstoffe 25, 227
Zweige, herüberhängende 221, **221**
Zwetschgen 83, 94, **94**, 185
Zwiebelblumen 36 ff., **36**, 50 f., 80, 99, 113, 115, 117, 122, 134 ff., 172, 182, 229
 –, Qualität 124, 126, 136
 –, Wildarten 99, 119, 134 ff.
Zwiebelfliege 77
Zwiebelmehltau, Falscher 95
Zwiebeln 36 f., 39, 50 f., 77, 79, 95, 99, 133, 135 ff., 172, 177 f., 182, 228 f.
Zwiebelpflanzer 36, **36**

238

Die Autoren

Andreas Barlage

Der diplomierte Agraringenieur ist ein leidenschaftlicher Gärtner. Seine besondere Liebe gilt den Zierpflanzen, allen voran den Rosen. Seit vielen Jahren bringt er seine Begeisterung für Pflanzen und sein Fachwissen in seine Tätigkeit als Redakteur und freier Autor für verschiedene Gartenmagazine und Buchverlage ein.
Von ihm stammen die Kapitel „Pflanzen und vermehren", „Rund um den Rasen" und „Ziergehölze & Immergrüne".

Elisabeth Fleuchaus

Sie ist gelernte Staudengärtnerin und Gartenbautechnikerin. Berufliche Erfahrungen sammelte sie zunächst im Botanischen Garten Hamburg. Anschließend arbeitete sie viele Jahre im Garten- und Landschaftsbau. Heute ist sie selbstständig und als Gartencoach tätig: Sie berät Hobbygärtner und setzt gemeinsam mit ihnen ihre Wünsche in die Tat um. Sie verfasste die Kapitel „Boden & Kompost", „Allgemeine Pflege" und „Alles über Gartenblumen".

Hansjörg Haas

Nach seiner Ausbildung zum Gärtner studierte er Gartenbauwissenschaften an der TU München-Weihenstephan. Sein Spezialgebiet ist der Schnitt von Zier- und Obstgehölzen. Seit 1992 ist er Fachberater für Obst, Gartenbau und Landespflege. Er gibt Schnittkurse, hält Vorträge und ist auch als Gutachter tätig. Daneben veranstaltet er Gartenreisen und ist Autor mehrerer Ratgeber zum Thema „Schnitt". Alle Fragen zum Schnitt hat er beantwortet.

Christof Jany

Der gelernte Landschaftsgärtner und Bauzeichner absolvierte im Anschluss an seine Ausbildungen das Studium der Landespflege. Seit 1999 ist der Diplomingenieur selbstständig tätig und führt zusammen mit seiner Frau ein eigenes Büro zur Planung und Gestaltung von privaten und öffentlichen Garten- und Grünanlagen. Seine langjährige Praxiserfahrung mit der Gestaltung von Gärten ist in das Kapitel „Zäune, Wege & Co" eingeflossen.

Thomas Schuster

Der Diplomingenieur für Gartenbau war viele Jahre in der bayrischen Landwirtschaftsverwaltung als Pflanzenschutzberater tätig. Seit 2006 ist er für die Gemüsebauberatung zuständig. Der Spezialist für Pflanzenschutz sowie Obst- und Gemüseanbau kennt die Probleme von Hobbygärtnern genau und weiß für jedes Problem die richtige Lösung.
Er ist Autor der Kapitel „Krankheiten & Schädlinge", „Obst, Gemüse & Kräuter" und „Alles, was Recht ist".

IMPRESSUM

BILDNACHWEIS

Bärtels: 164; **Baumjohann:** 65re., 75, 83, 88, 94, 160; **Borkowski:** 123/5; **Bornemann:** 38; **Borstell:** 122/2, 198/3, 199/4; **Botanikfoto/Hauser:** 126, 136; **Brand:** 219; **Buchter:** 82, 100; **Eberts:** 42; **Effinger:** 199/5; **F1-online:** 4/1; **Fotolia:** U1mi., 96, 150/2, 178; **GAP:** 4/3, 138, 194; **Gardena:** 55, 110; **Gartenfoto.at:** 92; **Getty-Images:** 208, 215; **Haas:** 143, 145, 149, 155, 162, 163; **Hansen:** 123/4; **Hecker:** 150/3; **Henseler:** 89; **Himmelhuber:** 166; **Jahreiß:** 36/1, 36/2, 36/3, 177; **Jalag:** 204; **Jupiterimages:** 22, 168; **Krämer/GU:** 104/2, 104/3, 109; **Kuttig:** 73, 80, 81, 87; **Laux:** 188; **Masterfile:** U1re., 4/4; **Mauritius-Images:** 34; **Nickig:** 116, 151/6, 198/1; **Pforr:** 50, 68/3, 86, 150/6, 151/5, 212; **Picture Press/Kramp & Gröllig:** 4/2; **Plainpicture:** 52; **Redeleit:** 24, 26, 27/1, 30re., 30u.li., 31/2, 40, 45, 49/1, 49/2, 49/3, 56, 59, 67, 68/1, 68/2, 79, 84, 102, 104/1, 104/4, 107, 108, 120, 129, 131, 141/1, 141/2, 141/3, 141/4, 142, 150/5, 170, 186/2, 187, 190, 196, 211; **Reinhard:** 62, 93, 118, 150/5, 150/6, 151/1, 151/2, 151/3, 182, 186/1, 198/2, 217re., 220, 221; **Romeis:** 112; **Sachse:** 70, 78; **Schneider-Will:** 27/3, 300.li., 46, 48 ,60, 115, 127, 128, 134, 161, 172, 175, 217li.; **Stork:** 27/2, 31/1, 31/3; **Strauß:** 124, 125, 130, 132, 151/4, 186/3, 197, 206; **Strauß/GBA:** 76; **Strauß/ GBA/ Nichols:** 122/3; **Strauß/GPL:** 66; **The Garden Collection:** U1li., 218; **Thomas:** 150/4; **Timmermann:** 122/1, 150/1; **Waldhäusl:** 65li.; **Wolf-Gartengeräte:** 101, 103, 106.

Illustrationen von Heidi Janiček, München

© 2007 GRÄFE UND UNZER VERLAG GmbH, München
Alle Rechte vorbehalten. Nachdruck, auch auszugsweise, sowie Verbreitung durch Film, Funk, Fernsehen und Internet, durch fotomechanische Wiedergabe, Tonträger und Datenverarbeitungssysteme jeder Art nur mit schriftlicher Genehmigung des Verlags.

Leitende Redaktion: Anita Zellner
Redaktion und Konzeption: Angelika Holdau
Lektorat: Christina Freiberg
Bildredaktion: Daniela Laußer
Umschlaggestaltung und Layout: independent Medien-Design, München
Produktion: Susanne Mühldorfer
Satz: Cordula Schaaf, München
Reproduktion: Fotolito Longo, Bozen
Druck und Bindung: Druckhaus Kaufmann, Lahr

Printed in Germany
ISBN 978-3-8338-0195-2
2. Auflage 2007

Das Original mit Garantie

Ihre Meinung ist uns wichtig. Deshalb möchten wir Ihre Kritik, gern aber auch Ihr Lob erfahren. Um als führender Ratgeberverlag für Sie noch besser zu werden. Darum: Schreiben Sie uns! Wir freuen uns auf Ihre Post und wünschen Ihnen viel Spaß mit Ihrem GU-Ratgeber.

Unsere Garantie: Sollte ein GU-Ratgeber einmal einen Fehler enthalten, schicken Sie uns das Buch mit einem kleinen Hinweis und der Quittung innerhalb von sechs Monaten nach dem Kauf zurück. Wir tauschen Ihnen den GU-Ratgeber gegen einen anderen zum gleichen oder ähnlichen Thema um.

Ihr GRÄFE UND UNZER VERLAG
Redaktion Haus & Garten
Stichwort:
Quickfinder Gartenpraxis
Postfach 860366
81630 München
Fax: 0 89/4 19 81-1 13
E-Mail: leserservice@
graefe-und-unzer.de